V&R

Umwelt und Gesellschaft

Herausgegeben von

Christof Mauch,
Helmuth Trischler und
Frank Uekötter

Band 7

Vandenhoeck & Ruprecht

Frank Zelko

Greenpeace

Von der Hippiebewegung zum Ökokonzern

Aus dem Englischen von Birgit Brandau

Vandenhoeck & Ruprecht

GEFÖRDERT VOM

Bundesministerium
für Bildung
und Forschung

Übersetzung und Druck wurden großzügig vom
Rachel Carson Center for Environment and Society der LMU München unterstützt.

Rachel
Carson
Center
Environment and Society

MIX
Papier aus verantwortungsvollen Quellen
FSC
www.fsc.org
FSC® C016439

Mit 27 Abbildungen

Bibliografische Information der Deutschen Nationalbibliothek
Die Deutsche Nationalbibliothek verzeichnet diese Publikation in der
Deutschen Nationalbibliografie; detaillierte bibliografische Daten sind
im Internet über http://dnb.d-nb.de abrufbar.

ISBN 978-3-525-31712-9
ISBN 978-3-647-31712-0 (E-Book)

Umschlagabbildung:
Greenpeace-Aktivisten hängen ein Banner an die Christusstatue
in Rio de Janeiro, 16. März 2006. © Daniel Beltra / Greenpeace

Die englische Originalausgabe:
Make It a Green Peace! The Rise of a Countercultural Environmentalism,
First Edition was originally published in English in 2013. This is an expanded version
of the English original. This translation is published by arrangement with
Oxford University Press.

Satz: textformart, Göttingen | www.text-form-art.de
Druck und Bindung: ⊕ Hubert & Co, Göttingen

Inhalt

Einleitung

Die meisten von uns wissen wahrscheinlich nicht, wie es sich anfühlt, wenn der eigene Kopf plötzlich zwischen den Kiefern eines lebenden Schwertwals eingeklemmt wird. Nicht zwischen den Kiefern eines wütenden oder hungrigen Schwertwals, sondern eines freundlich gestimmten in einem Delfinarium. Bob Hunter, der berühmteste Hippie-Intellektuelle von Vancouver und Mitbegründer von Greenpeace, kannte dieses Gefühl. Ihm widerfuhr es 1974, als er das Vancouver Aquarium auf Wunsch eines Walforschers besuchte, der hoffte, Greenpeace zur Führung einer Kampagne gegen den Walfang überreden zu können. Das Erlebnis änderte sein Leben: »Ich hatte Marathonsitzungen mit Encountergruppen und emotional erschöpfende Workshops mit dem großen Gestalttherapeuten Fritz Perls hinter mich gebracht, doch keine dieser Erfahrungen führte so weit über die Grenzen meines Verständnisses hinaus, dass sie mich derart erschüttern konnte, wie das jetzt der Fall war.« Hunter quittierte seinen Job, trennte sich von seiner Frau und widmete sein Leben fortan der Rettung der »friedlichen Superwesen im Meer«, jener einzigartig angepassten Geschöpfe, »die lange bevor der Mensch auch nur gelernt hatte, aus dem Obdach der Höhlen hervorzukriechen, die Natur beherrschten, indem sie eins mit den Gezeiten und Temperaturen geworden waren«.[1] Hunters walinspirierte Erleuchtung führte zu einer grimmigen Überzeugung: Die abscheuliche Praxis des Walfangs musste ein Ende haben. Keine Meinung, die von allen Umweltschützern geteilt wurde.

Anfang der 1970er Jahre hatte der Unterausschuss für Fischfang und Naturschutz des US-Kongresses eine Reihe von Anhörungen zum Thema Meeressäugerschutz veranstaltet. Zu den Berichterstattern gehörten Vertreter der ältesten und angesehensten amerikanischen Naturschutzgruppen wie der Sierra Club, die Audubon Society und die National Wildlife Federation. Diese Gruppen vertraten zwar den Standpunkt, es sei wichtig, sicherzustellen, dass die Wal- und Robbenpopulationen so stabil wie möglich gehalten wurden, aber eine Politik des unbegrenzten Schutzes unterstützten sie nicht. Sie glaubten, es wäre legitim, »überschüssige Tiere« zum Wohle der Menschen zu nutzen, solange das Überleben der Arten gesichert sei. Bei seiner Aussage vor dem Unterausschuss verwendete Thomas Kimball von der National Wildlife Federation Phrasen wie »erneuerbare Ressourcen«, »Verwaltung«, »professionelles Management von Wildtieren«. Das »Einbringen überschüssiger Exemplare von Wildtierpopulationen« hielt seine Organisation für »ein wichtiges Management-Instrument, wenn die kontinuierliche und langfristige Stabilität einer Tierpopulation höchstes Ziel ist«.[2]

Bob Hunter hielt von alledem nichts. Ein paar Jahre nach diesen Anhörungen trafen er und seine Greenpeace-Genossen vor der Küste von Kalifornien auf eine Flotte sowjetischer Walfänger. Sie sprangen in Schlauchboote mit Außenbordern, preschten über das offene Meer und drängten sich zwischen die Harpunen der Walfänger und fliehende Pottwal-Schulen. Sie stellten sich als menschliche Schutzschilde vor die wehrlosen Riesen. Nicht lange danach krochen ebendiese Leute an der Küste von Neufundland über Eisschollen und warfen sich über junge Sattelrobben, um sie vor Schläger schwingenden Robbenjägern zu schützen. Walfang und Robbenjagd seien, so argumentierten diese leidenschaftlichen Aktivisten, nicht einfach eine Seite von Wildtierschutz und Ressourcenverwaltung, sondern vielmehr ökologisch destruktive und moralisch verwerfliche Handlungsweisen, die menschliche Ignoranz und gedankenlose Grausamkeit gegen andere empfindsame Lebewesen verkörperten.

Wie soll man diese Aktivisten verstehen, die mit ihren leidenschaftlichen Narreteien unter dem Banner von Greenpeace den herkömmlichen Naturschutz mit seinem gesetzten Erhaltungsdenken – und das Standardrepertoire des Umweltschutzes allgemein – herausforderten und diesen durch eine Form des gewaltfreien Protests und einer holistischen Gegenkultur verdrängten, die nun Umweltschützer seither beeinflussen? Hunter hatte die harte Umklammerung der Schwertwalzähne an seinem Hinterkopf gespürt, aber selbst dieses dramatische Erlebnis kann sein Engagement nicht völlig erklären. Was trieb ihn und seine Mitstreiter darüber hinaus an, solche drastischen Aktionen, mit denen sie sich selbst gefährdeten, zum Schutz anderer Arten zu unternehmen? Was hatte ihre kompromisslosen Standpunkte bewirkt? Um derartige Fragen zu beantworten, untersucht dieses Buch das komplexe Wurzelwerk von Greenpeace und spürt der Entwicklung der Organisation nach – von ihrem ersten Auftreten inmitten der verschiedenen Protestbewegungen der 1950er und 1960er Jahre bis zum Ende ihrer unbeständigen, dramatischen und manchmal schrulligen ersten Dekade im Jahre 1980.

Seit Anfang der 1970er Jahre hat keine einzelne Organisation so viel wie Greenpeace für die Unterstützung und Formung des Umweltprotests rund um die Welt geleistet. Ihre Gründer waren die ersten Umweltschützer, die die auf Gandhi zurückgehenden gewaltfreien Proteststrategien der Friedens- und Bürgerrechtsbewegungen übernahmen. Sie verbanden diese mit dem von den Quäkern geschaffenen Konzept des »Zeugnis ablegen« – der Vorstellung, Verbrechen oder Gräueltaten bekämpfen zu können, indem man hinschaut und anderen davon berichtet – und koppelten das Ganze an eine Medienstrategie, die stark von Marshall McLuhan beeinflusst war, dem kanadischen Kommunikationswissenschaftler, der so nachhaltige Konzeptionen und Aphorismen wie »das globale Dorf« oder »das Medium ist die Botschaft« geprägt hatte. Zudem waren die Greenpeace-Gründer bewusste Internationalisten, eine Haltung, die sowohl von einer Art postnationalistischer Romantik, die von einer Welt ohne Grenzen träumte, als auch vom ökologischen Imperativ gespeist wurde, dass Natur die künstlichen Grenzen von Nationalstaaten nicht anerkennt.

Greenpeace verlieh dem Umweltschutz auch ein cooles Aussehen. Sein lebhafter und auf Konfrontation gerichteter Proteststil stand in Einklang mit den Antikriegsdemonstranten der 1960er und 1970er Jahre, während seine Bildsymbole und die Verbindungen zu populären Musikern die alten Stereotypen Lügen straften, die Umweltschutz mit in Cordhosen und Strickjacken wandernden Sierra-Club-Mitgliedern mittleren Alters verbanden. Die neuen, von Greenpeace inspirierten Umweltschützer trugen gebatikte T-Shirts und hatten lange Haare, sie rauchten Hasch und schluckten LSD und fachten eine Bewusstseinsrevolution an, die nichts Geringeres als eine radikale Veränderung der westlichen Kultur verlangte. Dieses hippe, scharfkantige, gelegentlich etwas spinnerische Image bestand im Guten wie im Schlechten auch dann weiter, nachdem Greenpeace längst den Großteil seiner eher exzentrischen Gegenkulturzüge abgelegt hatte. Die Tatsache, dass Greenpeace für viele Menschen zu einer Art Synekdoche für Umweltschutzbewegung generell geworden ist, bedeutet, dass die Umweltschutzszene in einigen Bereichen weiterhin mit der Gegenkultur der 1960er Jahre assoziiert wird.

Anfang der 1980er Jahre war Greenpeace zu einem internationalen Umweltschutz-Kraftwerk mit Zentrale in Europa herangewachsen, das eine komplexe hierarchische – manche sagen auch konzernmäßige – Struktur und Zweigstellen in zahlreichen Ländern besitzt. Heute gehört Greenpeace zu den bekanntesten Umweltschutzgruppen der Welt. Sein Logo ist fast so vertraut wie das von Coca-Cola oder McDonald's.[3] Seine Aktivitäten heute umfassen eine Vielzahl von Kampagnen, die von Lobbyarbeit bei Regierungen und zwischenstaatlichen Einrichtungen wie der Internationalen Walfangkommission bis zur Unterstützung der Produktion neuer Technologien, etwa umweltfreundlicher Kühlschränke und Autos, reichen. Während ihre Bekanntheit und ihr Einfluss nicht zu leugnen sind, ist die Einrichtung, zu der Greenpeace geworden ist, nicht unbedingt das, was sich die Gründer vorgestellt hatten. Während der gesamten Anfangszeit gab es Momente, in denen Greenpeace andere Wege hätte einschlagen können. Manche hätten zu seinem Verschwinden führen können, andere vielleicht eine Evolution mehr in Richtung einer sozialen Graswurzelbewegung ermöglicht. Doch trotz der unvorhersehbaren Entwicklung und der internen Kämpfe, die die gegenwärtige Form schufen, wurde jener Stil der direkten Protestaktion beibehalten, der schon in den 1970er Jahren für Greenpeace kennzeichnend war und seine Aktivisten mit einzigartigem Elan beflügelte.

Für dieses Buch wurde ein breites Spektrum an Quellen herangezogen, um die verschiedenen Ideologien und Standpunkte zu untersuchen, die Greenpeace von der Gründung an den eindeutigen Charakter verliehen. Wie formten die Anfänge den Weg, den die Organisation nahm? In welchem Maß wurde sie den Visionen und Idealen ihrer Gründer gerecht? Und inwiefern haben sich die facettenreichen Anfänge sowohl als inspirierend wie auch als problematisch für die Entwicklung und die heutige Erscheinungsform ausgewirkt?

Allein schon wegen der Menge an Dramen, an Pathos und an absurden Momenten komischer Erleichterung lohnt es sich, die Geschichte von Greenpeace zu erzählen. Doch jenseits davon ermöglicht sie viele Einblicke in die Umweltschutzszene, in soziale Bewegungen und in die Geschichte des Protests im 20. Jahrhundert. Greenpeace entwickelte sich nie zu der revolutionären, die Welt verändernden Bewegung, die sich seine idealistischen Gründer erhofft hatten, doch ohne Zweifel hat es erfolgreich und nachhaltig in einer Weise Schlaglichter auf Umweltprobleme geworfen, wie das keiner anderen Gruppe gelungen ist. Dabei hat Greenpeace einige der Sprünge und Risse offengelegt in den allgemeinen Strukturzwängen – wie dem globalen Kapitalismus und der mechanistischen und instrumentalisierten Sicht von Natur –, die das Denken und Handeln der Menschen in der modernen Welt beeinflussen. Das war doch, wie einige der Gründer in zuversichtlichen Augenblicken witzelten, ein recht schöner Erfolg für eine Horde von Pazifisten und Hippies aus einer mittelgroßen Stadt an der kanadischen Westküste.

1. Kapitel

Den Mächtigen die Wahrheit ins Gesicht sagen

Was immer Leute von Greenpeace als Organisation halten mögen, nur wenigen werden leugnen, dass sie einen brillanten Namen hat. Einfach, elegant und überaus sinnreich. Er geht leicht von der Zunge und passt als Überschrift gut in eine einzelne Zeitungsspalte. Ein kanadischer Journalist fasste das 1977 so: »Hinter dem Namen schimmern Bilder von ruhig sich ausbreitenden Weiden und von Bertrand Russell, Lotusblüten und Mahatma Gandhi.«[1] In den Augen eines Historikers kann die schlichte Eleganz des Namens aber auch manchmal irreführend sein. Die meiste Zeit wurde Greenpeace vorrangig als Umweltschutzorganisation wahrgenommen. »Green« steht nicht nur an erster Stelle, sondern wird auch durch die Betonung unterstrichen: Wir sagen *Green*peace und nicht Green*peace*. Doch diese Betonung von »Green« zuungunsten von »Peace« verschleiert mehrere wichtige Aspekte der Anfangsgeschichte der Organisation.

Die Geschichte von Greenpeace ist Teil einer größeren Geschichte weltweiten Protests und Aktivismus, die antikolonialistische Kämpfe, insbesondere in Indien, verschiedene pazifistische und Antikriegsbewegungen auf der ganzen Welt einschließt. Die Leute, die sich wohl am ehesten als »Gründer« von Greenpeace bezeichnen können – Irving und Dorothy Stowe und Jim und Marie Bohlen –, waren Veteranen dieser Bewegungen. Beide Paare waren tief verbunden mit der Kultur und Tradition der Friedensbewegung nach dem Zweiten Weltkrieg. Es verwundert nicht, dass die Organisation, an deren Schaffung sie beteiligt waren, den unauslöschlichen Stempel dieser Tradition trug.

*

Anscheinend gibt es einen bestimmten Prozentanteil der Bevölkerung – konservativ geschätzt rund zehn Prozent –, dem Redseligkeit angeboren ist. Nimmt man von diesen noch mal die Kategorie jener Leute, die höchstwahrscheinlich zu jedem beliebigen Zeitpunkt eine Rede halten, dann gehört Irving Stowe sicher zum 99. Prozentteil.[2] Greenpeace-Genosse Bob Hunter, selbst nicht gerade ein Hänfling auf rhetorischem Gebiet, merkte an, Stowe würde zu einer Rede anheben, sobald man nur »Guten Morgen, Irving« sagen würde. Stowes Frau Dorothy erinnerte sich, dass Stegreifreden für Irving nichts Ungewöhnliches waren, wenn einmal ein Redner ausfiel. Selbst seine spontanen Bemerkungen waren klar, logisch und prägnant. Andererseits gibt es aber auch einige, die sich daran erinnern, dass Stowes Reden, die improvisierten wie die anderen, zu endlosen Litaneien ausarten konnten.[3]

Stowes leidenschaftlicher Drang, seine Ansichten kundzutun, war nicht auf das gesprochene Wort beschränkt. Er war auch ein produktiver, unermüdlicher Briefeschreiber. Er war ein unruhiger Schläfer und häufig zwischen 2 und 5 Uhr morgens wach. Dann nutzte er seine Schlaflosigkeit, um Protestbriefe an Politiker, Regierungsvertreter, Verleger oder wer immer sonst an seinen moralischen Empfindsamkeiten nagte, abzufeuern. In der einen Nacht konnte er einen länglichen Brief an Präsident Eisenhower oder den Verteidigungsminister formulieren, um den Einsatz von mit Atomwaffen bestückten Polaris-U-Booten anzuprangern, in der nächsten widmete er seine Zeit dann etwa einer Reihe knapper Mitteilungen an verschiedene Zeitungsherausgeber, in denen er deren kriecherische politische Kommentare niedermachte. Stowe hatte entschiedene Meinungen zu vielen Themen, darunter Rassenbeziehungen, Gewerkschaften, Stadtplanung, Umweltverschmutzung, Vegetarismus und Rauchen. Hätte er sich auf das Rhetorische beschränkt, wäre er vielleicht nur als weiterer selbstgerechter, starrköpfiger Spinner abgetan worden. Positiv zu Buche schlug, dass er sich für viele Angelegenheiten, die ihn bewegten, bis zum Ende einsetzte und sich den Gruppen anschloss, die für eine bestimmte Sache kämpften. Gab es die passende Gruppe noch nicht, gründete er sie selber. Dieser unerbittliche kritische Elan und sein Engagement fürs Handeln sollten dazu führen, dass er zusammen mit seiner gleichgesinnten Frau Dorothy eine größere Rolle bei der Gründung einer ganz neuartigen Organisation spielte – einer Organisation, die wesentliche Elemente der Friedens- und der Umweltschutzbewegungen vereinte und diese mit der Philosophie gewaltfreier direkter Aktion verband.

Irving Stowe wurde 1915 in eine jüdische Mittelschichtfamilie in Providence, Rhode Island, hineingeboren und war das Produkt einer Kultur, die einige der begabtesten Intellektuellen und engagiertesten Aktivisten im Amerika des 20. Jahrhunderts hervorbrachte. Diesem sozialen Milieu, das im Schmelztiegel der urbanen Zentren des Nordostens geformt worden war, entstammten Persönlichkeiten wie Noam Chomsky, Barry Commoner, Howard Zinn, Irving Howe und Arthur Miller sowie zahllose weniger bekannte Schriftsteller, Intellektuelle, Wissenschaftler und Aktivisten. Die reiche talmudische literarische Tradition und jüdischer Bildungseifer nährten eine kritische intellektuelle und aktivistische Kultur, die eng mit der Entwicklung der politischen Linken in den Vereinigten Staaten verbunden und an ihrer Entstehung beteiligt war. Stowe wuchs in diesem überwiegend säkularen jüdischen Milieu in Providence auf, studierte Wirtschaftswissenschaft an der Brown University, ehe er zum Jurastudium nach Yale wechselte.[4]

1951 lernte Stowe Dorothy Rabinowitz kennen, eine Sozialarbeiterin in Providence. Sie war ebenfalls ein Produkt der jüdischen Mittelschicht von Providence. Sie studierte English am Pembroke College, dem Frauen-College der Brown University. Nachdem sie während des Zweiten Weltkriegs kurzfristig als Einkäuferin für die Marine gearbeitet hatte, wurde sie Sozialarbeiterin. Schon bald engagierte sie sich für zahlreiche Gewerkschaftsangelegenheiten, beteiligte sich am Aufbau einer Vereinigung der Sozialarbeiter in Rhode Island und wurde dann deren Vorsitzende. Es war dies die erste Vereinigung von Staatsbediensteten, die schließlich in der American Federation of State, County, and Municipal Employees aufging. Irving brauchte zwei Jahre, um Dorothy zur Heirat zu überreden. Die Hochzeit fand 1953 statt. Mittlerweile war Irving, der sich nie sonderlich für das Judentum interessiert hatte, der unitarischen Kirche beigetreten, und eine traditionelle jüdische Hochzeit war nicht das, was er und (in diesem Fall auch) Dorothy sich sonderlich ersehnten. Ihr Kompromiss war, dass ein Rabbiner den Vorsitz bei einer ansonsten zivilen Zeremonie übernahm.

Eine große Leidenschaft von Irving war Jazz. Dank seines selbstbewussten und kontaktfreudigen Naturells hatte er keine Probleme, Berühmtheiten anzusprechen, und freundete sich mit vielen der Musiker an, die er bewunderte. So war George Shearing, der blinde britische Jazzpianist, Trauzeuge bei der Hochzeit. Das festliche Hochzeitsessen fand in den Räumlichkeiten der örtlichen Vertretung der National Association for the Advancement of Colored People statt, einer der wichtigsten Organisationen im Kampf für die Gleichberechtigung Schwarzer in den Vereinigten Staaten.[5]

Unter all den Bewegungen, für die sich die Stowes einsetzten, sollte die von den Quäkern inspirierte Friedensbewegung den stärksten Einfluss auf ihr Leben haben. Die Geschichte der Friedensbewegung in den USA verdankt viel der Arbeit abweichender Religionsgemeinschaften, insbesondere der Quäker. Einer der fundamentalen Grundsätze des Quäkertums ist Pazifismus. Da jeder unmittelbaren Zugang zu Gott habe, sei auch jeder einzelne Mensch eine mögliche Quelle der Erleuchtung, unabhängig davon, wie fehlgeleitet er zu einem bestimmten Zeitpunkt sein mag. Gewalt gegen Menschen diene einzig dazu, Liebe, Wahrhaftigkeit und Freiheit zu unterdrücken. Dieses Bekenntnis führt dazu, dass Quäker alle Kriege und Kriegsvorbereitungen ablehnen. Viele weigerten sich, Kriegssteuern zu zahlen oder sich einziehen zu lassen, was ihnen in Kriegszeiten häufig den Zorn von Nicht-Quäkern zuzog. Eine andere Form des Protests war das Konzept »Zeugnis ablegen«, zu dem gehört, dass man seine Missbilligung einer Tat deutlich macht und einfach durch Anwesenheit am Ort des Geschehens moralischen Druck auf die Täter ausübt. Für die Quäker mit ihren pazifistischen Wurzeln ist der gewaltfreie Protest die einzig akzeptable Form des Widerstands.

Angesichts dieses Bekenntnisses zur Gewaltlosigkeit überrascht es wenig, dass manche Quäker den Strategien zuneigten, die Mahatma Gandhi entwickelt hatte, um Widerstand gegen die britische Herrschaft über Indien zu organisieren. Vorrangig ist es dem Quäker Richard Gregg zu verdanken, dass Gandhis

Philosophie des gewaltfreien Widerstandes, Satyagraha, in Nordamerika bekannt wurde. Satyagraha, das aus den Hindi-Wörtern für »Wahrheit« und »festhalten« gebildet wurde, entwickelte sich während Gandhis langem Kampf für die indische Unabhängigkeit und wurde zur Basis der meisten gewaltfreien Protestbewegungen des 20. Jahrhunderts. Zu seinen Kernprinzipien gehören: Verzicht auf Gegengewalt, Gegner nicht zu beleidigen, sich einer Verhaftung nicht zu widersetzen, sich in Haft vorbildlich zu verhalten. Aus diesen Geboten leitete Gandhi ein Programm eskalierender Maßnahmen des gewaltfreien Widerstands her, die von Verhandlung und Schlichtung über Agitation, Streiks, zivilen Ungehorsam, der Anmaßung von Regierungsfunktionen und schließlich zur Errichtung einer Parallelregierung reichten. Ehe Gregg Mitte der 1930er Jahre nach einem vierjährigen Aufenthalt in einem spirituellen Refugium in Indien sein bahnbrechendes Werk *Die Macht der Gewaltlosigkeit* veröffentlichte, hatte kaum jemand in Nordamerika etwas von Satyagraha gehört. Gregg argumentierte darin, gewaltfreier Widerstand sei nicht allein eine moralisch höher stehende Form des Protests, sondern auch ein effektiveres Mittel, um sozialen Wandel und den Abbau von Aggression zu erreichen. Das Buch wurde zwar viel gelesen, aber Greggs Vorstellungen waren offenbar zu radikal für ihre Zeit – keine der großen amerikanischen Friedensgruppen versuchte sie umzusetzen, um die amerikanische Beteiligung am Zweiten Weltkrieg zu verhindern. Dennoch spielte Gregg eine entscheidende Rolle dabei, der nordamerikanischen Friedensbewegung Gandhis Prinzipien und Strategien zu vermitteln, insbesondere mit seiner Betonung der theatralischen Aspekte gewaltfreier Aktionen, die bei Zuschauern Sympathie und bei Gegnern Schuldgefühle und Scham auslösen sollen.[6]

*

Die US-amerikanische Entscheidung, Atombomben über Hiroshima und Nagasaki abzuwerfen, stieß seinerzeit auf breite öffentliche Zustimmung. Irving Stowe und Dorothy Rabinowitz waren geschockt und entsetzt darüber, aber sie gehörten zu einer Minderheit. Eine Umfrage im Herbst 1945 ergab, dass 53,5 Prozent der Befragten den Abwurf für das beste Vorgehen unter den gegebenen Umständen hielten, und erstaunliche weitere 22,7 Prozent waren der Meinung, die Vereinigten Staaten hätten rasch noch viele weitere dieser Bomben abwerfen sollen, ehe die Japaner die Gelegenheit zur Kapitulation ergreifen konnten. Doch diese Ansichten wurden, wie der Historiker Paul Boyer in seiner Analyse der kulturellen Reaktion auf die Atombombe zeigte, bald durch ein allgemeines Angstgefühl ersetzt, als die USA 1946 mit einer Testserie auf dem Bikini-Atoll begannen.[7]

Unter den zahllosen Gruppen, die in der Nachkriegszeit aus der Friedensbewegung entstanden, war der Greenpeace inhaltlich am nächsten kommende Vorläufer das Committee for Nonviolent Action (CNVA). Das CNVA wurde

1957 von Quäkern gegründet und brachte Vertreter verschiedener Friedensgruppen zusammen, um gewaltfreie Protestaktionen zu ermöglichen, die lokale Gruppen allein nicht hätten durchführen können. Seine erste Aktion war eine Kampagne 1957 zum zivilen Widerstand gegen ein Atomwaffen-Testgelände in Nevada, bei der elf Aktivisten verhaftet wurden, weil sie in ein Sperrgebiet eingedrungen waren.[8] Die *New York Times* kommentierte: Diese Aktion »markiert den unüblichen Einsatz der Taktik des ›zivilen Ungehorsams‹, den M. K. Gandhi berühmt gemacht hat, in diesem Land«.[9]

1958 initiierte das CNVA eine seiner effektivsten und im Rückblick einflussreichsten Aktionen, als es die Yacht *Golden Rule* organisierte, um in das Testgebiet Eniwetok im Pazifik zu fahren. Albert Bigelow, der Kapitän der *Golden Rule*, war im Zweiten Weltkrieg Kapitän eines Geleitzerstörers der US-Marine gewesen, aber nach Hiroshima und Nagasaki zum Pazifisten geworden. Nach dem Krieg arbeitete er als Kommissar der Wohnungsbaubehörde von Massachusetts und war immer »auf der Suche nach einer Art einheitlicher Lebensphilosophie oder Religion«, die seinem tief empfundenen religiösen Pazifismus entsprach. 1952 kündigte er seinen Dienst in der Reserve der Marine einen Monat bevor er pensionsberechtigt wurde. Und 1955 beherbergte seine Familie zwei »Hiroshima-Mädchen« – junge Frauen, die bei der Explosion der Atombombe verstümmelt worden waren und von verschiedenen bekannten Pazifisten in die USA geholt worden waren, um plastisch-chirurgisch behandelt zu werden. Zu diesem Zeitpunkt beschloss Bigelow, nachdem er bereits jahrelang mit dem Quäkertum geliebäugelt hatte, der Gesellschaft der Freunde beizutreten. Er wurde sofort zur wichtigen und einflussreichen Persönlichkeit in der Friedensbewegung, freundete sich mit Führern wie A. J. Muste und Bayard Rustin an und engagierte sich in Gruppen wie dem CNVA. 1957 gehörte Bigelow zu jenen, die verhaftet wurden, weil sie im Rahmen der oben erwähnten CNVA-Aktion in ein Atomwaffentestgebiet der AEC (Atomic Energy Commission) in Nevada eindringen wollten. Im Februar 1958 kündigte er an, dass er vorhabe, in das US-amerikanische Atomwaffentestgebiet im Pazifik zu segeln.[10]

Bigelow und seine dreiköpfige Mannschaft stachen in Kalifornien mit ihrer 30-Fuß-Ketsch in See und gelangten bis Hawaii, ehe sich die AEC ihnen in den Weg stellte. Damals gab es noch kein Gesetz, das das Eindringen in Atomwaffentestgebiete explizit verbot; man nahm einfach an, dass Warnungen des Militärs und die Bedrohung durch Strahlenkrankheit die Leute davon abhalten würden, absichtlich in das Gebiet zu segeln. Doch sobald klar wurde, dass die Mannschaft der *Golden Rule* vorhatte, von Hawaii aus die Marshall-Inseln anzusteuern, verlegte sich die AEC auf eine Reihe von Taktiken, die ein US-Berufungsgericht später für illegal erklären sollte, um zu verhindern, dass das Schiff Honolulu verließ. So gab sie ohne öffentliche Anhörung eine Anordnung heraus, wonach sich US-Bürger strafbar machten, wenn sie sich in das Testgebiet begaben, und man verhaftete anschließend Bigelow und seine Crew, weil sie die

Absicht bekundet hätten, diese Anordnung zu missachten. Die Crew der *Golden Rule* verweigerte sich aus Prinzip einer Freilassung gegen Kaution und verbrachte den größten Teil des Sommers im Gefängnis von Honolulu, während sie auf ihr Verfahren wartete.[11] Bigelow versuchte währenddessen, die Frage nach der Richtigkeit von Atomtests zum zentralen Thema des Prozesses zu machen – er erklärte, sie seien mit den medizinischen Experimenten der Nazis vergleichbar und beinhalteten »Kontaminierung ohne Risikodarstellung« –, während die Anklage anführte, Bigelows Verstoß gegen die neu geschaffene Anordnung der AEC brächte »irreparablen Schaden« für die Sicherheit der Vereinigten Staaten und der »freien Welt«. In seiner Urteilsbegründung stellte der hawaiianische Richter Jon Wiig das Recht auf zivilen Ungehorsam grundsätzlich in Frage. Er zitierte ein Urteil des Surpreme Court der USA von 1911 und sagte: »Wenn eine Partei sich zum Richter über die Gültigkeit von verfügten Anordnungen machen und sie durch diesen Akt des Ungehorsams außer Kraft setzen kann, dann werden die Gerichte machtlos.« Er verurteilte die Crew zu einer Haftstrafe von 60 Tagen, die für ein Jahr zur Bewährung ausgesetzt wurde – und gegen die umgehend verstoßen wurde, weil die Crew ankündigte, die Fahrt ins Testgebiet fortsetzen zu wollen. Die lokalen Medien verurteilten die Mannschaft derweil als kommunistische Marionetten, während die Festlandzeitungen die ganze Sache weitgehend ignorierten.[12]

Bigelows Bemühungen müssen außerhalb von Hawaii in den Medien kaum Beachtung gefunden haben, unter Quäkern und Pazifisten jedenfalls waren sie landesweit Legende. Protestler bildeten während des Prozesses gegen ihn in verschiedenen Städten vor Bundes- und AEC-Gebäuden Demonstrationsketten und trugen Plakate mit Aufschriften wie »Keine Kontaminierung ohne Risikodarstellung« oder »Befreit die *Golden Rule*«. Einen Mann veranlasste es zu dem Versuch, der *Golden Rule* nachzueifern und die Reise fortzusetzen, die sie abbrechen musste. Earle Reynolds war ein biologischer Anthropologe aus Mississippi und hatte nach dem Krieg für die AEC gearbeitet. Vier Jahre lang hatte er in Hiroshima und Nagasaki die Auswirkungen von Strahlung auf das menschliche Wachstum untersucht. In dieser Zeit vor Ort hatte er auch die Rechtfertigung des amerikanischen Militärs für den Einsatz von Atomwaffen gegen Japan hinterfragt. Er kam zu dem Schluss, dass keine der beiden Bomben aus rein militärischen Gründen – und schon gar nicht aus moralischen – zu rechtfertigen war und speziell die Bombe auf Nagasaki ein kaltblütiger und opportunistischer Akt des Militärs war, um eine weitere Bombe »im Feld« zu testen, ehe der Krieg zu Ende war. Als er das amerikanische Testprogramm näher betrachtete, stellte Reynolds zu seinem Entsetzen fest, dass sich die US-Regierung geweigert hatte, den Internationalen Gerichtshof darüber entscheiden zu lassen, ob die Nutzung der Marshall-Inseln als Atomtestgelände legal sei. Je mehr er über die Angelegenheit las, erinnerte er sich, »desto unangenehmer erstaunt war ich, was meine Regierung da auch in meinem Namen tat«.[13]

Reynolds und seine Familie hatten 1958 gerade eine dreijährige Weltreise mit ihrer Yacht *Phoenix* beendet und kamen in Hawaii an, als der Prozess gegen die Crew der *Golden Rule* beginnen sollte. Reynolds hatte sich nie als Aktivist betrachtet, schon gar nicht als jemanden, der Gesetze übertreten würde, um seine Meinung kundzutun, aber ein Zusammentreffen mit Bigelow und seiner Mannschaft beeindruckte ihn zutiefst. Er stellte fest, dass den Quäkern eine über allen Zweifeln erhabene Ehrbarkeit und Integrität zu eigen war und dass sie sich vorbehaltlos einsetzten. »Dieses Land könnte noch viele Männer wie sie gebrauchen«, hielt er in seinen Aufzeichnungen fest. Nachdem nun klar war, dass die *Golden Rule* die Fahrt zu den Marshall-Inseln nicht fortsetzen durfte, beschlossen Reynolds und seine Familie, an ihrer Stelle zu fahren. Sie gaben offiziell Hiroshima als Ziel an und schafften es, in das Testgebiet bei dem Bikini-Atoll einzudringen, ehe sie von der amerikanischen Küstenwache verhaftet und zurück nach Hawaii geflogen wurden. Die Verhaftung verletzte eine Reihe US-amerikanischer und internationaler Gesetze – es gab keinen Haftbefehl, keine Aufklärung über den Grund der Verhaftung, es war illegale Verbringung auf ein ausländisches Territorium.[14] Reynolds war wie Bigelow und andere Angehörige der Friedensbewegung so naiv zu glauben oder mindestens zu hoffen, dass diese juristischen Formalien zusammen mit der moralischen Überlegenheit seiner Position nicht nur ausreichen würden, um ihn von jeder Schuld freizusprechen, sondern ihm auch ermöglichen würden, dem Atomwaffentestprogramm einen Schlag zu versetzen. Er war daher gründlich schockiert, dass seine Regierung bereit war, eine Reihe von rechtlich dubiosen Ad-hoc-Maßnahmen zu ergreifen, um seinen Protest zu verhindern.

Die CNVA organisierte 1960 die Polaris-Aktion, eine über mehrere Monate verteilte Serie von Protesten an den Docks in Connecticut, wo die mit Atomwaffen bestückten Polaris-U-Boote gebaut wurden. Die Form der gewaltfreien direkten Aktion bei der Polaris-Kampagne ähnelte eindeutig den Taktiken, die Greenpeace über eine Dekade später übernehmen sollte. Die Aktivisten – viele waren junge Männer, die sich selbst als Beatniks betrachteten – versuchten wiederholt, in die U-Boot-Docks zu gelangen. Sie stellten sich auch mit Ruderbooten, die Friedensbotschaften trugen, in den Weg von Frachtschiffen. Mehrmals versuchten Aktivisten, an Bord der U-Boote zu gelangen, und zwei von ihnen schafften es, im November durch das eisige Wasser zu schwimmen und auf die Leitseile eines U-Boots zu klettern. Dieses Ereignis brachte den Aktivisten ein erhebliches Medienecho ein – aber auch eine Verurteilung zu strammen 19 Monaten Haft. Derart innovative und auf direkte Aktionen ausgerichtete Taktiken wurden von einer Aufklärungskampagne begleitet, die darauf abzielte, die Einheimischen davon abzubringen, bei der Produktion der U-Boote mitzuwirken.[15]

Die Polaris-Aktion und die Fahrten der *Golden Rule* und der *Phoenix* kann man als direkte Vorläufer von Greenpeace betrachten. Ihre Taktiken inspirierten die erste Greenpeace-Kampagne, und ihre Werte, mit der Betonung von Gewaltfreiheit und »Zeugnis ablegen«, sollten auch die Kernwerte von Greenpeace werden. Die CNVA-Proteste waren sowohl der Kulminationspunkt mehrerer Jahrzehnte Entwicklung in der Friedensbewegung als auch ein Sprungbrett für die gesellschaftlichen Bewegungen der 1960er. Sie vermengten in unterschiedlichen Anteilen Quäker-Pazifismus, marxistische Kapitalismuskritik, anarchistische Vorbehalte gegenüber einer Zentralgewalt, aufkommende gegenkulturelle Sensibilität und Gandhi'schen zivilen Ungehorsam zu einer starken Kritik am Militarismus des Kalten Kriegs und einem beeindruckenden Repertoire an Proteststrategien. Viele dieser Ideen und Taktiken wurden später in verschiedenen Formen von Antikriegs-, Bürgerrechts- und Umweltschutzgruppen übernommen, und häufig waren es Leute wie Irving Stowe, die sie an eine neue Generation von Protestlern weitergaben.

Die Stowes gehörten zu einem kleinen, aber signifikanten Teil der amerikanischen Bevölkerung, der den Weg, den ihre Nation einschlug, in Frage stellte und ein Umlenken erreichen wollte. Doch 1960 waren sie dann so sehr bestürzt über das militärische Programm ihres Landes, das die Welt ihrer Meinung nach unweigerlich in einen Atomkrieg stürzen würde, dass sie begannen darüber nachzudenken, die Vereinigten Staaten zu verlassen. Den letzten Tropfen bildete 1959 die Entdeckung von radiaktivem Strontium 90 in Muttermilch. Ihr folgten zahllose Beiträge in den Massenmedien, die sich mit Gesundheitsschäden durch radioaktiven Fallout sowie wissenschaftlichen Vorhersagen über die drastische Zunahme von Leukämie und genetischen Missbildungen beschäftigten. Populäre Filme und Romane, etwa *On the Beach* von Neville Shute (1957) oder *The Last Day* von Helen Clarkson (1959) sowie Stanley Kubricks *Dr. Strangelove* (1964), fachten diese Ängste weiter an und trugen zur Verbreitung einer immer düsteren Stimmung bei, in der der Albtraum eines nuklearen Weltkriegs immer unausweichlicher erschien. Dies galt besonders für Menschen wie die Stowes, die empfänglich für solche pessimistischen Prophezeiungen waren.[16]

Kein Wunder, dass solche Ängste die Menschen dazu brachten, mögliche Überlebensstrategien nach der Atomkatastrophe auszuloten. Eine Überlegung, die einige Anhänger fand, war, dass die Bewohner der Südhalbkugel eine größere Chance hätten als die im Norden. 1961 waren die Stowes schließlich überzeugt, dass die Vereinigten Staaten unweigerlich in einen Atomkrieg gegen die Sowjetunion verwickelt werden würden. Diese echte Angst und die Überzeugung, dass Kinder, die in den Vereinigten Staaten aufwuchsen, aufgrund radioaktiven Fallouts ein höheres Risiko für tödliche Krankheiten hätten, brachten Irving und Dorothy dazu, ernsthaft ans Auswandern zu denken. Ihre neue Heimat sollte Neuseeland werden. Viele Amerikaner dürften solch eine drastische Maßnahme als unverständlich, wenn nicht gar als feige und unpatriotisch betrachtet haben. Allen außerhalb der Gemeinschaft der radikalen Pazifisten müssen die Stowes bestenfalls als halsstarrige Idealisten, schlimmstenfalls als ewige Außenseiter erschienen sein. Es dauerte eine Weile, bis die Stowes die Genehmigung der neuseeländischen Regierung bekamen – anscheinend war Dorothys Mitgliedschaft in der Women's International League for Peace and Freedom ein rotes Tuch für die Einwanderungsbehörde –, aber dann konnten sie sich 1961 in Auckland niederlassen, das für fünf Jahre ihre Heimat wurde. Weder Dorothy noch Irving sollten je wieder in den USA leben.[17]

Irving fand schon bald Arbeit an der Juristischen Fakultät der University of Auckland, und Dorothy bekam eine Stelle als Sozialarbeiterin. Genau wie in Rhode Island widmeten sie einen großen Teil ihrer Freizeit Quäkertreffen und verschiedenen Protestaktionen. Irving schrieb weiterhin Briefe und beteiligte sich am Organisieren von Friedensmärschen und Menschenketten vor dem US-Konsulat. Außerdem schaltete er Zeitungsanzeigen, in denen das zunehmende Engagement der Amerikaner im Vietnamkrieg verurteilt wurde – ein Thema, das seine Zeit immer mehr beanspruchte und das Leben seiner Familie immer stärker diktierte.[18]

Im Mai 1965 beschloss die neuseeländische Regierung auf Druck der USA, ihre Verpflichtungen aus dem Sicherheitsabkommen zwischen Australien, Neuseeland und den USA zu erfüllen und Truppen nach Vietnam zu schicken. Die Stowes reagierten mit Empörung. Die langen Krakenarme des US-Militarismus reichten schon wieder in ihr Leben, führten zu einer moralisch unerträglichen Situation und zwangen sie wiederum, die Familie aus den Wurzeln zu reißen und ein anderes Zuhause zu suchen. Australien war mittlerweile auch am Vietnamkrieg beteiligt und kam nicht in Frage. Ebenso wenig Südafrika mit seiner Apartheid. Und Europa war potenzieller Schauplatz eines Atomkriegs. Die einzige realistische Option war Kanada. Irving war bei einem seiner Flüge zwischen den USA und Neuseeland in Vancouver zwischengelandet und von der Stadt mit der spektakulären Lage zwischen Pazifik und den Bergen von British Columbia (BC) beeindruckt gewesen. Also kehrten die Stowes 1966 Neuseeland den Rücken und ließen sich in einer Stadt nieder, die nicht einmal 50 Kilometer von der Grenze zu den USA entfernt war.[19]

Mitte der 1960er war Vancouver noch weit von der heutigen kosmopolitischen Pazifik-Metropole entfernt. Ihre Größe, das britische Erbe und das gemäßigte Klima machten die Stadt Auckland ziemlich ähnlich. Trotz des offenkundigen Provinzialismus war aber schon das erste Grollen von Rebellion und Unzufriedenheit zu spüren, das Vancouver wenige Jahre später zur Hauptstadt der Gegenkultur in Kanada werden ließ. Vancouver war der Ort, an dem die Stowes, insbesondere Irving, dann ihrem aktivistischen Drang uneingeschränkt nachgingen. Sie bezogen ein Haus in der Nähe der University of British Columbia, und Dorothy fand auch hier eine Stelle als Sozialarbeiterin. Irving hingegen hatte sich als »Estate Planner« registrieren lassen. Seine juristische Karriere, wenn er diese je in Kanada fortzusetzen gedachte, blieb bald auf der Strecke. Stattdessen verschrieb er sich in Vollzeit dem Protest und dem Aktivismus.[20]

Wie ihr US-amerikanisches Gegenstück konzentrierte sich die kanadische Friedensbewegung Mitte der 1960er hauptsächlich auf den Vietnamkrieg. Kanada war offiziell zwar nicht am Krieg beteiligt, aber seine Regierung kooperierte eng mit dem Pentagon, und kanadische Unternehmen und Universitäten profitierten recht ordentlich dank ihrer Rolle bei der Produktion von Waffen inklusive Napalm und Agent Orange. Die Ankunft Tausender amerikanischer Kriegsdienstverweigerer ab Mitte der 1960er Jahre verschaffte der kanadischen Antikriegsbewegung zusätzlichen Auftrieb und schürte die antiamerikanischen Vorurteile, die in Kanada schon lange latent vorhanden waren.[21]

Kaum in Vancouver angekommen, schlossen sich die Stowes der örtlichen Bewegung gegen den Vietnamkrieg an. Sie blockierten das US-Konsulat und schrieben zahllose Briefe an die kanadische Regierung und an Zeitungen, in denen sie den US-Militarismus anprangerten und die Kanadier zum Widerstand gegen den Krieg aufriefen. Und sie wurden Mitglieder des Committee to Aid American War Objectors, einer Gruppe von Exilamerikanern, die neu eingetroffenen Kriegsdienstverweigerern half, sich in Vancouver einzuleben. Zu den Gründern dieser Gruppe gehörten Jim und Marie Bohlen, ein Paar aus Pennsylvania, mit dem sich die Stowes rasch anfreundeten und mit dem zusammen sie die Grundlagen für jene Aktivistenkoalition legen sollten, die schließlich zu Greenpeace wurde.[22]

*

Obwohl er sich vielen Quäkeridealen verpflichtet fühlte, wurde Jim Bohlen nie Mitglied der Gesellschaft der Freunde. Ironischerweise war der Zug des Quäkertums, den er am wenigsten mochte, just jener, der Irving Stowe am stärksten anzog. »Ich war bei mehreren ihrer Treffen«, berichtete Bohlen, »aber ich war alles andere als beeindruckt, weil ich dort auf viele Leute traf, die nur gekommen waren, um sich reden zu hören. Gehört zu werden war ihnen eine Art egoistisches Bedürfnis. Ein Quäkertreffen läuft folgendermaßen ab: Man kommt in einen Raum und setzt sich hin. Keiner sagt etwas oder liest etwas vor, bis sich dann jemand veranlasst sieht, zu sprechen. Und das, was man zu hören bekommt, ist teilweise ziemlich profan.«[23] Bohlen war weder begierig, Reden zu schwingen, noch geduldig genug, um Schwafeleien und Banalitäten anderer Leute zu ertragen. Trotzdem bescheinigte er den Quäkern einen unerschütterlichen Geist und große emotionale Stärke und Ausdauer. Bohlens Einstellungen zum Quäkertum ähnelten jenen zu seinen kommunistischen Freunden in seiner Jugend in New York City: Er bewunderte sie und suchte ihre Gesellschaft, machte aber nie den letzten Schritt, Mitglied zu werden. Bohlen war tief innerlich Skeptiker und hütete sich, sich zu eng an eine bestimmte Gruppierung oder Ideologie zu binden oder gar von dem unerklärlichen oder irrationalen Verhalten anstecken zu lassen, das Leidenschaft für eine Sache manchmal mit sich bringt. Dies war jedoch ein Charakterzug, den er von Zeit zu Zeit ausschalten konnte, häufig auf eine Weise, die ihn selbst überraschte.

1926 geboren, verbrachte Bohlen den größten Teil seiner Kindheit abwechselnd in der Bronx und in den ungarischen und jüdischen Vierteln von Greenwich Village. Da die beruflichen Tätigkeiten seiner Eltern meist kein Zusammenleben erlaubten, wurde er überwiegend von seinen Großeltern und anderen Verwandten aufgezogen. Seine Teenagerzeit war noch unstetiger: Er wohnte an verschiedenen Orten an der Ostküste, zog aus der Bronx auf die Farm seiner Großeltern in New Jersey, lebte dann bei seinem Vater in Philadelphia, bei seiner Mutter in Miami Beach und schließlich ab 1940, nachdem es seine Eltern endlich geschafft hatten, einen gemeinsamen Wohnort zu finden, auf einer Farm in Bucks County, Pennsylvania. Nach dem Highschool-Abschluss begann er 1943 an der New York University Luftfahrttechnik zu studieren.[24]

Als Bohlen 1944 achtzehn wurde, kam er seiner zu erwartenden Einberufung und einem möglichen Fronteinsatz zuvor, indem er sich freiwillig zur Marine meldete. Den Rest des Kriegs verbrachte er vorrangig in Wisconsin und Kalifornien, wo er zum Funktechniker ausgebildet wurde, ehe er wenige Wochen vor Kriegsende auf ein Bergungsschiff im Pazifik abkommandiert wurde. Als die Atombomben über Hiroshima und Nagasaki abgeworfen wurden, befand er sich mitten auf dem Pazifik. Im Gegensatz zu Irving Stowe erfüllte ihn die Nachricht mit Freude darüber, dass die Japaner vor der Kapitulation standen und das Leben von einer Million oder mehr amerikanischer Soldaten, die bei einer Invasion Japans gestorben wären, dadurch gerettet sei. Erst später kam Bohlen zu dem Schluss, dass es sich bei der Zahl um Militärpropaganda gehandelt hatte, die dazu dienen sollte, dem Einsatz von Atomwaffen größere Akzeptanz zu verschaffen. Doch zunächst entsprachen seine Gefühle denen des Durchschnittsamerikaners.[25]

Nach dem Krieg heiratete Bohlen Ann Arndt, eine Kunststudentin aus Allentown, Pennsylvania, und kehrte an die New York University zurück, um sein Ingenieursstudium zu beenden. Nach dem Abschluss 1949 fand er sich auf einem Arbeitsmarkt wieder, auf dem es von Ingenieuren nur so wimmelte. Anfangs musste er in Manhattan Taxi fahren, ehe sein Vater ihm eine Stelle als Zeichner in der Firma besorgen konnte, in der er als leitender Ingenieur arbeitete. Bohlen war unzufrieden mit der Stelle und arbeitete nur, bis er genug Geld beisammen hatte, um 1950 mit Ann für ein Jahr nach Europa fahren zu können.

Bohlens Werdegang spiegelt wider, wie eng Karrieren in wissenschaftlicher Forschung und Technik mit dem heranwachsenden militärisch-industriellen Komplex der USA verflochten waren. Die Nachfrage nach Forschungsingenieuren schoss in die Höhe, sobald die Amerikaner 1950 in den Koreakrieg verwickelt wurden. Bohlen trat eine Stelle in einer Firma an, die ein neues Material – faserverstärkten Kunststoff (FVK) – produzierte, und 1954 war er dann Vertriebsingenieur für Sonderanfertigungen bei Lumm Laminates auf Long

Island, einem Unternehmen, das überwiegend von Militäraufträgen lebte. Ein anderer Angestellter von Lumm war der Ingenieur und futuristische Visionär Buckminster Fuller, mit dem sich Bohlen anfreundete. Zusammen mit Fuller arbeitete Bohlen an der Entwicklung von geodätischen FVK-Kuppeln, mit denen US-Radaranlagen in der Arktis geschützt werden sollten. Das Design faszinierte Bohlen so sehr, dass er Jahre später sein eigenes Haus auf Denman Island, British Columbia, in Form zweier großer geodätischer Kuppeln entwarf.[26]

Während der 1950er Jahre verlief Bohlens Leben eher in typischen Mittelschichtbahnen: Studium, Heirat, zwei Kinder, eine Firmenanstellung, die er dem Einfluss seines Vaters zu verdanken hatte, ein Versuch, sich selbstständig zu machen. Trotzdem hinterfragte Bohlen in dieser Zeit auch die Werte, die diesem Lebensstil zugrunde lagen und ihn nötigten, nach den Erfolgsinsignien der Mittelschicht zu streben. Laut Bohlen waren es kurioserweise aber nicht das nukleare Wettrüsten oder die McCarthy-Ära, die ihn zum Nachdenken brachten, sondern die Bücher eines Außenseiters, des amerikanischen Schriftstellers Henry Miller. Bohlen hatte Millers berüchtigten Roman *Wendekreis des Krebses*, der in den USA wegen seines eindeutig sexuellen Inhalts verboten war, bei einem Parisaufenthalt in den 1950er Jahren entdeckt. Er schmuggelte ein Exemplar ins Land, indem er es passenderweise in seiner schmutzigen Wäsche versteckte. Abgesehen von dem Reiz, einen verbotenen Roman zu lesen, beeindruckte Millers »nachdrückliche Verurteilung der Mittelschichtwerte« Bohlen zutiefst. Millers These war nicht nur, so sah es Bohlen, dass die Mittelschichtwerte eine gleichgültige, selbstzufriedene und unkritische Gesellschaft schufen, sondern auch, dass der hemmungslose Materialismus, den sie propagierten, »das Zerbrechen der menschlichen Gemeinschaft und schließlich die Auslöschung der Gesellschaft zur Folge hätte, wenn man ihn wuchern ließe«. Bohlen las alle Bücher von Miller, derer er habhaft werden konnte, und wurde, wie er es formulierte, »zum fanatischen und inbrünstigen Miller-Jünger«.[27]

Bohlen verstand sich zwar nicht als Beatnik, aber sein intellektueller Pfad war dem, den Allen Ginsberg und Jack Kerouac Ende der 1950er und Anfang der 1960er Jahre beschritten hatten, nicht unähnlich. Wie die Beatniks empfand Bohlen es als immer sinnloser, dem amerikanischen Traum von Mittelschichtwohlstand und Sicherheit zu folgen. Verschärft wurde sein moralisches Unbehagen, weil er tief in die wachsende amerikanische militärnahe Industrie verstrickt war. Seine Suche nach mehr Lebenssinn führte Bohlen zum Zen-Buddhismus des japanischen Philosophen und Mönchs Daisetz Teitaro Suzuki (1870–1966). Zen, das unter den frühen Beatniks verbreitet war und Schriftsteller wie Ginsberg und Gary Snyder stark beeinflusste, lehrt, es sei kontraproduktiv, trage zum Zerfall sozialer Ordnung bei und führe zu spiritueller Leere, wenn man sein Leben dem Streben nach materiellem Wohlstand unterordnet. Bohlen machte sich auch Gandhi und Satyagraha zu eigen, und Ende der 1950er Jahre führte er allmählich eine Art Doppelleben: Sein Lebensstil entsprach weiterhin ganz dem der Mittelschicht, aber seine gesamte freie Zeit widmete er dem Ziel, die antimaterialistischen und antimilitaristischen Philosophien von Miller, Suzuki und Gandhi in einen »an Handeln orientierten Lebensstil« zu integrieren.[28]

Seine Suche nach alternativen Werten führte Bohlen auch zu den Quäkern in seiner Heimatgemeinde in Pennsylvania. Während er sich, wie die Stowes, mit den eher religiösen Aspekten des Quäkertums nicht identifizieren konnte, sagten ihm das Konzept der gewaltfreien Aktion und die antimilitaristischen und antimaterialistischen Botschaften sehr zu. Er konnte die Quäker daher bewundern, von ihnen lernen und sich sogar an ihren Protesten beteiligen, ohne sich ihren Ritualen und ihrem Glauben ganz verschreiben zu müssen.[29]

Während einer seiner Zeiten ohne Beschäftigung nahm Bohlen freiwillig an einem Workshop zur Zivilverteidigung in Florida teil. Ein Thema dabei waren verschiedene Strategien zum Selbstschutz im Falle eines nuklearen Angriffs. Nachdem man ihnen eine schreckliche Diashow mit Bildern von einigen Hiroshima- und Nagasaki-Opfern gezeigt hatte, erklärte man Bohlen und den anderen Teilnehmern, dass das einfache »Hinhocken und Abdecken«, das Regierung und Militär während der 1950er Jahre propagiert hatten, laut Expertenmeinung immer noch die beste zivile Verteidigungsmöglichkeit bei der Explosion einer Wasserstoffbombe wäre. Alles, was die Menschen tun müssten, so versprachen die Experten, sei, eine Grube auszuheben, hineinzusteigen und sich mit einer Tür abzudecken. Bohlen machte es wütend, dass die US-Regierung weiterhin den Atomkrieg plante, während sie die Bevölkerung glauben machte, sie könnte sich dann mit derart absurd unzulänglichen Mitteln davor schützen. Die Erfahrungen beim Workshop zerstreuten alle Vorbehalte, die er vielleicht noch gehabt hatte, zum aktiven Atomkriegsgegner zu werden. Er brach nach der Hälfte der Zeit ab, flog zurück nach Pennsylvania, gab das Geld zurück, das er für die Teilnahme bekommen hatte, und war »entschlossen … bei Massendemonstrationen aktiv gegen Atomwaffen einzutreten, bis diese vom Erdboden verschwunden wären«.[30]

Wie bei den Stowes war die Entdeckung von Spuren des radioaktiven Isotops Strontium 90 überall in Nordamerika in der Muttermilch auch für Bohlens Radikalisierung von Bedeutung. Dies war auch ein Keim für die Umweltbewegung von heute. Man kann sich kaum ein machtvolleres Symbol für Verunreinigung vorstellen als die Vorstellung, unschuldige, hilflose Kinder seien durch die heimtückische Kontaminierung ihrer Muttermilch bedroht. Wissenschaftler wie Barry Commoner begannen, die möglichen Gesundheitsschäden durch Atomwaffentests zu untersuchen, die zuvor von der Atomenergiekommission heruntergespielt beziehungsweise totgeschwiegen worden waren. Neben Rahel Carsons Untersuchung zu den Schäden durch den reichlichen und undifferenzierten Gebrauch moderner Pestizide war die Gefahr, dass durch den radioaktiven Fallout Leukämie und langfristige genetische Schädigungen hervorgerufen werden könnten, der Hauptgrund für das Aufkommen der öffentlichen Sorge hinsichtlich der Umweltkontaminierung.[31]

Sehr besorgt zu sein angesichts verstärkter Nuklearausbreitung und toxischer Verschmutzung war eine Sache, aber Bohlen war in den frühen 1960er Jahren noch nicht bereit, die tief verwurzelten bürgerlichen Werte, mit denen er aufgewachsen war, ganz über Bord zu werfen. Erneut musste er jedoch feststellen, dass er keine Arbeit finden konnte, mit der er seiner Familie den gewohnten Lebensstil bieten konnte, ohne tief in den militärisch-industriellen Komplex verstrickt zu werden. Zögernd schob er seine Zweifel beiseite und nahm eine Ingenieursstelle bei der Hercules Powder Company an, die einen lukrativen Regierungsauftrag für die Entwicklung und Produktion von Motoren für Lenkwaffen hatte. Der einzige Trost für Bohlen war, dass es ihm gelang, einer kleinen Gruppe von Ingenieuren und Technikern zugeteilt zu werden, die die nichtmilitärische Verwendung der Technologie erkunden sollte. Trotzdem wurde es immer schwieriger, die Kluft zwischen Karriere und Verantwortung für die Familie einerseits und seinen zunehmend gegen das Establishment gerichteten Werten andererseits zu überbrücken. An den Wochenenden nahm er an Antikriegsveranstaltungen der Quäker und anderer Friedensgruppen teil, unter der Woche arbeitete er für eine Firma, deren Haupteinnahmequelle die Zulieferung für die Atomwaffenindustrie war. Ein größeres Opfer war seine Ehe, die nicht zuletzt an diesem Widerspruch und den daraus resultierenden Frustrationen zerbrach.[32]

Seine zweite Frau Marie Nonnast, eine bekannte Illustratorin, traf Bohlen bei einem von den Quäkern organisierten Protest gegen Atomwaffentests vor dem Rathaus von Philadelphia. Maries erste Ehe, aus der sie einen Sohn im Teenageralter hatte, war gleichfalls kurz zuvor zu Ende gegangen. Sie stellten fest, dass sie verwandten Wertvorstellungen folgten, widmeten immer mehr Zeit Protestaktionen und versuchten, ein Leben mit weniger materialistischen Mittelschichtinsignien zu führen. Sie waren entschieden gegen die amerikanische Beteiligung am Vietnamkrieg und nahmen an Protestaktionen in Philadelphia, New York und Washington D. C. teil. Mit Hochstimmung erfüllte sie zum einen, dass sie »an den Bemühungen gegen den Krieg mitwirkten«, und zum anderen, dass sie sich »unter Seelenverwandten befanden«.[33] Als sich das US-Engagement in Vietnam 1965 verstärkte, legte die Hercules Powder Company ihre zivile Forschung auf Eis und beauftragte alle Mitarbeiter, sich auf die Entwicklung einer tragbaren Antipersonenrakete zu konzentrieren. Deren Sprengköpfe sollten mit kleinen Rasierklingenstücken gefüllt werden, die tief in das Fleisch von Menschen eindringen und es zerfetzen sollten, sodass Behandlung und Genesung nahezu unmöglich wurden. Das war mehr, als Bohlen schlucken konnte. Er verließ die Firma Mitte 1965.[34]

Maries Sohn Paul schloss 1966 die Highschool ab und konnte eingezogen werden. Er beschloss, im Falle seiner Einberufung nach Kanada zu gehen. Zu den Vereinbarungen zwischen den USA und Kanada gehört, dass Personen, die in das andere Land ziehen, dort nicht für Vergehen belangt werden können, die sie in ihrem Ursprungsland begangen haben, solange diese Verstöße nicht in beiden Ländern als Verbrechen gelten. Da Kanada keine Wehrpflicht kannte, lieferte es keine legalen Einwanderer aus den USA aus, die sich der Einberufung entzogen hatten. Tatsächlich betrachtete Kanada Wehrdienstgegner als politische Flüchtlinge, die mit einer Verurteilung rechnen mussten, wenn sie an die USA ausgeliefert würden. Trotzdem war das eine schwere Entscheidung für einen jungen Mann. Neben der moralischen Schande, die der Wehrdienstverweigerung anhaftete, mussten die Verweigerer auch ein ganz neues Leben in Kanada anfangen – ohne große Hoffnung, je wieder zurückkehren oder überhaupt die Familie besuchen zu können.[35]

Die Bohlens zogen 1967 nach Vancouver, wo Jim auf dem Campus der University of British Columbia (UBC) eine Stelle in einem staatlich finanzierten Labor für Forstprodukte fand. Wie Irving und Dorothy Stowe beteiligten sich Jim und Marie sofort an den Antikriegsaktivitäten vor Ort. Was ihnen mit als Erstes auffiel, waren die vielen ruhelosen und häufig ziellosen jungen Amerikaner, die in der Stadt herumhingen. Vancouver war die Hauptanlaufstelle für Wehrdienstverweigerer von der Westküste, aber sie trafen hier bei ihrer Ankunft kaum auf Unterstützung. Zusammen mit anderen Exilamerikanern, die sie an der UBC kennengelernt hatten, gründeten die Bohlens das Committee to Aid War Objectors. Die Organisation schuf ein Netzwerk von gleichgesinnten Kontaktleuten, bei denen neu in Kanada angekommene Wehrdienstverweigerer unterkommen konnten, und bot verschiedene andere Dienste, etwa Job- und Wohnungsvermittlung, Briefkästen, Zeitschriften- und Zeitungsabonnements oder Beratungen. In den folgenden Jahren beherbergten die Bohlens ständig neu angekommene Wehrdienstgegner.[36]

Die meisten Kanadier lehnten die US-amerikanische Beteiligung am Vietnamkrieg ab, und es herrschte die Ansicht vor, dass sich Kanada keinesfalls direkt einmischen sollte. Vielen Kanadiern war jedoch nicht überhaupt bewusst, dass Unternehmen und Arbeiter ihres Landes Waffen und Ausrüstung produzierten, die für das amerikanische Militär lebenswichtig waren. Den Mitgliedern der kanadischen Friedensbewegung war es deshalb wichtig, nicht nur gegen den Krieg zu protestieren, sondern auch die Komplizenschaft Kanadas dabei aufzudecken. Seit dem Zweiten Weltkrieg hatten die beiden Regierungen bei der Verteidigung eng zusammengearbeitet und 1947 das Joint Board of Defense sowie in den 1950er Jahren ein integriertes nordamerikanisches Luftverteidigungssystem geschaffen. 1959 unterzeichneten die beiden Staaten eine Vereinbarung, dass beide Staaten die jeweils gleiche Summe an Verteidigungsmitteln im Partnerland ausgeben sollten und die USA auf die Doktrin verzichteten, Militäraufträge ausschließlich an US-Firmen zu vergeben. Die Folge war, dass kanadische Militärunternehmen vom Krieg gewaltig profitierten – die US-Verteidigungsausgaben in Kanada stiegen von 25 Millionen Dollar 1964 auf 317 Millionen US-Dollar 1966.[37]

An den Universitäten entdeckten die kanadischen Studenten, dass landesweit rund 40 Hochschulen Fördermittel für Forschungen erhielten, die direkt Anwendung bei der US-Kriegsführung in Vietnam fanden. Ab 1966 explodierte in Kanada die Zahl der Demonstrationen gegen den Krieg. Oft wurden sie von Studentengruppen initiiert, die von amerikanischen Wehrdienstverweigerern angeführt wurden, die in Kanada studierten.[38] An der UBC organisierte eine zusammengewürfelte Gruppe alter und neuer Linker, die sich Internationalists nannten, eine Reihe von Antikriegsmärschen in der Innenstadt von Vancouver. End the Arm's Race, eine breite ökumenische Gruppe, unterstützte gleichfalls Demonstrationen gegen den Krieg in der Stadt. Jim und Marie beteiligten sich gleich nach ihrer Ankunft 1967 in Vancouver an einem dieser Märsche. Sie hofften, eine Quäkergruppe zu finden, mit der sie regelmäßig an gewaltfreien Protestaktionen teilnehmen konnten. Etwa in der Mitte der Marschierenden entdeckten sie eine Quäkerfahne – getragen wurde sie von Irving und Dorothy Stowe. Die Bohlens gingen hin und stellten sich vor: Der Nukleus der Greenpeace-Koalition war geboren.[39]

Irving und Dorothy Stowe und auch Jim und Marie Bohlen waren ebenso Produkte des Kalten Kriegs wie Joseph McCarthy, Richard Nixon und deren Anhänger vom rechten politischen Flügel in Amerika. Die Menschen auf beiden Seiten des ideologischen Grabens waren durch die Schrecken des Zweiten Weltkriegs und des Holocausts gegangen und von ständiger Angst vor einem Atomkrieg geprägt. Aus verschiedenen Gründen – der Art ihrer Erziehung, ihrem sozialen Umfeld, dem Ort ihrer Herkunft und einer Reihe von zweifellos komplexen psychischen Faktoren – lag der Schwerpunkt für die Stowes und Bohlens bei einem Weltbild, das das Heil in internationaler Zusammenarbeit und gegenseitigem Verständnis sah und weniger in militärischer Stärke und strategischen Bündnissen. Was viele Amerikaner als Stärken ihrer Nation betrachteten – ihr unübertroffenes militärisches Potential, ihre reichen und mächtigen Unternehmen und ihr bedingungsloses Konsumdenken –, war ihrer Meinung nach genau das, was international den Kalten Krieg und bei sich zu Hause eine zum Sterben verurteilte Kultur förderte. Für die Bohlens und die Stowes versprach ein radikaler Pazifismus am ehesten die Entwicklung einer friedlichen und gerechten Gesellschaft mit einer sinnvollen und lebendigen Kultur. Der Quäkerbegriff von »Zeugnis ablegen« und Gandhis Satyagraha gaben radikalen Pazifisten eine Reihe von Möglichkeiten an die Hand, ihrer Opposition zu den herrschenden Machtstrukturen in einer Weise Ausdruck zu verleihen, die in Einklang mit ihrem Glauben an die Macht der gewaltfreien Aktion stand. Daher überrascht es nicht, dass die Organisation, die die Stowes und Bohlens in Vancouver gründeten, zutiefst von den radikalpazifistischen Werten durchdrungen war, die sie aus der amerikanischen Friedensbewegung mitgebracht hatten – Werte, die bis zum heutigen Tag zum Kern der Greenpeace-Philosophie gehören.

2. Kapitel

Die Feinde der Anarchie

Um die Elternschaft von Greenpeace wird seit Langem gestritten. Altgediente Greenpeacer scherzen gern, es sei egal, welche schmuddelige Fischerkneipe zwischen Anchorage in Alaska und San Francisco in Kalifornien man auch betreten mag, immer würde man einen alten Knaben finden, der behauptet, Greenpeace-Gründer zu sein. Heute ist Greenpeace ganz eindeutig eine Organisation mit allem Für und Wider, was damit einhergeht. Doch für die Anfänge gilt das nicht. In den ersten Jahren war Greenpeace ein lockeres Netzwerk von Aktivisten und Journalisten, eher eine Sozialbewegung denn eine Organisation. Deshalb sollten die Ursprünge besser als Prozess verstanden werden und nicht als singuläre »Geburt« oder »Gründung«. Und damit entpuppt sich der Scherz über den Greenpeace-Gründer in jeder Westküstenkneipe nur als halber. An der ersten Greenpeace-Kampagne – die vor der offiziellen Existenz der Organisation stattfand – waren Dutzende, wenn nicht Hunderte von Leuten beteiligt. Manche, wie Irving Stowe und Jim Bohlen, arbeiteten ein Jahr lang unermüdlich für die Kampagne, andere haben vielleicht bloß eine Unterstützergruppe, ein Empfangskomitee in einem Fischerdorf in Alaska oder ein Übernachtungslager an der Küste von British Columbia organisiert. Angesichts der fließenden Anfänge und der späteren Berühmtheit der Organisation ist es vielleicht verständlich, warum so viele Menschen der »Gründer«-Versuchung erliegen. Wo liegt schließlich die Grenze zwischen einem »Gründer« und einem bloß marginalen Helfershelfer?

Die Bestimmung, ob Greenpeace viele, eine Handvoll oder gar keine Gründer hatte, ist ein strittiges Unterfangen. Trotzdem steht fest, dass manche Mitglieder mehr Gründungsarbeit leisteten als andere. In diese Kategorie fallen sicher Irving Stowe und Jim Bohlen. Ebenso Bob Hunter. Alle drei hatten erheblichen – und deutlichen – Einfluss auf die entstehende Organisation Greenpeace und formten ihren Aktionsstil und ihre Kultur. Daher ist es wichtig zu verstehen, wie sie ihre Vorstellungen zur Umwelt bildeten und in welchem Kontext dies geschah.

Bis Anfang der 1960er Jahre hatten Themen wie Naturschutz oder die Verschmutzung der Städte Jim Bohlen kaum interessiert. Seine Einsätze als Aktivist galten hauptsächlich der Antiatom-Bewegung. Von Belang waren für ihn nur Umweltprobleme, bei denen Atomwaffen die direkte Ursache waren, wie etwa das Strontium 90 in der Milch. Marie hingegen war aktives Mitglied des Sierra Clubs, einer der ältesten Umweltorganisationen der USA. Maries sachkundiger

Enthusiasmus für die Naturschutzgebiete der mittelamerikanischen Länder führte dazu, dass Bohlen die Natur nicht mehr allein wegen ihres Freizeitwerts und ästhetischen Potentials schätzte. Diese Sichtweise ergänzte sein Interesse für Zen-Buddhismus sowie die Wertvorstellungen, die er von den Quäkern und den radikalen Pazifisten unter seinen Freunden übernommen hatte.[1]

Terry Simmons, ein junger Amerikaner, der zum Graduiertenstudium in Geografie nach Vancouver gekommen und gleichfalls im Sierra Club aktiv gewesen war, hatte nach seiner Ankunft in Kanada festgestellt, dass es hier keine bedeutenden Nichtregierungsorganisationen gab, die für den Naturschutz arbeiteten. Daher wandte er sich an den Sierra Club in Kalifornien, bei dem er immer noch passives Mitglied war, und bat um eine Liste von Clubmitgliedern in der Vancouver-Region. Der Club teilte ihm mit, dass rund 60 Mitglieder in der Gegend lebten. Simmons setzte sich mit so vielen wie möglich in Verbindung und organisierte ein Treffen im Juli 1969. Unter anderen standen Jim und Marie Bohlen auf seiner Liste, die ihre Freunde Irving und Dorothy Stowe mitbrachten. Die Gruppe beschloss, den BC Sierra Club aufzubauen, den ersten Zweigverein außerhalb der Vereinigten Staaten, und meldeten sich selbst im September 1969 an.[2]

Bis zur Gründung des BC Sierra Clubs hatten sich die Bohlens und Stowes vorrangig bei verschiedenen Antikriegsaktionen im Zusammenhang mit den Quäkern engagiert. Es gab jedoch ein paar bemerkenswerte Ausnahmen. Jims erste direkte Aktion in Sachen Umweltschutz fand mehrere Monate vor dem Gründungstreffen des Sierra Clubs statt. An einem Frühlingstag saß er draußen vor seinem Labor auf dem Campus der UBC, verzehrte sein Mittagessen und beobachtete Zugvögel auf der Pazifiklinie, der Hauptvogelflugroute an der nordamerikanischen Westküste, die auf dem Weg nach Norden waren. Viele Vögel ließen sich zum Ausruhen auf der hohen roten Zeder nieder, unter der Bohlen picknickte. Plötzlich erschien ein Mann mit einer Kettensäge bei dem Baum. Bohlen beschrieb die Szene:

> Er bat mich, beiseitezugehen, weil er den Bäum fällen müsse, um Platz für eine behelfsmäßige Erweiterung des Labors zu schaffen. Ich war entsetzt. Da ich nicht wusste, was ich sonst tun sollte, erhob ich mich und stellte mich mit ausgebreiteten Armen direkt vor den Baum. Und erklärte dem Holzfäller mit einem gewissen Pathos, dass dieser Baum *nicht* gefällt werden würde. Der Holzfäller war so verblüfft über meine Reaktion, dass er den Rückzug antrat … Das verschaffte mir ein völlig neues Gefühl, und ich mochte das.[3]

Auf Bohlens spontane »Baumumarmung« folgte ein etwas mehr organisierter Akt zivilen Ungehorsams. Bill Chalmers, ein Freund von Bohlen und ebenfalls Sierra-Club-Mitglied, hatte eine Gruppe gegründet, die sich Save the Natural Beach Committee nannte, um zu verhindern, dass das Amt für Parks und Freizeitanlagen von Vancouver entlang eines unberührten Strandes in Campusnähe eine Straße bauen ließ. Bohlen, Chalmers, weitere respektable Umweltaktivisten mittleren Alters und zahlreiche UBC-Studenten waren am Tag des geplanten Baubeginns zur Stelle und bildeten eine Menschenkette, um die Bulldozer aufzuhalten. Die Aktion hatte Erfolg und das Projekt wurde schließlich abgeblasen.[4] Es handelte sich zwar nur um eine kleine Protestaktion von rein lokaler Bedeutung, doch trotzdem sollte man sie nicht unterschätzen: Die Philosophie von Satyagraha, Gandhis gewaltfreie Protesttaktiken, wurden nun, vielleicht zum ersten Mal, für den Umweltschutz eingesetzt.

Irving Stowe gefiel sich mittlerweile in der Rolle des Vollzeit-Aktivisten. Bis zum Jahr 1969 hatte er am Aufbau eines Netzwerks von Graswurzelorganisationen aus ganz Vancouver mitgewirkt, die sich um alle möglichen Belange von der Stadtplanung bis zu Atomwaffentests kümmerten. Seine Freundschaft mit Bohlen hatte dazu geführt, dass er ein wesentlich stärkeres Interesse an Umweltfragen entwickelte als zuvor. Allerdings widmete er sich nach wie vor einer Unmenge anderer Anliegen. Er schuf das Take Back the Earth Committee, eine Gruppe, die einen sensibleren Umgang mit Stadtplanung forderte, um »die Probleme zügellosen Wachstums zu vermeiden, unter denen so viele amerikanische Städte zu leiden hatten«.[5] Man veranstaltete Demonstrationen in der Innenstadt von Vancouver, um den Bau einer Brücke nach Kitsilano zu verhindern, weil diese zur Zunahme des Autoverkehrs im Zentrum führen würde. United For Survival, eine andere Gruppe von Stowe, wurde als Schirmorganisation für verschiedene fortschrittliche Organisationen in ganz British Columbia ins Leben gerufen. Die Rhetorik dieser Gruppen wurde in erheblichem Maß von Stowes Erbitterung über die USA bestimmt. Kanada würde immer mehr von den USA in Besitz genommen und in der Realität bald nicht mehr als eigenständiger Staat existieren, so lautete sein Argument. »Die Mehrheit der Wähler«, erklärte er, »verstehen unter ›Überleben‹ immer noch die ERHALTUNG IHRES LEBENSSTANDARDS.« Eine Möglichkeit, die wünschenswerteren Seiten seines hohen Lebensstandards zu erhalten und ökologische und kulturelle Zerstörungen wie sie aus den USA herüberschwappten, zu vermeiden, sah er für Kanada in der Gründung eines neuen Handelsblocks, eines »Gemeinsamen Marktes für das nationale Überleben«, der strenge Auflagen zum Handel mit Staaten, die Atomwaffen besaßen oder umweltzerstörerische Anlagen wie Atomkraftwerke oder riesige Staudämme förderten, einhielt. Das Take Back the Earth Committee und United For Survival umfassten die ganze Bandbreite von Stowes Philosophie »global denken, lokal handeln« und spiegelten auch seine bombastischen Tendenzen und seinen immer leidenschaftlicheren und praxisfernen Antiamerikanismus wider.[6]

1970 und 1971 schrieb Stowe eine Kolumne mit dem Titel »Greenpeace is Beautiful« für die Untergrundzeitung *Georgia Straight* in Vancouver. Er konnte auf diesem Wege seine Ansichten über die USA und die Verzerrungen des Kapitalismus öffentlich machen und die Vorzüge seiner eigenen Umweltschutzagenda erläutern. Stowe war 55 und alt genug, um Vater von nahezu jedem zu sein, der mit der Zeitung zu tun hatte. Seine kräftige Figur und sein buschiger, schwarzer Bart brachten eine Journalistin dazu, ihn als »einen jüdischen Weihnachtsmann« zu bezeichnen.[7] Trotz seines Alters verstand sich Stowe bestens mit den jungen Hippies und Radikalen, die den *Straight* machten oder einfach dort herumhingen. In politischer Hinsicht nannte sich Stowe gern einen Konservativen mit kleinem K. »Ich möchte unsere Umwelt, unsere Ressourcen und unser Volk konservieren«, erklärte er einem Journalisten, »deshalb nenne ich mich konservativ. Die wahren Radikalen sind die, die Atomwaffen testen wollen.« Doch kaum jemand hätte Stowe als »Konservativen« im herkömmlichen Sinne betrachtet. Bob Hunter war beispielsweise überzeugt, dass Stowe Maoist war. Selbst Bohlen, der einen ähnlichen Background und ähnliche politische Ansichten wie Stowe hatte, äußerte angesichts von dessen heftigem Antiamerikanismus die Vermutung, Irving müsse »etwas in den Staaten getan haben, das nicht ganz koscher war«.[8]

Seine politischen Ansichten plazierten Irving Ende der 1960er eindeutig ins Lager der Neuen Linken. Er zitierte gern den Philosophen Herbert Marcuse, den »Vater der Neuen Linken«, und warb für Tom Haydens Konzept des revolutionären Kollektivs, das Macht von unten und Misstrauen gegenüber Eliten beinhaltete.[9] Häufig brachte er Ansichten ein, die in *Ramparts*, dem führenden Organ der Neuen Linken, zu finden waren, indem er argumentierte, dass Umweltprobleme wie Luft- und Wasserverschmutzung nicht bloß eindimensionale Lösungen, sondern »viele radikale Veränderungen in unserem Leben« verlangten. Wie die Neue Linke lehnte er den »sanften« Umweltschutz der Regierung und der Massenmedien, deren Lösungen nur strengere Bestimmungen und den Einsatz technologischer Behelfsmaßnahmen vorsahen, als Ablenkungsmanöver ab. »Die herkömmlichen Ansätze zum Natur- und Umweltschutz haben versagt«, erklärte Stowe. »Sie waren zum Scheitern verurteilt, weil man naiverweise annahm, Regierung und Industrie könnten dazu gebracht werden, Gesundheit und Leben der Menschen zu schützen.« Doch Politiker würden seiner Meinung nach »das wachsende Interesse der Menschen ›für eine saubere Umwelt‹ als netten Plan begrüßen, lieber Abfälle aufzulesen, als gegen den Krieg der USA in Südostasien und Kanadas Komplizenrolle dabei zu protestieren«. Doch wenn es den Menschen mit dem Schutz ihrer Umwelt ernst sei, müsste der Ansatz in einer Volksbewegung liegen, die sich eingesteht, dass »Regierung und Industrie das Problem sind«. »Verschmutzung, Müll, Verschwendung [und] der Raubbau und die Zerstörung von Ressourcen und Natur in Kanada«, donnerte Stowe, »sind Symptome einer weltweiten ÖKOLOGISCHEN KRISE.« Um diese Krise zu verhindern, wären »so revolutionäre Veränderungen der Ansichten und des Lebensstils nötig, dass die etablierten Politiker wünschen werden, die Leute kämen wieder auf die Straße, um nur gegen den Krieg zu protestieren!« Stowe zufolge müssten die Menschen all die Werte und Kernbegriffe des Establishments – wie Profit, Effizienz, billig, Bruttosozialprodukt, Fortschritt –, die eingesetzt wurden, um sie zu manipulieren, aufdecken und verwerfen. Stattdessen sollten sie ihr Verhalten anderen und der Umwelt gegenüber prüfen und es in Einklang mit dem bringen, was Stowe als »Überlebensethik« bezeichnete. »Trägt euer Handeln«, fragte er seine Leser, »zur Gesundheit, dem Fortleben und der Freiheit eurer Brüder und Schwestern sowie von euch selbst bei und bewahrt es die Umwelt?«[10]

Wie viele Angehörige der Neuen Linken begrüßte Stowe die neomarxistische Rhetorik von Dritte-Welt-Abhängigkeits-Theoretikern wie Frantz Fanon. »Die Vorherrschaft der westlichen Welt über die Dritte Welt«, erklärte er energisch, »findet ihre Krönung in der politischen und ökonomischen Vorherrschaft der USA über beide und gipfelt in der Vorherrschaft von Unternehmensinteressen über das öffentliche Interesse. Festgemacht ist dies schlicht und einfach in der politischen Ökonomie der Ressourcenausbeutung.« Für Stowe war deshalb für die Entwicklung eines »umfassenden ökologischen Bewusstseins« unabdingbar, dass die Menschen die wechselseitigen Beziehungen zwischen Ausbeutung, Krieg, westlichem Lebensstil und ökologischer Zerstörung erkannten. Er war überzeugt, dass die zerstörerischen ökologischen Praktiken der modernen Welt nur dann ein Ende fänden, wenn Menschen aktiv dafür kämpften. »[Das] System kann nicht verändert werden, indem man nach seinen Regeln agiert (das Spiel ist so ausgelegt, dass die herrschende Klasse reich und mächtig bleibt).« Die Menschen »können das gegenwärtige, auf Untergang zielende System nur aushebeln, indem sie ihre Stärke der *kollektiven Nichtbeteiligung* einsetzen«. Einschließen sollte das, »die vom System künstlich erzeugten Lebensmittel nicht zu essen, die technischen Geräte des Systems nicht zu kaufen und eine ›Bildung‹ für Jobs des Establishments abzulehnen«. Diese Argumentation gipfelte in der Feststellung, dass nur ein »gradueller Unterschied zwischen der Bereitschaft, in den Gaskammern von Nazideutschland zu arbeiten, und der, für Dow Chemicals zu arbeiten« bestünde. Einzig wegen eines Gehaltzettels zu arbeiten, war für Stowe nicht mehr akzeptabel. »Ein Job, der einen LEBENSstandard sichert, kann nur ein Job sein, der zu Überleben, Gesundheit und Schutz der Umwelt beiträgt.«[11]

Während Stowe in gewisser Weise den Einfluss der Neuen Linken auf Greenpeace repräsentierte, war Bob Hunter für die Organisation der Prophet der Gegenkultur. Ebenso wie berühmtere Chronisten der Gegenkultur wie Theodore Roszak und Charles Reich versuchte Hunter, die Gegenkultur zu analysieren und ihren künftigen Pfad zu skizzieren. Wie Reich sah er die Geschichte als Teil der Entfaltung der klassischen Hegel'schen Dialektik: Die Zunahme menschlichen Bewusstseins und menschlicher Selbsterkenntnis stelle ältere Weltkonzepte in Frage. Das alte Bewusstsein gehe unter und werde von dem Bewusstsein ersetzt, das es untergraben hat. Aber das alte Bewusstsein widersetzt sich seinem kompletten Verschwinden, und es trete schließlich eine neue

Synthese hervor, die die menschliche Selbsterkenntnis in ein vollständig neues Reich hebe. Auch wenn Reichs Buch den Titel *The Greening of America* trug, spielte Ökologie in Hunters Vision einer Revolution des Bewusstseins eine viel zentralere Rolle als bei Reich. Zudem genügte es Hunter nicht, an den intellektuellen Seitenlinien der Gegenkultur zu verharren – er wurde zum engagierten Aktivisten und war entscheidend an der Entwicklung der Philosophie und den Taktiken von Greenpeace beteiligt.[12]

Hunter wurde 1941 geboren und wuchs am Stadtrand von Winnipeg auf. Großgezogen wurde er überwiegend von seiner Mutter, einer Frankokanadierin, die in einem nahe gelegenen Restaurant arbeitete und gerade genug verdiente, um die Familie oberhalb der Armutsgrenze zu halten. Hunter war ein aufgeweckter Junge, aber er hasste die Reglementierungen und die Disziplin der Schule. Und er war auch eine Art Rebell: Als er ein Stipendium für ein Universitätsstudium der schönen Künste erhielt, verbrannte er den Bescheid lieber öffentlich während seiner Highschool-Abschlussfeier. Statt zur Universität zu gehen, wollte Hunter das Leben voll auskosten und Schriftsteller werden. Im Rückblick auf seine überhastete und naive Aktion gelangte Hunter zu der Überzeugung, dass sein Entschluss, nicht auf die Universität zu gehen, ihm letztlich das Selbstvertrauen gab, um Schriftsteller zu werden. Viele seiner Freunde hatten ähnliche Ambitionen. Sie gingen aufs College, nur um dort zu erfahren, »welche unbedeutenden kleinen Mücken sie im Vergleich mit den literarischen Riesen waren«.[13]

Anfang der 1960er Jahre reiste Hunter durch Europa und lebte in England. Dort lernte er seine erste Frau Zoe kennen, eine angehende Schauspielerin, die in derselben Bibliothek wie er arbeitete. Bis zu diesem Zeitpunkt beschränkten sich seine literarischen Vorbilder überwiegend auf Science-Fiction, die er verschlang, und gelegentliche Streifzüge zu Nietzsche und in die Beatnik-Literatur, vor allem Jack Kerouac. Es überrascht kaum, dass seine politischen Ansichten damals weitgehend durch die Linse der Science-Fiction gefiltert waren. Für die profanen Machenschaften der Alltagspolitik hatte er wenig übrig. Zoe hingegen war aktive Atomkraftgegnerin und an der Campaign for Nuclear Disarmament (CND) beteiligt, der einflussreichen Gruppe für atomare Abrüstung, die von Berühmtheiten wie Bertrand Russell geleitet wurde. Die CND organisierte die berühmten Aldermaston-Märsche: Der erste fand im April 1958 statt, als Tausende von Demonstranten von London zum 83 Kilometer nördlich gelegenen Atomforschungszentrum Aldermaston zogen. Der Protest wurde als Ostermarsch zum alljährlichen Ereignis, und 1963 überredete Zoe Hunter, ihre Flitterwochen in Wales abzukürzen, um an dem Marsch teilzunehmen. Das war die erste bedeutende politische Aktion in Hunters Leben.[14]

Ende 1963 kehrte Hunter zusammen mit Zoe, die schwanger war, nach Winnipeg zurück und arbeitete für eine der Zeitungen in der Stadt. Er schloss sich der dortigen Beat-Szene an, trug den obligatorischen schwarzen Rollkragenpullover und führte stundenlange, rauchgeschwängerte Debatten mit anderen Möchtegernphilosophen und ernsthaften Schriftstellern. Er begann auch mit der Arbeit an *Erebus*, seinem ersten Roman, den er dann auch veröffentlichte. Der Roman war halb autobiografisch, und es ging darin um einen rebellischen und orientierungslosen jungen Mann, der Anfang der 1960er in einem Schlachthof in Winnipeg arbeitete.[15] Voller Rohheit, verstörend und mit brutaler Gewalt innerhalb und außerhalb der Schlachthalle gespickt, versucht der Roman, den Schlachthof als Metapher für die Zivilisation darzustellen und kontrastiert den Gestank und das Blut der Schlachtstätte mit der Einsamkeit und Schönheit, die der Erzähler bei seinen Zeltausflügen auf eine abgelegene Insel im Lake Winnipeg erfährt. Geschrieben für und über die sich entwickelnde Generation der 1960er, ist das Buch äußerst naturalistisch und schwelgt in brutaler Offenheit und Selbstkritik. Auch wenn sein Ton häufig finster ausfällt, ist es doch mit Humor durchsetzt und endet mit einer optimistischen Note: Der zynische Protagonist findet Erfüllung und Befriedigung als Lehrer in einer fortschrittlichen Schule, die sein idealistischer und jüngst erblindeter bester Freund gegründet hat. Als der Roman veröffentlicht wurde, war Hunter mit seiner Familie bereits nach Vancouver gezogen, wo er als Redaktionsassistent bei der *Sun* arbeitete. Als sein Chefredakteur erfuhr, dass *Erebus* für den Governor General's Award, einen der angesehensten Literaturpreise in Kanada, nominiert war, gab er Hunter eine eigene Kolumne. Hunter hatte schon bald eine Gefolgschaft unter den Lesern versammelt, die ihn – zustimmend oder ablehnend – mehrheitlich als führende Stimme der Gegenkultur in Vancouver betrachtete.[16]

Die Kolumne gab Hunter die Freiheit, sich bei allem einzumischen, was ihn interessierte. Meist richtete sich seine Aufmerksamkeit auf die alternative Szene der Stadt. Auch wenn er an dem Aldermaston-Marsch teilgenommen hatte, Aktivisten-Referenzen von Leuten wie Irving Stowe und Jim Bohlen konnte Hunter nicht vorweisen. Trotzdem begann er, sich für zahllose Angelegenheiten einzusetzen, und trat bei verschiedenen Protestaktionen in Erscheinung. Einmal wollte er sich sogar als Bürgermeisterkandidat für Vancouver aufstellen lassen, aber dann vergaß sein stockbetrunkener Hippie-Anwalt (und späterer Greenpeace-Vorstand) Hamish Bruce, die nötigen Unterlagen rechtzeitig einzureichen. Hunters wahres Interesse galt zu diesem Zeitpunkt aber der Kulturanalyse. Er wollte intellektueller Führer der kommenden Revolution sein, der Chronist ihres Heraufdämmerns und der Gestalter ihrer Zukunft. Diese Revolution sah er nicht als eine herkömmliche politische oder soziale Umwälzung, sondern als etwas, das überwiegend in den Köpfen der Menschen stattfand. Kurz, es würde eine »Bewusstseinsrevolution« sein.

Hunter sah sich zwar politisch als links, aber der Marxismus faszinierte ihn nicht – Isaac Asimovs *Foundation*-Trilogie hatte weit mehr Einfluss auf ihn als *Das Kapital.* Außerdem war er eifriger Leser des deutschstämmigen jüdischen

Gestalttherapeuten Fritz Perls sowie des kanadischen Philosophen Marshall McLuhan und war bestens vertraut mit jenen Autoren, die der Gegenkultur in den 1960ern teuer waren: Aldous Huxley, Alan Watts, Teilhard de Chardin, Gary Snyder, Paul Ehrlich, Erich Fromm und Jacques Ellul.[17]

Nachdem sich Hunter in einer Kolumne positiv über die Gestalttherapie geäußert hatte, lud ihn Fritz Perls zum Mittagessen ein und bot ihm eine kostenlose Therapie an. Hunter fand Perls' holistischen Ansatz der Psychologie sehr überzeugend, insbesondere sein Urteil, dass die meisten Menschen sehr wenig Selbst-Gewahrsein hätten. Das bedeutete, so Perls, dass sie weder sich selbst richtig verstehen noch sich in andere versetzen könnten. Die Gestalttherapie bestand überwiegend in Einzelsitzungen mit Fritz Perls, der seine Patienten aufforderte, sich auf einen leeren Stuhl zu projizieren und in Dialog mit dieser Projektion zu treten. Statt einfach den Inhalt des Dialogs zu analysieren, fragte Perls dann seine Patienten, ob sie dessen gewahr wären, dass sie beim Reden mit dem Fuß geklopft hätten, oder ob ihnen die eigene Stimmlage und Angst oder Ärger darin bewusst wären. Allmählich führte das zu einem besseren Gewahrsein und Verständnis für ihre psychische Befindlichkeit. Für Perls war Gewahrsein der Schlüssel zu allem. Statt sich immer auf Wandel als Methode zur Verbesserung des psychischen Wohlergehens zu konzentrieren, sollte man sich einfach seiner Probleme gewahr – völlig und bis in die Tiefe gewahr – werden. Dieses Gewahrsein würde es dann ermöglichen, die Probleme zu erkennen und zu lösen.[18]

Hunter veröffentlichte 1970 das erste von zwei Büchern, in denen er die »Bewusstseinsrevolution« erklärte, die er bei der Jugend der Welt ausmachte. In *The Enemies of Anarchy* (»Die Feinde der Anarchie«) skizzierte Hunter eine »Gestaltsoziologie«, die die Probleme der Welt in überwiegend psychologische Begriffe fasste und den Grundlagen der kommenden Bewusstseinsrevolution nachging, die der letzte Versuch der Menschheit sein würde, sich vor der unausweichlichen Ausrottung zu retten. Dabei benutzte er einen geschickten, wenn auch etwas billigen rhetorischen Trick und definierte »organisierte Anarchie« als Institutionalisierung eines egoistischen Individualismus, der sich in der Gesellschaft ausgebreitet hätte und alle modernen Staaten, ungeachtet ihrer politische Ideologie oder ihrer sozialen Organisation, beherrschte. Die »Anarchisten« waren danach die Institutionen, die das Fundament der modernen Gesellschaft bilden: Regierung, Kirche, Wirtschaftsunternehmen, Universität – und jene Menschen, die sie betrieben und darin arbeiteten. Somit waren die allermeisten Menschen Anarchisten, weil sie zum Fortbestand eines Systems des aggressiven Individualismus beitrugen und eine Habgier freisetzten, die den Planeten an den Rand der Umweltkatastrophe trieb. Umweltverschmutzung etwa war »die direkte Folge ungehinderter, anarchischer Industrieentwicklung«.[19]

Um die Menschheit zu retten, war es nötig, sich »Handlungsweisen und Techniken [anzueignen], die antianarchisch sind – die also *gegen* organisierte

Anarchie arbeiten«. Solch eine Bewegung war bereits am Werk, nicht aufgrund von Aufklärung, sondern als spontane Selbstregulierung in manchen Bevölkerungsteilen. Dieser homöostatische Veränderungsprozess war vor allem, aber nicht ausschließlich unter der Jugend der westlichen Gesellschaft zu finden und war am weitesten in den USA gediehen, wo sich die organisierte Anarchie am stärksten entwickelt hatte. Die tonangebenden Agenten bei den Bemühungen, den institutionalisierten Individualismus aufzubrechen, waren für Hunter Ökologie, humanistische Psychologie, eine stark erhöhte Anerkennung östlicher Philosophie und Religion, Psychopharmaka, Rockmusik und der zunehmende Einsatz von Computern bei einer Vielzahl von Problemen. Kurz, die Gegenkultur der Sechziger sei der Garant für langfristige Stabilität und fürs Überleben, während die Mainstreamgesellschaft die Welt auf den anarchischen Weg in den Ruin führe. In der Terminologie der Gestalttherapie lag der Erfolg der Gegenkultur nicht darin, dass sie rebellierte, sondern dass sie sich auf Fritz Perls' leeren Stuhl projizierte und allmählich massenhaft Selbst-Gewahrsein erlangte.[20]

Hunter zufolge war die Generation der Gegenkultur auch bereits auf dem Weg zu einer Weltsicht, die die holistische Sichtweise der Ökologie reflektierte. In *The Storming of the Mind*, seinem zweiten Buch zur Bewusstseinsrevolution, führte Hunter aus, dass die Gegenkultur der Sechziger eine radikal neue Wahrnehmung der Realität angenommen habe: »Da die entscheidenden Probleme, die heute unsere Existenz bedrohen, nur in Kategorien wie Gestalten, Ganzheiten, Strömen oder Synergieeffekten verstanden werden können, sind einzig die Augen der neuen Generation in der Lage, das Problem zu erkennen … [denn] jene, die gelernt haben, die Dinge einzeln und unverbunden zu betrachten … können ganze Systeme oder Ströme nicht unmittelbar sehen.« Stattdessen blieben sie im cartesianischen Dogma gefangen, nach dem Menschheit und Natur verschiedenene Entitäten seien, die auch so betrachtet werden müssten, was zu dem führte, was Hunter unter Berufung auf Marcuse als »operationales Sein« bezeichnete, für das die Wirklichkeit nur aus dem bestand, was »messbar und einer Reihe von Verfahren oder Funktionen zuzuordnen« sei. Das bedeutete, dass die Wissenschaft sich »effektiv von jedwedem allgemeinen Gewahrsein größerer Prozesse abgespalten hat, die noch nicht in die Struktur eingebracht werden können, die das Konzept der Länge bereitstellt«. Das Äquivalent dafür sei bei den Sozialwissenschaften die behavioristische Reduktion der Vorstellung von Natur auf »eine Art quantifizierbares Objekt – bestenfalls ein Kunstobjekt, schlimmstenfalls ein bio-elektronisches Perpetuum mobile«.[21]

Bewusstseinserweiternde Drogen dagegen, Rockmusik, östliche Religion und Gestalttheorie lieferten allesamt wichtige Beiträge zur Entwicklung eines ganzheitlicheren Bewusstseins, doch der bedeutendste Faktor war für Hunter ein ökologisches Gewahrsein. Man könne genauso gut sagen, so führte er aus, »dass das neue holistische Bewusstsein im Wesentlichen ein ökologisches Bewusstsein ist«, das die Einschränkungen des operationalen Seins durchbricht und »uns unweigerlich zu einer holistischen Philosophie führt«.

[Ökologie] lehrt uns, Gestalten zu erkennen, Synergie zu verstehen, einzuordnen, in welchem Maß wir nur eine Facette einer Umwelt sind. Sie hat bereits den Weg zu einer Theologie der Erde geebnet und damit das Christentum zugunsten der Rückbesinnung auf einen nicht fragmentierten, harmonischen Geistesraum torpediert, wie ihn die alten Chinesen und – auf intuitivere Weise – Naturvölker überall auf der Welt perfekt erkannten. Kurz gesagt, ökologisches Bewusstsein ist der gemeinsame Nenner der wahren Revolution, die gerade hinter den Toren des bequemen Konzentrationslagers beginnt, das die Technik errichtet hat. Es ist die Wurzel, deren Wachstum künftig alles verändern wird, die den Unterschied zwischen Freiheit und Unfreiheit, Stagnation und Gedeihen ausmacht.[22]

Ökologie, wie sie Hunter verstand, war mehr als bloß eine weitere Wissenschaft. Eher kam sie so etwas wie einem spirituellen Erwachen gleich. Sie entwickelte sich nicht bloß angesichts des Zusammenbruchs der Umwelt, wie viele annahmen, sondern war der bedeutsamste Agent beim Kollaps der organisierten Anarchie. Im Gegensatz zu kulturellem und politischem Widerstand war Ökologie »post-historisch«, stellte sich nicht bloß sozialen und politischen Realitäten, sondern der »vorletzten Frage, wie der Mensch seine Existenz im Hinblick auf seinen Planeten zu regeln hat«.[23]

Da Umweltprobleme den Planeten als Ganzes betrafen, habe die Ökologie ein weit größeres Einigungspotential als alle vorangegangenen Befreiungsbewegungen. Die Rufe von Black Power mögen auf taube Ohren gestoßen sein, »aber die Rufe von Green Power werden es nicht«, und wenn die Zerstörung der Umwelt nicht bald zumindest verlangsamt würde, schrieb Hunter und nahm dabei Earth First! und die Sea Shepherd Conservation Society vorweg, »wird die gewaltfreie Phase beendet sein, und an die vorderste Front werden die Grünen Panther oder etwas Ähnliches treten«.[24]

Hunters Sicht von Ökologie war ohne Frage von der populären Ökologie jener Zeit beeinflusst, von Rachel Carson und Barry Commoner bis zu Paul Sears' und Paul Shepards Vision von Ökologie als »subversiver Wissenschaft«.[25] Doch sie hatte für ihn auch eine spirituelle, fast transzendente Qualität, die ihr das Potential verlieh, zu einer »säkularisierten Religion« zu werden. Es scheint, dass seine Gedanken sich in Richtung der tiefschürfenden ökologischen Philosophie bewegten, die Autoren wie Arne Naess und Gary Snyder ungefähr zu jener Zeit erstmals skizzierten. Die Menschheit müsste lernen, den Zirkel einer Ethik auszuweiten, um die Natur einzuschließen, schrieb Hunter in einer seiner Zeitungskolumnen.

Bruderliebe ist nichts anderes als die Bevorzugung unserer eignen Art. Sie überschreitet keine Grenzen zu einer Liebe für alle Formen des Lebens, sondern bleibt im ultimativen Sinn rassistisch … Gerechtigkeit, die nicht alle Lebensformen von Kaulquappen bis zu Walen einschließt, verdient die Bezeichnung nicht … Wir Menschen denken alle elitär. Wir würden andere Lebensformen bei unseren Kompromissen ausschließen … Wenn wir nicht bald in einen Zustand der Würde, des Einklangs mit der Erde und der Achtung allen Lebens, menschlichem wie nichtmenschlichem, zurückkehren, werden wir mit Sicherheit untergehen.[26]

Was Hunters Denken ebenfalls bestimmte und ihn von Leuten wie Reich oder Roszak unterschied, war eine größere Offenheit für den technischen Fortschritt, insbesondere im Bereich der Massenkommunikation. Die Historiker Fred Turner und Andrew Kirk haben dargelegt, dass die Vorstellung, die Gegenkultur der Sechziger sei antithetisch zur technologischen Entwicklung der Ära des Kalten Kriegs gewesen, zu stark vereinfachend und in bestimmten Fällen schlicht falsch sei. In Technik bewanderte Netzwerker der Gegenkultur wie Stewart Brand – der Begründer des berühmten *Whole Earth Catalog* – waren überzeugt, dass dieselben Technologien im einen Kontext unterdrücken, im anderen befreien könnten. Beispielsweise beschrieb die Kybernetik eine Welt, die sich rasch durch verbundene Informationsmuster zusammenschaltete. Laut Turner war dies in gewisser Weise tröstlich für jene, die zu holistischen Auffassungen neigten: »Im unsichtbaren Spiel der Informationen meinten viele, die Möglichkeit globaler Harmonie zu erkennen.«[27]

Für bestimmte wissenschaftlich gebildete Mitglieder der Gegenkultur eröffnete die Technologie also eine Reihe von Freiheitschancen. Dass ein Vielleser wie Hunter dies in dieser Atmosphäre aufnahm, verwundert nicht. Seine Verehrung für McLuhan und die Vorliebe für Science-Fiction legen nahe, dass er seit langem prädisponiert dafür war. Während Technikskeptiker wie Roszak, Reich und der französische Philosoph Jacques Ellul in der galoppierenden Technik eine primäre Ursache für die Zerstörung der Umwelt ausmachten und die »Technokratie« beklagten, die ihre Entwicklung und Anwendung ermöglichte, sah Hunter die Dinge etwas optimistischer. Bestimmte technische Fortschritte, die zur Folge hatten, dass Menschen gezwungen waren, ständig ihre Rolle in der Welt neu zu definieren, würden auch die Bewusstseinsrevolution beschleunigen. In dieser Hinsicht war er stark von McLuhan beeinflusst, den er »unseren größten Propheten« nannte. McLuhan betrachtete Technik als Lokomotive der menschlichen Geschichte. Die Domestizierung großer Tiere beispielsweise befreite die Menschheit von der Knochenarbeit, schwere Lasten zu transportieren – und zwang sie, ihre Rolle anders als eine von Lasteseln zu definieren. Im anderen Extrem eröffnete die Erfindung des Computers mit seiner überlegenen linearen Denkkapazität den Menschen die Möglichkeit, sich kreativeren und innovativeren Aufgaben zuzuwenden. Menschen würden von den Maschinen eher »versetzt« als ersetzt, wären gezwungen, sich neue Rollen und Funktionen zu suchen, neue Ressourcen zu finden und ihr Potential immer tiefer auszuloten. »Die kollektive Reise ins Zentrum des Selbst ist daher eine Art erzwungener Marsch, bei dem uns unsere eigenen Kreationen hüten und dabei immer wie Hirtenhunde nach unseren Fersen schnappen.«[28] Das heißt aber nicht, dass Hunters Einstellung zu Wissenschaft und Technik ein unkritischer Lobgesang war. Es ging ihm vielmehr darum, dass die Aktivisten die neuen Technologien beherrschten, insbesondere die der Massenkommunikation, um sie für ihre Zwecke einzusetzen.

Hunter betrachtete Technik deshalb wie McLuhan als einen Katalysator bei der Evolution des menschlichen Bewusstseins. Für ihn lieferten die Massenmedien und McLuhans »globales Dorf« das Medium, über das das neue holistische, ökologisch inspirierte Bewusstsein im großen Stil propagiert werden konnte. Indem er McLuhan zitierte, argumentierte er: »Ginge es dem gebildeten westlichen Menschen wirklich um die Erhaltung der kreativsten Anteile seine Zivilisation, würde er nicht in seinem Elfenbeinturm hocken und über den Wandel jammern, sondern sich in die Wirbelschleppe der elektronischen Technologie stürzen, sie begreifen und so seine neue Umwelt bestimmen können – aus dem Elfenbeinturm einen Kontrollturm machen.« Während in der Vergangenheit für das Gelingen von Revolutionen bewaffnete Kämpfe nötig waren, bot die moderne Massenkommunikation ein »Auslieferungssystem«, über das die Agenten des neuen Bewusstseins den Geist des Feindes »bombardieren« konnten. In der ganzen Nachkriegszeit, so Hunter, hätten die Massenmedien immer wieder, wenn auch im Wesentlichen unbeabsichtigt, zum Zerfall der organisierten Anarchie im McLuhan'schen Sinne beigetragen. Ende der 1960er dann verlief der Prozess weit rascher und bewusster, weil »hinter den Kameras jetzt nicht mehr Techniker mit altem Bewusstsein stehen, sondern welche mit neuem«. Wenn die Feder tausendmal mächtiger als das Schwert sei, dann sei das Fernsehen, so schätzte Hunter, mindestens millionenmal mächtiger. Von seiner bewusst militärischen Metapher der »Gedankenbombe« ausgehend, erklärte Hunter: »[Fernsehen kann] mit solcher Genauigkeit zielen, dass es einen Punkt exakt fünf Zentimeter hinter den Augen des Opfers trifft. Keine Kugel fliegt so schnell, so weit und mit solch unfehlbarer Genauigkeit. Nicht einmal eine Wasserstoffbombe kann so viele Menschen gleichzeitig erreichen.«[29]

Bob Hunter war derjenige, der als Einzelperson den stärksten Einfluss auf die Geschichte von Greenpeace während der ersten zehn Jahre hatte. Anfangs war er jedoch nur der Juniorpartner in einer Koalition, die von Irving Stowe und Jim Bohlen dominiert wurde. Zwischen Hunters von der Gegenkultur geprägtem Umweltschutzgedanken und Irving Stowes von der Neuen Linken beeinflussten Ansatz bestand ein gewisses Maß an Übereinstimmung, aber es existierte auch eine erhebliche Menge an Spannungen zwischen den beiden. Nach Hunters hegelianischem Geschichtsverständnis war der revolutionäre Wandel am besten zu erreichen, wenn man die Weltsicht der Menschen und ihre Verortung in der Welt radikal veränderte. Der erfolgversprechendste Weg dahin sei, die Werkzeuge der Massenkommunikation einzuspannen, um die Vorstellungen und Werte der Gegenkultur zu verbreiten. Solch ein Ansatz rückte traditionelle politische Taktiken wie Lobbyarbeit und Druck auf Politiker auszuüben in den Hintergrund. Sich auf den politischen Prozess mit seinen langatmigen Prozeduren und seiner Tendenz zu Kompromissen einzulassen, war für Hunter wie das Waten durch einen riesigen, kräftezehrenden Sumpf. Statt sich in politischen Schlachten zu verzetteln, die immer die Truppen des Status quo begünstigten, sollten die Revolutionäre der Politik so weit wie möglich aus dem Wege gehen. Schließlich würde ein Bewusstseinswandel nicht allein über Plakate und Petitionen erreicht. Vielmehr seien es LSD, I Ging und vor allem die Kamera, auf denen die größten Hoffnungen der Menschheit für eine postindustrielle, ökologisch nachhaltige Zukunft ruhten.

Irving Stowe und Jim Bohlen erschienen Hunters Theorien etwas zu grandios und praxisfern. Sie empfanden es als naiv zu glauben, Kalter Krieg, Konsumdenken und eine Politik, die diese förderten, würden einfach verschwinden, sobald genug Menschen angefangen hätten, jenseits der kulturellen Mainstreamparameter zu denken. Zudem fühlten sich die beiden Männer, auch wenn ihre sozialen Ansichten liberal waren, nicht sonderlich wohl angesichts der libertäreren Seite der Gegenkultur, insbesondere hinsichtlich des Gebrauchs bewusstseinsverändernder Drogen. Trotz dieser Differenzen waren die Werte, die diese drei Männer verbanden, weit gewichtiger als jene, die sie trennten. Bohlens aktivistischer Ansatz zum Naturschutz, Stowes von der Neuen Linken geprägte Kritik des militärisch-industriellen Komplexes und Hunters Analyse der Gegenkultur reflektierten ein tiefes Misstrauen gegen die Vorstellungen von Fortschritt, Wachstum und Sicherheit, wie sie die Mehrheit der Gesellschaft als gegeben ansah. Alle drei hatten sich die holistische Philosophie der populären Ökologie zu eigen gemacht und betrachteten die Umwelt als dringendste Angelegenheit für die Menschheit. Jeder von ihnen hing – auf seine Weise – Vorstellungen an, die die Werte und Normen der westlichen Mainstreamgesellschaft in Frage stellten. Auch wenn das eine Dekade zuvor niemand hätte vorhersagen können – das Vancouver der späten 1960er entpuppte sich als guter Ort für Menschen, die ein paar radikale Ideen umsetzen wollten.

3. Kapitel

Die kanadische Feuerprobe

Eigentlich war British Columbia als Geburtsort für eine radikal neue Umweltbewegung ganz unwahrscheinlich. Ein riesiges, zerklüftetes und nur dünn besiedeltes Land, dessen politische Kultur nahezu vollständig von den Ressourcen ausbeutenden Unternehmen geprägt war, die seine Wirtschaft bis in die 1970er Jahre beherrschten. Seit Anfang der 1950er hatte eine populistische, auf dem rechten Flügel angesiedelte Regierung unter der Führung des demagogischen Premiers W. A. C. Bennett aggressiv eine Kapitalismusform vorangetrieben, die darauf abzielte, aus den riesigen Vorräten der Provinz an Holz und Bodenschätzen herauszupressen, was immer nur möglich war. Die Bevölkerung war im Großen und Ganzen damit einverstanden. Auch die politischen Gegner – die mächtigen Gewerkschaften der Provinz – richteten keinen wohlwollenderen Blick auf das Verhältnis von Mensch und Natur. Ihr Streben galt einer gleichmäßigeren Verteilung der Schätze des Landes und weniger dem Schutz von Ressourcen oder Natur. Bis Ende der 1960er war keine einflussreiche Umweltschutzorganisation wie etwa der Sierra Club in der Provinz aktiv.

Doch manchmal sprießen zähe Pflanzen auch aus scheinbar unfruchtbarem Boden. Ende der 1960er war British Columbia insgesamt vielleicht nicht reif für eine Gruppe wie Greenpeace, aber Vancouver war anders. Im Verlauf der Dekade hatten eine Reihe von Bewegungen und Ereignissen die malerische Provinzstadt geformt – viele von ihnen weit entfernt und ohne direkten Bezug zum Leben in British Columbia –, die die Basis für die Entwicklung von Greenpeace legten. Hierzu gehörten das Aufkommen der Gegenkultur, der Vietnamkrieg, die amerikanischen Atomwaffentests auf den Aleuten und ein wachsender Antiamerikanismus auf Seiten vieler Kanadier. Hinzu kamen soziale und demografische Veränderungen, die die Stadt zunehmend von ihrem Hinterland abhoben und ein Umfeld schufen, das eine vibrierende oppositionelle Subkultur förderte, aus der Greenpeace erwuchs. Viele der Leute, die eine wichtige Rolle in der Anfangsgeschichte von Greenpeace spielten, waren Kinder dieses Milieus.

Ende der 1960er sammelten sich die auffälligsten Figuren der Vancouver-Gegenkultur in den Innenstadtvierteln Gastown und Kitsilano. Mit ihrer Strandnähe, der Menge an alten, billigen und gelegentlich verlassenen Häusern sowie einer Vielzahl von Cafés und Läden, die die verschiedenen alternativen Lebensstile bedienten, zogen diese Bezirke Aussteiger, Alternative und junge Unzufriedene magnetisch an. Es dauerte nicht lange und Vancouver galt als Paradies der Gegenkultur. Dies und das (für kanadische Verhältnisse) milde Klima machten die Stadt zum Mekka gegenkultureller Experimente – kurz, Vancouver wurde zur kanadischen Version von San Francisco.[1]

Natürlich rief das relativ plötzliche Entstehen eines Gegenkultur-Ghettos erhebliche Aufregung in den konservativeren Bevölkerungsteilen Vancouvers hervor, die Straßengangs, Landstreicher und Hippies in einen Topf warfen und Letztere mit den schlimmsten Elementen der Ersten beiden gleichsetzten. Eine Regierungsstudie kam allerdings zu dem Schluss, dass nur 15 bis 20 Prozent der Bevölkerung von Kitsilano »richtige Hippies« waren, bei dem Rest handelte es sich überwiegend um Schulabbrecher, von zu Hause weggelaufene Teenager mit familiären Problemen, Menschen mit psychischen Schwierigkeiten sowie Studenten und Schüler, die in den Ferien die Gegenkultur erkundeten. Viele fürchteten zwar, die starke Konzentration solcher Gruppen könnte zu großen sozialen Problemen führen, aber mit einer wie auch immer gearteten politischen Bewegung in der Szene rechnete kaum jemand. Ein Bericht aus dem Jahr 1967 hielt fest, es gäbe »keinen konkreten Anhaltspunkt für die Verwicklung von Hippies in irgendwelche politischen Parteien oder Bewegungen«, und folgerte daraus, dass sich die Szene bald totlaufen würde. Auch der eher politische Arm der Alternativszene, die Vancouver Liberation Front, die ein Lokalpolitiker als »Deckmantel für ein Sammelsurium radikaler Gruppen von Hippies und Yippies bis zu Trotzkisten, Marxisten und Anarchisten« beschrieb, galt als zu wenig organisiert und kaum entwickelt, um irgendeine ernstzunehmende politische oder soziale Bewegung auszulösen.[2]

Doch für jene, die das politische Potential der lokalen Gegenkultur in Abrede stellten, kam bald das böse Erwachen. Trotz des hohen Anteils nur vorübergehend anwesender junger Leute und der vermeintlich apolitischen Natur der gegenkulturellen Szene gab es kleine, aber entscheidende Aktivistengruppen innerhalb der Subkultur, die sich politisch engagierten und Proteste und Demonstrationen organisierten. Diese Proteste trugen häufig den Stempel des Untergrundtheaters einer Gruppe junger amerikanischer Aktivisten, die sich Yippies nannten. Eine Besonderheit der Alternativszene von Vancouver war, dass man hier stärker als in den meisten anderen Städten den Radikalismus der Neuen Linken mit den Symbolen und dem Lebensstil der Gegenkultur vermengte. Ein Beweis dafür war die Beliebtheit von Taktiken im Yippie-Stil.

Die beiden einflussreichsten Vertreter der amerikanischen Yippie-Bewegung waren Jerry Rubin und Abbie Hoffman. Beide entstammten der jüdischen Mittelschicht, Rubin kam aus Cincinnati, Ohio, und Hoffman aus Worcester, Massachusetts. Mitte der 1960er Jahre waren beide enttäuscht vom ernsten und in ihren Augen ziemlich gesetzten Radikalismus der amerikanischen Linken. Bei einer Antikriegsveranstaltung im März 1966 erklärte Rubin der Versammlung, um Menschen zu erreichen, »die noch nie von unseren Vorstellungen gehört haben, müssen wir Propaganda- und Kommunikationsspezialisten werden«. Mit anderen Worten: Radikale müssten lernen, die Werkzeuge der Massenkommunikation und die Symbole der Massengesellschaft einzusetzen, wenn es ihnen mit der Veränderung der Welt ernst sei. Bloßes Reden, so verbreitete Rubin 1968, »radikalisiert die Leute nicht – was sie verändert, ist das emotionale Betroffensein durch Aktion. Was Apathie und Selbstzufriedenheit allein durchbricht, das ist Konfrontation und Aktionen«. Daher unterstützte Rubin »alles, was Leute in Bewegung setzt, was Spaltung und Auseinandersetzung, Chaos und Neuerfindung schafft … Leute, die Einberufungsbescheide verbrennen … Dollarnoten verbrennen … FUCK im Fernsehen sagen … irre, wahnsinnige, irrationale, sexy, wütende, gottlose, kindische, verrückte Leute.«[3]

Wie Rubin empfand Hoffman das Standardarsenal der Linken – Manifeste, Treffen, Protestmärsche – als langweilig und immer weniger effektiv. Stattdessen propagierte er verschiedene Formen von Straßentheater, die durch den spielerischen Umgang mit Symbolen oder die Parodie von Gegnern die Aufmerksamkeit auf die jeweilige Angelegenheit lenkten. Statt voller Ernst zu verkünden, die Regierung solle »den Krieg beenden« oder »Armut bekämpfen«, sollten die Aktivisten die Massenmedien aufmerksam machen, indem sie verrückten, absurden und grellfarbigen Protest in Szene setzten. Anfang 1967 setzte Hoffman seine Theorie in die Praxis um, als er mit ein paar Freunden am offiziellen Besichtigungsrundgang in der New Yorker Börse teilnahm. Zunächst verhielten sie sich wie normale Touristen, doch kaum hatten sie die Empore über dem Börsensaal erreicht, liefen sie zur Brüstung und warfen Hände voll Dollarnoten hinunter auf die Börsenbroker. Diese verhielten sich genau wie Hoffman gehofft hatte: Mit wildem Geschrei versuchten sie, die Geldscheine zu fangen, oder krochen auf allen vieren herum, um Scheine vom Boden aufzulesen. Angeregt von Marshall McLuhans Arbeit darüber, wie Massenmedien die Gesellschaft verändern, folgerte Hoffman, die wichtigste Rolle des Aktivisten sei es, Aktionen zu veranstalten, die einen Wandel des Bewusstseins unterstützen, statt mit dem Standard-Protestrepertoire der Linken für politischen Wandel zu agitieren. Die Aktivisten müssten sich klarmachen, dass insbesondere bei der Jugend die Erkenntnisse zur Realität nicht auf Alltagserfahrungen beruhten, sondern auf den Bildern, die das Fernsehen massenhaft in die Häuser sendete. Bob Hunter, der gegenkulturelle Intellektuelle von Greenpeace vor Ort, wurde eindeutig von Hoffmans Ideen beeinflusst.[4]

Neben einem wie auch immer gearteten Einfluss durch seine Ideen auf Hunter und andere Angehörige der Gegenkultur in Vancouver spielte Jerry Rubin auch eine direkte Rolle für die Inspiration und Aktivierung der lokalen Yippie-Bewegung. 1968 lud eine linke Studentengruppe, die öffentlich machen wollte, dass die Universität Forschung für das Militär betrieb, Rubin an die University of British Columbia ein. Nach einer begeisternden Rede schaffte es Rubin, eine große Gruppe von Studenten und verschiedensten Radikalen anzustiften, unter Mitführung eines Schweins den Fakultätsclub zu besetzen.

»Diese Okkupation« setzte sich auf dem Campusrasen fort, wo rund 200 Menschen die Nacht verbrachten. Die Teilnehmerzahl schwoll während der nächsten beiden Tage beträchtlich an. Die Sache wurde auf klassische Yippie-Weise in Szene gesetzt: Die Besetzung wurde zum »Festival of Life North« (im Anklang an das »Yippie Festival of Life«, das im gleichen Sommer in Chicago stattgefunden hatte) erklärt, und man wählte einen »Bürgermeister« für die kurzlebige Zeltstadt. Musiker, Straßentheater und eine Pantomimetruppe beteiligten sich auch an dem »Festival«, das nach drei Tagen abgebrochen wurde, nachdem die Protestler mit der Universitätsverwaltung ausgehandelt hatten, dass sie den Protest friedlich beenden würden, wenn die Universität alle Anklagen gegen die Teilnehmer fallen lassen würde.[5]

Unter den Protestlern war auch Rod Marining, ein 19-jähriger Straßentheater-Aktivist aus North Vancouver. Er war ein hochgewachsener, leicht vertrottelt wirkender Teenager mit welligem kastanienbraunem Haar und verschiedenfarbigen Augen und leitete eine Straßentheatergruppe namens Rocky Rococo Company. Die fahrenden Thespisjünger waren bereit, bei jeder Protestaktion aufzutreten, wenn sie nur mit drei Kanistern Wein entlohnt würden. Marinings Mutter hatte den Söhnen amerikanischer Freunde, die der Einberufung entgehen wollten, in ihrem Haus in North Vancouver Unterschlupf gewährt, und Marining selbst stand dem amerikanischen Engagement im Vietnamkrieg und der kanadischen Unterstützung mittlerweile höchst kritisch gegenüber. Er hatte auch begonnen, sich mit Umweltproblemen zu beschäftigen. Dieses Interesse resultierte auch daraus, dass sich Vancouver an seinen Rändern rasch in unberührte Gebiete hineinfraß. Marining war in einer solchen Gegend in East Vancouver aufgewachsen und war besonders wütend darüber, dass der liebste Froschteich seiner Kindheit zerstört wurde, um einem McDonald's Platz zu machen. Marining hielt bei der Jerry-Rubin-»Besetzung« der Universität auch eine Rede und wurde danach zum »Nichtleiter« des Northern Lunatic Fringe of Yippie gewählt.[6]

Eine weitere, von den Yippies inspirierte Straßentheatergruppe war die Vancouver Liberation Front. Sie legte es stärker auf Konfrontation an als Marinings Truppe. Zu ihren Possen gehörten ein Exorzismus bei einer Polizeistation in Vancouver und der Zusammenstoß mit der Polizei bei einer ihrer Protestaktionen an einem örtlichen Strand.[7] Zu ihren Mitgliedern zählte ein stämmiger Teenager und Segler aus dem Osten Kanadas namens Paul Watson. Watson oder »Captain Watson«, wie er sich seit seiner Zeit nach Greenpeace gern nennen ließ, wurde zur umstrittenen, polarisierenden Figur innerhalb der Umweltbewegung: Er gründete und leitete die radikale Sea Shepherd Conservation Society, bei deren Protestaktionen auch schon mal voll bemannte Walfänger und Fischerboote draußen auf dem Meer gerammt wurden.[8]

Das einflussreichste Organ der Gegenkultur von Vancouver war das alternative Blatt *Georgia Straight*. Gegründet hatte es eine Gruppe von Beatnik-Autoren Mitte der 1960er. Einer davon war Dan McLeod, der die Zeitung auch heute noch leitet. Er erinnert daran, dass der *Straight* dem Vorbild amerikanischer Alternativzeitungen folgte, die überall in den USA aus dem Boden schossen und sich unter dem Schirm des Underground Press Syndicate sammelten. Während die meisten US-Zeitungen zwei unterschiedlichen Kategorien zuzuordnen waren – entweder waren es seriöse politische Zeitschriften im Stil von *Ramparts* oder eher spirituelle, psychedelische Hippie-Blätter –, versuchten die Gründer des *Georgia Straight*, die beiden Stile zu vereinen, weil sie der Meinung waren, dass Vancouver zu klein für mehrere Alternativblätter wäre. Diese Entscheidung trug zweifellos dazu bei, die Grenze zwischen Gegenkultur und Aktivismus der neuen Linken zu verwischen, wie es charakteristisch für die Subkultur der Stadt war. Das Ergebnis war eine bunte, anarchische Publikation, die ein wahres Potpourri von Themen bediente. Es war nicht ungewöhnlich, Kolumnen von Aktivisten der Vancouver Liberation Front, die für die Abschaffung des Staates plädierten, direkt neben Artikeln über Hare Krishna oder FKK-Volleyball-Turniere zu finden. Außerdem hatte der *Straight* eine starke Tendenz zur Ökologie und berichtete regelmäßig über Umweltfragen in der Provinz sowie über die Bedeutung eines ökologisch ausgerichteten Lebensstils. Außerdem wurde er zum Forum für einige der radikaleren Ideen früher Greenpeacer.[9]

Der Ort, wo die Alternativszene von Vancouver und der städtische Mainstream der Stadt zusammentrafen, war der Stanley Park, eine ausgedehnte Grünanlage am Rande der Innenstadt. Während der späten 1960er und frühen 1970er waren die grasbewachsenen Hügel und die Sandstrände des Parks Sammelpunkt für alle Arten von Demonstranten. Hier konnten sich Peaceniks alter Schule mit Yippies mischen, oder Neulinge hatten die Gelegenheit, in entspannter, picknickähnlicher Atmosphäre eine reiche Auswahl an Protestkulturen kennenzulernen. Im Frühjahr und Sommer 1970 erlebte der Park beispielsweise das »Festival of Survival«, eine Demonstration gegen Stadtplanung und Umweltverschmutzung in Vancouver, die von BC Sierra Club, Unitarischer Kirche und verschiedenen Studentengruppen getragen wurde. Organisiert wurde das Ereignis von einer Gruppe, die sich Society to Advance Vancouver's Environment (SAVE) nannte und zu deren Gründern Irving Stowe zählte. Ein Journalist des *Georgia Straight* war beeindruckt von der Ähnlichkeit mit verschiedenen Park-Protestaktionen in den Vereinigten Staaten sowie von der Art und Weise, wie hier viele Menschen, die nie zuvor demonstriert hatten, Schulter an Schulter mit Yippie-Possenreißern und »Abrüstungsmarschierern und Protestlern alter Schule« in Berührung kamen.[10]

Ein anderes wichtiges frühes Greenpeace-Mitglied war Ben Metcalfe, ein bekannter Journalist und Radioreporter des CBC-Studios in Vancouver. Bei der lokalen Reporterzunft galt Metcalfe eher als Außenseiter, und er war ein unerschütterlicher und lautstarker Kritiker der »Fortschritt um jeden Preis«-Haltung in British Columbia sowie der Regierung Bennett. Er war zwar Ende vierzig und alt genug, um der Vater der meisten Anhänger der Gegenkultur der 1960er zu sein, aber er hatte mehr mit ihnen gemein als der durchschnittliche Mittelschichtangehörige mittleren Alters in Vancouver. Er hatte verschiedene Drogen ausprobiert, die bei der Gegenkultur beliebt waren, darunter LSD, und war vom eher traditionellen Naturschützer zum großen Unterstützer von Vancouvers wachsender Umweltbewegung geworden. Außerdem entsprach seine Sicht auf die Medien der McLuhan'schen. Deshalb gefielen ihm die Yippie-Possen der lokalen Alternativszene. Zu seinen zahlreichen Medienaufträgen gehörte auch eine regelmäßige Radiosendung als Theaterkritiker. So überrascht es nicht, dass das geflügelte Wort »Die ganze Welt ist eine Bühne« für Metcalfe nicht bloß ein Klischee, sondern eher so etwas wie eine Lebensphilosophie war – eine, die sehr gut zu McLuhans globalem Dorf passte.[11]

Als Journalist hatte Metcalfe einen Ruf als investigativer Reporter, der sich nicht scheute, sein Leben aufs Spiel zu setzen, nur um eine Story zu ergattern. Als er über das organisierte Verbrechen in Vancouver recherchierte, wurde er zu Brei geschlagen und als vermeintlich tot am Straßenrand liegen gelassen. Eine kleine Sensation gelang ihm, als er einen »verlorenen« Indianerstamm im Hinterland von British Columbia aufspürte. Die Stammesangehörigen betrachteten sich zwar nicht als »verloren«, aber man hatte längere Zeit nichts von ihnen gehört. Die wichtigste Erfahrung seiner journalistischen Karriere und vielleicht seines ganzen Lebens waren seine Experimente mit LSD 1959.[12]

Für seinen ersten Trip musste Metcalfe nicht weit fahren – keine zwanzig Kilometer von Vancouver nach Süden bis zum Hollywood Hospital in New Westminster, BC. Dort hatte man dem Außenseiter Albert Hubbard, einem psychedelischen Analytiker und LSD-Propheten (der Timothy Leary 1963 zu LSD bekehren sollte), gestattet, die erste Privatklinik für LSD-Therapie in Kanada einzurichten. Zu jener Zeit wurde das stärkste Psychopharmakon, das die Wissenschaft kannte, überwiegend bei der experimentellen Therapie von Alkoholikern und Geisteskranken eingesetzt, aber Hubbard war überzeugt, die Menschheit mit Hilfe von LSD von ihrem Pfad der Destruktivität abbringen zu können. Deshalb wollte er es so vielen Leuten wie möglich verabreichen, insbesondere solchen mit Macht und Einfluss. Und daher lud er Metcalfe zu einer zweitägigen, kontrollierten LSD-Session ein. Sie fand in Hubbards maßgefertigtem Therapieraum statt, in dem Dalís *Abendmahl* über der Couch und Gauguins *Buddha* an der Wand gegenüber hingen, während eine Marienstatue in warmem Kerzenlicht leuchtete. Der Trip wirbelte Metcalfe zunächst durch Raum und Zeit. Er ritt mit Dschingis Khan, beobachtete den Untergang Roms, sah Streiflichter berühmter Schlachten und nahm unverkennbare Theaterfiguren von Shakespeare wahr. Er flog durch die Milchstraße und spielte mit Engeln Murmeln, ehe er mit heftigem Schluchzen zusammenbrach. Damit würde alles Unterdrückte aus seiner Seele herausgeschwemmt, tröstete ihn »Dr.« Hubbard (der Titel stammte von einer obskuren Akademikerschmiede in Tennessee): »Das, was wir vergraben, um Männer zu werden.« Metcalfe schrie: »Ich bin wahnsinnig!« Hubbard beruhigte ihn sanft: »Wir sind alle wahnsinnig, wenn wir mit uns selbst konfrontiert werden.«[13]

Die LSD-Erfahrung änderte Metcalfes Wahrnehmung von sich selbst wie von der Welt. Sie zeigte ihm, wie egoistisch seine Weltsicht bis dahin gewesen war. In der Folge beschäftigte er sich mit Zen-Philosophie und erkundete Wege, sein Ego zu überwinden, das durch die erfahrene Bewunderung als treffsicherer Journalist und charmanter Weiberheld aufgebläht war. Er stellte auch den cartesianischen Dualismus des modernen Denkens in Frage und entwickelte eine eher holistische Sicht der Beziehung zwischen Mensch und Natur. Als eifriger Fliegenfischer (er hatte mit Roderick Haig-Brown, dem berühmtesten Naturforscher von British Columbia, geangelt) und Liebhaber der wilden Natur entwickelte Metcalfe ein tieferes Verständnis für die Natur als in der Zeit vor dem LSD. Plötzlich war Angeln mehr als der Kitzel, in wunderschöner Umgebung eine Forelle zu fangen, und wurde mit einer ehrfürchtigen, fast spirituellen Qualität versehen, als Metcalfe eine ökologische Bewusstheit erlangte, die stark von der holistischen Philosophie beeinflusst war, die der populären Ökologie zugrunde lag. Sein wachsendes ökologisches Bewusstsein fand Niederschlag in einigen seiner journalistischen Arbeiten und politischen Kommentare. Besonders kritisch stand er dem Pionierdenken hinsichtlich Fortschritt in British Columbia gegenüber. Um Umweltbewusstheit zu verbreiten, organisierte und finanzierte er eine Reihe von Plakaten, die in ganz Vancouver aufgehängt wurden und geheimnisvolle Botschaften trugen wie »Ökologie – schlag sie nach, du steckst nämlich mitten drin« oder »Ökologie, der absolut letzte Schrei«.[14]

Die Ansicht, dass das Schicksal der Natur Technokraten und Experten zu überlassen sei, die viele fortschrittsgläubige Wissenschaftler und Politiker teilten, brachte Metcalfe zum Kochen. Als der oberste Förster des Holzgiganten MacMillan Bloedel all die »Amateur-Ökologen« im Volk verunglimpfte, weil sie es wagten, die Praktiken der Industrie in Frage zu stellen, ließ Metcalfe einen Strom sarkastischer Schmähungen über den CBC-Äther los:

> Es ist wirklich bemerkenswert, wie viele gewöhnliche tumbe Bürger, die nur ihren Augen, Nasen, Ohren und Kehlen trauen, meinen, sie wüssten etwas über die Umwelt – wo das doch, wie jeder Forstwissenschaftler, Chemiker und Bergmann uns auf der Stelle sagen kann, Sache der Experten ist. Und sie werden sich darum kümmern, vielen Dank. Es ist noch bemerkenswerter zu hören, wie sich diese Ignoranten über etwas beklagen, das noch gar nicht passiert ist. Sie sollten doch wenigstens warten, bis der Quecksilbergehalt ein erkleckliches Niveau erreicht hat, bis sie sehen, dass die Fische aus den Flüssen verschwinden und die Vögel vom Himmel fallen, ehe sie ihre tragbaren Klagemauern vor den Toren der heimischen Unternehmen aufschlagen, die doch nur eine ehrliche Mark verdienen wollen … Es waren echte Experten nötig, um

den Eriesee totzukriegen, keine Horde von Amateur-Fanatikern. Es waren Jahrzehnte an Mechaniker-Erfindungsgeist nötig, um genug Verbrennungsmotoren zu bauen, dass der Rauch bis in die Stratosphäre reicht – Enthusiasten von ein paar kirchlichen Gruppen konnten das kaum schaffen.[15]

Metcalfe war auch wütend über die Pläne der Regierung Bennett, in Zusammenarbeit mit einem amerikanischen Stromversorger den Skagit River an der Grenze zwischen British Columbia und dem Staat Washington aufzustauen. »Der Skagit ist unser Fluss«, sagte er in seiner CBC-Sendung, »und wir haben ebenso wenig Grund ihn aufzustauen wie den Stanley Park zu fluten. Wir müssen das der Seattle Light Company nicht begründen. Wir müssen nicht erklären, warum wir nicht wollen, dass er zerstört wird. Wir müssen ihnen keine Alternativen vorschlagen. Alles, was wir tun müssen, ist, denen zu sagen, dass sie unseren Fluss in Ruhe lassen sollen. Das reicht.«[16]

Metcalfes dreiste »Sag einfach nein«-Haltung gegenüber umweltzerstörenden Erschließungen brachte eine Saite sowohl bei den urbanen Mittelschicht-Liberalen als auch bei der Alternativszene zum Klingen. Seine Leidenschaft für das Theater, seine McLuhan'sche Medienphilosophie und sein Interesse an Umweltfragen waren symptomatisch für die gesellschaftlichen und intellektuellen Strömungen, die durch die Subkultur von Vancouver wirbelten und sich gelegentlich mit dem gesellschaftlichen und politischen Mainstream vermischten. Kein Wunder, dass Metcalfe – wie Rod Marining und Bob Hunter – zum prominenten Greenpeace-Mitglied wurde.

Eine weitere wichtige Figur in der Aktivistengemeinde von Vancouver und noch dazu eine, die den Graben zwischen Akademikern und Gegenkultur überbrückte, war ein junger Doktorand der Ökologie namens Patrick Moore. Er war ein merkwürdiges Produkt aus Grenzlandleben, Elite-Internat in Vancouver und Gegenkultur. Aufgewachsen war er in dem schwimmenden Holzfällerlager seiner Familie an der einsamen, zerklüfteten Nordwestküste von Vancouver Island. Er wurde weltlich erzogen und war stark von seiner Mutter beeinflusst worden, einer selbsternannten Grenzlandintellektuellen, die ihn mit fünfzehn Bertrand Russell lesen ließ. Da seine Lebenserfahrung außerhalb des Holzfällerlagers und des Elite-Internats in Vancouver, wo er seine Teenagerjahre verbracht hatte, gering war, kam er 1964 als ziemlich naiver Frischling an die University of British Columbia, doch schon bald war er in die Angelegenheiten und Bewegungen verwickelt, die zu jener Zeit durch die nordamerikanischen Universitäten fegten. Bis zu seinem vorletzten Studienjahr hatte er seine lockigen Haare zu einer krausen Matte wachsen lassen und war bestens eingebunden in die gegenkulturelle Szene auf dem Campus. Trotz seines Aussehens und seiner Hippie-Vorlieben blieb Moore mit einem Fuß fest der Abteilung Forstwissenschaft verhaftet, und nach der Graduierung begann er mit dem Doktoratsstudium in Ökologie.[17]

Im Rückblick ist Moore der Meinung, dass sein Interesse an Ökologie zum Teil aus seiner säkularen Erziehung resultierte. In gewisser Weise kompensierte sie das Fehlen von Religion in seiner Kindheit. Während die Welt ihm zuvor als zerrissene und zersplitterte Anhäufung einzelner Flora- und Faunagebiete und Landschaften erschien, lieferte die Ökologie ihm einen roten Faden, der ihm das »Verständnis für die Geheimnisse des Regenwaldes, die das Kind erfahren hatte«, ermöglichte. Als er den gemäßigten Regenwald durch das Prisma der Ökologie betrachtete, entpuppten sich Dinge, die ihm vorher ohne Zusammenhang erschienen, etwa die riesigen Zedern und die Lachse, die die Fischer in der Nähe des Holzfällerlagers seines Vaters im Meer fingen, als Teil desselben Ökosystems. Beide waren auf jene Klimabedingungen und Nahrungsketten angewiesen, die die einzigartige ökologische Entwicklung der Region in vielen Jahrtausenden hervorgebracht hatten. »Ich erkannte«, schrieb Moore, »dass das Gefühl von Frieden und Staunen, das ich als Kind im Regenwald erlebte, wie ein Gebet oder eine Meditation war. Die Ökologie schenkte mir eine Art Religion und mit ihr die Leidenschaft, die Welt anzunehmen. Ich wurde ein wiedergeborener Ökologe.«[18]

Moore betrachtete Ökologie auch als wertvollen politischen und juristischen Hebel, einen, der eingesetzt werden konnte, um umweltverschmutzende Industrien und in Sachen Umwelt widerspenstige Regierungen auf Linie zu bringen. Diese politisierte Ökologie war unter den umweltbewussten UBC-Studenten weit verbreitet. Einige von ihnen gründeten eine Aktivistengruppe namens Environmental Crisis Operation (ECO), deren Ziel es war, »überlegt gegen spezifische Umweltverschmutzungen in British Columbia vorzugehen und Profs und Studenten über den Kollaps der Umwelt zu informieren«.[19]

Moores Doktorvater, der renommierte Ökologe C.S. Holling, der sich auf die Darstellung der Verhältnisse zwischen Jägern und Gejagten spezialisiert und wichtige Theorien und Modelle zu Resilienz und Stabilität entwickelt hatte, unterstützte diese Form von Aktivismus. Ende der 1960er bezeichnete *Time* Holling zusammen mit Barry Commoner und Eugene Odum als einen der »neuen Jeremiasse« der Ökologie. Das Ausmaß der menschengemachten Umweltzerstörung versetzte Holling »in große Angst vor dem, was mit der Welt geschieht«. Plötzlich war die Vorstellung, die Natur so zu betrachten, als gäbe es keine Menschen, absurd. Ihn beeindruckten die »augenfälligen und erheblichen Ähnlichkeiten zwischen ökologischen Systemen und menschlichen Aktivitäten, zwischen Jägern und Bodenspekulanten, zwischen dem Wachstum von Tierpopulationen und ökonomischem Wachstum, zwischen Pflanzenverbreitung und der Verteilung von Menschen, Vorstellungen und Geld«. Angesichts dieses Umfelds erstaunt es nicht, dass Moores Dissertation ebenso eine Übung in Umweltaktivismus wie ein wissenschaftliches Werk war.[20]

Ende der 1960er hatte die Utah Construction and Mining Corporation ein sogenanntes Pollution Control Permit beantragt, das ihr erlaubt hätte, täglich über 35 Millionen Liter Erzabfälle in den Rupert Inlet zu entsorgen, einen Meeresarm in der Nähe des Holzfällerlagers der Familie Moore auf Vancouver Island. In seiner Dissertation entwickelte Moore eine Darstellungsform tatsächlicher Umweltauswirkungen: Er führte Experimente durch, um die Wasserzirkulation in dem Meeresarm und die Auswirkungen der Minenabfälle auf die Wassertrübung zu untersuchen, und analysierte zudem die Umweltauswirkungen mehrerer ähnlich vorgehender Bergwerke im Süden von British Columbia. Er führte aus, dass die Ergebnisse zweifelsfrei zeigten, dass der Meeresarm für die Aufnahme von Minenabfällen nicht geeignet sei, organisierte eine Kampagne gegen Utah Construction und präsentierte seine Erkenntnisse verschiedenen Regierungsstellen und den Medien. Daraufhin setzten die Bergwerksgesellschaft und die Provinzregierung sowohl Moore als auch seinen Fachbereich unter Druck. Moore wurde angedroht, er bekäme Schwierigkeiten, eine Anstellung zu finden, wenn er das Thema weiterverfolge. Unerschrocken hielt er an seiner Forschung fest – auch nachdem die Behörde Utah Construction die beantragte Genehmigung erteilt hatte – und prangerte an, dass die Strukturen der Provinz bei der Entscheidungsfindung und ihr Evaluationsprozess ganz unzulänglich seien, um sich mit Ressourcenkonflikten, die größere Umweltüberlegungen erforderten, zu befassen. »Die Rolle der Wirtschaft sollte bei Entscheidungen zur Nutzung von Ressourcen eingeschränkt werden«, schrieb er, »und … Umweltüberlegungen sollten an erster Stelle stehen, wenn festgelegt wird, in welchem Rahmen die Erschließung erfolgen darf.« Am Ende wurde seine Dissertation anerkannt, aber erst nachdem der Dean, der ehrwürdige kanadische Naturforscher und Ökologe Ian McTaggart Cowan, einen Schiedsrichter ins Spiel gebracht hatte, um ein Patt im Promotionsausschuss aufzulösen, der laut Moore mit Sympathisanten der Montanindustrie durchsetzt war. Für Moore war Ökologie damit nicht nur eine akademische Disziplin, sondern auch Bob Hunters »säkulare Religion« und Paul Shepherds »subversive Wissenschaft« – und ein Hippie-Lebensstil war nicht notwendigerweise unvereinbar damit, solange er nicht zu tief in Mystizismus und Esoterik eintauchte.[21]

In den 1960er Jahren erlebte Kanada – und in besonderem Maße British Columbia – eine Welle starken Antiamerikanismus. Ursache waren verschiedene Faktoren, unter anderem das Gefühl, dass die USA Kanada ökonomisch und kulturell zu stark dominierten, und die US-Beteiligung am Vietnamkrieg. Ein anderer Grund für die Ressentiments war, dass das US-Militär auf einer abgelegenen Aleuten-Insel mit einer Reihe von unterirdischen Atomwaffentests begonnen hatte. Die Aleuten erstrecken sich wie ein abgetrennter Schwanz von der Halbinsel Alaska in Richtung der Halbinsel Kamtschatka im Nordosten Russlands. Eine dieser Inseln, Amchitka, wurde 1964 von Verteidigungsministerium und Atombehörde für große unterirdische Tests ausgewählt, die für die Testgelände in Nevada angesichts der Nähe zu den florierenden Kasinos und Wolkenkratzern von Las Vegas zu gefährlich erschienen.

Die erste Bombe, von den Militärs »Longshot« genannt, wurde am 29. Oktober 1965 gezündet und diente vorrangig der Messung, ob das US-Militär sowjetische Tests in Fernost erkennen könnte. Zu der 80-Kilotonnen-Detonation gab es faktisch keine Medienreaktion und schon gar keinen Protest. Der nächste Test, »Milrow«, war ein »Kalibrationstest« mit einer Megatonne, um festzustellen, ob die Insel auch eine noch größere Bombe aushalten würde, die die Atomic Energy Commission (AEC) im Rahmen ihres Spartan-Raketenabwehrentwicklungsprogramms zur Explosion bringen wollte. Im Gegensatz zu Longshot löste Milrow, der für den 2. Oktober 1969 terminiert war, einen Sturm der Entrüstung in Kanada aus – vor allem in Vancouver, der großen kanadischen Stadt, die am nächsten zum Testgelände lag. Viele fürchteten, die Explosion könnte ein Erdbeben auslösen und eine riesige Wasserwand bewirken, wie es Bob Hunter anschaulich formulierte, und »den Lippen der Pazifikländer eine Serie von Karateschlägen versetzen«.[22] Etwas Ähnliches war 1964 geschehen, als ein Erdbeben auf den Aleuten eine riesige Welle verursacht hatte, die die Westküste von Vancouver Island zerschmettert sowie über 100 Tote und Schäden in Millionenhöhe gefordert hatte.[23] Die Angst und Empörung angesichts der Amchitka-Tests wurden von den Herausgebern der *Vancouver Sun* geteilt:

> Die AEC spielt mit uns, als wären wir Murmeln. Was nimmt sie sich heraus! Wer glaubt, dass Kanadier oder andere diesen Preis für einen Fortschritt beim atomaren Overkill bezahlen wollen? Die AEC mag sich dem Konsens verweigern, aber eine mobilisierte nordamerikanische Gemeinschaft wird zweifellos alles tun, damit sie mit ihren Spielchen künftig nicht so leicht davonkommt, wie das früher der Fall war.[24]

Die Explosion einer Atombombe am 2. Oktober 1969 brachte, zumindest einen Tag lang, eine spontane Koalition aus Studenten, Friedensaktivisten, Umweltschützern, Hippies, Yippies, Maoisten, Trotzkisten, Anarchisten und anderen Gruppen der Stadt zusammen. Die Menge, in der die Vertreter der diffusen Gegenkultur von Vancouver ebenso präsent waren wie ältere Peaceniks, versammelte sich an der Grenze zwischen British Columbia und dem Staat Washington am Übergang Douglas. Erstmals seit dem Krieg 1812 musste ein Abschnitt der kanadisch-amerikanischen Grenze geschlossen werden. Bob Hunter erschien und hielt eine »laute, wütende« Rede«.[25] Rod Marining kam mit seiner Straßentheatertruppe und Paul Watson brachte einige seiner radikalen Freunde mit. Irving und Dorothy Stowe waren da, hielten das Quäker-Banner hoch und vertraten Irvings verschiedene Bürgergruppen. Jim und Marie Bohlen waren gleichfalls dabei, ebenso weitere Mitglieder des kürzlich gegründeten BC Sierra Clubs. So wie bei einer Springflut ebbte der Protest so schnell ab wie er aufgetreten war, und die verschiedenen Gruppen der Koalition strömten in ihre jeweiligen Buchten zurück. Die Herausgeber der Studentenzeitung der UBC waren voller Bewunderung, wie es die Studentenführer geschafft hatten, den Transport von 6000 Menschen zur Grenze zu organisieren. Kritik übten sie aber an der Unfähigkeit der Studentengruppen und anderer Organisationen, eine dauerhafte Koalition zu schmieden, die nachhaltiger und rigoroser den Scheinwerfer auf den US-Imperialismus und das atomare Wettrüsten hätte richten können.[26]

Irving Stowe und Jim Bohlen waren davon überzeugt, dass die Protestaktion eine Gelegenheit für die Bildung einer solchen Koalition darstellte. Bohlen, der Studenten als wichtigstes Fußvolk dieser Allianz ansah, kontaktierte in seiner Eigenschaft als Naturschutzvorsitzender des BC Sierra Clubs Paul Coté, einen 27-jährigen Jurastudenten an der UBC. Coté war der reifste und am wenigsten extravagante von den Studentenführern, die den Protest an der Grenze organisiert hatten. Er war eines von neun Kindern einer wohlhabenden, konservativen Familie aus West Vancouver und hatte wenig Interesse an radikaler Politik oder gesellschaftlichem Aktivismus gezeigt, ehe er 1968 für ein Jahr als Austauschstudent an die Sorbonne in Paris ging. Dort hatte ein übereifriger Polizist den zufällig in einem Studentenbistro anwesenden Coté mit dem Schlagstock ins Auge getroffen, als es darum ging, eine der vielen Studentendemonstrationen aufzulösen, die in jenem turbulenten Sommer in Paris stattfanden. Coté kehrte um ein paar Erfahrungen reicher an die UBC zurück. Wie Bohlen und Stowe sah er das Potential, die recht chaotische Energie der Grenzaktion nutzbar zu machen und zu einer effektiveren politischen Waffe zu bündeln. Die drei beschlossen, eine Kampagne zu starten, die bei möglichst vielen Gruppen Unterstützung finden würde. In den folgenden beiden Jahren lenkten sie die Aufmerksamkeit immer wieder auf den nächsten US-Bombentest auf Amchitka, der für den Oktober 1971 geplant war, und bauten eine starke Opposition dagegen auf. Auch wenn sie sich bei den Details noch nicht sicher waren, einig waren sie sich, dass die Kampagne in der Kombination von direkter Aktion, Medienmobilisierung, politischer Lobbyarbeit und solider wissenschaftlicher Forschung bestehen sollte. Sie sollte den politischen Wahnsinn des Wettrüstens ebenso wie die Umweltzerstörungen durch Atomwaffentests herausstreichen. Und es würde nach Meinung von Bohlen und Stowe nicht schaden, wenn sie auf den latenten Antiamerikanismus zielte, der überall in Kanada anzutreffen war.[27]

Zuerst dachte Bohlen, die Aktion könnte als Kampagne des Sierra Clubs laufen, denn der Club besaß den Namen und die Mittel, eine anspruchsvolle Operation durchzuführen. Zugleich könnte er als hoch angesehene amerikanische Organisation einen höheren Grad an Betroffenheit hinsichtlich der Atomtests in den USA bewirken. Die erste Amchitka-Explosion 1965 hatte in den beiden Ländern wenig öffentliches Interesse oder Medienberichterstattung hervorgerufen, bei der zweiten, im Oktober 1969, war das in Kanada anders, aber in den USA blieb sie wiederum nahezu unbeachtet. Vielleicht konnte der Sierra Club, der groß verkündet hatte, den Naturschutz zum internationalen Kreuzzug machen zu wollen, die amerikanische Öffentlichkeit aus ihrer Lethargie herausholen. Doch 1969 war ein turbulentes Jahr für den Club: Der Geschäftsführer David Brower geriet über verschiedene Manager- und Politikfragen mit seinem Vorstand aneinander. Nach einem fehlgeschlagenen Versuch, seine Wunschkandidaten in den Vorstand wählen zu lassen, konnte Brower nur noch von seinem Posten als Geschäftsführer zurücktreten. Er gründete sofort die Friends of the Earth, eine Organisation, bei der er seine zunehmenden Befürchtungen hinsichtlich internationaler Umweltangelegenheiten und seinen Wunsch nach eher aktivistischen Taktiken besser aufgehoben sah. Für Bohlen und den BC Sierra Club war es also kein guter Zeitpunkt, um den Club zu überreden, eine in Kanada beheimatete Kampagne gegen Atomtests auf den Aleuten zu tragen. Daher beschlossen Bohlen, Stowe und Coté mit Unterstützung von Terry Simmons und anderen aus dem BC Sierra Club, eine unabhängige Gruppe zu bilden, um den Protest gegen »Cannikin«, wie der nächste Bombentest heißen sollte, zu organisieren. Sie erinnerten sich an die Parole auf einem der Schilder bei der Grenzaktion: »Don't Make a Wave!« (Macht keine Welle). Dass dieser Text von Bob Hunter stammte, wussten sie allerdings nicht, als sie beschlossen, sich Don't Make a Wave Committee (DMWC) zu nennen.[28]

Mehrere Wochen lang traf sich das DMWC danach bei den Stowes oder den Bohlens zu Hause und versuchte einen Plan zu entwickeln, der nächsten Bombenzündung auf Amchitka so viel Beachtung wie möglich zu verschaffen. Sie waren sich alle einig, dass der Test ein, wie Hunter formulierte, »starkes Symbol, gleichermaßen für den Wahnsinn des Kriegs wie die Herabwürdigung der Umwelt« sei, doch sie mühten sich dabei ab, eine Form des Protests oder der Aktion zu finden, die genau dies auf starke und symbolische Weise zusammenfassen könnte. Die Medien interessierten sich nicht sonderlich für ein Ereignis, das erst zwei Jahre später stattfinden sollte, und Coté bezweifelte, dass wiederum eine erhebliche Zahl Studenten für eine Grenzblockade mobilisiert werden könnte, zumal es sowieso schwierig würde, diese Aktion zu wiederholen, weil die Behörden nun damit rechneten. In dieser frühen Phase bestand das DMWC hauptsächlich aus Sierra-Club-Mitgliedern, Quäkern und einigen Studenten aus Cotés Kreisen, und die Treffen wurden meist von Stowes endlosen Monologen bestimmt, von denen viele zu Tiraden gegen den US-Imperialismus und viele andere Probleme ausarteten, die Stowe am Herzen lagen. Nach einem solchen Treffen saßen die Bohlens in ihrer Küche, und Jim machte seinem Frust Luft, als Marie eine Idee hatte, die so sehr auf der Hand lag, dass kaum zu verstehen ist, wieso in den vergangenen zwei Kampagnemonaten noch niemand darauf gekommen war. Warum nicht einfach ein Schiff nehmen und nach Amchitka fahren, um der Bombe die Stirn zu bieten? Für erfahrene Peaceniks und Quäker wie die Stowes und die Bohlens, die sich mit den Heldentaten der *Golden Rule* und anderer Schiffe bestens auskannten, die nur ein Jahrzehnt zuvor just die gleiche Aktion gestartet hatten, war das eigentlich keine Offenbarung. Nichtsdestotrotz war Jim völlig überrascht, und er begeisterte sich sofort dafür.[29]

Nun passierte der seltsame Zufall, dass genau in diesem Moment ein Reporter der *Sun* bei Bohlen anrief, um etwas über verschiedene Kampagnen des Sierra Clubs zu erfahren, die gerade liefen. Als der Reporter fragte, ob er etwas über Pläne für den Protest gegen den nächsten Amchitka-Test wisse, holte Bohlen tief Luft, warf Marie einen raschen Blick zu und erzählte, dass das DMWC plane, mit einem Protestschiff zu den Aleuten zu fahren, um Zeugnis von der Bombenzündung abzulegen. Am nächsten Tag, noch bevor alle Mitglieder des DMWC von Bohlens Idee erfahren hatten, stand das in der *Sun*, und es waren vollendete Tatsachen geschaffen. Die Zeitung bezeichnete den Plan fälschlich als Kampagne des Sierra Clubs und berichtete, dass die Gruppe vorhabe, vor der Zündung bis an den Rand der Zwölf-Meilen-Zone um Amchitka (die Grenze der amerikanischen Hoheitsgewässer) zu fahren. »Wenn die Amerikaner den Test trotzdem durchführen wollen«, erklärte Bohlen herausfordernd, »müssen sie uns wegschleppen« – was dann ein Akt von internationaler Piraterie wäre. »Es muss etwas geschehen, um den wahnsinnigen ökologischen Vandalismus der Amerikaner zu stoppen«, fuhr Bohlen fort. Neben der Fahrt wäre es unabdingbar, dass die Kanadier Zugang zu den relevanten Daten über die ökologischen Auswirkungen der ersten beiden Bombenzündungen bekämen. Dies hatten die Amerikaner bislang verweigert. Bohlen versprach, seine Gruppe werde eine wissenschaftliche Kampagne starten, mit der die ökologischen Folgen von Atomwaffentests öffentlich unter die Lupe genommen werden sollten: »Wir versuchen, die umfassendste Kampagne, die es je gab, gegen dieses wahnsinnige Unternehmen zu starten. Und wir werden sicherstellen, dass die amerikanische Öffentlichkeit erfährt, was Kanadier von der Angelegenheit halten.« Zum Glück für Bohlen waren sich alle Mitglieder des DMWC einig, dass es sich um eine ausgezeichnete Idee handele.[30]

Sobald das DMWC beschlossen hatte, beim Protest gegen die Cannikin-Zündung dem Kielwasser der *Golden Rule* und der *Phoenix* zu folgen, musste es eine Strategie erstellen, bei der die Fehler der Vorgänger vermieden wurden. Die Stowes und Bohlens erkannten bald, dass einer der wesentlichen Schwachpunkte bei den früheren Kampagnen das Fehlen gut ausgearbeiteter Medienstrategien war. Bigelow und Reynolds hatten naiverweise angenommen, dass die freien und unabhängigen US-Medien akkurat und fair über ihren Protest berichten würden, weil sie die strukturellen Einschränkungen, unter denen diese arbeiteten, nicht erkannt hatten. Um diesmal ein größeres Echo zu bekommen, musste das DMWC Strategien entwickeln, die sicherstellten, dass die Medien den Protest nicht ignorieren konnten. Eine Möglichkeit war, Journalisten mit auf die Reise zu nehmen. Ein weiteres Problem bei den früheren Fahrten war, dass dabei US-Bürger gegen ihre eigene Regierung protestierten. Das machte es dem US-Militär relativ einfach, sie zu schikanieren und schließlich aufzuhalten. Das DMWC musste sicherstellen, dass das Schiff nicht unter amerikanischer Flagge fuhr und der Großteil der Crew aus Nichtamerikanern bestand.

Im Februar 1970 verbrachten Bohlen und Coté ihre Freizeit überwiegend damit, ein Schiff aufzutreiben, während Stowe versuchte, Gelder einzusammeln, für Unterstützung zu werben und Publicity zu bekommen. Mehrere Brainstorming-Treffen galten dem Namen des Schiffs. *Don't Make a Wave Committee* als Name hätte zwar anschaulich die Ängste vieler Menschen hinsichtlich Cannikin transportiert, wäre aber für eine Kampagne, die so stark auf die Medien setzen sollte, etwas zu umständlich und zudem ein sehr seltsamer Name für ein Schiff gewesen. Nach diversen vergeblichen Treffen war es schließlich der junge Sozialarbeiter Bill Darnell, der die magischen Worte zusammenfügte. Als Irving Stowe zum Abschied sein übliches V-Zeichen machte und »Peace« sagte, entgegnete Darnell: »Make it a green peace!« Laut Dorothy Stowe brachten Darnells Worte »den Raum zum Leuchten«, und man war sich auf der Stelle einig, dass das Schiff, wenn man es gefunden hätte, den Namen »Green Peace« bekommen sollte. Schon bald wurde aus den beiden Wörtern der eine Begriff »Greenpeace«: Marie Bohlens Sohn Paul, ein Grafiker, entwarf einen 2,5-Zentimeter-Button, bei dem sich oben das Symbol für Ökologie und darunter das für Frieden befand. Dazwischen sollte »green peace« stehen. Da der vorgesehene Platz nicht für zwei Wörter reichte, fragte Paul seinen Stiefvater um Rat, worauf Jim Bohlen vorschlug, einfach die beiden Wörter zu einem zusammenzuziehen.[31]

Konservative Politiker standen der neuen Organisation von Anfang an feindselig gegenüber. Der Stadtrat von Vancouver erteilte beispielsweise keine Genehmigung für einen »Plakettentag«, an dem die Gruppe in der Stadt Prospekte verteilen und Buttons verkaufen wollte, um Geld für die Fahrt zu sammeln. Eine Minderheit der Stadträte unterstützte zwar den Antrag, aber die meisten begegneten den Zielen mit Skepsis und meinten, das DMWC sei bloß eine Fassade für antiamerikanische Aktivitäten. Earle Adams, eines der konservativeren Ratsmitglieder, schlug vor, das DMWC solle »in Russland anfangen, wo [sie] wahrscheinlich erschossen oder nach Sibirien geschickt werden«. »Dieser Gruppe die Genehmigung für einen Plakettentag zu erteilen«, fügte er in bester McCarthy-Tradition hinzu, »würde die Stadträte als kommunistische Sympathisanten oder Mitläufer abstempeln.«[32]

Viele andere Gruppen waren aber bereit, der Kampagne moralische wie finanzielle Unterstützung zu gewähren. Die Quäker waren natürlich begeistert dabei und versorgten das DMWC mit lebenswichtigen Geldmitteln und einem Netzwerk an Unterstützern in ganz Nordamerika. Zahllose Gemeinden zwischen Nova Scotia und San Diego spendeten Summen zwischen fünfzig und mehreren tausend Dollar, die Gemeinden von Palo Alto und Eugene etwa gaben je 6000 Dollar. Weitere Unterstützung kam von Gruppen wie dem Student Christian Movement, der Confederation of the United Church of Canada, der Juristischen Fakultät der UBC, der Law Students Association von British Columbia, einer neuen Umweltgruppe in Toronto, die sich Pollution Probe nannte,

Zero Population Growth und dem Vancouver District Labour Council. Dave Barrett, der Führer der linken Oppositionspartei von British Columbia, der 1972 zum Premier der Provinz gewählt werden sollte, dankte Bohlen und dem DMWC für die Bemühungen und versicherte, dass die New Democratic Party fest hinter ihnen stünde. Zudem schickten viele Einzelpersonen aus Kanada und den USA kleine Summen und aufmunternde Briefe.[33]

Eine weitere Organisation, die das DMWC begeistert unterstützte, war die Voice of Women. VOW war 1960 in Toronto gegründet worden und zuerst eine Gruppierung aus braven Oberschichtfrauen gewesen, die gegen Wettrüsten und Atomwaffentests waren. Viele waren Ehefrauen von bekannten Politikern und Personen des öffentlichen Lebens und wollten sich von »weniger respektablen« Antikriegsgruppen jener Zeit distanzieren und ihre einflussreichen Ehemänner dazu bringen, sich gegen Atomwaffen zu verwenden. Doch im Verlauf der 1960er Jahre wurde die Basis der Mitgliedschaft breiter und weniger elitär. Man schmiedete starke Verbindungen zu Friedensaktivisten der Quäker und nahm eine kritischere feministische und zur Neuen Linken tendierende Haltung ein.[34] Deeno Birmingham, die Vorsitzende der VOW-Gruppe von BC, opferte viel Zeit und Mühen, um dem DMWC zu helfen. Außerdem überredete sie ihren Mann, einen Schiffsingenieur, an der DMWC-Fahrt nach Amchitka teilzunehmen. Ein weiteres prominentes Mitglied von VOW war Lille d'Easum, eine Freundin der Stowes, die für die allererste Greenpeace-Veröffentlichung verantwortlich war. Dabei handelte es sich um eine kurze Abhandlung mit dem Titel *Is Amchitka our Affair?* (»Was geht uns Amchitka an?«). Auf dem Umschlag prangte das Greenpeace-Logo. Die Abhandlung fasste die Argumente gegen Atomwaffentests auf Amchitka zusammen, zitierte die Befürchtungen renommierter Wissenschaftler vom MIT und vom Caltech, eine große unterirdische Detonation so dicht an einer Verwerfungslinie könnte leicht eine Serie von Erdbeben auslösen, die bei den Pazifikanreinern ungeahnte Schäden anrichten würden. Die Abhandlung zitierte auch die Arbeiten von Ernest J. Sternglass, einem Professor für Strahlenphysik an der University of Pittsburgh. Seine umstrittenen Untersuchungen über Strahlung und Säuglingssterblichkeit hatten ihn zu dem Schluss gebracht, dass Atomwaffentests direkt verantwortlich für die Hälfte aller Todesfälle von Kindern unter einem Jahr Mitte der 1960er in den USA und in Großbritannien waren.[35]

Der größte Einzelbeitrag – 17 000 Dollar – zur ersten Greenpeace-Fahrt stammte aus den Einnahmen eines ausverkauften Konzerts, das im Oktober 1970 im Vancouver Coliseum stattfand und im Wesentlichen von Irving Stowe organisiert worden war. Ursprünglich hoffte Stowe, Joan Baez zu einem Auftritt überreden zu können, aber sie war damals unabkömmlich. Joni Mitchell, seine zweite Wahl, zögerte gleichfalls, aber Irving, der die Zähigkeit einer Bulldogge besaß, beschwatzte sie unter Zuhilfenahme von ein paar leichten Druckmitteln. Mitchell war in Alberta geboren und in Saskatchewan aufgewachsen, aber sie war, seit sie Erfolg hatte, nicht mehr in Kanada aufgetreten. Irving gelang es, Mitchell ans Telefon zu bekommen, und deutete an, dass die Kanadier nicht so begeistert wären, wenn eine kanadische Sängerin, die gerade einen Riesenhit mit ihrer Umwelthymne »Big Yellow Taxi« gelandet hatte, keine Zeit in ihrem Terminkalender freischlagen könnte, um in ihr Heimatland zu kommen und eine wichtige Antiatomkraft-Kampagne mit erheblichen Umweltauswirkungen zu unterstützen. Mitchell sah rasch ein, dass es zu ihrem Vorteil wäre, sowohl für ihren Ruf als auch für ihre politische Überzeugung, wenn sie bei dem Konzert auftreten würde. Sie bot sogar an, ihren neuen Freund James Taylor mitzubringen. Da Irving noch nie von Taylor gehört hatte, der kurz vor dem Durchbruch stand, bat er Mitchell, einen Moment zu warten, deckte den Hörer mit der Hand ab und fragte Dorothy und seine Kinder, ob irgendwer etwas von James Taylor gehört hätte. Keiner hatte. Trotzdem sagte Irving zu Mitchell, wenn auch mit einer gewissen Beklommenheit, sie könne ihn mitbringen.[36]

Der amerikanische Folksinger und Aktivist der Neuen Linken, Phil Ochs, ergriff mit dem bei ihm üblichen Elan die Gelegenheit, dem DMWC zu helfen, und bot sogar an, sich einen Fallschirm umzuschnallen und über dem Testgelände auf Amchitka abzuspringen. Das Programm wurde durch die beliebte Lokalband Chilliwack vervollständigt. Das Konzert – die erste von vielen fruchtbaren Kooperationen zwischen Greenpeace und bekannten Musikern – erwies sich als extrem erfolgreich und brachte der Greenpeace-Reise neben den wertvollen finanziellen Mitteln auch beträchtliche Publizität ein. Der einzige Wermutstropfen war, dass die Stadt, der das Coliseum gehörte, vom Erlös rund 3000 Dollar als Miete verlangte. Das provozierte eine von Irvings typischen Tiraden. »Mit dieser arroganten, planvollen Missachtung der bewussten Gewaltfreiheit des Greenpeace-Projekts«, wetterte er in seiner Zeitungskolumne, »hat sich die Machtstruktur selbst als ANTIKANADISCH entlarvt – als auf der Seite der Atommacht USA stehend, SELBST WENN DAMIT LEBEN UND GESUNDHEIT VON MENSCHEN IN KANADA GEFÄHRDET WERDEN!« Stowe war sich unbedingt des Nationalismus bewusst, der die kanadische Linke durchzog – und seine eigene Form des scharfen Antiamerikanismus ergänzte.[37]

Stowe schaffte es auch, zusätzlich zum Konzert einen öffentlichen Vortrag zu organisieren, den der frühere *Phoenix*-Skipper Earle Reynolds hielt. Für die ältere Peacenik-Generation wie die Stowes und Bohlens war Reynolds Legende, aber auch bei der jüngeren Generation von Umweltaktivisten war er bekannt, seit einer seiner Essays über Strahlung und menschliche Entwicklung in der weitverbreiteten Ökologie-Anthologie *The Subversive Science* nachgedruckt worden war. Reynolds' Auftritt in Vancouver stellte die direkteste Verbindung zwischen den Quäker-Protesten der später 1950er Jahre und der Greenpeace-Bewegung dar, die davon inspiriert war.[38]

Während sich Stowe mit den finanziellen Aspekten der Kampagne beschäftigte, suchten Bohlen und Coté weiter intensiv nach einem geeigneten Schiff, das den Namen *Greenpeace* tragen sollte. Anfangs hofften sie, was im Rückblick wahrlich bombastisch erscheint, ein Schiff zu finden, das die Kapazität hatte, 300 bis 500 Mann durch die von Oktoberstürmen heimgesuchten Gewässer des Nordpazifik zu schippern. Bohlen wandte sich an Schweden, weil er hoffte, von einer vermeintlich sympathisierenden Regierung solch ein Schiff günstig chartern zu können, hatte aber kein Glück. Er und Stowe dachten sogar an einen Deal mit Kuba – der sicherlich alle Hoffnungen auf wohlwollende Berichterstattung in den USA zerstört hätte.[39]

Als die Kampagne Anfang 1971 Fahrt aufnehmen sollte, fehlte noch immer ihr Dreh- und Angelpunkt. Bohlen und Coté überkam die Verzweiflung – sie mussten sich ganz pragmatisch fragen, welche Schiffe sie in Erwägung ziehen wollten. Coté, ein hervorragender Segler, der bei den Olympischen Spielen 1972 eine Bronzemedaille gewinnen sollte, zapfte nun auch seine Kontakte an den Kais von Vancouver an. Doch wenige Skipper waren bereit, das Risiko einzugehen und ihr Schiff für solch eine unorthodoxe Mission zu verchartern. Aber einer war verzweifelt genug. John Cormack, ein 60-jähriger Fischer und Besitzer des 24-Meter-Heilbuttfängers *Phyllis Cormack*, war nach mehreren mageren Fangjahren hoch verschuldet und stand vor der Zwangsvollstreckung. Der allmählich kahl werdende, korpulente, mürrische Seebär mit 30 Jahren Nordpazifik-Erfahrung war bereit, seinen leicht morschen, 30 Jahre alten Fischkutter, dessen sperriger 20 Jahre alter Motor ihn kaum auf 9 Knoten brachte, zu verchartern, um seine Schulden loszuwerden. Ein verzweifelter Bohlen, der nach dem Zweiten Weltkrieg zwischen den Aleuten unterwegs gewesen war, fand das Schiff absolut ungeeignet. Doch er wusste auch, dass ihnen kaum etwas anderes übrig blieb, als Cormacks Angebot anzunehmen. Als Bob Hunter zum Hafen kam, um sich die mächtige neue *Greenpeace* anzusehen, lief er ein halbes Dutzend Mal daran entlang, weil er nicht glauben konnte, dass dies das Schiff war, das Bohlen ausgesucht hatte. Auch wenn Cormacks Beteiligung zunächst primär pragmatischer Art war, entwickelte er doch eine starke Bindung an Greenpeace – und die *Phyllis Cormack* sollte während der gesamten 1970er Jahre ein wesentlicher Teil der Greenpeace-Flotte bleiben.[40]

Angesichts der öffentlichen Meinung nahm die kanadische Regierung eine kritischere Haltung zu den amerikanischen Tests auf Amchitka ein und legte Protest ein – im Rahmen der Einschränkungen, die die engen Verbindungen zwischen den beiden Ländern verlangten. In einer Note an das US-Außenministerium machte der kanadische Botschafter in Washington »klar, dass von [der kanadischen Regierung] nicht erwartet werden kann, diese Atomtests hinzunehmen … [und dass man] die Regierung der Vereinigten Staaten für alle Schäden oder Verletzungen, die Kanadier, kanadischer Besitz oder kanadische Interessen durch diese Test erleiden [würden], verantwortlich machen« würde. Diesen Standpunkt wiederholte das Büro des Premierministers in seiner Korrespondenz mit dem DMWC. Doch die Opposition gegen die Amchitka-Tests

Bohlen, Coté und Stowe werden üblicherweise als die Gründer von Greenpeace bezeichnet. Richtiger ist, dass sie die Gründer des Don't Make a Wave Committee waren.

machten das DMWC nicht automatisch beliebt bei der kanadischen Regierung, die mehrfach versuchte, der Gruppe Steine in den Weg zu legen. Die Finanzbehörde beispielsweise äußerte Zweifel an der vom DMWC beantragten Gemeinnützigkeit: Man sehe »keine Beziehung zwischen dem Chartern eines Schiffs und der Öffentlichmachung negativer Folgen für die Umwelt durch Atomwaffenzündungen auf der Insel Amchitka«.[41]

Ein weiteres Hindernis war die Weigerung des Fischereiministers Jack Davis, die *Phyllis Cormack* zu versichern, mit der Begründung, die Crew wolle eindeutig nicht zum Fischfang auslaufen.[42] Das hätte den Abbruch der Protestaktion bedeutet, denn eine Privatversicherung wäre mit mindestens 50 000 Dollar unbezahlbar gewesen. Das DMWC hatte eine Versicherung bei der Industrial Development Bank eingeplant, einer staatlichen Gesellschaft, die Fischerboote generell für 150 Dollar pro Monat versicherte. Zum Glück für das DMWC war der Wahlkreis von Davis West Vancouver, ein wohlhabender Bezirk am Nordufer der English Bay, wo man die *Greenpeace*-Fahrt besonders unterstützte. Das DMWC begann, Druck auf Davis auszuüben, damit der seine Meinung änderte.

Hunter schrieb eine scharfe Kolumne, in der er Davis vorwarf, der AEC Beihilfe zu leisten, indem er versuchte, »die einzigen ernsthaften Testgegner in Kanada« auf die Abschussliste zu setzen.[43] Ben Metcalfe, der mittlerweile an der Kampagne teilnahm, gab in seinen Sendungen ähnliche Kommentare von sich. Es dauerte nicht lange, bis das Büro von Davis mit Briefen und Anrufen seiner Wähler bepflastert wurde, die eine Rücknahme seiner Entscheidung verlangten. Davis beugte sich dem Druck, änderte seine Meinung, indem er die ursprüngliche Entscheidung einem Untergebenen in die Schuhe schob, und gewährte der *Phyllis Cormack* die übliche Fischerei-Versicherung. Die Beteiligung bekannter Medienpersönlichkeiten am DMWC begann sich zweifellos auszuzahlen.[44]

Nachdem sich das DMWC damit abgefunden hatte, dass die *Phyllis Cormack* das Schiff der Kampagne sein würde, wurde klar, das die Zahl der Crewmitglieder stark reduziert werden müsste – auf zehn Mann plus Kapitän und Ingenieur. Das DMWC, das anfangs in Sorge gewesen war, nicht genug Freiwillige für ein großes Schiff zu finden, musste nun zehn Mann aus Dutzenden von enthusiastischen Bewerbern auswählen. Man beschloss daher, sich auf eine Kombination von dem, was den Anforderungen der Fahrt, und dem, was der Kampagne insgesamt am besten diente, festzulegen. Stowe hatte von Anfang an gesagt, dass er nicht mit an Bord käme, weil er zu schnell seekrank würde. Stattdessen wollte er von Land aus versuchen, die Fahrt im Scheinwerferlicht der Medien zu halten. Coté hatte auch von Anfang an gesagt, dass er nicht teilnehmen werde, wenn sich die Fahrt nicht mit den olympischen Segelwettbewerben vereinbaren ließe. Dies war der Fall. Damit blieb Bohlen als Einziger von der ursprünglichen DMWC-Troika übrig. Allerdings bot er sich auch als erste Wahl an, denn er repräsentierte nicht nur das DMWC, sondern war auch ausgebildeter Schiffsnavigator mit viel Segelerfahrung.[45]

Terry Simmons sollte als Vertreter des Sierra Clubs an Bord sein. Da er die Kampagne von Anfang an sehr unterstützt hatte, konnte man ihm den Platz kaum verweigern. Er hatte zwar nur wenig Erfahrung zu Wasser, aber er war ein sehr kluger und begabter junger Geograf und konnte beträchtliches Wissen über die Aleuten-Kulturen vorweisen. Bill Darnell, der junge Sozialarbeiter, der den Begriff »Greenpeace« geprägt hatte, wurde zum Schiffskoch auserwählt, und der 31-jährige Chemie-Doktorand und Gegenkultur-Aktivist Bob Keziere sollte als Fotograf dabei sein. Außerdem sollten zur Crew ein Hippie-Mediziner namens Lyle Thurston, drei Journalisten – Bob Hunter und Ben Metcalfe von den Mainstream-Medien und Bob Cummings, der für den *Georgia Straight* schrieb, als Vertreter der alternativen Presse – gehören, und schließlich der Ökologie-Doktorand Patrick Moore und ein Politikwissenschaftler von der University of Alaska namens Richard Fineberg, der Erfahrungen als investigativer Journalist zum Thema Atomwaffen hatte. Fineberg, Bohlen und Simmons waren die einzigen Amerikaner an Bord, alle anderen hatten die kanadische Staatsangehörigkeit.

Bob Hunter war zwar ausgebildeter Journalist, aber dem journalistischen Credo der objektiven Berichterstattung zollte er wenig Respekt. In dem Brief, mit dem er sich für die Greenpeace-Fahrt bewarb, erklärte er, das DMWC würde »so viel Berichterstattung bekommen, wie aus einem einzelnen Journalisten rauszuquetschen« wäre. Zudem bot er seine »Dienste als PR-Mann« an. Dank seiner regelmäßigen Kolumne in der *Vancouver Sun* hätte er »gewisse Freiheiten … die Reporter allgemein nicht« hätten, was ihm erlauben würde, »Meinungen einzubringen … ohne [sich] an den sogenannten ›objektiven‹ Gesichtspunkt zu halten, der üblicherweise Berichte bis zur Kopfgeburt verwässern« würde.[46] Hager, bärtig und mit nach hinten gekämmter brauner Mähne gerierte sich Hunter als klassischer Gegenkultur-Intellektueller. Er war wortgewandt, charmant, geistreich und charismatisch, neigte aber auch zu Depressionen und Wutausbrüchen. Sein Schreibstil war überzeugend und häufig wuchtig, auch wenn die Klarheit seiner Gedanken nicht immer an die Flüssigkeit seiner Prosa heranreichte. Seine Hippie-Gefühle und seine Bereitschaft, gelegentlich rationales Denken zugunsten von Mystizismus zu vernachlässigen, prädestinierten ihn, mit »Geradlinigen« wie Bohlen aneinanderzugeraten.

Trotz seiner regelmäßigen Teilnahme an DMWC-Treffen und erheblichen Anstrengungen für die Kampagne gehörte Rod Marining nicht zu jenen, die für die erste Fahrt mit der *Phyllis Cormack* ausgewählt wurden. Das lag vor allem an Bohlens Befürchtungen, dass Leute wie Marining und Paul Watson, die auf den Flügeln des DMWC standen, den seriösen Charakter und das verantwortungsbewusste wissenschaftliche Image unterminieren würden, die Bohlen fördern wollte. Für Marining war das ein ziemlicher Schlag, denn er war davon ausgegangen, dass ihm sein beträchtlicher Ruhm in der Gegenkulturszene von Vancouver automatisch eine Schiffskoje verschaffen würde. Doch wenn jemand beharrlich war, dann war das Marining, und er sollte noch vor dem Ende der Kampagne alle überraschen. Watson sollte auch daran beteiligt sein, und beide gehörten in den gesamten 1970ern zu den einflussreichen Figuren bei Greenpeace.[47]

Egal, ob es reiner Zufall war oder die bloße Wahrscheinlichkeit sich durchgesetzt hat – die Crew der *Greenpeace* spiegelte, wenn auch nicht in den genauen Proportionen, die Einflüsse wider, die bei der Bildung der Organisation prägend waren. Die Männer (und es waren nur Männer) waren Produkte der verschiedenen Vorstellungen und Traditionen, die die Friedens- und Umweltbewegungen in der Nachkriegszeit in den USA und in Kanada geformt hatten. In unterschiedlichem Ausmaß repräsentierten sie Quäkertum, den radikalen Pazifismus der amerikanischen Friedensbewegung, die Neue Linke und die Gegenkultur, Marshall McLuhans Theorien zur Massen- und Medienkultur und verschiedene Strömungen der Umweltbewegung. Allen gemeinsam waren die Festlegung auf gewaltfreie direkte Aktion und der Glaube an das revolutionäre Potential holistischer Ökologie. Das soll nicht heißen, all diese Phänomene hätten nur in Vancouver zusammenkommen können. Doch da sie dort zusammenkamen, war die Organisation, die dabei entstand, unauslöschlich durch die Protestkultur und das Aktivistenmilieu der Stadt geprägt. Und der Vancouver-Kontext sollte die Organisation auch noch viele weitere Jahre formen. Doch im Augenblick machte sich die Kerntruppe bereit, einen klapprigen alten Fischkutter zu besteigen und sich mit der stärksten Militärmacht der Welt in einer der abgelegensten und einsamsten Ecken des Planeten anzulegen.

4. Kapitel

Don't Make a Wave

Die Geschichte der Greenpeace-Fahrt nach Amchitka handelt nicht nur davon, wie eine Gruppe von Menschen versuchte, die Aufmerksamkeit auf die Gefahren durch Atomwaffentests zu lenken, sondern auch davon, wie die Werte und die Identität einer Bewegung durch die Hauptbeteiligten erprobt und geformt wurden. Die Menschen, die das Don't Make a Wave Committee (DMWC) gegründet hatten, kamen mit unterschiedlichem Background zusammen und repräsentierten eine Vielfalt von Weltbildern. Daher überrascht es nicht, dass sich aus den Unterschieden nicht selten hitzige Dispute ergaben, wenn die Männer auf so engem Raum zusammengepfercht waren. Und einer davon führte sogar beinahe zu körperlicher Gewalt. Am tiefsten war der Zwiespalt zwischen Jim Bohlen und Bob Hunter. Bohlens vorrangiges Ziel war eine gradlinige Kampagne, die zum einen den Respekt der Eliten – von Wissenschaftlern, Politikern, hochrangigen Beamten – und zum anderen die Aufmerksamkeit der populären Medien erlangen würde. Hunter hingegen war eher daran interessiert, einen Mythos für die Umweltbewegung zu schaffen, einen, der bei Millionen Menschen Resonanz finden und zur Bewusstseinsveränderung der Massen beitragen würde, die für seine Zukunftsvision lebenswichtig war. Der Subtext bei dieser Fahrt war also partiell ein Kampf – nicht nur um Führerschaft und Ideologie der Organisation, sondern auch darum, was für eine Organisation Greenpeace werden sollte und ob es überhaupt eine solche werden sollte. Würde es bloß eine einmalige Kampagne zur Aufklärung über die Risiken von Atomtests werden, wie sich das Leute wie Jim Bohlen und Terry Simmons anfangs vorstellten? Oder würde sie, wie Hunter hoffte, zur Vorhut einer großen neuen gesellschaftlichen Bewegung werden, die die alten Friedens- und Umweltbewegungen verschmelzen und gleichzeitig über beide hinauswachsen würde, indem sie das neue Bewusstsein der Gegenkultur annahm?

*

Am 15. September 1971, einem warmen Tag in Vancouver, stach am Spätnachmittag etwa die Hälfte der *Greenpeace*-Crew vom Liegeplatz im False Creek aus in See, nachdem man die letzten Vorräte für eine sechswöchige Reise an Bord gebracht hatte. Eine kleine, aber enthusiastische Gruppe winkte zum Abschied, und ein Kameramann vom lokalen Fernsehsender filmte das Auslaufen. Dann fuhr das Schiff etwa fünf Meilen, um die Spitze von Stanley Park herum, und legte 20 Minuten später im Coal Harbour, auf der anderen Seite des Zentrums von Vancouver, wieder an. Die Entscheidung, die *Greenpeace* ein paar Stunden zu früh »starten« zu lassen, war ein Entgegenkommen für die lokalen Medien, die das Auslaufen noch vor der Dämmerung festhalten wollten. Außerdem wollte man sicherstellen, dass es die Geschichte in die Sechs-Uhr-Nachrichten schaffte. Bob Hunter, Bob Cummings und andere Crewmitglieder, die keine Lust hatten, sich der harten Arbeit der letzten Vorbereitungen auszusetzen, verbrachten den Nachmittag in einer Kneipe. Mit großem Vergnügen konnten sie ihr eigenes Auslaufen in den Abendnachrichten sehen, noch ehe sie einen Fuß an Bord gesetzt hatten.[1]

Natürlich passte es absolut, dass die ersten Momente der *Greenpeace*-Jungfernfahrt von den Ansprüchen der Medien diktiert wurden. Zum einen war schließlich ein Drittel der Crew auf die eine oder andere Weise journalistisch tätig, und zum anderen hing der Erfolg der Kampagne davon ab, dass die Aufmerksamkeit der Medien auf die Expedition gelenkt wurde. Daher waren die Fahrt, ihr Ergebnis und die unmittelbaren Folgen wichtige Ereignisse für die langfristige Geschichte von Greenpeace: Sie waren die Bühne, auf der die verschiedenen Teilnehmer darum kämpften, der im Entstehen begriffenen Organisation den Stempel ihrer je eigenen Ideologie und Handlungsweise aufzudrücken, auch wenn ihnen das zu jenem Zeitpunkt nicht ganz bewusst war. Neben der Medienstrategie war die Berücksichtigung wissenschaftlicher Detailarbeit ebenfalls ein Schlüsselelement der Kampagne. Daraus resultierte, dass das DMWC und insbesondere Bohlen erhebliche Mühe aufwendeten, um das Bild ernstzunehmender Profis zu vermitteln, die ihre Hausaufgaben gemacht hatten und deren Einwände gegen die US-Atomwaffentests auf soliden wissenschaftlichen Beweisen beruhte.

Das DMWC war keineswegs die einzige Gruppe, die gegen Cannikin protestierte. Tatsächlich waren die einzigen ausdrücklichen Befürworter die Atomic Energy Commission (AEC) und das Pentagon. Selbst der US-Kongress weigerte sich, die Zündung offiziell abzusegnen, und überließ Präsident Nixon die endgültige Entscheidung.[2] In Washington, D. C., versuchte eine Koalition von Antiatomwaffen-Gruppen, darunter der Sierra Club, David Browers Friends of the Earth, die Wilderness Society, die Society Against Nuclear Explosions (SANE), die Federation of American Scientists und Barry Commoners Committee for Nuclear Responsibility, die AEC zu verklagen, mit dem Argument, sie hätten keine angemessene Bewertung der Umweltauswirkungen der Zündung vorgelegt. Eine Gruppe von 33 Kongressangehörigen reichte eine ähnliche Klage ein und verlangte, dass die AEC einen geheimen Bericht über den geplanten Test herausgab.[3] Die *New York Times* kritisierte die hartnäckige Weigerung der AEC, den Test angesichts der zunehmenden Ängste hinsichtlich seiner Sicherheit zu verschieben oder abzusagen.[4] Die kanadische Ausgabe des Magazins *Time* tendierte in den Berichten ebenfalls zu einer eher kritischen Haltung und

Die Crew der ersten Greenpeace-Fahrt. Im Uhrzeigersinn von oben links: Bob Hunter, Patrick Moore, Bob Cummings, Ben Metcalfe, Dave Birmingham, John Cormack, Bill Darnell, Terry Simmons, Jim Bohlen, Lyle Thurston und Richard Fineberg.

schrieb: »Die Aufregung über Cannikin ist bloß der jüngste Ausdruck des gesellschaftlichen Unbehagens angesichts der nahezu uneingeschränkten Freiheit, mit der Waffen in Auftrag gegeben, getestet und eingesetzt werden.« Die Tage, in denen die AEC im Interesse der »nationalen Sicherheit« Waffen einfach so zünden konnte, seien, so *Time*, »eindeutig vorbei«.[5] Besonders heftig war der Widerstand im normalerweise konservativen und patriotischen Alaska, wo der demokratische Senator Mike Gravel eine starke Kampagne gestartet hatte, die Tests abzusagen: Die Zündung durchzuführen, wäre »ein Risiko, dessen Größe wir nicht abschätzen können«. Und er betonte: »Unsere nationale Sicherheit ist nicht gefährdet, wenn der Test gestrichen wird.«[6] William Egan, der demokratische Gouverneur von Alaska, machte sich gleichfalls Sorgen wegen der potentiellen Folgen von Cannikin und forderte öffentliche Anhörungen der AEC in Alaska, um die möglichen Auswirkungen auf die Umwelt zu untersuchen. Die AEC hatte zwar in Einklang mit dem Umweltschutzgesetz von 1969 eine Abschätzung der Auswirkungen der Explosion auf die Umwelt durchgeführt, aber für die meisten Umweltschützer las die sich, so Amerikas führendes Wissenschaftsjournal, »eher wie ein Verkaufsangebot und nicht wie ein Katalog möglicher Umweltfolgen«.[7]

Die AEC gab dem Druck nach und veranstaltete in der letzten Maiwoche 1971 eine Reihe von öffentlichen Anhörungen in Anchorage und Juneau. Jim

Bohlen und Patrick Moore vertraten das DMWC, als verschiedene Wissenschaftler, Akademiker, Journalisten, Politiker und Umweltschützer in den immer größer werdenden Chor der AEC-Kritiker einstimmten. Die bedrohlichste, wenn auch am wenigsten plausible Befürchtung hinsichtlich Cannikin war die, dass die Explosion ein größeres Erdbeben verursachen könnte, das wiederum einen Tsunami auslösen würde, der die Pazifikküste bis nach Japan und Mexiko heimsuchen würde. Der kalifornische Senator Alfred Alquist erinnerte an ein Erdbeben 1964 auf den Aleuten, das »einen Tsunami ausgelöst hat, den die Kalifornier so bald nicht vergessen« würden. Die Riesenwoge hatte erheblichen Schaden in ganz Kalifornien verursacht, insbesondere in Küstenstädten wie Crescent Town, wo die 4 Meter hohe Welle 27 Blocks weit in die Innenstadt raste, 5 Todesopfer forderte, 300 Gebäude zerstörte und Schäden in Höhe von 11 Millionen Dollar zurückließ.[8] Zur Untermauerung dieses Arguments zitierte Bohlen James N. Brume, einen Wissenschaftler am California Institute of Technology, der gesagt hatte, es gebe »keinen logischen Grund, warum eine Atombombenexplosion nicht Ausgangspunkt einer Abfolge von Ereignissen sein könnte, die zu einem stärkeren Erdbeben führen« würden. »Je größer die Explosion, um so größer ist die Möglichkeit, dass sie eine solche Abfolge von Ereignissen auslöst.« Und solch eine große unterirdische Explosion wie bei Cannikin hatte es noch nie gegeben.[9] Die AEC schloss die Möglichkeit eines Erdbebens samt Tsunami nicht völlig aus, bezeichnete das Risiko aber als minimal – und führte an, dass die Explosion vielleicht sogar eine derartige Katastrophe in der Zukunft verhindern würde, weil durch sie die latente Energie in der Verwerfung freigesetzt würde.[10]

Auch wenn ein Tsunami nicht ganz auszuschließen war, so war es doch viel realistischer, dass die ungeheure Kraft der Detonation den Felsen über der Zündkammer aufsprengen und eine Reihe von Rissen und Spalten zur Oberfläche von Amchitka auftun würde, durch die radioaktiver Fallout entweichen könnte. Wissenschaftler wiesen darauf hin, dass bei mindestens 67 der 230 unterirdischen Versuche in Nevada unterschiedliche Mengen an Radioaktivität ausgetreten seien. Bohlen zitierte Beweise, dass Teile des Fallouts bereits in Kanada gemessen worden seien, also der 1963 geschlossene Vertrag zum Verbot von Atomwaffentests verletzt worden sei.[11] Senator Gravel äußerte die Befürchtung, dass in Zeiten, wo die Menschen Angst vor einer Quecksilbervergiftung durch Fisch hätten, »schon der Verdacht, radioaktives Wasser könne an die Oberfläche dringen, den Markt für Fischereiprodukte aus dem Nordpazifik zum Erliegen« brächte.[12] Bohlen bezweifelte auch die Annahme der AEC, die sie in ihrer Erklärung zu den Umweltauswirkungen geäußert hatte, es gäbe »sichere« Strahlungsdosen. Er zitierte den Arzt und Berkeley-Medizinprofessor John Gofman und unterstrich die strikte Haltung des DMWC in dieser Frage: »Es existiert kein schlüssiger Beweis, dass es jenseits der natürlichen radioaktiven Strahlung irgendeine sichere Dosis an Strahlung gibt.«[13]

Richard Fineberg, ein junger Politikwissenschaftler von der University of Alaska, wies auf eine andere mögliche Gefahr hin. Obwohl kein Mitglied des DMWC, sollte er doch noch in letzter Minute zur *Greenpeace*-Reise eingeladen werden, weil er bei den Anhörungen einen so positiven Eindruck auf Bohlen machte. Durch penibles Nachforschen hatte Fineberg herausgefunden, dass das US-Militär 1947 Hunderte von Fässern mit tödlichem Senfgas bei den Aleuten im Meer versenkt hatte. Gas, das aus einigen der Behälter entwichen war, trat 1968 in der Nähe einer Wetterstation der US-Küstenwache aus und führte dazu, dass mehrere Leute schwer erkrankten und die Station evakuiert werden musste. Fineberg fragte daher gezielt, ob die ACE – angesichts des plötzlichen Druckanstiegs und des heftigen Erdstoßes, die Cannikin wahrscheinlich begleiten würden – berücksichtigt hätte, was passieren würde, wenn auch nur ein Bruchteil dieser Fässer aufbrechen und das tödliche Gas ins Wasser und in die Luft gelangen würde? Dies wäre nur eine weitere Position, unterstrich Fineberg, die bei der AEC-Erklärung zu den Umweltauswirkungen fehlen würde.[14]

Ein Teil der Reaktion des DMWC auf die Argumente der AEC war die Entwicklung einer zweigleisigen Strategie, die zum Kern der Vorgehensweise von Greenpeace werden sollte. Auf der einen Seite setzte man auf eine Rhetorik, die gerechte moralische Empörung vermittelte und an das breite Publikum gerichtet war. Diese Strategie war bei den Organisationen der sozialen Bewegung weit verbreitet. Um an populäre ökologische Sichtweisen und allgemein anerkannte Vorstellungen von Frieden, Sicherheit und Menschenrechte zu appellieren, setzte das DMWC sinnträchtige Slogans und kernige Schlagworte ein, die von den Medien aufgegriffen werden konnten und bei den Massen Widerhall fanden. Beispielsweise charakterisierte man die AEC als »ökologische Vandalen« und argumentierte: »Amchitka ist vielleicht das entscheidende Glied in der Kette der Ereignisse, die die Menschheitsgeschichte beenden werden.«[15] Bohlen nannte den US-Verteidigungsschirm »Leichentuch für Kanada«,[16] während Stowe schrieb, die AEC würde auf Amchitka eine »Gifttasche« produzieren, »gefüllt mit den tödlichsten und schrecklichsten Strahlen der Erde«. Die AEC zeige, fuhr Stowe fort: »Macht verseucht und atomare Macht verseucht in jeder Hinsicht.«[17] Moore fragte, wenn die USA sich den Test von etwas »genehmigen« wollten, von dem sie behaupteten, es sei sicher, warum sie dann die Zündung nicht »im geografischen Mittelpunkt der Vereinigten Staaten, in der Mitte von Kansas« durchführten.[18] Metcalfes Brief »Greenpeacing of America«, der am zweiten Tag der Fahrt von der *Phyllis Cormack* gesendet und über CBC verbreitet wurde, ist ein klassisches Beispiel, wie das DMWC gerechte Empörung kunstvoll rhetorisch einsetzte, um eine Angelegenheit zu einer konzentrierten, emotionalen Form einzudampfen.

Wir haben unser Schiff *Greenpeace* genannt, weil wir finden, dass dieser Name die beiden großen Probleme unserer Zeit am treffendsten zusammenfasst – das Überleben unserer Umwelt und der Frieden auf der Welt. Unser Ziel ist sehr einfach, klar und direkt – die Konfrontation zwischen den Menschen des Todes und den Menschen des Lebens zu bewirken … die Konfrontation zwischen der großen Mehrheit der Menschheit zu bewirken, die ihre Zukunft nicht für platte politische Vorteile aufs Spiel setzen will, und den Männern, die das alles für einen Haufen Mist halten.

Wir betrachten uns nicht als Radikale. Wir sind Konservative, die die Umwelt für unsere Kinder und künftige Generationen erhalten wollen. Wenn es in dieser Geschichte Radikale gibt, dann sind das die fanatischen Technokraten, die glauben, sie hätten die Macht, mit der Erde zu spielen, als wäre die ein unendlich faszinierendes Spielzeug, das ihnen gehört. Wir sind sicher, dass sie erst dann zufrieden sind, wenn sie die Erde wie ein Spielzeug kaputt gemacht haben.

Die Botschaft der *Greenpeace* ist einfach: Die Erde ist unsere Heimat … und wir bestehen auf unserem grundlegenden Menschenrecht, sie zu bewohnen, ohne dass wir von irgendeiner mächtigen Gruppierung bedroht werden. Dies ist keine rhetorische Anmaßung unsererseits. Es ist ein Gefühl, das wir mit jedem normalen Bürger auf der Welt teilen … [D]ie Mannschaft der *Greenpeace* weiß heute, dass sie Teil eines beträchtlichen internationalen Protests gegen den Wahnsinn des Amchitka-Tests ist. Sie weiß natürlich auch, dass sie sich einer Macht entgegenstellt, die eine gewisse Übung darin hat, Protest zu ignorieren, zu bekämpfen und zu verhöhnen. Sie hat nicht die Illusion, dass das John-Wayne-Syndrom nur John Wayne betrifft …

Doch es existiert ein gewisses Gefühl an Bord wie auch in dem, was wir jetzt die *Greenpeace zu Lande* nennen, dass für die Atomwaffenleute eine neue und rauere Situation eingetreten ist. Es hat sich das entwickelt, was wir als Greenpeacing von Amerika bezeichnen. Es kann funktionieren.[19]

Dann erkannte das DMWC aber auch, dass man nicht bei griffigen Slogans und der Rhetorik moralischer Empörung stehen bleiben durfte, wenn man von der Meinungselite – Wissenschaftlern, Akademikern, Politikmachern – ernst genommen werden wollte. Deshalb stellten sie auch einen »objektiveren« Bericht zusammen, der die Form eines wissenschaftlichen Artikels hatte. Hauptautor war Bob Keziere, DMWC-Mitglied, *Greenpeace*-Fotograf und Chemiestudent. Er fasste ohne Endzeitrhetorik und übermäßige moralische Kritik die Positionen der AEC wie die ihrer Gegner zusammen, stützte seine Argumente mit Zitaten glaubwürdiger Forschung und anerkannter Wissenschaftler.[20] Solche Berichte sollten bei den späteren Greenpeace-Kampagnen zur Regel und immer ausgefeilter werden.

Anfangs herrschte bei der *Greenpeace*-Mannschaft Hochstimmung, doch die Atmosphäre wurde zunehmend angespannter, während man an der Küste von British Columbia nordwärts fuhr. Das überrascht kaum. Es wäre naiv, anzunehmen, dass zwölf Männer unterschiedlichen Alters, verschiedener Herkunft und Lebensweisen, unter denen sich mehrere starke Egos befanden, sechs Wochen zusammen auf einem kleinen Fischerboot verbringen könnten, ohne sich wechselseitig auf die Nerven zu gehen. Offenbar war an einem gewissen Punkt der Reise jedes Crewmitglied mit jedem anderen in Konflikt geraten. Bei vielen Kontroversen ging es um Taktik- und Strategiefragen, bei manchen handelte es sich aber bloß um kleinliche Streitereien. Der heftigste Zusammenprall war der zwischen Bohlen und Hunter. Bohlen hegte schon eine gewisse Sympathie für die Gegenkultur, aber was er nicht ertragen konnte, waren Chaos, Hedonismus, Drogenkonsum, unscharfes Denken und absolut irrationales Verhalten, wie es für Hippies charakteristisch war. Und Hunter verkörperte für Bohlens Geschmack viel zu viel von all dem. Wenn die Fahrt in irgendeiner Weise erfolgreich sein sollte, so Bohlen, dann nur aufgrund einer soliden Medienstrategie und dem reifen, anständigen und vernünftigen und rationalen Verhalten der Mannschaft. Außer den Gegenkultur-Vertretern würde sich kein Mensch für eine Geschichte über eine Horde abgedrehter, bekiffter Hippies interessieren, die das I Ging warfen und sich zu »Regenbogenkriegern« und Angehörigen der »Whole Earth Church« erklärten. Die Mainstream-Medien würden sich bloß über sie lustig machen, und Wissenschaftler und Regierungsvertreter hätten dann umso mehr Anlass, sie abzutun. Doch wenn die Menschen eine Gruppe gut ausgebildeter, hochgesinnter Mittelschicht-Akademiker sehen würden, die bereit waren, ihr Leben zu riskieren, um Cannikin zu stoppen, dann würde die Welt vielleicht wirklich hinsehen.[21]

Für Hunter dagegen war die Fahrt eine Chance, seine Theorie der »Gedankenbombe« in die Praxis umzusetzen, und er hatte nicht vor, diese Gelegenheit verstreichen zu lassen. Er hielt Bohlens Ideen einfach für zu traditionell und gesetzt, um diejenige Bewusstseinsveränderung auszulösen, die seiner Meinung nach nötig war, damit die Welt wirklich Fortschritte bei der Beendigung von militärischen Konflikten und von Umweltzerstörung machte. Sich um die Unterstützung durch Wissenschaftler und andere Eliten zu bemühen, war in Hunters Augen in vielerlei Hinsicht Zeitverschwendung, weil es sich bei ihnen um Menschen handelte, bei denen ein fundamentaler Wandel ihrer Weltsicht am wenigsten wahrscheinlich war. Um ein breites Publikum zu erreichen und das synergetische Potential einer Vereinigung von Friedens- und Umweltbewegungen zu demonstrieren, war es nötig, die Denkart der Gegenkultur anzuzapfen und deren Bewusstheit an jene weiterzureichen, die sie noch nicht erfahren hatten. Drogenkonsum war nach dieser Logik ein legitimes Mittel, um zu gewährleisten, dass jene, die an Bord waren, die gegenkulturelle Perspektive beibehielten. Außerdem sei es lebenswichtig, eine neue Mythologie zu schaffen, die der populären Ökologie Tiefe und eine mystische Qualität hinzufügen würden. Die wissenschaftlichen Fakten richtig hinzubekommen, war wunderbar, aber ebenso wichtig war es, neue Metaphern, Slogans und Institutionen zu entwickeln, die die Jugend der Welt aufnehmen und mit denen sie sich identifizieren konnte. Wenn Bohlen zornig gegen den exzessiven Drogenkonsum an Bord wetterte, pflegte Hunter ihn anzugehen, er solle erst mal beweisen, dass eine Gemeinschaft von Kiffern und LSD-Schluckern schlechtere Umweltschützer und Friedensbotschafter seien als Bohlens vernünftige, hochgesinnte Wissenschaftler und Bürokraten. Diese Debatte spielte sich verschiedene Male und auf verschiedene Weise während der ganzen Fahrt ab.[22]

Bohlen war zwar nominell der Leiter der Expedition, aber er besaß nicht die charismatischen Führungsqualitäten eines Irving Stowe. Das Fehlen eines starken Führers bedeutete ein Vakuum, das Hunter und Metcalfe auf je eigene Weise zu füllen suchten und Kapitän Cormack einen größeren Einfluss ermöglichte, als vielleicht gut für die Kampagne war. Besonders Hunter versuchte, die anderen von seiner weiter reichenden Vision für Greenpeace zu überzeugen. Moore, Keziere und der Arzt Lyle Thurston hatten zwar eine höhere wissenschaftliche Ausbildung genossen, aber sie nahmen auch Drogen und hingen einem gegenkulturellen Lebensstil an. Bohlen merkte bald, dass Doc Thurston nicht bloß Aspirin aus seinem Medizinkoffer verteilte. Fragte jemand Thurston, wie weit es bis zur nächsten Landmarke wäre, lautete seine Standardantwort: »Etwa drei Joints.«[23] Es überrascht nicht, dass Moore, Keziere und Thurston Bohlen zwar respektierten, aber auch von Hunters Vision und Verhalten angezogen wurden. Darnell und Simmons tendierten eher zu Bohlen, während Metcalfe weder Bohlen noch Hunter für geeignet hielt, die Gruppe zu leiten – Bohlen fehlte das nötige Charisma, und Hunter war zu jung und zu wild, um die Loyalität der älteren Crewmitglieder zu gewinnen. Andererseits passte dem gewieften, hellhörigen Journalisten Metcalfe das altkluge akademische Gehabe von Simmons und Fineberg nicht. Er kam sogar zu dem Schluss, Fineberg sei ein CIA-Agent, säte deshalb einiges an Verdacht und Misstrauen unter der Crew und machte Fineberg das Leben an Bord zur Hölle.[24]

Hunter zufolge nahmen die Amerikaner und die Kanadier an Bord auch jeweils abweichende Haltungen ein. Die Amerikaner, besonders Bohlen und Fineberg, betrachteten die Fahrt eher als Geplänkel im Rahmen der umfassenderen Schlacht gegen den Militarismus und die politische und ökonomische Hegemonie der USA. Da sie ihre Kämpfe als so viel bedeutsamer ansahen als die, die Kanadier ausfochten, neigten sie zu einer gewissen Gönnerhaftigkeit jenen gegenüber, die erst seit Kurzem den Stachel des militärisch-industriellen Komplexes der USA spürten. Die Kanadier wiederum, insbesondere Metcalfe, nahmen für sich eine moralische Überlegenheit in Anspruch; schließlich führte Kanada keinen Krieg in Vietnam und testete auch keine Atomwaffen.[25] Diese Empfindungen waren symptomatisch für eine unter kanadischen Aktivisten weitverbreitete Ambivalenz hinsichtlich ihrer amerikanischen Brüder. Einerseits bewunderten sie sie und erkannten an, dass sie sich an vorderster Front befanden und deshalb mehr aushalten mussten. Andererseits hassten sie deren herablassende Haltung und den ungebrochenen Glauben, dass die Vereinigten Staaten ungeachtet aller Verderbtheit der Mittelpunkt der Welt seien.[26]

Trotz mancher Differenzen innerhalb der Crew blieb die Atmosphäre auf der *Greenpeace* optimistisch, und es herrschte Hochstimmung, als man durch die ruhigen Gewässer zwischen dem Festland und Vancouver Island fuhr. Inge-

Bob Hunter und Ben Metcalfe zusammen am Ruder der *Phyllis Cormack* auf dem Weg nach Amchitka im September 1971.

nieur Dave Birmingham staunte über die reichlichen Mengen an Alkohol, die die Mannschaft trank, und konnte seine Enttäuschung, dass sie die Nüchternheit und Ernsthaftigkeit der Quäker nicht verkörperten, kaum verbergen. »Ich hatte erwartet, dass es sich bei der Crew der *Greenpeace* um Männer der Religion handelt«, murrte er, als er während eines der vielen Dämmerschoppen den Kopf in die Kombüse steckte.[27] Auch Cormack schien wenig Respekt vor seiner Mannschaft zu haben, die er häufig als »Rohrkrepierer« und »Matratzenhorcher« verspottete, und die gelegentlich auch wenig unternahm, um seinen Respekt zu erlangen. Einmal musste Cormack feststellen, dass sie einen halben Tag lang im Kreis herum gefahren waren, weil Doc Thurston sein Tonbandgerät auf den Magnetkompass gestellt hatte. Bärbeißig und ständig gereizt, verlangte Cormack, dass die Crew nicht gegen die vielen Rituale seines Seemannsaberglaubens verstieß. Trinkbecher mussten so aufgehängt werden, dass sie nach außen zeigen, Büchsen auf der richtig Seite geöffnet werden, sonst flogen sie über Bord ... Cormack konnte vor Wut explodieren, wenn seine Regeln nicht eingehalten wurden.[28]

Am 23. September kündigte die AEC an, dass der Test auf den 20. Oktober verschoben würde. Die *Greenpeace* kann bei den Überlegungen eine Rolle gespielt haben, aber es ist zweifelhaft, ob sie der einzige oder auch nur der Hauptgrund für die Verschiebung war. Wahrscheinlicher ist, dass der bevorstehende Besuch des sowjetischen Ministerpräsidenten Kossygin in Kanada der Anlass war. Egal, was der Grund war, für die *Greenpeace*-Crew bedeutete das, dass man plötzlich drei Wochen mehr an der Backe hatte. Verschärft wurde das Problem, weil man mittlerweile die stürmischen Gewässer des Golfs von Alaska erreicht hatte, wo die meisten »Rohrkrepierer« schwer seekrank wurden. Schließlich schlug Cormack vor, auf der kleinen Aleuten-Insel Akutan ein paar Meilen nordöstlich von Unalaska festzumachen, um Treibstoff zu sparen und vielleicht ein paar zusätzliche Vorräte einzukaufen.[29]

Auf Akutan, einer zauberhaften, dunstigen, von subarktischer Tundra bedeckten Insel kristallisierten sich die ersten Elemente der Greenpeace-Mythologie aus den Wirbelstürmen populärer Ökologie, gegenkulturellen Bewusstseins, Science-Fiction und bewusstseinserweiternder Drogen. Unter den Büchern, die Hunter mit auf die Reise genommen hatte, befand sich auch *Warriors of the Rainbow* (dt. *Im Zeichen des Regenbogens*), eine Sammlung von Visionen, Weissagungen und Mythen amerikanischer Ureinwohner, die Vinson Brown, ein produktiver Naturschriftsteller mit starkem Interesse an der indigenen Kultur, zusammen mit William Willoya, einem Alaska-Indianer, der Dutzende von Stämmen im Nordwesten besucht hatte, um Material für das Buch zu suchen, herausgegeben und interpretiert hatte. Willoya und Brown führten aus, dass die präkolumbischen Indianer große spirituelle und psychische Kräfte gehabt und vorhergesehen hätten, was ihren Völkern widerfahren sollte. Und auch wenn viel von dieser Kraft verloren gegangen sei, weil die weiße Zivilisation die Stämme niedergemacht hat, würde die Zeit kommen, in der sie ihre Kraft wiedererlangen und den Weißen Mann zwingen würden zu erkennen, dass seine Pfade in die Irre führten.[30] Das Buch war typisch für die Esoterik der 1960er und trug bei zum Bild des weisen »ökologischen Indianers«, der in den 1970ern zum mächtigen Symbol der Umweltbewegung wurde. Ebenso berühmt war in diesem Zusammenhang die Rede »Wie kann man den Himmel verkaufen?«. Sie wurde Häuptling Seattle zugeschrieben, aber in Wirklichkeit hatte sie der Filmstudent Ted Perry verfasst, der gerade an der University of Iowa promoviert hatte. Der Text war Teil eines Drehbuchs zu einem Umweltfilm mit dem Titel *Home*, den die Southern Baptist Convention's Radio and Television Commission produzierte.[31]

Hunters ziemlich fantasievolle Geschichte zum Buch hörte sich so an: Ein mysteriöser Hackbrettbauer, der sich als Jude *und* Zigeuner zugleich bezeichnete und vor mehreren Jahren plötzlich bei ihm zu Hause auftauchte, habe es ihm gegeben. Hunter konnte sich zwar nicht an den Namen des Mannes erinnern, ihn aber beschreiben: »mit Vollbart, langen Haaren, Hakennase, gekleidet mit einem schwarzen Gehrock und Scheitelkäppchen, Hosen mit Knöpfen statt Reißverschluss und mit Perlen verzierten Mokassins«. Hinten auf seinem Chevy-Pick-up befand sich ein hölzernes »Hobbit-Haus mit gekrümmtem Ofenrohr und gewebtem Auge Gottes im Fenster«. Dieser merkwürdige Mensch marschierte zu Hunter – »er verhielt sich so barsch und unpersönlich wie ein Bulle, der einen Strafzettel abliefert« – und sagte, während er ein Exemplar von *Warriors of the Rainbow* in der Hand hielt: »Hier, das ist für dich. Es wird einen Weg aufzeigen, der dein Leben verändert.« Als Dank bat er um ein paar alte Zaunpfähle auf Hunters Grundstück, weil sich das trockene Holz ausgezeichnet für Hackbretter eignen würde.[32] Damals dachte Hunter nicht weiter über den Zwischenfall nach – Vancouver zog ja alle möglichen Exzentriker an – und stellte das Buch ins Regal. Dort verblieb es ungelesen, bis Hunter nach Büchern suchte, die er während der Reise nach Amchitka lesen wollte. Dabei fiel es herunter – als würde es verlangen, mitgenommen zu werden.[33] Diese Geschichte wird etwas brüchig durch die Tatsache, das Hunter bereits in *The Storming of the Mind* eine Passage aus dem Buch von Willoya und Brown zitiert. Also muss er vorher zumindest einmal hineingeschaut haben.[34]

Bei einer der zentralen Prophezeiungen in *Warriors of the Rainbow* – und zudem einer, die Hunter angesichts der Reise besonders passend erschien – geht es um eine alte indianische Großmutter namens Eyes of Fire und ihren Enkel. Zufall oder nicht, der Name Eyes of Fire erinnerte an eine der berühmtesten Passagen moderner Umweltliteratur – an Aldo Leopolds Begegnung mit der Wölfin, in deren Augen »ein starkes grünes Leuchten … erstarb«.[35] Damit die Weissagung für möglichst vieles gelten konnte, hatten Willoya und Brown nicht angegeben, welchem Stamm die Frau angehörte. Der Enkel fragt Eyes of Fire: »›Warum hat es unser Großer Vater im Himmel den Weißen Männern erlaubt, unser Land zu nehmen, Älteste Mutter?‹ Eyes of Fire erklärt, dass dies alles Teil eines größeren kosmischen Plans sei. Zunächst würden die Indianer von den weißen Kolonisatoren besiegt und gedemütigt werden. Doch auf lange Sicht würde sich das als Segen erweisen, denn nur ›durch die Unterwerfung durch den Weißen Mann‹ würden die Indianer ›von allem selbstsüchtigen Stolz gereinigt‹ werden und ›bereit für ein großes Erwachen‹ sein«[36]. Angesichts von Hunters Interesse für Gestalttherapie, Freud'scher Psychologie, östlichem Mystizismus und LSD erstaunt es nicht, dass solche Mythen zutiefst im Einklang mit seinem eigenen Weltbild standen. Alle diese Phänomene forderten, auf unterschiedliche Weise, die Menschen auf, ihr Ego fahren zu lassen – ein entscheidendes Moment bei Hunters erhoffter Bewusstseinsrevolution.

In der indianischen Geschichte schickt Eyes of Fire ihren Enkel auf eine spirituelle Suche. Auf dieser Reise erfährt er, dass in der Zukunft, »gerade zu einer Zeit, als auch alle Indianer im Begriff dazu schienen, so zu werden wie die törichten Weißen, gerade dann, wenn jeder hätte denken können, dass sie ihre Vergangenheit vergessen hätten, ein großes Licht aus dem Osten kommen würde« und den Indianern einen Weg zeigen, dem sie folgen sollten. Dieses große Licht in Gestalt eines Regenbogens würde den Enkel von Eyes of Fire zu einem Regenbogenkrieger werden lassen. Als solcher werde er »Liebe und

Freude an andere weitergeben« und auf eine neue »spirituelle Zivilisation« hinarbeiten, die »durch ihre bloße Ausstrahlung schon Schönheit [schafft]: Die Gewässer der Flüsse werden wieder klar werden, Wälder und Parkanlagen werden dort entstehen, wo nun Wüsten und Elendsviertel sind, und die Blumen werden zu den Bergabhängen zurückgebracht werden.« Die Regenbogenkrieger werden

> das Verständnis unwissender Zerstörer erleuchten. Sie werden die Herzen von Möchtegern-Tötern besänftigen, so dass die Tiere wieder die Erde erfüllen werden, und die Bäume werden sich wieder erheben, um den kostbaren Boden zu bewahren. An jenem Tag wird es allen Menschen möglich sein, in wildwachsender Natur zu wandern, die sich in Einklang mit dem Leben befindet; die Kinder werden um sich herum Rehkitze, die Antilope und das wilde Tierleben wie in alter Zeit erblicken können. Die Bewahrung all dessen, was gut und schön ist, ist wie ein Schrei, der mitten in das Herz des neuen Zeitalters hineinverwoben ist.[37]

Inwieweit Willoya und Brown den ursprünglichen Geist dieser Legenden richtig wiedergeben, mag eine offene Frage bleiben. Außer Zweifel steht, dass sie den Empfindungen der Gegenkultur und der holistischen Ökologie sehr genau entsprachen. Viele Assoziationen mit indianischer Mythologie bei Greenpeace entspringen Hunters Lektüre dieses Buches und seinen Erfahrungen auf der Schiffsreise. Zum Beispiel erhielt die *Greenpeace* einen Funkspruch, als sie sich dem Kwakiutl-Dorf Alert Bay an der Nordküste von British Columbia näherte. Damit wurde die Mannschaft eingeladen anzulegen, weil ein Segen und Silberlachs als Geschenk auf sie warteten. Sobald man festgemacht hatte, kamen die Töchter des Häuptlings an Bord, um Segenswünsche und ihre vorbehaltlose Unterstützung für die Mission anzubieten. Die Kwakiutl schnitzten damals einen Totempfahl, der zum größten der Welt werden sollte, und sie luden die Mannschaft ein, auf dem Rückweg wieder vorbeizukommen, damit ihre Namen darauf festgehalten werden konnten. Vor allem die Kinder mochten die Crew, insbesondere jene von ihr, die klassischen Hippies am meisten ähnelten: Hunter, Keziere, Moore, Fineberg und Doc Thurston. Hunter erklärte diese Affinität damit, dass es für indianische Kinder »keinen Typ gibt, den sie mehr lieben können, denn Hippies sind Weiße, die zu Indianern geworden sind«. Die Kinder in dem winzigen Kitasoo-Dorf Klemtu komponierten spontan ein Lied, das sie der Crew ausgelassen vorsangen. Es basierte auf der Melodie von »We Love You Conrad« aus dem Broadway-Musical *Bye Bye Birdie*:

> We love you Greenpeace
> Oh yes we do
> We love you Greenpeace
> Oh yes we do
> Oh Greenpeace
> We love you![38]

Die Verbindung zum Mythos der *Warriors of the Rainbow* wurde noch verstärkt, weil der berühmte indianische Schauspieler Chief Dan George, einer von Doc Thurstons Patienten, die *Greenpeace*-Mission lautstark unterstützte. Das stand im krassen Gegensatz zu John Wayne, dem berühmtesten Cowboy der Welt. Der hatte, ein paar Tage nachdem die *Greenpeace* Vancouver verlassen hatte, mit seinem privaten Minensuchboot im Hafen von Victoria angelegt. Als man ihn fragte, was er von dem Protest hielt, schnauzte Wayne: »Die sind ein Haufen Kommunisten. Kanadier sollten sich um ihre eigenen Angelegenheiten kümmern.« Für die Hippies an Bord der *Greenpeace* war die Symbolik sonnenklar: Die AEC, das waren die arroganten, gewalttätigen, Pistolen schwingenden Cowboys, während *Greenpeace* auf der Seite der moralisch und ökologisch überlegenen Indianer stand.[39]

Je weiter sie fuhren und je mehr sie sich der schrecklichen Kraft von Cannikin näherten, desto mehr Sinn schien Hunter die alte indianische Weissagung zu machen:

> Die gesamte Westküste war totes Land mit zerstörten Totempfählen und verlassenen Konservenfabriken. Die indianische Zivilisation war von der weißen Technologie zerschmettert worden. Daraufhin waren die Indianer gezwungen, die Lebensweisen des weißen Mannes zu übernehmen – in Lagerhäusern zu schuften und Stechuhren zu bedienen. Und nun hat die Technologie des Weißen Mannes die Fischerei nahezu ruiniert. Die Heringsbestände waren so klein geworden, dass niemand mehr die Erlaubnis bekam, sie zu fischen. Heilbutt war am Verschwinden. Der Norden der Westküste war bereits ein einsames, verlassenes Land, wo die Indianer in den Ruinen ihrer Welt ums Überleben kämpften. Die Weißen Männer hingegen zogen sich zurück, schlossen die Konservenfabriken und entzogen die Fischereilizenzen der Indianer. Ließen sie zurück in malerischen Konzentrationslagern, wo sie gezwungen sind, von Sozialhilfe zu leben ...[40]

Der Geist der Indianer, so erschien es Hunter, war fast gebrochen, aber noch nicht tot. Es war beinahe so, als hätte das Schicksal die *Greenpeace* dazu ausersehen, Botschafter zwischen dem zerstörerischen weißen Mann und den ökologisch bewussten Indianern zu werden. Kurz gesagt, sie waren die ersten Regenbogenkrieger.

Hunter lieh sein Exemplar von *Warriors of the Rainbow* den anderen Crewmitgliedern. Wie zu erwarten, waren die Älteren weniger beeindruckt als die Jüngeren. Ja, sie stimmten zwar zu, dass die amerikanischen Ureinwohner zu den Hauptleidtragenden der Umweltausbeutung durch die europäische Zivilisation gehörten. Ja, sie seien durchaus die verantwortungsbewussteren Sachverwalter der Umwelt und es gab viel, was sie die Weißen lehren konnten. Aber ihre Erlösung und die aller anderen Menschen führte über den politischen Kampf, nicht über rührseligen Mythen und Weissagungen, deren Echtheit sowieso zu bezweifeln war. Der Umstand, dass während der Reise immer wieder

Regenbögen zu sehen waren, verstärkte jedoch Hunters Gefühl, dass so etwas wie eine mystische, magische Verbindung zwischen ihnen und den Ureinwohnern bestand und dass die *Greenpeace* sich hinter dem Schutzschild unfassbarer, unsichtbarer Kräfte befand.[41]

Auf Akutan betrat die Crew, so Hunters typische lebhafte Darstellung, »eine Wahrnehmungswelt, ungeheuer intensiv und toll wie sonst die Welten der Schizophrenie und des LSDs«. Die Insel wirkte mit ihren subarktischen Wiesen und den wolkenbedeckten Bergspitzen merkwürdig surreal, wie Hunters Beschreibung deutlich macht:

> Die Berghänge waren mit einem Geflecht aus Tundra, Weidengestrüpp und Moosen, einer Matratze aus Vegetation, bedeckt. Man konnte Fünf-Meter-Sätze machen und wieder abfedern. Kanadischer Hartriegel pochte wie feste kleine Gehirne, die zitternd darauf warteten, losgelassen zu werden. Kräuselnde, blendende Lichtmatten. Bärenklau stellte sich zu unseren Füßen zu ganzen außerirdischen Zivilisationen auf. Moos. Lupinen. Schachtelhalm. Heidelbeeren. Gänseblümchen wie blühende Teile des Heiligenscheins. Es war der absolute psychedelische Kick.[42]

Die *Greenpeace* ankerte sieben Tage im Hafen von Akutan. Die Insel selbst mag wie verzaubert erschienen sein, ihre einzige Siedlung, ein zerfallendes Aleuten-Dorf, war indes deprimierend. Anders als in den Ureinwohner-Dörfern, die die Crew zuvor gesehen hatte, verachteten die Aleuten auf Akutan Kaukasier offenbar, egal ob Hippies oder nicht, und spuckten einige Mitglieder der *Greenpeace*-Crew an, die sich unter sie gewagt hatten.[43] Außer etwas Zeitvertreib an Bord und Versuchen, Berichte zu funken und Neuigkeiten zum Zeitplan der Zündung zu empfangen, blieb den Männern nur noch die Erkundung der Insel. Um der Langeweile vorzubeugen, beschlossen Bohlen, Darnell und Simmons, die drei Sierra-Club-Mitglieder, eine Gruppenwanderung auf den 500 Meter hohen Berg zu organisieren, der sich über dem Hafen erhob. Hunter, Moore, Keziere, Thurston und Fineberg kamen mit. Unterwegs sprachen sie über ihre Mission, wen sie repräsentierten und welche Zukunft ihre »Bewegung« haben könnte. Wie es aussah, hatten sie eine breite, wenn auch lockere Allianz von Gruppierungen zusammengefügt, die in den meisten Fällen wohl kaum einer Meinung sein würden. Einig waren sie sich nur hinsichtlich der Gefahren durch Atomwaffentests. Am einen Ende befanden sich Gruppen wie die radikale Vancouver Liberation Front, am anderen solche wie das Vancouver Real Estate Board und dazwischen gab es verschiedene Kirchen, Gewerkschaften, Studentenvereinigungen und zahllose unorganisierte normale Bürger. Terry Simmons meinte, ihre Allianz hätte das Potential, künftig zu einer ungeheuren Machtbasis zu werden, wenn irgendeine Umweltgruppe einen Weg fände, sie einzuspannen. Anscheinend war um das Thema Amchitka herum eine transpolitische Umweltallianz grob skizziert worden.[44]

Und es gab auch schrulligere Diskussionen, die aber nicht unwichtig waren.

Hunter und mehrere andere Hippies waren Tolkien-Fans und stellten sich gern als Hobbits vor, die den Ring zum Vulkan in Mordor trugen. Sie nannten sich Greenhawks, als ökologische Gegenstücke der Blackhawks, den Comic-Helden der 1950er. Mit dem Schlachtruf »Hawk-a-a-a!« stürzten sie sich von großen Felsen auf die federnden Matratzen der aleutischen Vegetation. Sie betitelten sich als Merry Pranktsters der Ökologie und als Stoßtrupp der Naturschutzbewegung und bildeten aus dem herumliegenden Vulkangestein das Ökologie- und das Friedenssymbol. Einmal begann Patrick Moore, vorsichtig und mit bloßen Händen den moosigen Boden aufzugraben. Andere knieten sich hin, machten mit und bestaunten das Miniökosystem direkt unter der Grasoberfläche der Insel. Der Ökologie-Doktorand Moore hielt eine spontane Vorlesung über die wechselseitigen Verbindungen des Lebens, darüber, wie alle Arten im Grunde voneinander abhängig sind. Die Naturvorstellung der westlichen Kultur – ihre Taxonomien und der Ansatz des Aufsplitterns und Sezierens, um die Natur zu verstehen – hatte dazu geführt, diesen Holismus zu verbergen, der den Männern, die in Moores kleinem Kreis knieten, nie offenkundiger als in jenem Moment erschienen war. Breites Grinsen erschien auf Moores Gesicht, als er die perfekte Hippie-Metapher für dieses holistische Ökosystem fand: Das bedeute, so jubelte er, »dass eine Blume dein Bruder ist!«. Hunter weihte sie alle auf der Stelle zu Priestern der Whole Earth Church.

Es war eine Art religiöses Erlebnis. Zumindest bestand eine Verbindung zu dem, was *für uns* die Wurzeln von Religion waren … Das Gefühl, das wir als Ehrfurcht kennen … An diesem Punkt rückten wir dichter zusammen. Auf einer Ebene war alles eine surreale Phantasie. Greenhawks, Öko-Steinmännchen. Wolkensurfer. Anti-Raumfahrer. Umwelt-Robin-Hoods. Bruderschaft mit den Blumen. Mit allem Lebendigen. Mit der Erde. Auf dieser Ebene war es ein Spaß, jeden zu weihen … Doch der theologische Rang war an meine Koje geheftet, und wenn es je einen Moment im Leben von einem von uns gegeben hat, in dem man sich als Teil einer mystischen Universalkraft fühlte, dann war es dieser Moment im Wind auf Akutan, im Schatten der Wasserstoffbombe.[45]

Hunter war auf Akutan in seinem Element. High von der surrealen Aleuten-Landschaft, high von den Möglichkeiten einer neuen, ökologisch inspirierten Religion, high von welchen Drogen auch immer, die Doc Thurston austeilte. Vorstellungen wie Greenhawks und Rainbow Warriors und simple Metaphern wie »eine Blume ist dein Bruder« hatten etwas von einer Proto-Tiefenökologie. Diese Form der Rhetorik und Spiritualität mit ihren tiefliegenden gegenkulturellen Einflüssen sollte zur starken Unterströmung der Greenpeace-Kultur werden, an- und abschwellen im Verlauf der 1970er und sich konstant im Spannungsfeld zu Sichtweisen befinden, wie sie Bohlen vertrat. Eine Spannung, die sich in der binären Formel »die Mystiker gegen die Mechaniker« niederschlug, die zu einer Art Leitmotiv der Greenpeace-Entwicklung in den 1970ern wurde.

Nach einigen Tagen auf Akutan fuhr die *Greenpeace* nach Sand Point, einer unscheinbaren kleinen Stadt auf der Halbinsel Alaska. Direkt nach der Ankunft gingen Bohlen und Cormack zum Büro des Hafenmeisters. Sie wurden höflich, aber kühl behandelt und schließlich zollamtlich abgefertigt, nachdem ihnen der Einwanderungsbeamte zu Recht die Übertretung gleich mehrerer Gesetze des See- und des Zollrechts der USA vorgehalten hatte. Er drohte eine Beschlagnahme des Schiffs an, wenn es zu weiteren Verstößen käme. Nachdem sie das Büro des Hafenmeisters ebenso ernüchtert wie erleichtert verlassen hatten, hielt Bohlen nach der nächsten Telefonzelle Ausschau und rief dann Irving Stowe in Vancouver an. Bohlen erklärte ihm ihre Situation, skizzierte die Schwierigkeiten, die sie bekämen, wenn sie die Fahrt nach Amchitka fortsetzten. Daraufhin erzählte Stowe ihm aufgeregt von seinem »Plan B«, zu dem gehörte, ein größeres und schnelleres Schiff zu chartern, falls der Bombentest noch weiter verschoben würde und die *Greenpeace* ihre Mission nicht vollenden könnte. Seit die *Greenpeace* unterwegs war, hatten weitere Gelder die Truhen des DMWC gefüllt. Nach Abzug aller Ausgaben verblieben 25000 Dollar auf dem Konto. Die Neuigkeit munterte Bohlen zwar auf, aber er bezweifelte, dass der Plan so kurzfristig zu realisieren wäre. Aus Angst, dass nichts daraus werden würde, erzählte er außer Metcalfe niemandem davon.[46]

Die Stimmung der Mannschaft stieg dank der Neuigkeit, angehoben, dass über 8000 Schüler vor dem US-Konsulat in Vancouver gegen Cannikin demonstriert hatten. Die Schulleiter hatten sich zwar geweigert, den Unterricht an diesem Tag ausfallen zu lassen, aber Tausende nahmen trotzdem an der Demonstration teil, die zum größten Protest gegen Atomwaffen seit den Aldermaston-Märschen Mitte der 1960er wurde. Hauptorganisator der Aktion war Irving Stowes 16-jähriger Sohn Bobby, der Vorsitzender des Student Action Committee Against Nuclear Testing war. Irving selbst hielt eine längere, leidenschaftliche Rede vor der versammelten Menge.[47] Chief Dan George und der frühere kanadische Premierminister Lester Pearson schalteten in der *Washington Post* einen ganzseitigen Aufruf zu einem offenen Brief an das amerikanische Volk, in dem auf die Absage der Bombenzündung gedrängt wurde.[48] In Washington, D.C. waren Anwälte der Koalition von Antiatomwaffen- und Umweltgruppen, die zuvor versucht hatten, die AEC rechtlich zu belangen, weiterhin dabei, eine einstweilige Verfügung zu erlangen und Demonstrationen und Protestaktionen zu organisieren.[49]

Während der Fahrt hatte sich die Crew wie in einer anderen Welt gefühlt, in der die alltägliche Wahrnehmung von Zeit und Raum ausgesetzt war und einem Zeitregime Platz gemacht hatte, bei dem lediglich der eine, unbestimmte Tag zählte, an dem die AEC ihre Bombe zünden würde. Doch in Sand Point holte sie die Alltagsrealität wieder ein. Es wurde immer wahrscheinlicher, dass die AEC den Test auf November verschieben würde, was viele aus der *Greenpeace*-Crew zwang, an ihre Pflichten zu Hause zu denken. Bohlen musste nach

Ablauf der sechs Wochen wieder im Labor für Waldprodukte zur Arbeit erscheinen. Moore und Keziere fürchteten um ihre Doktorandenstellen. Metcalfes Geschäfte als Freiberufler litten, und Thurston kostete es 100 Dollar pro Tag, seine Arztpraxis zu unterhalten. Hinzu kam, dass die Gewässer im Nordpazifik immer rauer und gefährlicher wurden, weil erste Winterstürme über die Beringstraße und den Golf von Alaska fegten. Mehrere Teilnehmer begannen mit dem Gedanken zu spielen, Amchitka aufzugeben und nach Vancouver zurückzukehren.[50]

Die Hauptrollen bei der folgenden Debatte hatten Metcalfe und Hunter. Metcalfe war der erfahrenere, pragmatischere und zynischere der beiden Journalisten. Er hatte Wahlkampagnen geleitet, eine PR-Firma geführt und sich, lange bevor dieser Begriff erfunden wurde, als begabter Spin-Doctor erwiesen. Seiner Meinung nach hatte die Kampagne ihren Zenit erreicht. Statt mit dem jetzt gefährlichen und höchstwahrscheinlich vergeblichen Versuch, Amchitka zu erreichen, weiterzumachen, sollten sie lieber mit der *Greenpeace* nach Vancouver zurückkehren, wo sie die Medienkampagne fortsetzen und das Beste aus den Demonstrationen und Protesten machen konnten, die überall in Kanada stattfanden. Ehe die Mannschaft die Möglichkeit gehabt hatte, die Angelegenheit zu beraten, verbreitete Metcalfe die folgende Ankündigung in seiner CBC-Sendung:

> Der kritische Moment steht bevor, und [die Crew] weiß das. Sie weiß, dass sie bald, sehr bald entscheiden muss, ob sie die bürokratischen Verschiebungen des Amchitka-Tests aussitzen will und dabei riskiert, von den Zeitläuften untergepflügt zu werden, oder ob sie Herr der Lage bleiben will. Letzteres bedeutet zu begreifen, dass die Stimmung gegen die Bombe in Kanada jetzt den Zenit erreicht hat und es hilfreicher ist, heimzukehren, um vor Ort diese Stimmung zu erhalten, statt wegzubleiben und ihren Rückgang zu beobachten ... Die *Greenpeace* muss also jetzt ihre Optionen abwägen. Ob sie aktiv wird, hängt ein Stück weit davon ab, ob die Fahrt als praktischer Protest gedacht war, der die öffentliche Meinung in Kanada gewinnen sollte, oder als Heldentrip zur Befriedigung von ein paar Egos.[51]

Bohlen war derselben Meinung wie Metcalfe. Die Fortsetzung der Fahrt würde bloß die harte Arbeit untergraben, die sie bislang geleistet hatten, um die breite Öffentlichkeit zu überzeugen, dass sie nicht bloß eine Horde von »Irren« seien. Es wäre weit klüger, fand er, sich auf die Heimreise zu machen und dabei so viele alaskische und kanadische Städte wie möglich aufzusuchen. Unterwegs könnten sie Treffen mit den Einheimischen organisieren, Schiffsbesichtigungen anbieten und die öffentliche Meinung erfragen, um einzuschätzen, wie erfolgreich ihre Politik- und Medienstrategien gewesen waren.[52]

Hunter jedoch hielt unerschütterlich an seinen McLuhan'schen Theorien fest. Für ihn blieb die *Greenpeace* »eine Ikone, ein Symbol ... eine Art schwankender Kontrollturm, von dem aus wir die Meinung von Millionen Menschen zu Amchitka speziell und zur Umwelt allgemein beeinflussen könnten«. Bislang war nichts passiert, was ihn davon abbringen konnte, »dass das Schiff nicht doch eine Gedankenbombe war, die über ein elektronisches Meer in die Köpfe der Massen fuhr«.[53] Das ursprüngliche Ziel der Reise aufzugeben, würde die Glaubwürdigkeit der Gruppe auf der Stelle untergraben und allen Zauber brechen, mit dem sie das Gros der öffentlichen Meinung eingefangen hatten. Terry Simmons war zwar kaum ein Fan von Hunter und seinen Theorien, meinte aber auch, die Reise würde zum Fehlschlag, wenn sie nicht alles daransetzten, Amchitka zu erreichen. Fineberg war derselben Ansicht.[54]

Die Angelegenheit explodierte in einer Auseinandersetzung, bei der auf den Tisch geschlagen und Fäuste geschüttelt wurden. Das Ganze drohte in Gewalt umzukippen. Mit einem Hut, der von der Besichtigung einer Krabbenverarbeitungsfabrik in Alaska stammte, versuchte die Crew, wenigstens den Anschein von Ordnung herzustellen. Man einigte sich darauf, dass der Hut seinem jeweiligen Träger ein göttliches Recht auf nicht unterbrochene Rede verlieh. Metcalfe begann. Er bezeichnete jene, die die Fahrt fortsetzen wollten, als »psychedelisches Kamikaze-Kommando« und warf ihnen vor, die Reise und das Leben der Mannschaft aufs Spiel zu setzen, um ihr Ego zu befriedigen. Hunter räumte ein, dass etwas Wahres daran wäre, bestand aber weiter auf der Fortsetzung. Er versuchte, Cormack zu manipulieren, indem er an dessen dickköpfigen Stolz auf sein Schiff und seine Fähigkeiten als Kapitän appellierte. Er fragte Cormack wiederholt, ob es das Schiff denn bis Amchitka schaffen könnte. Anfangs sah es so aus, als hätte der Trick funktioniert. Cormack beharrte verärgert darauf, die *Phyllis Cormack* sei das beste Schiff an der Westküste und käme mit jedem Wetter klar. Doch dann beendete er seinen Redebeitrag in einem verzweifelten, flehenden Ton, wie ihn keiner zuvor von ihm gehört hatte und der sicher ihre Entscheidung beeinflusste. Das Schiff würde es nach Amchitka schaffen, beharrte Cormack, *»aber es wäre Wahnsinn es zu versuchen«*.[55] Cormacks Einfluss gab den Ausschlag. Bohlens und Metcalfes Argumente zusammen mit seiner offenkundigen Angst führten dazu, dass sechs der Crewmitglieder gegen die vier »Kamikaze-Idioten« stimmten, wie Metcalfe Hunter, Simmons, Darnell und Fineberg bezeichnete. Sicher ist es kein Zufall, dass genau diese vier Crewmitglieder am wenigsten bei einer Fortsetzung der Fahrt zu verlieren hatten: Hunter und Darnell wurden für die Zeit bezahlt, die sie auf der Reise verbrachten, und auf Simmons und Fineberg warteten keine dringenden Aufgaben.[56]

Hunter war wütend über die Entscheidung. Türenschlagend und schluchzend vor Zorn und Enttäuschung rannte er hinaus. Er empfand die Entscheidung als totale und bittere Niederlage. Sein heftiger Ausbruch veranlasste Doc Thurston, ihm ein Beruhigungsmittel zu geben. Fineberg war ebenfalls bitter enttäuscht und wollte sich ein Flugticket nach Anchorage kaufen. Hunter wollte sich ihm anschließen und zurück nach Vancouver fliegen. Doch Thurs-

Bob Hunter votiert dafür, die Fahrt nach Amchitka fortzusetzen. Sand Point, Alaska, Oktober 1971.

tons Sedativ und ein Gespräch mit Keziere, der ihn überzeugte, dass es sowohl für Hunters Karma als auch für die Kampagne wichtig wäre, durchzuhalten, brachten ihn dazu, auf der *Greenpeace* zu bleiben. Hunter wurde in dieser Nacht dreißig, und Metcalfe nahm den Geburtstag zum Anlass für einen fröhlichen Bericht darüber, wie ein Crewmitglied just während des Protests gegen das Establishment dreißig wurde, und konnte so die Aufmerksamkeit von der Entscheidung ablenken, das Ziel Amchitka aufzugeben.[57] Doch in Hunters Zeitungskolumne in dieser Woche spiegelten sich seine Verbitterung und Enttäuschung wider. »Die *Greenpeace*-Fahrt nach Amchitka war zu Ende«, schrieb er, »wir hatten versagt und waren besiegt. Wir hatten es nicht bis zur Bombe geschafft. Die einzige Hoffnung, die blieb, war, dass die *Greenpeace*-Reise – die der Idee, nicht die des Schiffs, gerade begonnen hatte.« Diese Gedanken zeigen erneut Hunters Hoffnung, dass die Fahrt eine größere und anhaltendere Bewegung hervorbringen würde.[58]

Sobald die Crew Bohlens Vorschlag angenommen hatte, auf dem Heimweg die Häfen aufzusuchen, erschien die *Greenpeace* plötzlich nicht mehr wie die *Golden Rule* und die *Phoenix*, sondern eher wie das Pazifistenboot *Satyagraha*, das Anfang der 1960er entlang der Küste von Neuengland gefahren war und die Städte dort aufgesucht hatte, um Bewusstsein für Atomfragen zu wecken.[59] Für Bohlen war das Schiff schon immer ein Vehikel für direkte Aktion wie für Aufklärung gewesen. Auch wenn sie das Endziel, nämlich Zeugnis von der Zündung der Bombe auf Amchitka abzulegen, nicht erreicht hatten, konnten sie immer noch die wichtige, wenn auch weniger glamouröse Aufgabe erfüllen, wie Öko-Evangelisten von Stadt zu Stadt zu ziehen und das Bewusstsein der Menschen für Atom- und Umweltfragen zu schärfen.[60]

Ihr nächster Anlaufhafen war Kodiak. Mit 20 000 Einwohnern war dies die größte Stadt, die sie besuchten, seit sie Vancouver verlassen hatten. Der Bürgermeister hatte die *Greenpeace* zu dem Besuch eingeladen, um zu demonstrieren, dass die Stadt ihr Anliegen unterstützte. Als sie in den Hafen tuckerten, war die Crew freudig überrascht, eine große Menschenmenge zu sehen, die sie willkommen hieß und Spruchbänder trug, auf denen »Danke, Greenpeace« stand. Hunter und einige andere Crewmitglieder, allerdings nicht Metcalfe, waren so gefangen genommen von dem Drama, das sich an Bord abspielte, dass sie vorübergehend vergaßen, dass die Welt da draußen nichts von ihrem »Versagen« wusste und sich ihre Meinung im Wesentlichen anhand der optimistischen Meldungen gebildet hatte, die Metcalfe und Hunter während der Fahrt herausgegeben hatten. Eine örtliche Gruppe von Antikriegsaktivisten hatte den Empfang organisiert. Ebenfalls in der Menge waren junge Seeleute der Küstenwache. Sie schenkten der Crew eine ein Meter lange Hasch-Pfeife mit Chirurgenmaske am anderen Ende – dieses Geschenk gefiel einigen in der Mannschaft besser als anderen. Zum großen Erstaunen aller wartete Rod Marining gleichfalls im Hafen. Er war erst geflogen und dann die Küste entlanggetrampt, weil er wenigstens einen kleinen Teil der Reise mitmachen wollte.[61]

Der Bürgermeister von Kodiak war etwas bestürzt beim Anblick einiger Greenpeacer, die aussahen, als kämen sie gerade aus einem Hippie-Ghetto in San Francisco, und nicht wie die gepflegten Quäker und Wissenschaftler, die er wohl erwartet hatte. Dennoch organisierte er ein Bankett zu Ehren der Crew und war sicherlich erleichtert, dass Bohlen und nicht Hunter oder Marining aufstand, um eine Rede zu halten, die nicht zur sofortigen Revolution aufrief oder dazu, das Pentagon in die Luft zu befördern. Bohlen hatte eine »Alphabet-Rede« über Verbrechen an der Umwelt vorbereitet – A wie »atomares Wettrüsten« und so weiter – und hakte unverdrossen alle 26 Punkte ab. In der Zwischenzeit machten sich Hunter, Marining und einige andere Crewmitglieder auf die Suche

Die Mehrheit der Crew beschließt, nicht nach Amchitka zu fahren. Hunter macht keinen Hehl aus seinen Gefühlen. Sand Point, Alaska, Oktober 1971.

nach der lokalen alternativen Szene und endeten Hasch rauchend im Haus eines Gestalttherapeuten am Ort, dessen Frau das I Ging für sie warf.[62]

Insgesamt war der dreitägige Besuch in Kodiak eine positive Erfahrung. Sie trafen Mitglieder einer Organisation, die sich Concerned Servicemen's Movement nannte, junge Angehörige des Militärpersonals, die der Propaganda von Pentagon und AEC skeptisch gegenüberstanden. Sie bedankten sich bei der *Greenpeace*-Crew, dass sie die »Schönfärberei« der AEC hinsichtlich Amchitka aufgedeckt hatte, und die Greenpeacer mussten ihrerseits erneut ihr Bild vom Militär als geschlossene Gehirnwaschmaschine in Frage stellen.[63] Die Crew traf noch mehrfach engagierte Gruppen, und die Gespräche mit den Einheimischen zeigten ihnen, dass ihre Fahrt Wirkung zeigte und sogar die Bewohner von Alaska, die traditionell zu den konservativsten und patriotischsten Amerikanern gehörten, zu Gegnern der Atomwaffentests werden konnten und offen waren, mehr über Umweltfragen zu erfahren. Die Lokalzeitung brachte einen positiven Bericht und forderte die Einheimischen auf, ihre Vorurteile beiseitezulegen und die *Greenpeace*-Botschaft anzunehmen:

Weil ihre Rede mit dem Jargon einer Generation gespickt war, die wir hier noch nicht kennengelernt haben, und weil viele Bärte und lange Haare zu sehen waren, machten es sich viele Einheimische einfach, die Hintergründe des Besuchs zu ignorieren … [Doch] wenn der *Greenpeace*-Besuch dazu beigetragen hat, dass auch nur ein paar Leute klarer sehen, was für Kodiak durch die Tests auf dem Spiel steht, dann war die heikle Konfrontation der Ideologien die negativen Einstellungen wert, die der Besuch ebenfalls wachgerufen hat.[64]

Nach Kodiak fuhr die *Greenpeace* weiter die Westküste hinunter und machte im südalaskischen Hafen Ketchikan und in Prince Rupert in British Columbia halt, ehe sie wie versprochen zum Kwakiutl-Fischerdorf Alert Bay zurückkehrte. Die Kwakiutl gehörten zusammen mit den Haida zu den größten einheimischen Stämmen auf den Queen-Charlotte-Inseln und an der Nordküste von British Columbia. Sie hatten eine Fischereikooperative begründet, die ihnen ein gewisses Maß an wirtschaftlicher Stabilität verschafft hatte und ihnen erlaubte, in die Miniatur einer Kulturrenaissance zu investieren. Zum großen Erstaunen der Crew luden sie die Kwakiutl ein, an einer rituellen Zeremonie teilzunehmen, die normalerweise Hochzeiten, Begräbnissen und der Wahl des Häuptlings vorbehalten war. Alle zwölf wurden sie in das Langhaus des Dorfs geführt und gebeten, sich vor ein großes Thujaholzfeuer zu stellen, das von riesigen Totems umgeben war. Während alte Indianer »mit Händen wie Wurzeln, die aus nassem Lehm gezogen wurden« auf große Holztrommeln schlugen und Frauen in mit roten Perlen bestickten Kleidern zu dem pulsierenden Rhythmus tanzten, wurden die Greenpeacer mit Wasser und Adlerdaunen gesalbt und zu Blutsbrüdern der Kwakiutl gemacht. Dann wurden sie aufgefordert, ihr Ego aufzugeben und zuzuschauen, schließlich zum Mitmachen bei einer Folge einheimischer Tänze. »Es war, als könnten die Kwakiutl irgendwie unsere Gedanken lesen«, erinnerte sich Hunter später, »oder sie waren irgendwie in der Lage, die Erfahrungen, die wir gerade gemacht hatten, vollkommen zu verstehen.«[65] Das Erlebnis bewegte alle Crewmitglieder, aber speziell für Hunter war es die Bestätigung, dass die *Greenpeace* auf eine tiefgründige Weise mit dem Mythos der Regenbogenkrieger verbunden war.

[D]a war ich also und war gerade als Indianer *adoptiert* worden. Kurz zuvor hatte ich aufgegebene Walfangstationen an den mit Knochen übersäten Stränden nordpazifischer Inseln gesehen, ein nahezu leerer Himmel über einem nahezu leeren Ozean,

Atombombentests, deren Schockwellen massenweise Meeressäuger getötet haben … und jetzt hier diese Indianer, die Tiere als ihre Brüder bezeichneten, wenn ich das richtig verstanden habe. Sie nahmen uns mit offenen Armen in ihrem Stamm auf, lehrten uns, unser Ego loszulassen. [Später] lief ich draußen allein herum, starrte mit den leuchtenden neuen Augen eines Menschen, der gerade eine Transformation erfahren hat …[66]

Ich erinnerte mich lebhaft an die Prophezeiung der alten Cree-Großmutter Eyes of Fire, die gesagt hatte, es würde eine Zeit kommen, in der die Indianer den Weißen Mann lehren würden, Ehrfurcht vor der Erde zu haben, und wir alle als Regenbogenkrieger daraus hervorgehen würden … Noch eine Dekade zuvor war die Kwakiutl-Religion von der kanadischen Regierung verboten gewesen. Sie musste im Untergrund fortbestehen, deshalb hatten wenige Weiße diese Rituale sehen und schon gar nicht daran teilnehmen dürfen. Jetzt begann ihre Prophezeiung wahr zu werden.[67]

Während die Männer der *Greenpeace* Reden hielten, sich mit »Groupies« trafen und an einheimischen Initiationsriten teilnahmen, taten Irving Stowe und andere DMWC-Mitglieder zu Hause ihr Bestes, um die Kampagne am Laufen zu halten. Irving, Dorothy und mehrere andere Demonstranten protestierten gegen den Besuch des sowjetischen Ministerpräsidenten Kossygin in Vancouver und verurteilten das sowjetische Atomwaffenprogramm. Damit entzogen sie zugleich jenen Kritikern den Boden, die ihnen vorgeworfen hatten, bloße Marionetten der Kommunisten zu sein.[68] In ganz Kanada hielten die Stowes Reden und veranstalteten Pressekonferenzen, speziell Irving Stowe nutzte jede Gelegenheit, um in Kanada Wut über den Test zu schüren.[69] Bei einem Inlandflug mit der Air Canada regte sich Stowe darüber auf, dass die Fluggesellschaft einen John-Wayne-Film zeigte. Er verlangte, über die Bordlautsprecheranlage zu den Passagieren sprechen zu können, um sie aufzuklären, dass Wayne die kanadischen Besorgnisse wegen Amchitka als »ein Haufen Scheiße« bezeichnet hatte. Der Film wurde trotz Stowes gegenteiliger Bitte gezeigt, aber die Fluggesellschaft schrieb ihm, dass man auf absehbare Zeit keine John-Wayne-Filme mehr zeigen würde.[70]

Stowe machte aber nicht bloß seinem Ärger über die Air Canada Luft, sondern kümmerte sich in den Wochen vor der Zündung auch um die Organisation einer zweiten Reise nach Amchitka. Nachdem die *Greenpeace* in ganz Kanada bekannt war, fehlte es nicht an vercharterbereiten Skippern. Stowe entschied sich für einen umgebauten Minensucher, die *Edgewater Fortune*, deren Besitzer und Kapitän ein 41-jähriger Marineveteran war, dessen Lebensstil und politische Ansichten denen der meisten, die mit dem DMWC zu tun hatten, diametral entgegengesetzt waren. Dieser Hank Johansen war Rotarier, Shriner, Freimaurer und Mitglied der Handelskammer von New Westminster und hatte sich nie an irgendwelchen Protesten beteiligt. Doch wie viele Konservative ärgerte er sich über die Arroganz des US-Militärs. Außerdem gefiel ihm die Idee, sein neues Schiff bei einer Frühwinter-Fahrt im Nordpazifik testen zu können. Und nicht zuletzt erhoffte er sich von der Medienaufmerksamkeit Auftrieb für seine neues Geschäft als Vercharterer.[71]

Über fünfzig Freiwillige standen an dem Morgen zum Anheuern bereit, an dem die *Edgewater Fortune*, die für die Dauer der Reise den Namen *Greenpeace Too* bekam, ablegen sollte. Johansen wählte diejenigen aus, die ihm am geeignetsten erschienen, und wies sie ein. Zur neuen Crew gehörten Paul Watson und ein erfahrener US-Marine-Veteran und ausgebildeter Navigator namens Will Jones. Jones' Lebensgeschichte ähnelte der von Bohlen und Stowe. Mit einer guten Ausbildung hatte er für IBM gearbeitet, aber die amerikanische Beteiligung am Vietnamkrieg sowie die Militärstrategie allgemein hatten ihn zunehmend ernüchtert. »Angewidert von dessen Arroganz« verließen er und seine Familie das Land, als seine Söhne sich dem Einberufungsalter näherten. Als Quäker hatte Jones einen Fernsehbericht über die *Greenpeace Too* gesehen, auf der Stelle seinen Seesack gepackt und war zum Kai geeilt. Das Haus überließ er der Obhut seiner beiden Teenager-Söhne, die den Auftrag bekamen, ihre Mutter zu informieren, die gerade auf Besuch in San Francisco war.[72] Außerdem hatte die *Greenpeace Too* ein beträchtliches Medienkontingent an Bord, darunter ein sechsköpfiges TV-Team von CBC, ein Fotograf des Magazins *Time*, ein Reporter der *Vancouver Sun* und zwei Rundfunkleute.[73]

Die *Greenpeace Too* verließ Vancouver am 27. Oktober, und noch am selben Nachmittag machte sie am Kai von Union Bay, in Sichtweite der Stadt Courtenay auf Vancouver Island, neben ihrem kleineren Schwesternschiff *Greenpeace* fest. Nachdem die Crewmitglieder revolutionäre Handschläge und Umarmungen ausgetauscht hatten, übergab Bohlen die *Greenpeace*-Fahne an Kapitän Johansen, der sie am Masttopp der *Greenpeace Too* hissen ließ.[74] An Bord des größeren Schiffs waren Plätze für alle Mitglieder der ersten Crew freigehalten worden, die ihre dereinst abgebrochene Reise fortsetzen wollten, aber nur Simmons, Cummings, Birmingham und Marining nahmen das Angebot an. Hunter hatte mittlerweile das Gefühl, seine Nerven zum Zerreißen angespannt zu haben, und rang mit sich, ob er weitermachen sollte oder nicht. Nachdem er nahezu hysterisch darauf bestanden hatte, dass die *Greenpeace* versuchen sollte, von Sand Point aus Amchitka zu erreichen, meinte er, es sei überaus scheinheilig, wenn er es nicht täte. Dass Cummings, dessen Nerven auch extrem strapaziert waren, beschlossen hatte, dabeizubleiben, erhöhte den Druck auf Hunter, das Schiff zu wechseln, noch mehr. Mit kaum verhohlener Schadenfreude beobachteten Bohlen und Metcalfe, wie Hunter, der oberste »Kamikaze-Idiot«, seine Frau anrief, sie duckmäuserisch fragte, ob er weitermachen solle oder nicht, und hoffte, sie würde ihn drängen, nach Hause zu kommen. Doch Zoe Hunter war selbst in der Sache stark engagiert und hatte nicht vor, ihren Mann davon abzubringen. Stattdessen sagte sie ihm, sie würde jede seiner Entscheidungen unterstützen. Am Ende kam er zu der Erkenntnis, dass er die Aussicht, die Fahrt auf einem anderen Schiff mit Dutzenden neuer Leute fortzusetzen, und mit allen Entscheidungen und Diskussionen noch einmal von vorn zu beginnen, unerträglich fand. Er tröstete sich mit dem Rat der Kwakiutl und Fritz Perls, von seinem Ego abzulassen, und fuhr mit den verbliebenen *Greenpeace*-Crewmitgliedern zurück nach Vancouver.[75]

Auf der letzten Etappe der *Greenpeace*-Fahrt sprachen einige aus der Crew darüber, wie die Kampagne gelaufen sei und wie die Zukunft des DMWC aussehen könnte. Hunter und Simmons waren besonders besorgt angesichts einiger Äußerungen von Irving Stowe während ihrer Reise. Sie meinten, die ständige Verteufelung der Vereinigten Staaten in seinen Reden und Presseerklärungen könnten ihre Anstrengungen, eine transpolitische Allianz aufzubauen, untergraben. Besonders Hunter argwöhnte immer mehr, Stowe sei ein Erz-Maoist und seine schrille ultralinke Rhetorik würde den Rest des DMWC vergiften und die Glaubwürdigkeit zerstören, die sie sich mit der *Greenpeace*-Fahrt hart erarbeitet hatten. Coté war während der Arbeit mit Irving an Land zu einem ähnlichen Schluss gekommen, und selbst Bohlen fragte sich allmählich, ob Stowes Hetzreden der Kampagne nicht mehr schadeten als nützten. Bohlen hatte Coté schon früher von einem der *Greenpeace*-Anlaufhäfen aus angerufen, und die beiden hatten darüber gesprochen, was aus dem DMWC werden sollte, wenn die AEC die Tests abgeschlossen hätte. Nur zögernd waren sie übereingekommen, dass es wahrscheinlich am besten wäre, das Komitee dann einfach aufzulösen. Hunter hingegen war der Meinung, es sei dumm, eine Organisation aufzugeben, die, wie er fand, gerade dabei war, eine transpolitische Allianz von Bürgern, denen es um Frieden und Umwelt ging, zu schaffen. Er schlug vor, sie sollten stattdessen die Organisation in Greenpeace Foundation umbenennen und als »ökologische Allzweck-›Einsatztruppe‹ eintragen lassen, statt sie als Ad-hoc-Komitee für nur eine Angelegenheit zu betrachten«. Ausnahmsweise stimmte Bohlen Hunter zu und sagte ihm, er würde den Vorschlag Stowe und Coté nahelegen, sobald sie an Land seien.[76]

Am 4. November reichte eine Koalition von Antiatomwaffen-Gruppen den Antrag, den Test zu stoppen, beim Obersten Gerichtshof in Washington ein. Das Gericht überraschte viele mit dem nie dagewesenen Schritt, den Fall binnen 24 Stunden zur Anhörung bringen zu wollen.[77] Zu diesem Zeitpunkt war die *Greenpeace Too* rund tausend Meilen von Amchitka entfernt und machte gute Fahrt in einer ruhigen See. Hätte der Oberste Gerichtshof den Test nur um weitere drei Tage verschoben, hätte sie ziemlich sicher die Insel erreicht. Doch ebenso schnell wie das Gericht die Anhörung in Rekordzeit angesetzt hatte, kam es auch zu einem schnellen, für manche übereilten Urteil und stimmte vier zu drei gegen jeden weiteren Aufschub des Tests. Die Richter William J. Brennan, William O. Douglas und Thurgood Marshall, die dagegen gestimmt hatten, wollten den Test aufschieben, damit eine Kommission prüfen könnte, ob die AEC das nationale Umweltschutzgesetz verletzt habe, weil sie keine angemessene Erklärung zu den Auswirkungen auf die Umwelt abgegeben hatte. Die anderen vier Richter begründeten ihre Entscheidung nicht.[78]

Die AEC verschwendete keine Zeit mehr. Binnen Minuten nach dem Gerichtsurteil fuhr eine »Zurüstungsgruppe« die gut 30 Kilometer vom Lager auf Amchitka zum Testgelände, um die letzten Verbindungen des Zündungsmechanismus zu installieren. Um 11.00 Uhr Ortszeit gab der AEC-Vorsitzende James R. Schlesinger, der seine Frau und seine beiden Töchter nach Amchitka mitgebracht hatte, um sein Vertrauen in die Sicherheitsvorkehrungen der Kommission zu demonstrieren, den Befehl zur Zündung. Während die *Greenpeace Too* noch 700 Meilen entfernt war, explodierte Cannikin mit der 240-fachen Stärke der Hiroshima-Bombe. Die ungeheure Hitze ließ das Gestein verdampfen, so dass ein unterirdischer Hohlraum von rund 400 Metern Durchmesser entstand. Eine Schockwelle wurde ausgelöst, die mit 7,2 auf der Richter-Skala gemessen wurde.[79] Die gesamte Insel wackelte wie ein riesiger Pudding, ganze Klippen rutschten ab und stürzten in das aufgewühlte Meer. Vögeln, die auf den Felsen standen, wurden die Beine in den Körper getrieben, und Hunderten von Seeottern platzten die Trommelfelle durch die plötzliche Veränderung des Wasserdrucks. Sie starben einen langsamen, qualvollen Tod, und ihre Körper wurden noch wochenlang ans Ufer gespült.[80] Die neunjährige Emily Schlesinger, die sich geschützt in einem auf Federn montierten und mit Stahl verstärkten dicken Betonbunker befand, beschrieb das Beben als »wie bei einer Zugfahrt«.[81] Ihr Vater war »stolz« auf den Test und erfreut, dass alles »nach Plan gelaufen« war«, und bezeichnete die Zündung als großen Erfolg.[82] Ron Ziegler, der Pressesprecher des Weißen Hauses, freute sich, betonen zu können, dass die Befürchtungen der Umweltschützer und Friedensdemonstranten absolut ungerechtfertigt gewesen wären. »Die Regierung hätte nicht [mit dem Test] weitergemacht«, versicherte er ruhig der Allgemeinheit, »wenn die Auswirkungen auf die Umwelt und andere mögliche negative Folgen nicht sorgfältig ausgelotet worden wären.«[83] Messgeräte der AEC zeigten der Welt zu ihrer Beruhigung an, dass »keine Spur« von Radioaktivität in die Atmosphäre gedrungen war. Und die Crew der *Greenpeace Too* konnte nur kleinlaut berichten, dass sie »nichts von der Zündung verspürt« hatte.[84]

Ein paar Tage nach der Rückkehr der *Greenpeace* sollte Bohlen eine Rede bei einer Kundgebung vor dem US-Konsulat in Vancouver halten. Hunter war besorgt, dass Bohlen die antiamerikanische Stimmung der Menge ausnutzen und eine amerikanische Flagge verbrennen würde, etwas, womit er schon mehrfach gedroht hatte. Deshalb war Hunter erleichtert, dass Bohlen »seinen Ärger zurückhielt und an den ursprünglichen Grundregeln der Greenpeace-Mission – keine Gewalt, kein blinder Antiamerikanismus, kein Rassismus – festhielt«. Für Hunter war Bohlens Selbstkontrolle »ein persönlicher Sieg über [seine] eigene Wut«. In dem Augenblick, da er seine antiamerikanischen Gefühle überwand, schrieb Hunter, wurde er »viel mehr zum Kanadier« – eine etwas ironische Feststellung angesichts der Welle von Antiamerikanismus, die gerade über weite Teile Kanadas schwappte.[85] Laut Hunter war der Umstand, dass das DMWC die USA ins Visier genommen hatte, schließlich nur einem »Zufall der Geschichte« zu verdanken. Hätte Alaska immer noch den Russen gehört, hätte die *Greenpeace*, so Hunter, gegen die Sowjetunion protestiert. Zudem waren die USA für Hunter »der wahrscheinlichste Schmelztiegel für einen rapiden sozialen Wandel«, also sollte der DMWC-Angriff auf Amchitka dazu dienen, »jene Amerikaner zu unterstützen, die versuchen, ihre Gesellschaft umzuformen«.[86]

Trotz seiner großen Enttäuschung über das Land, in dem er geboren war, sah Bohlen im Großen und Ganzen ein, dass Hunters Argumentation Sinn machte. Deshalb versuchte er, abgesehen von einem gelegentlichen Wutausbruch, zumindest in der Öffentlichkeit eine ruhige und vernünftige Haltung Amerika gegenüber einzunehmen. Als ein UBC-Professor kritisierte, das DMWC habe an Glaubwürdigkeit verloren, weil man gegen die USA auf Amchitka protestierte, während die Franzosen im Pazifik weiterhin oberirdische Tests durchführten,[87] korrigierte ihn Bohlen mit dem Hinweis auf die Eingaben und Telegramme, die man sowohl an die französische als auch an die chinesische Regierung geschickt hatte: »Die Tatsache, dass diese Aktivitäten die Schlagzeilen nicht im gleichen Maß wie der Amchitka-Protest beherrschten, lag nicht in unserer Macht. Wir, verehrter Professor, haben keine Kontrolle über die Medien.«[88]

Dass das DMWC die Medien nicht kontrollierte, lag sicher nicht an zu wenig Versuchen. Während der ganzen Reise hatten Hunter, Metcalfe und Cummings mit viel Eifer und Begeisterung »Propagandabreitseiten abgefeuert«,[89] und die kanadischen Medien, besonders die in British Columbia, berichteten positiv über die Fahrt. Es ist nicht übertrieben zu behaupten, dass das DMWC die Einstellung der kanadischen Medien zu Amchitka insgesamt mitgeformt hatte und Bohlen, Hunter und Metcalfe zufrieden mit der Menge an Medienresonanz waren, die sie in Kanada bekommen hatten.[90] Die US-Medien erwiesen sich allerdings als härtere Nuss, und die *Greenpeace*-Crew war enttäuscht über das mäßige Interesse, das die amerikanische Presse zeigte. »Abgesehen von wenigen informierten und engagierten Medien in Alaska«, so berichtete Bohlen der Menge vor dem US-Konsulat in Vancouver, »stellten wir fest, dass die Große Mauer des Schweigens bei den amerikanischen Medien so hoch wie eh und je war.«[91] Hunter verzweifelte gleichfalls am »verabredeten Stillschweigen« der amerikanischen Mainstream-Medien.[92] Spätere Nachforschung ergab allerdings, dass die Medienresonanz in den USA größer war, als das DMWC gedacht hatte. Ein Analyst meinte dazu, dass die Kampagne »die Macht eines gut dirigierten Pseudoereignisses« gezeigt habe.[93]

Eine gewisse Ironie birgt angesichts der Enttäuschung über die Berichterstattung der amerikanischen Medien auch die Tatsache, dass es das DMWC sofort als sein Verdienst deklarierte, dass das AEC nach Cannikin Amchitka als Testort aufgab. Diese Ansicht fand später Eingang in die offizielle Greenpeace-Geschichte.[94] Hunter zufolge hatten sie mitgeholfen, »der AEC viel zu viel Stunk zu bereiten, als dass sie es noch hätte wagen können, Amchitka wieder als Testgelände zu nutzen«. Bohlen glaubte gleichfalls, dass die Greenpeace-Kampagne die AEC-Entscheidung, Amchitka aufzugeben, »stark beeinflusst« hatte.[95] Auch Metcalfe betrachtete die Fahrt als erfolgreich, weil sie »einen Brennpunkt für den kanadischen Protest geschaffen« habe, eine Sichtweise, die er später auch nicht änderte.[96] Während es gewisse Beweise gibt, die Metcalfes Behauptung unterstützen, würde man den Bogen doch sehr weit spannen, wenn man anführte, die *Greenpeace* habe eine wesentliche Rolle bei der Entscheidung der AEC gespielt, das Testgelände Amchitka aufzugeben. Sechs Monate vor der Cannikin-Zündung hatte die AEC bereits verkündet, dass dies der letzte Test auf Amchitka sein würde.[97] Auch wenn die Kommission solche Versprechen früher gebrochen hatte,[98] bedeutete doch der Trend zum Bau von besser manövrierbaren Raketen mit kleineren Sprengköpfen, dass Amchitka seinen Zweck erfüllt haben würde, sobald die Cannikin-Serie beendet war, und aufgegeben werden konnte. Die historische Bedeutung der *Greenpeace*-Reise ist eher in der Organisation zu sehen, die sie hervorbrachte, und nicht in der zweifelhaften Annahme, sie hätte dem US-Militär ein blaues Auge verpasst.

Wie ist also die erste *Greenpeace*-Fahrt am treffendsten zu charakterisieren? Handelte es sich um einen tapferen und idealistischen Protest gegen den amerikanischen Militarismus und die Umweltzerstörung? War es ein Kreuzzug, um eine Revolution des Öko-Bewusstseins zu entfachen? Eine zynische Propagandamission, um die öffentliche Meinung gegen die Vereinigten Staaten zu lenken? Oder bloß ein glückloser, dürftig durchgeführter Protest? In gewissem Grad war die Fahrt natürlich all das. Ben Metcalfe ist es besser als jedem anderen gelungen, die Essenz der Reise auf den Punkt zu bringen. Anlässlich der Rückkehr des Schiffs nach Vancouver berichtete er seinen Hörern:

> Die *Greenpeace*-Crew war die perfekte Metapher für den modernen Protest. Wir waren die klassische absurde bunte Mischung unserer Zeit; machtlose Nobodys, die alle Frustrationen moderner Zeiten repräsentierten … junge Zyniker und alte Romantiker, Quichottes und Panzas, Ahabs und Ismaels, Synonyme und Antonyme voneinander, kompatibel durch eine Art paranoider Großartigkeit, die in unserem anmaßenden Glauben gipfelte, wir könnten einfach so unter den Kanonen der Mega-Maschine hindurchfahren und sie zerstören.[99]

Obwohl weder die *Greenpeace* noch die *Greenpeace Too* näher als 700 Meilen an die feindlichen Kanonen herankam, verschaffte die Erfahrung den Menschen an Bord doch eine Ahnung von der potentiellen Macht ihrer kleinen Bewegung. Eine Gruppe »machtloser Nobodys« konnte, wenn sie richtig organisiert und engagiert war, die Unterstützung Tausender normaler Bürger für einen Kreuzzug gegen Militarismus und »ökologischen Vandalismus« gewinnen und so die »Mega-Maschine« zwingen, die Protestwellen wahrzunehmen, die sich aus ihrem Kielwasser ausbreiteten. Nach Ansicht der Menschen an Bord der *Greenpeace* hatte ihre Kampagne die allerersten Regungen einer breiten internationalen, transpolitischen Allianz hervorgebracht. Alle waren sich einig, dass diese Chance zu wichtig war, um sie zu vertun. Egal, wie amorph die Allianz oder wie schwierig ihre Mobilisierung ausfallen würden. Und diese Empfindungen waren nicht unberechtigt. Auch wenn sie es nicht geschafft hatten, ihren Bestimmungsort zu erreichen, und trotz der Unstetigkeit, die manche Aspekte der Kampagne charakterisierte, so war sie doch ein substanzieller Fortschritt. Anders als bei ähnlichen Fahrten in der Vergangenheit, etwa der der *Golden Rule*, war es dem *Greenpeace*-Protest gelungen, erhebliche Medienaufmerksamkeit zu gewinnen. Hinzu kam noch, dass zum einen dabei die Taktiken direkter Aktion der Vorgänger übernommen wurden, zum anderen aber bei der Kampagne, die zwei Jahre vorbereitet worden war, der ernsthafte Versuch gemacht wurde, zwei der wichtigsten gesellschaftlichen Bewegungen des 20. Jahrhunderts zu vereinen – Umwelt- und Friedensbewegung. Dem DMWC gelang es, das Fundament für eine solche Allianz zu legen, durchdacht und kompromisslos. Früher überschnitten sich die beiden Bewegungen bloß, doch jetzt war man auf dem Weg, zumindest innerhalb eines bestimmten Segments der kanadischen Bevölkerung, die Werte und Taktiken von Friedens- und Umweltbewegung sowie ihre jeweilige Kritik an Militarismus und Umweltzerstörung zu integrieren.

Die Frage, die sich dem DMWC jetzt stellte, war, welche Gestalt die Organisation bekommen sollte, damit solch eine Allianz konkrete Formen annehmen konnte. Laut Hunter, der von Anfang an die grandioseste Vision für das DMWC gehabt hatte, müsste die neue Organisation die traditionellen politischen Ziele, Druck auf Regierungen auszuüben oder zu versuchen, die eine politische Partei durch die andere zu ersetzen, fallen lassen, denn das würde nur zu einem scheinbaren Wandel führen. Stattdessen sollte sie all ihre Energie darauf konzentrieren, eine Bewusstseinsrevolution zu bewirken, und zwar eine weltweite. Kameras, keine Gewehre sollten bei einem McLuhan'schen Kampf um die Herzen und Köpfe der Massen zum Einsatz kommen. Ultimatives Ziel sollte nichts Geringeres als eine grüne Version der Vereinten Nationen sein.[100] Wie eine solche Organisation genau strukturiert und geführt werden sollte, war nicht so ganz klar, aber wie immer waren organisatorische Fragen nicht Hunters starke Seite.

Auch Metcalfe hatte eine im Wesentlichen McLuhan'sche Vision für jede neue Organisation, die aus dem DMWC hervorgehen könnte, aber diese war unbelastet von dem Utopismus, der Hunters Denken kennzeichnete. Stattdessen meinte der zynischere, elitärere und konspirativere Metcalfe, das Beste, was sie erreichen könnten, wäre eine Organisation, die für die Ökologie das sein würde, was die Werbeindustrie für das Amerika der Unternehmen gewesen war. Wenn Gehirnwäsche der einzige Weg war, die Erde vor der Menschheit zu retten, dann war es eben so.[101] Bohlen und Simmons, die nie eigens über die Bildung einer dauerhaften Organisation nachgedacht hatten, waren im Wesentlichen zufrieden mit dem DMWC, wie es organisiert war, und meinten, nach ein paar kleineren strukturellen Schweißarbeiten könnte es für vielfältige Kampagnen eingesetzt werden, die auf direkte Aktion, wissenschaftliche Untersuchungen, Aufklärung und solide Medienarbeit vertrauten.[102] Für Irving Stowe hatte das DMWC das Potential, verschiedenen machtlosen gesellschaftlichen Gruppen Durchschlagskraft zu verschaffen, indem es als Organisator, Türöffner und Geldbeschaffer für progressive soziale und politische Bewegungen agierte. Das Komitee könnte, so sagte er dem *Georgia Straight*, »seine Gelder und seinen Einfluss, sein Rede- und Organisationsvermögen [einsetzen, um] jenen Gruppen der Gemeinschaft, die eine Aktionsbasis haben, [zu helfen], ihr Anliegen auch in die Tat umzusetzen«. Studenten und Frauen wären sich, so Stowe, der systemischen Probleme moderner Industriegesellschaften besonders bewusst, weil sie zu ihren Opfern gehörten. »Ich finde, das Beste, was die Leute vom Don't Make a Wave Committee tun können, ist, diesen Gruppen in der Form zu helfen, die sie sich wünschen, damit sie politisch aktiv und politisch motiviert werden und in Aktion treten.«[103]

In den Wochen nach der Amchitka-Reise hielt das DMWC eine Reihe von Treffen ab, um über seine Zukunft zu beraten. Da die Reihen mit neuen Mitgliedern, die meisten aus der Crew der *Greenpeace Too*, angeschwollen waren, mündeten die Treffen häufig in Disputen und Streitereien, weil verschiedene Leute die Form der neuen Organisation beeinflussen wollten. Bohlen, Stowe und Coté, die drei ursprünglichen Gründer des DMWC, wollten die Organisation nicht mehr führen. Nachdem sie zwei Jahre lang nahezu in Vollzeit dafür gearbeitet hatten, waren sie erschöpft und wollten ihre Energie eine Weile anderen Projekten widmen. Trotzdem wollten Bohlen und Stowe die Gruppe mit aktivem Interesse begleiten und sicherstellen, dass sie in den Händen von jemandem blieb, dem sie vertrauen konnten. Hunter, der den Job gerne übernommen hätte, war damit natürlich aus dem Rennen. Vor allem Bohlen hatte eine starke Antipathie gegen ihn entwickelt und bereute es, dass dieser eine so große Rolle bei der Kampagne hatte spielen können. Er war mit Sicherheit nicht bereit, zuzulassen, dass Hunter das nüchterne und professionelle DMWC in einen verrückten, hippiemäßigen Bund von Regenbogenkriegern umwandelte. Zumindest für den Moment musste Hunter hinter Ben Metcalfe zurückstecken, den Bohlen und Stowe als ersten Vorsitzenden der DMWC-Nachfolgeorganisation einsetzten. Diese sollte, wie Hunter vorgeschlagen hatte, den Namen Greenpeace Foundation bekommen.[104]

Schon der Name »Greenpeace Foundation« selbst war emblematisch für den Antagonismus zwischen Hunter und Bohlen und ihren Weltbildern. Für Bohlen bezeichnete das Wort »Foundation« eine gemeinnützige Organisation mit dem Zweck, Forschung zu unterstützen und Kampagnen zu finanzieren, es war ein Synonym für Professionalität und Seriosität. Hunter jedoch hatte speziell diesen

Begriff gewählt, weil er damit eine Anspielung auf seine Lieblingsromane machen konnte, Isaac Asimovs Science-Fiction-Trilogie *Foundation*. Asimovs Romane beschrieben ein galaktisches Imperium, das korrupt und im Niedergang begriffen ist, sich aber auf Kosten aller Kreaturen in der Galaxie an die Macht klammert. Dissidenten innerhalb der Galaxie haben dann eine oppositionelle Kraft, die Foundation, organisiert, deren Aufgabe es ist, den Zusammenbruch des Imperiums zu beschleunigen, damit sein brutales und zerstörerisches Regime nur noch 1000 Jahre statt der erwarteten 30000 dauert. In mehr als einer Hinsicht lagen also Welten zwischen Hunters und Bohlens Vorstellungen von der neuen Organisation.[105]

Die neue Greenpeace Foundation, die die meisten, die mit ihr verbunden waren, einfach nur »Greenpeace« nannten, wurde Anfang 1972 gegründet. Ihre groben Parameter waren bestens etabliert: Wie das DMWC sollte sie direkte Aktion und eine clevere Medienstrategie einsetzen, um gegen Atomwaffentests und Umweltzerstörung zu protestieren und die Menschen über diese Angelegenheiten aufzuklären und so ökologisches Bewusstsein zu schaffen. Jenseits davon war die Organisation jedoch weitgehend ein unbeschriebenes Blatt. Auf welche Kampagnen sollte sie sich zunächst konzentrieren? Wie sollten die verlaufen? Anhand welcher Richtlinien sollte die Foundation strukturiert und verwaltet werden, und wie sollte der Entscheidungsprozess erfolgen? Sollte die Organisation wachsen dürfen und sich organisch und unstrukturiert wie eine gesellschaftliche Bewegung ausbreiten können, oder sollte sie zentralistisch und unter enger Kontrolle arbeiten? Schlüsselfiguren wie Hunter, Bohlen, Simmons und Stowe hatten schon während der Amchitka-Kampagne begonnen, ihre Vorstellungen zu formulieren, wie eine künftige Organisation aussehen sollte, und sie würden auch in Zukunft versuchen, die neue Greenpeace Foundation gemäß ihren je eigenen Lebensstilen und ideologischen Neigungen zu formen. Im Augenblick jedoch befand sich das Gefährt Greenpeace auf einer breiten Straße, und während des ersten, entscheidenden Jahres war es Ben Metcalfe, der am Steuer saß.

5. Kapitel

Kein Protestler im herkömmlichen Sinn

Organisationen, die Teil einer breiten Sozialbewegung sind, sind in ihrer Anfangszeit selten gut strukturiert oder stimmig organisiert. Stattdessen befinden sie sich in der Regel in einer emergenten Phase, während der sie sich auf Protestaktionen als Basisquelle verlassen, um Anhänger zu mobilisieren, und weniger auf konventionellere interne und externe Mittel, wie etwa persönliche Briefe.[1] In den allerersten Jahren seines Bestehens war Greenpeace da keine Ausnahme. Die Schlüsselmitglieder waren sich nicht sicher, wozu Greenpeace sich entwickeln oder wie es am besten funktionieren sollte. Sollte es versuchen, selbst zur breiten gesellschaftlichen Bewegung zu werden – eine, die von der Synergie der Vereinigung verschiedener Segmente der Friedens- und Umweltbewegungen profitierte? Oder sollte es sich bei seinen Zielen und Bemühungen eher beschränken, sich damit zufriedengeben, Kampagnen auf den Weg zu bringen, die das Augenmerk der Menschen auf die politischen und umweltrelevanten Auswirkungen von Atomwaffentests richteten? Für Jim Bohlen war das letztere Szenario das realistischste, da es die knappen Ressourcen am besten nutzte. Bob Hunter hingegen war entschlossen, dass »Greenpeace« mehr sein sollte als der Name einer Organisation. Ähnlich wie der Begriff »Gegenkultur« sollte »Greenpeace« zum Allzwecketikett einer neuen ökologischen Sensibilität werden.[2]

Während der ersten beiden Greenpeace-Jahre waren jedoch weder Bohlen noch Hunter verantwortlich für die Organisation. Trotz der entscheidenden Rolle, die Bohlen bei der Gründung gespielt hatte, war sein Einfluss bereits im Schwinden begriffen, nicht zuletzt aufgrund seiner eigenen Entscheidung. Hunters Zeit war dagegen noch nicht gekommen. Stattdessen dominierten das konspirative Intrigieren und die »paranoide Grandiosität« von Ben Metcalfe die nächste Greenpeace-Kampagne. Sehr zu seinem späteren Bedauern holte Metcalfe einen kanadischen Boom-und-Pleite-Geschäftsmann namens David McTaggart in die Organisation. McTaggart, der in seinen 40 Jahren auf dem Planeten politischen Aktivismus nicht einmal in Erwägung gezogen hatte, war ein unwahrscheinlicher Kandidat für die Leitung eines Greenpeace-Protests. Doch er sollte größeren Einfluss auf die Organisation haben als jeder andere in über vier Dekaden Greenpeace-Geschichte.

Es war Metcalfe als erster Vorsitzender der neuen Greenpeace Foundation, der entschied, dass sich die nächste Kampagne der Gruppe gegen die französischen Atomwaffentests im Südpazifik richten sollte. Sein Plan war als der einer Ein-Mann-Show konzipiert: Er würde alle Strippen ziehen und der einzige sein, der die gesamte Strategie durchschaute. Doch er musste feststellen, dass er sich mit McTaggart eine aufmüpfige Marionette eingehandelt hatte.

McTaggart führte 1972 und 1973 zwei Greenpeace-Protestaktionen im französischen Testgebiet im Südpazifik an. Im Gegensatz zu den Greenpeace-Fahrten nach Amchitka erreichte McTaggart beide Male sein Ziel und bereitete den Franzosen politisch wie militärisch einige Kopfschmerzen. Trotz dieses Erfolgs war das Verhältnis zwischen McTaggart und Greenpeace mit Schwierigkeiten belastet. Sie führten dazu, dass sich Metcalfe von Greenpeace zurückzog, und brachten die junge Organisation an den Rand das Zusammenbruchs. Ironischerweise sollte es jedoch McTaggart sein, der, wenn auch eher unabsichtlich, die Gruppe rettete, obwohl er ein tiefes Misstrauen gegenüber ihren politischen Motiven und ihrer Managementkompetenz entwickelt hatte. Kurzfristig spielte die Kampagne wohl eine wesentliche Rolle bei der Beendigung der oberirdischen französischen Tests (die unterirdischen Versuche wurden jedoch noch viele Jahre fortgesetzt). Sie inspirierte auch mehrere ähnliche Aktionen gegen Nukleartests und förderte die Entstehung von ersten Greenpeace-Filialen außerhalb von Kanada. Auf lange Sicht legte sie den Grundstein für McTaggarts Übernahme der Organisation in den 1980ern und schuf eine dauerhafte Spannung zwischen Greenpeace und der französischen Regierung. Letztere fand ihren Höhepunkt im Versenken eines Greenpeace-Schiffes, der *Rainbow Warrior*, 1985 in Auckland – ein Akt, der mit Fug und Recht als Staatsterrorismus zu bezeichnen ist.[3]

*

Die erste Nach-Amchitka-»Aktion« fand für die DMWC-Mitglieder im Januar 1972 statt und wurde von Ben Metcalfe organisiert. Metcalfe und seine Frau Dorothy störten zusammen mit den Stowes, den Bohlens, Hunter, Moore, Doc Thurston und einigen anderen eine Veranstaltung der Liberal Party im noblen Stadtteil West Vancouver. Sie bombardierten den Redner, den kanadischen Außenminister Mitchell Sharp, mit Zwischenrufen zum ihrer Meinung nach laschen Standpunkt der Regierung zu Atomwaffen.[4] Danach saßen sie im Haus der Metcalfes beisammen und sprachen über die Zukunft der Organisation und darüber, welche Aktionen, wenn überhaupt, sie als Nächste planen sollten. Es war dieses Treffen, bei dem die Gruppe beschloss, das Don't Make a Wave Committee aufzulösen und den Namen Greenpeace Foundation anzunehmen, mit Metcalfe als Vorsitzenden.[5] Bei der Diskussion erörterte die Gruppe ein breites Spektrum von Ideen für die Ziele und den inneren Aufbau der neuen Organisation. Obwohl es unter ihnen immer noch erhebliche Differenzen gab, einigte man sich doch auf gewisse Grundprinzipen: Die Greenpeace Foundation sollte international agieren; sie sollte die Aktivitäten verschiedener Protest-Gruppen koordinieren, von denen viele im Rahmen des Amchitka-Protests erstmals zusammengekommen waren, um die nötige organisatorische Schlagkraft für den Widerstand gegen weitere AEC-Versuche im Nordpazifik zu erlangen; sie wollte eine Zeitschrift herausbringen, in der eine breite Palette von Antiatomkraft- und Umweltfragen behandelt werden sollte; und sie würde den Blick richten auf, in Hunters Worten, »ein breites Spektrum von Zielen, von Öltankern bis zu unnötigen Staudämmen, Umweltverschmutzung in allen Formen sowie Antikriegsaktivitäten«. Das grundlegende Ziel sollte sein, »die neue Ökologie und Antikriegsallianzen, die sich gebildet haben, zu fördern und weitere Proteste in diesem Rahmen aktiv zu unterstützen«.[6]

Es war Joe Breton, ein Crewmitglied der *Greenpeace Too*, der den Vorschlag machte, dass sich die Greenpeace Foundation den französischen Atomwaffentests im Südpazifik zuwenden sollte.[7] Die Franzosen hatten den Atomwaffensperrvertrag von 1963 nicht mitunterzeichnet und zündeten nach wie vor Atombomben in der Atmosphäre über den Korallenatollen ihrer polynesischen Kolonien. Der Vorschlag rief gemischte Reaktionen hervor. Einige waren sofort begeistert und argumentierten, dass das, was die Franzosen taten, noch weit schlimmer sei als das, was die Amerikaner auf Amchitka getan hätten, und eine Organisation wie Greenpeace zu den wenigen gehörte, die auf den Gedanken kommen könnten, ein Schiff in den Südpazifik zu schicken. Andere waren jedoch skeptisch. Irving Stowe lag laut Metcalfe überhaupt nichts daran, seinen Zorn auf etwas anderes als die Vereinigten Staaten zu richten, während andere befürchteten, die Fahrt wäre logistisch extrem schwierig. Die Franzosen würden nämlich nicht zulassen, dass ein Schiff aus Tahiti oder aus einer anderen ihrer Kolonien käme, also wäre die lange Fahrt von Neuseeland oder Südamerika aus nötig. Am Ende traf Metcalfe die einsame Entscheidung, diese Kampagne zu unternehmen. Ausgelöst wurde sie durch eine Provokation in der *Vancouver Province*. In einem Artikel wurde Greenpeace vorgeworfen, antiamerikanisch zu sein. Die Organisation, so der Autor, solle das Gegenteil beweisen und gegen die französischen Atomtests vorgehen. Am nächsten Tag rief Metcalfe Bohlen an und unterrichtete ihn von seiner Entscheidung. Bohlen versprach, dass weder er noch Stowe ihm im Weg stehen würde.[8]

Misst man nur den Anteil an Landmasse und Korallenriffs, dann war das französische Pazifikimperium nicht besonders groß. Aber es erstreckte sich über eine Meeresfläche von etwa der Größe Chinas. Von Neukaledonien im Westpazifik bis zum Tuamotu-Archipel und den Marquesas-Inseln im Osten befanden sich über 5000 Meilen verstreut französische Kolonialposten. In der westlichen Welt assoziierte man mit dem Gebiet romantische Bilder wie von Gauguin, einsame Strände, von Palmen gesäumte tropische Lagunen und liebliche, sexuell aufgeschlossene polynesische Frauen. Doch Anfang der 1970er waren jene Gesellschaften, auf denen diese Mythen basierten, durch das Diktat französischer Kolonialpolitik und die weltweite Ausbreitung des Kapitalismus längst umgewandelt. Pommes frites, Pizza und Coca-Cola hatten die traditionelle Ernährung mit Kokosmilch, Bataten und frischem Fisch auch auf den abgelegensten Inseln weitgehend ersetzt, und aus so mancher palmengesäumten Lagune war ein zubetonierter Hafen für französische Kriegsschiffe geworden.[9]

Der französische Staatspräsident Charles de Gaulle machte 1958 eine Ankündigung, die weitreichende Konsequenzen haben sollte: Um sicherzustellen, »dass andere nicht zu den Herren unseres Schicksals werden«, hatte die französische Regierung ein Programm beschlossen, das dem Land »eine eigene Atombombe verschaffen« sollte.[10] Ein weiterer Faktor war, dass die französische Regierung und das französische Militär die USA für einen unzuverlässigen Verbündeten hielten, der bereit wäre, Europa zu opfern, um sich selbst zu retten. Daher wäre ein atomar bewaffnetes Frankreich der beste Garant für die Freiheit Westeuropas. Ein Atomwaffenprogramm wäre zwar immens teuer, aber immer noch billiger als der Unterhalt der riesigen konventionellen Armee, die man zur Abschreckung einer sowjetischen Invasion für nötig hielt. Der wichtigste, wenn auch nicht genannte Grund war aber wohl, dass Frankreich sich schwertat zu akzeptieren, von einer Groß- zu einer Mittelmacht abgestiegen zu sein. Der Beitritt zum Club der Atomwaffenbesitzer machte sicher einiges von dem Prestige- und Einflussverlust wett.[11]

Im Februar 1960 begann das französische Militär mit Atomwaffentests in der Sahara. Doch da Frankreich wegen des immer blutigeren Kriegs gegen die algerische Befreiungsbewegung Probleme bekam, war bald klar, dass ein ruhigeres Testgebiet weiter weg gefunden werden musste. Ohne die Bewohner von Polynesien zu fragen, bestimmte das Militär ein Atoll rund 800 Meilen östlich von Tahiti zum Gelände für langfristige Tests der *Force de frappe*.[12] Den Polynesiern verkündete das de Gaulle persönlich 1963, indem er es unverfroren zum Dankeschön für die polynesische Loyalität im Zweiten Weltkrieg erklärte, die man nicht vergessen habe. Das Testzentrum würde nicht nur die französische Militärforschung voranbringen, sondern auch für die Einwohner von Polynesien ein großer wirtschaftlicher Gewinn sein.[13] Für die Tests hatte das für die Atomwaffentests zuständige Centre d'expérimentation du Pacifique (CEP) ein großes Atoll nördlich vom Gambier Island rekrutiert, das die Einheimischen Moruroa nannten, die Franzosen aber falsch »Mururoa«. Seither ist es überwiegend bei dieser Schreibweise geblieben.[14] Der erste Test auf Mururoa war symptomatisch für die Hast, mit der das französische Militär sein Atomwaffenprogramm durchsetzen wollte, und für de Gaulles Imperativ, militärische Interessen, koste es, was es wolle, über alles andere zu stellen. De Gaulle war nach Polynesien gekommen, um beim Test zuzusehen, aber starke Ostwinde zwangen das CEP, die Zündung um mehrere Tage zu verschieben. Das CEP hatte versprochen, Tests nur an Tagen mit Westwind zu veranstalten, so dass die Strahlung über weitgehend unbewohnte Teile des Südostpazifiks getragen würde und nicht zurück Richtung Tahiti und andere bewohnte Inseln. Doch das Wetter zeigte sich nicht kooperativ. Die starken Ostwinde hielten an, während die Militärs angesichts von de Gaulles wachsender Ungeduld immer nervöser wurden. Schließlich verkündete de Gaulle, er könne nicht im Pazifik herumkreuzen und auf ideales Wetter warten, während sich in Paris seine Arbeit türmte, was bei den Militärs den Eindruck hinterließ, wenn die Bombe nicht bald explodierte, würde es ihr Präsident tun. Da ihnen Letzteres schlimmer erschien, zündete das CEP die Bombe am 11. September 1966 und schickte eine radioaktive Wolke über den Südpazifik. Im Verlauf der nächsten Wochen maß das neuseeländische National Radiation Laboratory noch so weit westlich wie Fidschi signifikante Anstiege der Radioaktivität im Wasser wie in der Luft, während die französischen Behörden nach wie vor jede Auswirkung des Tests auf die Umwelt leugneten.[15]

Von 1966 bis 1972 testete das CEP 29 Atomwaffen auf Mururoa und dem nahe gelegenen Fangataufa-Atoll. 1971, als die Atomic Energy Commission der USA die Cannikin-Detonation tief unten im gewachsenen Fels der Aleuten vorbereitete, ließ das CEP fünf Bomben explodieren. Keine reichte von der Sprengkraft auch nur entfernt an die amerikanische Bombe heran, aber alle wurden oberirdisch gezündet. Während der gesamten Zeit hatten die Regierungen von Australien, Neuseeland und kleineren Pazifikstaaten ihren Protest bei den Franzosen eingereicht, und alle hatten die gleiche Antwort bekommen: Die Tests seien für die Umwelt harmlos und stünden zudem im größeren strategischen Interesse auch der Beschwerdeführer.[16]

In Frankreich selbst erfreute sich die *Force de frappe* großer Beliebtheit, und François Mitterrand und seinen Sozialisten war durchaus bewusst, dass sie nie an die Macht kommen würden, wenn sie sich gegen sie stellten. Die französische Linke hatte, anders als ihr britisches Gegenstück, keine stramm antimilitaristische Vergangenheit, und im Nachkriegsfrankreich war es möglich, links zu stehen, ohne gegen Armee, Kolonialismus oder Atomwaffen zu sein. In Frankreich existierte keine antinukleare Dachorganisation nach Art der Campaign for Nuclear Disarmament (CND), und die größte Friedensbewegung, Mouvement de la paix, hatte enge Verbindungen zu den Kommunisten, was ihre mögliche Unterstützerbasis einengte.[17] Die französischen Politiker, die Mainstream-Medien und das Militär verunglimpften Atomwaffengegner als »Pazifisten«, was an Beschwichtigungspolitik und Defätismus im Zweiten Weltkrieg erinnern sollte. Zudem wurde, anders als in Großbritannien, Deutschland und Kanada, nie in Frage gestellt, amerikanische Raketen auf französischem Boden zu stationieren. Das bedeutete, dass der Antiamerikanismus, der ein wesentliches Moment bei den Friedensbewegungen in anderen Ländern darstellte, in Frankreich kein Faktor war. Selbst die relativ schwache französische Umweltbewegung, die entschieden gegen Atomkraft war, gab in Sachen Atomwaffen klein bei. Es mag sein, dass viele Aktivisten persönlich gegen die *Force de frappe* waren, aber die Bewegung als Ganze stellte diese Frage aus Angst, sich der Mehrheit der Franzosen zu entfremden, nicht ins Zentrum ihrer Kampagnen.[18]

Ben Metcalfe hatte nach dem Krieg mehrere Jahre in Frankreich gelebt und war auch kurz mit einer Französin verheiratet gewesen, mit der er eine Tochter hatte. Er hatte das Leben in Südfrankreich genossen und in vielem die französische Kultur bewundert, sich aber immer das anglosächsische Misstrauen gegenüber der französischen Außenpolitik bewahrt. Besonders argwöhnisch war er gegenüber dem französischen Militär und verachtete dessen Einsatz einer »Fremdenlegion«, die seiner Meinung nach die schlimmsten Verbrecher und Psychopathen einstellte, um Revolten in den Kolonien niederzuschlagen. Diese ambivalente Haltung gegenüber den Franzosen gab der Mururoa-Kampagne für Metcalfe eine gewisse Pikanterie, und er stürzte sich mit großem Eifer in die Arbeit.[19]

Metcalfes Medienphilosophie entsprach der von McLuhan, allerdings lag das eher daran, dass McLuhan mit *ihm* übereinstimmte, und weniger daran, dass ihn McLuhans Argumente überzeugt hatten. Metcalfes reiche Medienerfahrung in der Nachkriegszeit hatte ihn in dieselbe intellektuelle Richtung geführt wie McLuhan, der der Erste gewesen war, der die Konzeption des »globalen Dorfs« systematisch ausgearbeitet und eine Medientheorie geschaffen hatte, die Metcalfes Erfahrungen perfekt wiedergab. Die Vorstellung des zeitlichen und räumlichen Zusammenrückens der Welt aufgrund eines globalen Mediums sowie ein machiavellistisches Gesellschaftsbild führten bei Metcalfe zu einer gönnerhaften, zynischen Haltung. Die Medien waren für ihn »im Grunde dumm«. Ein hart arbeitender, belesener Reporter mit gesundem Menschenverstand und einer guten Nase für eine Story könnte die Massenmedien leicht manipulieren und aus dem Nichts Pseudo-Ereignisse schaffen. Das Geheimnis läge ebenso in der Verpackung der Storys wie in ihrem Inhalt. Solange der clevere Journalist eine unwiderstehliche Geschichte mit angemessenem Konfliktstoff fabrizierte, vorzugsweise aus der Kategorie David gegen Goliath, würden die Massenmedien unabhängig von der tatsächlichen Bedeutung des Ereignisses darauf anspringen.[20]

Metcalfe zufolge konnte man die Amchitka-Kampagne als »bürgerlich-naiv« charakterisieren, weil ihre Organisatoren ihren Zeitplan und ihre Grenzen angekündigt – beispielsweise die Tatsache, dass sie sich nur sechs Wochen an Bord leisten konnten – und damit dem »Feind« einen riesigen taktischen Vorteil verschafft hatten. Zudem waren sie sehr weit entfernt vom Zentrum der Macht in Washington, D.C., geblieben, was ihre Sichtbarkeit in den US-Medien und ihren entsprechenden Einfluss auf die öffentliche Meinung in Amerika stark reduziert hatte.[21] Um der Mururoa-Kampagne ein ähnliches Schicksal zu ersparen, musste man listiger vorgehen und die Franzosen im Dunkeln lassen. Außerdem musste der Protest direkt zu den Franzosen gebracht werden – mit einem Akt zivilen Ungehorsams in Paris, um die Franzosen vor den Auswirkungen der Kernwaffentests im Südpazifik zu warnen und ihnen zu zeigen, wie stark man international gegen die *Force de frappe* eingenommen war.[22]

Im Gegensatz zum offeneren, mehr auf Konsens ausgerichteten Vorgehen, das für das DMWC charakteristisch gewesen war, wurde diese Greenpeace-Kampagne als Ein-Mann-Show geplant und durchgeführt. Metcalfe saß bis spätabends in seinem im Obergeschoss seines Hauses gelegenen Büro, das er selbstironisch als »Ego-Nest« bezeichnete, und entwickelte Ideen und Strategien. Um eine gewisse Geheimhaltung zu wahren, informierte er niemanden über mehr als Teile seines Gesamtplan, so dass er der Einzige war, der das ganze Bild kannte. Wenn er eine Genehmigung von anderen Gruppenmitgliedern brauchte, berief er »umgekehrte Treffen« ein, das heißt, er fällte für sich eine Entscheidung und ließ die Treffen dann so ablaufen, dass ihm eine Mehrheit zustimmte. Viele der Treffen fanden in Gastown statt, dem heruntergekommenen, baufälligen, gegenkulturellen Viertel in der Altstadt von Vancouver, und wurden von Dutzenden von Hippies, Straßenkindern und vielen Outcasts besucht. Das würde, wie Metcalfe wusste, manche der älteren, »anständigeren« Aktivisten wie die Stowes und die Bohlens, die eher in der Lage gewesen wären, seine Autorität anzuzweifeln, fernhalten.[23] Hunter, der gern der erste Greenpeace-Vorsitzende geworden wäre, ärgerte sich über Metcalfe. Doch er musste auch zähneknirschend eine gewisse Bewunderung für die »schöne McLuhan'sche Ein-Mann-Show« eingestehen. Andere jedoch waren befremdet von Metcalfes distanziertem, konspirativem Stil, und insbesondere Stowe wurde misstrauisch und stieg aus der Kampagne aus.[24]

Metcalfe war es wichtig, eine wirklich internationale Kampagne zu veranstalten. Und dementsprechend plante er. Er wollte mindestens zwei Schiffe in das Testgebiet fahren lassen – eines von Neuseeland oder Australien, das andere von Südamerika aus. Zu seinem Plan gehörten auch Proteste in Paris und bei der Umweltkonferenz der Vereinten Nationen in Stockholm, und er hoffte, dass diese spontane Antiatomwaffen-Proteste in anderen europäischen Hauptstädten auslösen würden. Um die Meinung der Katholiken rund um die Welt zu beeinflussen, ersuchte er um eine Audienz beim Papst, bei der er dessen öffentliche Billigung der Greenpeace-Kampagne erlangen wollte. Außerdem wollte er Aktivisten nach New York zur Lobbyarbeit bei den Vereinten Nationen schicken; sie sollten die französischen Atomwaffentests verurteilen. Seine Hoffnung war, die gesamte Kampagne zu einer simplen Botschaft für die Massenmedien zu kondensieren: Die arroganten Franzosen scheren sich nicht um die Meinung der Welt und bedrohen Menschenleben und die Umwelt, um Massenvernichtungswaffen zu entwickeln.[25]

Für Metcalfe war Geschichte die Geschichte »großer Männer«, er war überzeugt, »dass alle großen Bewegungen wie das Christentum oder der Islam mit einem Ein-Mann-Komitee angefangen haben«. Greenpeace stellte er sich als Bewegung vor, die sich ähnlich wie das Christentum über die ganze Welt verbreiten würde – mit ihm als großem Strategen und Hunter, Marining, Moore und anderen als seinen Aposteln. Auch wenn er sich der Hybris einer solch grandiosen Analogie sicher bewusst war, fand er doch, dass das apostolische Modell gut geeignet war für die Propagierung der Bewegung, insbesondere, wenn es mit einer cleveren Medienstrategie verbunden war.[26] Allerdings erfolgte die weltweite Ausbreitung von Greenpeace in den 1970er Jahren weitaus planloser, als sich Metcalfe das vorstellte.

Wie die Amchitka-Kampagne beinhalteten auch Metcalfes Pläne für die Proteste gegen die Franzosen die direkte Aktion auf dem Meer. Also musste er ein Schiff und eine dazu bereite Crew finden. Neuseeland war logistisch als Ausgangspunkt der Fahrt am günstigsten, und die Neuseeländer rühmten sich zudem ihres seemännischen Könnens. Metcalfe erinnerte sich daran, wie schwer es für das DMWC gewesen war, ein Schiff zu chartern. Deshalb gab er nicht einfach eine Anzeige in neuseeländischen Zeitungen auf, sondern schlug eine andere Strategie ein. Er schrieb ein Überseetelegramm in Form eines Korrespondentenberichts, weil er meinte, dass das mehr Eindruck machen würde als eine simple Pressemitteilung, und ließ diese über Reuters verbreiten, eine der größten Presseagenturen der Welt und ein früherer Arbeitgeber von ihm. Wie er gehofft hatte, erreichte die Story bald Neuseeland, und Greenpeace landete nicht unter den Kleinanzeigen, sondern als Nachricht auf der Titelseite des *New Zealand Herald*, der führenden Zeitung des Landes. Metcalfes Geschichte beschwor das Bild einer großen und erfolgreichen Organisation herauf: »Unsere Mitglieder sind in Frankreich, Neuseeland, Australien, Japan, Peru, den Vereinigten Staaten und mehreren anderen Ländern zu finden«, schrieb er, »[und werden] sich zum gegebenen Zeitpunkt erheben.« Außerdem, so fuhr er fort, planten sie eine riesige Demonstration in Paris und wollten bei Präsident Pompidou vorsprechen, um bei der französischen Bevölkerung »Schrecken und Ekel« über jene Machenschaften ihrer Regierung auszulösen, die den meisten gar nicht bewusst seien.[27] Metcalfes Greenpeace-Porträt war gelinde gesagt phantasievoll, aber vielen Neuseeländern, die sich seit sechs Jahren über die französischen Tests aufregten, schien die Organisation die Möglichkeit einer viel ernster zu nehmenden Opposition zu eröffnen als die lauwarmen Proteste, die ihre konservative Regierung bis dahin laut werden ließ.[28] Außerdem vermittelte Metcalfes Story den Neuseeländern, die immer unter ihrer relativen Bedeutungslosigkeit auf der Weltbühne litten, das Gefühl, es sei eine Ehre, zum Gastgeber der Kampagne erwählt worden zu sein, die von dieser recht beeindruckend klingenden internationalen Organisation veranstaltet wurde.

Einer von denen, die den Artikel im *New Zealand Herald* mit Interesse lasen, war Gene Horne, ein Mittvierziger, der zwei Jahrzehnte zuvor seinen rechten Arm bei Baumfällarbeiten verloren hatte und mit seiner Frau in Hamilton, 120 Kilometer südlich von Auckland, lebte. Der Artikel erregte seine Aufmerksamkeit vor allem, weil darin erwähnt wurde, dass die geheimnisvolle Greenpeace Foundation aus Vancouver stammte. Seine 19-jährige Tochter Ann-Marie war damals mit einem 39-jährigen Segler befreundet, der gleichfalls aus Vancouver kam. Sein Name war David McTaggart, und Horne machte sich eine Notiz, dass er ihn nach Greenpeace fragen wollte, wenn er ihn das nächste Mal sah. Doch McTaggart hatte seit über zehn Jahren nicht mehr in Vancouver gelebt und nie von dem Verein gehört. Angesichts seines Backgrounds als aggressiver Geschäftsmann aus einer konservativen Familie wäre eine Organisation wie Greenpeace aber sowieso kaum von Interesse für ihn gewesen. Deshalb war es wirklich eine überraschende Wende, um es vorsichtig auszudrücken, dass McTaggart keine 14 Tage später Skipper der *Greenpeace III* war und Kurs auf das französische Testgebiet Mururoa nahm.[29]

In den 1980ern und Anfang der 1990er, als McTaggart die einflussreichste Person bei Greenpeace International war, wurde seine Zeit vor Greenpeace zum fruchtbaren Feld für investigative Journalisten, die genug Zeit und Mittel hatten, um sein ruheloses Wanderleben auszuleuchten. Sie förderten einige aufschlussreiche Details zutage, aber ihre Anstrengungen wurden häufig dadurch kompromittiert, dass sie McTaggarts bunte Vergangenheit ausnutzen wollten, um Greenpeace zu diskreditieren.[30] Wie sein Mit-Öko-Krieger Paul Watson war McTaggart berüchtigt für seine Übertreibungen und Geschichtsumdeutungen. Er pflegte sich selbst ins Zentrum von wichtigen Ereignissen zu rücken, egal, ob er daran beteiligt war oder nicht. Außerdem war er dickköpfig, von rücksichtslosem Ehrgeiz, gerissen und mit einem ruppigen Charme ausgestattet, den viele unwiderstehlich fanden. Mit Sicherheit war er kein Heiliger. Doch er besaß eine Kombination von Eigenschaften, die sich für eine unerfahrene Antiatomwaffen-Organisation mit globalen Ambitionen als nützlich erwies.

McTaggart war 1932 in Vancouver geboren und in einem freundlichen Obere-Mittelschicht-Vorort in der Nähe der University of British Columbia als jüngstes von drei Kindern aufgewachsen. David war altklug und wurde von seinen hingebungsvollen Eltern heftig verwöhnt. Im Rückblick auf seine Kindheit sagte McTaggart, dass ihm die Familie immer das Gefühl gab, außergewöhnlich zu sein, was, wie er meinte, sehr zur Entwicklung seines starken, oft anmaßenden Selbstbewusstseins und der Unfähigkeit, Zurückweisungen zu akzeptieren, beigetragen habe. Selbst als Kind sei er extrem wettbewerbsorientiert gewesen, erinnerte sich McTaggart, und er habe oft Kämpfe mit seinem älteren Bruder Drew provoziert.[31]

Als Teenager interessierte McTaggart die Schule längst nicht so sehr wie Sport, Mädchen und Alkohol. Selbstbewusst, gutaussehend und ehrgeizig, entwickelte McTaggart die Lebensauffassung, um jeden Preis gewinnen zu müssen, und liebte es besonders, älteren Männern die Freundin auszuspannen.[32] Seine schlechten Schulleistungen und seine hedonistische Haltung bedeuteten für seine Eltern eine beständige Enttäuschung. Sie gehörten den Plymouth Brethren an, einer fundamentalistischen Kirche, deren Glauben er nie teilte. Mit sechzehn wurde er von der Schule verwiesen, weil er sich bei einem Rugbyspiel mit einem Lehrer angelegt hatte (der Lehrer fungierte als Schiedsrichter und

McTaggart weigerte sich schlicht, eine seiner Entscheidungen zu akzeptieren). Seine leidgeprüften Eltern schickten ihn auf die St. George's School, jenes Elite-Internat, das Patrick Moore eine Dekade später besuchen sollte.[33]

St. George's änderte zwar weder seine schulischen Leistungen noch seinen Lebensstil, machte ihn aber mit der Sportart bekannt, in der er seine größten Erfolge feiern sollte: Badminton. Das Spiel kam McTaggarts Stärken entgegen, weil es dauernd rasche Bewegungen und blitzschnelle Reflexe verlangt. Binnen eines Jahres war er der beste Spieler in Vancouver. Sein Leben lang war es McTaggart wichtig, die Kontrolle über jede Situation zu haben, in der er sich befand. Das spiegelte sich auch darin wider, dass er Einzelsportarten – Badminton, Golf, Tennis, Squash – dem Mannschaftssport vorzog. In den 1950ern galt Badminton noch immer als Sportart für gesetztere Herren. Doch McTaggart spielte es rücksichtslos, warf sich quer über den Platz, um Punkte zu retten, fluchte ständig und zweifelte die Entscheidungen der Unparteiischen an. Scheinbar unbehindert durch seinen Alkohol- und Zigarettenkonsum, gewann er Turnier um Turnier, und seine Teilnahme zog häufig Zuschauermassen an (jedenfalls für Badmintonverhältnisse), von denen viele hofften, den arroganten jungen Emporkömmling verlieren zu sehen. 1956 gewann er seine erste von drei kanadischen Meisterschaften.[34]

Noch als Teenager begann McTaggart in der Bauwirtschaft zu arbeiten, wo er schnell Karriere machte und mehrere leitende Positionen einnahm. Mit 32 war er bereits zweimal geschieden, lebte in San Francisco und arbeitete in einer Baufirma, die auf Hotels spezialisiert war.[35] Von einem seiner Kollegen erfuhr er vom Besitzer einer großen Ranch in den Sierras, rund 200 Kilometer östlich von San Francisco, der sein Land gern zum Skigebiet machen wollte. Das Gelände befand sich seit fünf Generationen in Familienbesitz, und McTaggart witterte eine Chance. Er packte einen Kasten Bier und fuhr ins Bear Valley hinauf, um Bruce Orvis, wie der Rancher hieß, zu treffen und herauszufinden, ob sie ein Geschäft machen könnten. Orvis war etwa gleich alt, hatte auf dem College American Football gespielt und war die Art von geradlinigem, zupackendem Mann, den McTaggart schätzte. Die beiden verstanden sich sofort. Binnen einer Woche hatten sie Anfang 1965 einen Vertrag aufgesetzt und die Bear Valley Development Corporation gegründet, bei der Orvis Präsident und McTaggart Vizepräsident und Geschäftsführer war.[36]

Auch wenn McTaggart im Bear Valley gutes Geld verdiente, war er doch immer noch bloß Gehaltsempfänger und besaß nicht jene Kontrolle und jenen Einfluss, die nur ein Eigentümer hat. 1969 kaufte er ein kleines, heruntergekommenes Hotel ein paar Kilometer vom Bear Valley entfernt und wollte ein Restaurant und einen Nachtclub für junge, unverheiratete Leute daraus machen. Orvis war damit einverstanden, dass er seine Arbeit im Skiresort reduzierte, und McTaggart nahm seine Ersparnisse, lieh sich weiteres Kapital von der Bank und der Mutter seiner dritten Frau und steckte alles in sein neues Projekt.[37] Ein paar Tage vor der offiziellen Eröffnung passierte die Katastrophe. Laut McTaggart hatte er ein Mitglied der amerikanischen Skinationalmannschaft für die Eröffnung des neuen Clubs gewinnen können, dem er den Namen MegaBear gegeben hatte. Er und seine Arbeiter legten eilends Hand an bei den letzten Arbeiten. Einer seiner Leute hatte ihm gesagt, er hätte im Gebäude Gas gerochen, aber McTaggart war zu beschäftigt gewesen, um sich selbst näher damit zu befassen. Schließlich war ja ein Aufsichtsbeamter da gewesen, hatte die Gasleitungen überprüft und für in Ordnung befunden. Am nächsten Tag erschütterte eine gewaltige Explosion den Komplex und zerstörte große Teile des Hauptgebäudes. McTaggart rannte mit einem seiner Leute hinüber und entdeckte einen schreienden Wartungsmonteur, der halb verschüttet unter den Trümmern lag. Inmitten von Stichflammen und aus Angst vor weiteren Explosionen zogen McTaggart und sein kräftig gebauter Arbeiter den Monteur mit solcher Kraft heraus, dass eines seiner Beine im Schutt zurückblieb. Eine Frau, die als Köchin im Hotel angestellt war, wurde ebenfalls schwer verletzt und verlor bei der Explosion einen Arm.[38] Hinzu kam noch, dass McTaggart die Gebäude nicht richtig versichert hatte. Er sagte, er hätte das versucht, aber keine Police bekommen, weil das Gebäude über 60 Kilometer von der nächsten Feuerwache entfernt gewesen sei. Die Explosion hatte McTaggart in den Bankrott getrieben und mit erheblichen Schulden belastet. In seiner Verzweiflung verklagte er die Gasfirma wegen Fahrlässigkeit, aber die Klage wurde abgewiesen.[39]

Mittlerweile war McTaggart 38 Jahre alt, pleite und ohne Arbeit. Seine dritte Ehe war kaputt. Er war hoch verschuldet und depressiv. Er kratzte sein letztes bißchen Geld zusammen, fuhr nach Los Angeles und bestieg, ohne jemandem davon zu erzählen, ein Flugzeug nach Tahiti, wo er seine zerrütteten Nerven auf sonnenüberfluteten Stränden und an palmengesäumten Lagunen beruhigen wollte.[40]

Es mag ein Neuanfang gewesen sein, aber es war doch der alte McTaggart, der ihn unternahm. Noch ehe das Flugzeug gelandet war, hatte er es geschafft, die Pan-Am-Stewardess anzumachen, die ihn auf dem Flug bedient hatte. Obwohl sein Haar grauer und dünner geworden war, hatte McTaggart nichts von seinem raubeinigen guten Aussehen verloren. Wenn er in der entsprechenden Stimmung war, konnte kaum jemand, ob Mann oder Frau, seinen durchdringenden blauen Augen und seinem lässigen Charme widerstehen. Es überrascht nicht, dass die junge Stewardess mehr als glücklich war, ihm »die ersten Tage auf Tahiti auszuhelfen«, wie er es formulierte. Dann wechselte er auf die Insel Moorea, wo er hoffte, Arbeit im Club Med zu bekommen. Daraus wurde nichts, aber er begegnete François Ravalo, einen dort lebenden Künstler, der im Stil von Paul Gauguin polynesische Landschaften und Menschen in Öl malte. Ein paar Wochen lang verköstigte ihn Ravalo und kümmerte sich auch sonst um ihn. Abends fiel McTaggart im Club ein und machte sich an die zahllosen jungen Frauen dort heran. Er hatte keine richtige Vorstellung, was er mit seinem Leben anfangen wollte. Er wusste nur, dass er die Jagd nach Erfolg und Wohlstand leid war und das stressige und riskante Leben als Bauentwickler hinter sich lassen wollte. Er begann mit der Idee zu liebäugeln, von seinem restlichen Geld eine kleine Yacht zu kaufen und einfach auf hoher See herumzuschippern. Vielleicht konnte er ja seine Ruhelosigkeit überwinden, indem er sich ihr voll hingab. Das wenige Geld, das er dann brauchte, wollte er mit gelegentlichen Fahrten für Touristen verdienen. Vielleicht konnte er der Sache mit einer rein weiblichen, im Bikini agierenden Crew Würze geben. Mit diesen vagen Vorstellungen verließ er Tahiti ein paar Wochen später und flog ins neuseeländische Auckland.[41]

McTaggart wusste nun überhaupt nicht, was er mit sich anfangen sollte. Sein Berufsleben glich ebenso wie sein Privatleben einer Achterbahnfahrt mit überschwänglichen Höhen und deprimierenden Tiefen. Er hätte ein erfolgreiches und bequemes bürgerliches Leben genießen können, aber irgendwie führte sein Ehrgeiz immer dazu, dass er sich übernahm, dass er alles riskierte, um immer ein bisschen mehr zu erreichen. Introspektion gehörte nicht zu McTaggarts Stärken. Anders als Jim Bohlen, der in einer nicht unähnlichen Situation gewesen war, war McTaggart weder zur Reflexion disponiert, noch war ihm eine intellektuelle Neigung zu eigen, die ihn hätte dazu bringen können, andere Lebensphilosophien zu ergründen oder eine kohärente Kulturkritik zu formulieren, die seinen hektischen Lebensstil diktiert hatte. Nein, seine aufkeimende Sehnsucht nach mehr Sinn in seinem Leben kam in besinnungslosem Ausbrechen zum Ausdruck, um seinen Problemen zu entfliehen und frei vom Druck und der Verantwortung des Alltagsleben das Meer zu befahren.

Gleich nach seiner Ankunft in Auckland kaufte McTaggart die 38-Fuß-Ketsch *Vega*, ein Schiff, das in Handarbeit von einem der führenden Bootsbauer Neuseelands, von Alan Orams, in den 1940ern aus einheimischer Kauri-Fichte gebaut worden war.[42] Die *Vega* sollte dann eines der berühmtesten Schiffe der Greenpeace-Flotte werden. Im Jahr nach dem Kauf segelte McTaggart an den Küsten von Neuseeland und im Südpazifik. Er verbrachte ein paar entspannte Monate auf den Fidschi-Inseln, vercharterte sich und sein Schiff an Touristen, verdiente in der Woche so viel wie einst in Kalifornien in einer Stunde und war dabei zufrieden. Langsam fühlte er sich wieder wohler, und nach gut einem Jahr Abwesenheit von Nordamerika schrieb er seiner Familie in Vancouver und ließ sie wissen, wo er war.[43] Er hatte weder eine radikale religiöse noch eine politische Wandlung durchgemacht, die Veränderungen, die er erfuhr, erfolgten am Rande seines Bewusstseins, nicht in dessen Kern. Er wurde ein wenig reifer und etwas weniger ehrgeizig. Sein Weltbild, das ein Bollwerk für die ungeschminkteste Form bourgeoisen Materialismus gewesen war, begann sich ein ganz klein wenig zu öffnen.

Im Januar 1972 war McTaggart zurück in Neuseeland und ankerte vor der Stadt Russell in der Bay of Islands. Beim Mittagessen in einem örtlichen Café bediente ihn eine kleine, blonde, 19-jährige Studentin, die während der Sommerferien kellnerte. Bevor Ann-Marie Horne den Job angenommen hatte, hatte sie sich geschworen, nicht mit Fremden auf deren Yachten zu gehen, aber McTaggarts Charme und Hartnäckigkeit brachten sie schließlich dazu, ihren Vorsatz aufzugeben. McTaggart betrachtete das Kennenlernen von Ann-Marie als Schlüsselmoment in seinem Leben. Ohne sie wäre er nie zu Greenpeace gekommen.[44] Er begann ein Verhältnis mit Ann-Marie, das mehrere Jahre andauern sollte – und deshalb saß er am 12. April 1972 im Wohnzimmer von Gene Horne und fragte sich, was es mit der geheimnisvollen Gruppe namens Greenpeace auf sich haben könnte.[45]

Gene Horne, Ann-Maries Vater, konnte den *New Zealand Herald* mit dem Artikel über Greenpeace nicht finden, aber er erinnerte sich, dass die Organisation eine Freiwilligencrew und ein Schiff suchte, um in das französische Atomwaffentestgebiet beim Mururoa-Atoll zu fahren. McTaggart sah im Atlas nach, wo Mururoa lag, und ging, lediglich aus Neugier, die Logistik einer solchen Fahrt durch. Er schätzte, hin und zurück wären das rund 7000 Meilen, was drei bis vier Monate zur See und wenige Anlandungen, wenn überhaupt welche, bedeuten würde. Mehr noch, wer immer die Herausforderung annehmen würde, hätte nur zwei Wochen, um die Fahrt vorzubereiten. Das müsste jemand mit beträchtlicher Hochsee-Erfahrung und einer zuverlässigen, robusten Yacht sein. Mit leichter Beklemmung dämmerte es McTaggart, dass zumindest vom logistischen Standpunkt jemand wie er selbst absolut ideal wäre.[46]

Als er am nächsten Tag durch Hamilton schlenderte, entdeckte er an einem Schaufenster ein Flugblatt – etwas, was er normalerweise nicht beachtete. Es forderte dazu auf, sich am Protest gegen die französischen Atomwaffentests zu beteiligen, und war von Mabel Hetherington unterschrieben, der ehrenamtlichen Vorsitzenden der New Zealand Campaign for Nuclear Disarmament. Er schrieb sich ihre Nummer auf und rief sie von der nächsten Telefonzelle aus an. Sie war nicht da, deshalb hinterließ er die Bitte, ihn bei den Hornes zurückzurufen. Am selben Abend rief er bei mehreren lokalen Radiosendern und Zeitungen an, um mehr über den Plan von Greenpeace zu erfahren, und bat, seine Nummer an Leute weiterzugeben, die ihn in Kontakt mit der Organisation bringen könnten. »Mit jedem ergebnislosen Anruf«, erinnerte er sich später, »verstrickte ich mich tiefer in die Idee, und nach einem Tag hatte ich mich da mehr oder weniger reingeredet.«[47]

Sein ganzes Leben lang würde McTaggart behaupten, dass er, ebenso wie bei vielen anderen seiner Aktionen, nie ganz verstanden habe, aus welchem Grund er sich an der Greenpeace-Kampagne beteiligte. Denn: »Ich interessierte mich nicht für den französischen Imperialismus«, wie er einräumte.[48] Er hatte nie gegen etwas demonstriert und war weder ehrenamtlich in einem Verein noch bei einer Wohltätigkeitsaktion tätig gewesen. Einem gewissen Umweltbewusstsein war er am nächsten gekommen mit der Erkenntnis, dass Skigebiete attraktiver seien, wenn ein paar Bäume stehen blieben. »Der Schutz der Umwelt war für mich eine ästhetische Frage gewesen, und die wiederum war mit materiellem Gewinn verbunden. Ökologische Vernunft lag in meinem geschäftlichen Interesse.«[49] Im Prinzip war er gegen Atomwaffentests, aber das allein reichte kaum als Motivation, auch nur einen Zeitungsartikel darüber zu lesen, ganz zu schweigen davon, sein Leben zu riskieren, um dagegen zu protestieren. Die beste Erklärung, die er im Rückblick liefern konnte, war zum einen die Herausforderung, die die Fahrt darstellte, und zum anderen, dass Frankreich gegen internationales Recht darauf bestand, 250 000 Quadratkilometer um Mururoa während der Testperiode für alle Schiffe zum Sperrgebiet zu machen. Hat man McTaggarts Besessenheit hinsichtlich seiner persönlichen Freiheit und seinen Hass, der schon an Phobie grenzte, räumlich eingeschränkt zu sein, vor Augen, gibt es wenig Grund, an seiner Aussage zu zweifeln.[50] Allerdings hat McTaggarts Handlungsweise während und nach der Fahrt einige andere Teilnehmer zu dem Schluss veranlasst, dass seine Motive korrupter waren.

Einen Tag nachdem McTaggart von der Greenpeace-Kampagne erfahren hatte, kam der Rückruf von Mabel Hetherington, einer 70-jährigen Engländerin, die nach dem Zweiten Weltkrieg nach Neuseeland gekommen war und seit über 30 Jahren in der Friedensbewegung aktiv war.[51] In Neuseeland war Greenpeace in Sachen Antiatomwaffen-Protest nicht auf ein Vakuum gestoßen; hätte das existiert, wäre man wohl auch nicht weit gekommen. Hetherington und andere Aktivisten hatten 1960 in Christchurch mit der Verschmelzung einiger kleinerer Friedens- und Antiatomwaffen-Gruppen die New Zealand Campaign for Nuclear Disarmament (CND) ins Leben gerufen, die lokale Version der berühmten britischen Namensgeberin. Viele Atomwaffengegner in Neuseeland datierten ihr Engagement in dieser Angelegenheit auf den 9. Juli 1960 zurück, den Tag, an dem der Nachthimmel vom Nachglühen einer US-Bombenzündung in großer Höhe über dem rund 3000 Meilen entfernten Christmas Island erleuchtet wurde.

Die New Zealand CND hatte 1964 die Kampagne »No Bombs South of the Line« (Keine Bomben südlich des Äquators) gestartet, um die Südhalbkugel zur atomwaffenfreien Zone zu machen. Dies richtete sich vor allem gegen die französischen Pläne, Atomwaffen in Polynesien zu testen. Sie sammelten über 80 000 Unterschriften (bei insgesamt nicht einmal drei Millionen Einwohnern) für eine Petition gegen die französischen Tests und demonstrierten wiederholt vor der französischen Botschaft und neben französischen Kriegsschiffen, die in Neuseeland vor Anker lagen. Sie hatten die neuseeländische Regierung auch dazu gebracht, eine Fregatte in das Testgebiet zu entsenden, um den Protest des Landes deutlich zu machen.[52] Eines der Mitglieder, ein Auslandsamerikaner namens Bob Stowell, hatte die Art von Kampagne vorgeschlagen, die Greenpeace in den 1970er durchführen sollte. Im *CND Bulletin* schrieb er, dass »ein gut organisierter Protest gegen die Tests, unter anderem durch Segelschiffe, Schlauchboote oder sogar kleine Flugzeuge, mit denen Privatorganisationen ins Testgebiet [kämen] und deren Crews aus mehreren Ländern [stammten]«, wäre eine wirkungsvolle Möglichkeit, auf die Tests aufmerksam zu machen.[53] 1965 hatte die CND ein australisches Protestschiff unterstützt, das von Sydney zum Mururoa-Atoll fahren sollte, aber von der unerfahrenen Crew auf Rarotonga aufgegeben worden war.[54] Als die CND von den Greenpeace-Plänen erfuhr, bot man an, als Agent in Neuseeland zu fungieren und bei der Schiffs- und Mannschaftssuche für die Mururoa-Fahrt zu helfen. Daher war es Mabel Hetherington, die den Kontakt zwischen McTaggart und Metcalfe herstellte. Metcalfes Name war zwar seit einer Dekade in Vancouver sehr bekannt, aber er hatte erst Prominenz erlangt, nachdem McTaggart seine Heimatstadt Ende der 1950er verlassen hatte. McTaggart war ein wenig misstrauisch Greenpeace gegenüber und seiner Unterstützer, weil er befürchtete, es könnte sich um militante Radikale oder Kommunisten handeln. Metcalfe beruhigte ihn und versicherte, dass man nichts mit einer politischen Partei oder Bewegung zu tun habe, sondern bloß eine Gruppierung normaler Bürger sei, die sich dem Protest gegen Atomwaffentests verschrieben hätte. Um McTaggart stärker zu beeindrucken, erzählte Metcalfe ihm, Greenpeace würde von internationalen Leuchten wie Jacques Cousteau, Linus Pauling, Jean-Paul Sartre, Simone de Beauvoir und Buckminster Fuller sowie von Sierra Club, Weltkirchenrat, Les Amis de la Terre und zahllosen anderen Organisationen auf der ganzen Welt unterstützt. Das stimmte zwar theoretisch, aber es erweckte auch den Eindruck, als sei die Organisation weit besser etabliert und bekannt, als es tatsächlich der Fall war. Metcalfe sagte McTaggart außerdem, dass Greenpeace für alle seine Kosten aufkommen würde, auch mögliche Anwalts- und Arztkosten, sowie jedwede zusätzliche Ausrüstung bezahlen würde, die er und seine Crew für die Fahrt bräuchten. McTaggart antwortete, dass er eine Nacht darüber schlafen müsse und am nächsten Tag wieder anrufen würde, um ihm seine Antwort mitzuteilen.[55]

Zuerst war Metcalfe von McTaggart beeindruckt. Dieser war sicherlich kein verrückter Hippie und schien das für eine solche Fahrt erforderliche Maß an Segelerfahrung mitzubringen. Außerdem würden ihm sein Mangel an Idealismus und seine Erfahrungen in der Halsabschneiderwelt des Baugewerbes zustatten kommen, falls er dem französischen Militär begegnen würde.[56] McTaggart behielt für seinen Teil die Skepsis des konservativen Geschäftsmanns gegenüber Demonstranten und anderen »Gutmenschen« bei und beschloss, die Sache mit Gene Horne zu besprechen, den er für »einen klar denkenden Konservativen ohne grillenhafte Höhenflüge« hielt. Horne war überzeugt, dass die Art und Weise, wie sich die Franzosen im Pazifik aufführten, grundsätzlich falsch sei, und unterstützte jeden vernünftigen und legalen Protest. McTaggart hatte nie etwas für Religion oder irgendeine Form von Mystik übriggehabt, doch je mehr er über die Fahrt nachdachte, desto mehr erschien es ihm, als würde eine Art kosmischer Finger auf ihn zeigen. Am nächsten Tag gab er Metcalfe die Antwort, die dieser sich erhofft hatte. Außerdem hatte er bereits die Kosten für

Proviant und Ausrüstung aufgestellt und beschlossen, ein gemeinsames Greenpeace-CND-Bankkonto für Spenden und Ausgaben einzurichten.[57]

Zum ersten Mal in seinem Leben arbeitete McTaggart mit einer Gruppe von Idealisten und Engagierten zusammen, und diese Erfahrung war eine Offenbarung für ihn. Der frühere CND-Jugendführer Richard Northey, inzwischen Juraprofessor und Leiter der CND in Auckland, stellte McTaggart die Studenten und CND-Mitglieder vor, die bei der Organisation der Kampagne mithelfen wollten. Später erinnerte sich McTaggart:

> Ich war beeindruckt … Studenten stellten sich uns als Freiwillige zur Verfügung und übernahmen jede Arbeit, die wir ihnen zuwiesen. Ich hatte noch nie mit einer Gruppe von Freiwilligen zusammengearbeitet und war erstaunt, wie diszipliniert und fleißig sie waren – ohne etwas davon zu haben, nur die Ehre, an unserem Unternehmen beteiligt zu sein … In diesen arbeitsreichen Tagen habe ich oft darüber gestaunt, wie viel Liebe mir entgegengebracht wurde. Bisher war ich gewohnt, mit Menschen zu tun zu haben, die mit mir im Konkurrenzkampf standen – aggressiv, ablehnend und hochmütig waren. Doch jetzt war alles ganz anders. Es war etwas, das ich, selbst wenn ich wollte, gar nicht in Worte fassen kann …[58]

McTaggarts erste Aufgabe war es, eine Mannschaft für die lange Reise zusammenzustellen. Metcalfe machte von Anfang an klar, dass er mitkommen wollte, obwohl McTaggart skeptisch war. Die *Vega* bot nur Platz für fünf Personen, und McTaggart wollte einen guten Navigator, einen Mechaniker und jemanden, der ein Amateurfunkgerät bedienen konnte, dabeihaben. Außerdem fürchtete er, dass Metcalfe mit 52 nicht mehr in der optimalen Verfassung für solch eine anstrengende Reise wäre. Doch Metcalfe versicherte ihm, er habe die Kondition eines 35-Jährigen und könne ein Funkgerät bedienen.[59] Der Mann, den McTaggart unbedingt an Bord holen wollte, war Nigel Ingram, ein 25-jähriger Engländer, der am Royal Naval College studiert hatte und trotz seiner relativ jungen Jahre ein erfahrener Navigator und Hochseesegler war. Ingram hatte von Ende der 1960er bis Anfang der 1970er Jahre in London gelebt und war zwar nicht politisch aktiv, hegte aber grundsätzlich Sympathie für die Protestbewegungen dieser Zeit. Er ging 1971 nach Australien, wo er an der prestigeträchtigen Sydney-Hobart-Regatta teilnahm, ehe er Anfang 1972 nach Neuseeland zog, wo er eine Stelle im Westhaven Boat Harbour in Auckland fand. Dort hatte er McTaggart kennengelernt, und die beiden waren rasch gute Freunde geworden. McTaggarts Angebot reizte ihn. Er hatte sich nie zuvor an einem ernstzunehmenden Protest beteiligt, doch dies war die Chance, sein seglerisches Können für eine gerechte Sache einzubringen.[60] Das vierte Crewmitglied sollte Gene Horne sein, der trotz seiner Einarmigkeit ein exzellenter Allround-Mechaniker und zudem jemand war, bei dem McTaggart das Gefühl hatte, dass er sich in schwierigen Situationen auf ihn verlassen könnte. Das letzte Crewmitglied war Roger Haddleton, ein weiterer ehemaliger Royal-Navy-Mann mit viel Segelerfahrung und einem soliden Wissen über Dieselmotoren.[61]

Wie es der Zufall wollte, war David Exel, der Bruder von McTaggarts Schwager, Journalist bei der populären neuseeländischen Fernsehsendung *Gallery* und lud McTaggart zu einem Interview ein. Anfangs machte ihn das nervös, weil er sich mit Atomwaffen- und Umweltfragen oder südpazifischer Politik nicht sehr gut auskannte, aber Exel versprach, dass er solche Fragen nicht stellen und sich auf McTaggarts persönliche Motive, sich auf diese Fahrt einzulassen, konzentrieren würde. McTaggart hatte das Gefühl, dass das Interview gut gelaufen war und er rüberbringen konnte, dass er kein gewöhnlicher Antiatomwaffen-Aktivist war: »Ich bin kein Protestler im herkömmlichen Sinn«, betonte er. »Meine Gründe sind persönlicher Art. Ich habe nicht vor, mich lächerlich zu machen.«[62] Das zeigte einmal, dass McTaggart wenig von den Motiven engagierterer Atomwaffengegner verstanden hatte, und dann, dass er sich wohl immer noch selbst davon überzeugen musste, dass er nicht wie die Aktivisten und »Gutmenschen« sei, über die er sich immer lustig gemacht hatte.

In den nächsten Tagen unternahm die neuseeländische Regierung verschiedene tollpatschige Versuche, die Protestfahrt zu verhindern. Eine polizeiliche Durchsuchung der *Vega* förderte mehrere Seiko-Armbanduhren zutage und brachte McTaggart eine Anzeige wegen Schmuggels und einen kurzen Gefängnisaufenthalt in Auckland ein, ehe ihn sein Rechtsanwalt freibekam.[63] Nachdem das mit dem Schmuggel nicht geklappt hatte, behaupteten die Behörden, die *Vega* müsse auf Seetüchtigkeit überprüft werden – eine Inspektion, die normalerweise mehrere Wochen dauerte. Zu McTaggarts Glück konnte ein gleichgesinnter Freund eine sofortige Inspektion binnen eines Tages organisieren.[64] Ein weiteres Vorkommnis sah ebenfalls verdächtig nach Regierungseinmischung aus: Die Einwanderungsbehörde stellte den Pass für Gene Horne nicht rechtzeitig aus, so dass McTaggart gezwungen war, in letzter Minute Grant Davidson in die Crew zu holen. Davidson, ein junger Mann aus Sydney, der sich als Wanderarbeiter im Westhaven Boat Harbour verdingt hatte, war von Anfang an erpicht darauf gewesen, an der Fahrt teilzunehmen, aber McTaggart fand, es fehle ihm an Erfahrung und den nötigen Fertigkeiten. Doch Davidson war ein guter Koch, hatte einen erfrischenden Sinn für Humor und einen geselligen Charakter. Also beschloss McTaggart buchstäblich ein paar Stunden vor dem Auslaufen, ihn mitzunehmen. Obwohl ihm keine Vorbereitungszeit blieb, nahm Davidson das Angebot begeistert an.[65]

Ein weiteres Problem war, dass McTaggart und Ingram sich nicht mit Metcalfe verstanden. Als sie ihn am Flughafen abholten, waren sie ziemlich bestürzt über seine massige Statur. Beide fanden, dass er nicht unbedingt wie der ideale Kandidat für eine lange Reise auf einer kleinen, voll belegten Yacht aussah. Außerdem war er für ihren Geschmack ein wenig zu laut. Ebenso störten sie seine, wie sie fanden, bourgeoisen Affektiertheiten, insbesondere sein

Bestreben, immer tadellos gekleidet und gepflegt zu sein. Seine Eloquenz und seine Bildung hatten den Beigeschmack von Arroganz, und der Umstand, dass er während der hektischen letzten Tage vor dem Auslaufen eine Angelpartie zu unternehmen plante, verstärkte ihre Antipathie noch mehr.[66]

Insgesamt war das nicht der vielversprechendste Anfang für eine höchst ambitionierte Kampagne. Die beiden Hauptakteure – Metcalfe und McTaggart – waren so wenig repräsentativ für Greenpeace-Aktivisten, wie man sich nur vorstellen kann. Metcalfe war herrisch, geheimniskrämerisch, elitär und manipulativ. Mindestens drei dieser Eigenschaften teilte McTaggart, wobei man der Liste noch rücksichtslos opportunistisch und schamlos ausnutzend hinzufügen konnte. Damit sollen die beiden nicht herabgewürdigt werden: Sie hatten auch eine ganze Menge positiver Eigenschaften. Und es soll auch nicht so aussehen, als wären Stowe, Bohlen, Hunter und die anderen Heilige gewesen. Dennoch: Weder Metcalfe noch McTaggart besaßen die eherne politische Überzeugung eines Irving Stowe, den gemäßigten Idealismus eines Jim Bohlen oder die gegenkulturelle Vision eines Bob Hunter. Graswurzeldemokratie, Konsensfindung und Egalitarismus interessierten sie beide ebenso wenig. Und sie gehörten auch nicht zu »jenem heterogenen Teil der Menschheit, eingestimmt auf Empfänglichkeit für Transzendenz«, wie es der Historiker Michael Bess so wunderbar formuliert hat.[67] Andererseits war keiner dieser Züge von besonderer Bedeutung für die Aufgabe, die vor ihnen lag. Die zweckdienlicheren Eigenschaften waren Selbstvertrauen, Argwohn und Mut. In dieser Hinsicht waren beide bestens ausgestattet, um es mit den Franzosen aufzunehmen – und miteinander.

6. Kapitel

Mururoa, mon amour

McTaggart und Ingram waren erleichtert, weil sie endlich Auckland verlassen und den juristischen und bürokratischen Aufmerksamkeiten der neuseeländischen Regierung entkommen konnten. Doch es sollte nicht lange dauern, bis neue Probleme auftauchten. Es stellte sich schnell heraus, dass Metcalfe das Amateurfunkgerät an Bord der Yacht nicht bedienen konnte. Das war ein recht kompliziertes Gerät, und man brauchte eine Lizenz dafür. Offenbar hatte Metcalfe, der an den paar Tagen, die er in Auckland war, mit Medienangelegenheiten beschäftigt gewesen war, einfach angenommen, er könne damit umgehen. Sicher, er hatte schon ähnliche Funkgeräte bedient, zuletzt auf der *Phyllis Cormack*, aber dieses hier schien seine Fähigkeiten zu überfordern. Ein verärgerter McTaggart war gezwungen umzukehren, vor der Küste zu ankern, um dem Zoll aus dem Wege zu gehen, und mit einem Schlauchboot an Land zu paddeln, um einen Funktechniker aufzutreiben. Der Techniker konnte ihnen zeigen, wie das Funkgerät bedient wurde, fand aber auch heraus, dass es viel mehr Strom brauchte, als die Batterien der *Vega* hergaben. Es war also praktisch nutzlos.[1]

Metcalfe seinerseits, der McTaggart von Tag zu Tag mehr misstraute, konnte sich nicht erklären, warum das Gerät nicht funktioniert hatte, und hegte den Verdacht, McTaggart hätte es irgendwie sabotiert, um Metcalfes Glaubwürdigkeit zu untergraben. Dieser Vorwurf erscheint aber ziemlich ungerechtfertigt, denn einmal konnte der Techniker das Gerät problemlos bedienen, und dann hätte auch kein Vorteil, den McTaggart durch das Untergraben von Metcalfes Autorität hätte haben können, auch nur annähernd den Nachteil aufgewogen, ohne Funkgerät auszukommen.[2] McTaggarts Ärger nahm weiter zu, als er feststellen musste, dass Metcalfes Sehkraft nicht ausreichte, um das Schiff nachts zu navigieren. Damit waren andere gezwungen, während der anstrengenden Nachtwachen die Leinen zu besetzen, was besonders unangenehm war, weil man in der aufgewühlten See der »stürmischen Vierziger« segelte. Die Spannungen an Bord verschärften sich, als Metcalfe versuchte, McTaggarts Autorität in Frage zu stellen, und behauptete, als Anführer der Kampagnenleiter könnte er den Kurs bestimmen. Er war nicht einverstanden mit McTaggarts Entscheidung, in den südlichen Breiten zu bleiben und so einen indirekten Kurs auf Mururoa zu nehmen, und ließ sich nicht von McTaggart und Ingram überzeugen, dass dieser Kurs zwar länger, aber aufgrund von günstigen Winden schneller sei. An dem Tag, als der Wind abflaute, bedrängte Metcalfe McTaggart, den Motor anzuwerfen, aber McTaggart weigerte sich, weil er Diesel sparen müsse, um später damit die Batterien aufladen zu können.[3]

Es wurde klar: Metcalfe und McTaggart waren nicht die Menschen, die längere Zeit zusammen auf engem Raum verbringen konnten. Beide waren es gewohnt, das Sagen zu haben, und keiner war bereit, sich dem anderen unterzuordnen. In McTaggarts Augen gefährdete Metcalfe die Fahrt: Er stellte McTaggarts Autorität als Kapitän in Frage, er konnte nicht navigieren, er konnte das Funkgerät nicht bedienen – was eigentlich der Hauptgrund gewesen war, ihn an Bord zu nehmen –, und er setzte auch sonst sein erhebliches Gewicht nicht für das Schiff ein. Metcalfe hingegen fand McTaggart grob und großmäulig. Er schien sich mehr für das Geld zu interessieren, das sie für die Veröffentlichung ihrer Story bekommen könnten, als für den Protest selbst. Und er neigte zu wüsten Wutanfällen mit Schaum vor dem Mund. Außerdem gab er beständig mit seinen sexuellen Eroberungen an und fragte Metcalfe dauernd, ob er etwas von dessen Fußpilzcreme haben könne, um einen Ausschlag auf seinem Penis zu behandeln. Gelegentlich zeigte er das entzündete Organ auch vor, falls Metcalfe Interesse hätte haben können, die Heilung zu begutachten (hatte er nicht).[4]

Das Ergebnis der immer schlechteren Beziehung war, dass McTaggart beschloss, den Kurs zu ändern und nach Rarotonga zu fahren, wo er Metcalfe von Bord werfen und der Crew eine Ruhepause verschaffen wollte. Nach ihrer Ankunft dort sprach Ingram mit seiner Freundin in Auckland und erfuhr einige verblüffende Neuigkeiten. Anscheinend war die *Greenpeace III* bloß ein Köder, um vom echten Protestschiff abzulenken, das von Peru aus nach Mururoa unterwegs war. Das Ziel war, dass die *Greenpeace III* beschlagnahmt würde und die Franzosen dadurch abgelenkt wären, während das »Geheimschiff« durch die »Hintertür« hereinschlüpfen konnte. Die Geschichte stand in einer neuseeländischen Zeitung, und als Quelle wurde in dem Artikel Metcalfe selbst genannt.[5] McTaggart und Ingram waren wütend, machten Metcalfe in dessen Hotelzimmer eine Szene und verlangten, die Wahrheit zu erfahren. Dabei ging es weniger darum, dass sie dagegen waren, als Köder zu dienen, sondern dass sie es Metcalfe verübelten, nicht in dessen Plan eingeweiht gewesen und skrupellos manipuliert worden zu sein.[6]

Metcalfe hatte keine Lust, sie zu besänftigen. Alles, worum sie sich zu kümmern hatten, so erinnerte er sie etwas herablassend, sei, das Schiff nach Mururoa zu bringen. Die Gesamtstrategie läge in seinen Händen und es sei unabdingbar, dass sie geheim bliebe – womit er unterstellte, dass sie kein Geheimnis bewahren könnten. McTaggart erfuhr auch von Davidson, mit dem Metcalfe sich gut verstanden hatte, dass Metcalfe ihn gebeten habe, ihm alle Tonbänder und Fotos von der Reise nach Vancouver zu schicken und sie nicht bei McTaggart zu belassen.[7] Der Gedanke, bloß Metcalfes Marionette zu sein, brachte McTaggart in Wut. Auch wenn er selbst öfters ebenso agiert hatte – und solche Räuberpistolen-Taktiken sollten noch zum Markenzeichen seines Kampagnenstils werden –, konnte er es nicht ertragen, bloß ein Faustpfand in solch einer Strategie zu sein. Aber auch die CND und die anderen Freiwilligen, die so emsig für die Kampagne gearbeitet hatten, waren verärgert, als sie erfuhren, dass die *Greenpeace III* nur ein Köder war. McTaggart war entschlossener denn je, ohne Metcalfe weiterzumachen, und zog in Erwägung, sich ganz von Greenpeace zu trennen. Er rief seinen Bruder Drew an, der wieder in Vancouver lebte, und fragte ihn um Rat. Drew sagte ihm, Greenpeace sei von Kommunisten durchsetzt und McTaggart sollte auf jeden Fall die Finger von dieser Organisation lassen.[8] Ingram war auch sauer, aber er meinte, es sei unklug, die Brücken zu der Organisation abzubrechen, die die Kampagne leitete. Er überredete McTaggart, sein Verhältnis zu Greenpeace zu überdenken und von Metcalfe die Garantie zu verlangen, dass Greenpeace, egal, was ab jetzt geschehen würde, fest hinter ihnen stehen und jedwede Anwalts- und Arztkosten, die auf sie zukämen, übernehmen würde. Metcalfe versicherte ihnen, dass sie sich trotz der Probleme, die es bisher gab, für den Rest der Kampagne auf die absolute Unterstützung von Greenpeace verlassen könnten.[9]

Genau in dem Moment, als McTaggart Metcalfe sagen wollte, dass er ihn von Bord werfen wolle, löste der das Problem. Er erklärte McTaggart, er müsse nach Peru fliegen, damit die Kampagne fortgesetzt werden könne, und zwar schon am nächsten Tag. McTaggart und Ingram gingen ihn ein letztes Mal an, weil sie Informationen über das Schiff, das von Peru kam, haben wollten. Als sie nach dessen Funkfrequenz fragten, damit sie Kontakt aufnehmen konnten, falls sie beide das Testgebiet erreichen würden, schlug Metcalfe diese Bitte ab. Stattdessen konsternierte er sie noch mehr, indem er verlangte, dass sie Funkstille hielten, damit die Franzosen über ihre Position im Unklaren blieben. Angesichts von Metcalfes Verhalten war es tiefste Demütigung für McTaggart, dass er ihn um 200 Dollar für Reparaturen und Proviant bitten musste. Metcalfe gab ihnen fröhlich 100 Dollar und sagte, wegen des Rests sollten sie seiner Frau Dorothy telegrafieren. Sie antwortete, dass es aufgrund von Problemen mit der Bankverbindung sieben Tage dauern würde, das Geld anzuweisen. Frustriert riefen sie Richard Northey zu Hause in Auckland an, der ihnen die 100 Dollar am nächsten Tag schickte.[10]

Metcalfe gab zu, dass das, was vielleicht von außen wie eine großartige Strategie aussah, in Wahrheit eine Reihe von Blitzentscheidungen war, die er im Vorbeigehen getroffen hatte. Die Geschichte, dass die *Greenpeace III* ein Köder sei, um von ein Schiff von Peru abzulenken, war selbst ein Ablenkungsmanöver, um die Franzosen zu verwirren und sie dazu zu bringen, von allen Seiten mit Protestlern zu rechnen. Metcalfe hatte in Peru einen wohlhabenden und einflussreichen Freund namens Roberto Lett, und mit dem hatte er darüber gesprochen, ein Schiff von Peru aus zu schicken oder zumindest den Anschein zu erwecken, man würde das tun.[11] Die Mururoa-Tests hatten für eine stark antifranzösische Stimmung in Peru gesorgt, vor allem, als Spuren von Radioaktivität in Fisch gefunden wurden, der vor der südamerikanischen Küste gefangen worden war. Viele Fische in diesem Gebiet, die ein wesentlicher Faktor für die Ernährung und die Wirtschaft in Peru waren, zogen auch durch Französisch Polynesien.[12] Mitte April 1972 versuchten jedoch die Franzosen, die peruanischen Proteste zum Schweigen zu bringen, indem sie Kredite in Höhe von 60 Millionen Dollar für zivile und technische Projekte zur Verfügung stellten. Dabei machten sie klar, dass das Geld an die peruanische Einwilligung zum Mururoa-Programm gebunden war. Konservative Kreise in der Regierung und beim Militär von Peru stimmten dieser Bedingung zu, und quasi über Nacht verschwand die Toleranz für Atomwaffengegner in Peru. Metcalfes Freund wurde anscheinend ein Opfer des Umschwungs und vorübergehend inhaftiert, was alle Pläne der beiden zunichtemachte.[13]

Daher flog Metcalfe aus Gründen, die bis heute nicht ganz klar sind, statt nach Peru nach Mexiko Stadt, um sich eine Weile »bedeckt zu halten«, ehe er den nächsten Zug machte. Der strategische Vorteil von Mexiko Stadt ist nicht ersichtlich, und man wird das Gefühl nicht los, dass das ganze Unternehmen für Metcalfe eine Art Arbeitsurlaub war. Sein Wunsch, in Neuseeland angeln zu gehen, während McTaggart und seine Crew fieberhaft arbeiteten, um das Schiff auslaufbereit zu machen, verstärkt diesen Eindruck. Und das Bedeckthalten funktionierte in Mexiko Stadt auch nicht sonderlich gut, ein Reporter der *Vancouver Sun* spürte ihn auf. Dennoch, Metcalfe blieb bei seiner Geschichte, behauptete, dass »es schon immer zum Plan gehörte«, die *Greenpeace III* in Rarotonga zu verlassen. Seine Hauptfunktion sei gewesen, schlicht sicherzustellen, dass das Schiff rechtzeitig ablegte und die Mannschaft in der richtigen Geistesverfassung für den Protest war. Letzteres Ziel hatte Metcalfe ganz und gar verfehlt: Als er das Schiff verließ, waren McTaggart und Ingram wütender auf Greenpeace als auf die *Force de frappe*.[14]

Während Metcalfe im Südpazifik war, hielt seine Frau Dorothy zusammen mit Pat Moore, Bob Hunter und ein paar anderen Greenpeace-Getreuen vom Metcalfe'schen Haus in West Vancouver aus die Kampagne weiter am Laufen. Sie organisierten eine Benefizvorführung des berühmten Antiatomfilms *Hiroshima, mon amour* von Alain Resnais auf der Grundlage eines Drehbuches von Marguerite Duras. Das brachte sie auf die Idee, Buttons und T-Shirts mit dem Aufdruck *Mururoa, mon amour* anfertigen zu lassen. Dieser Slogan wurde dann von Atomwaffengegnern während des gesamten Jahrzehnts häufig benutzt.[15] Außerdem versuchten sie weiter, Gelder einzutreiben, allerdings mit mäßigem Erfolg. Hunter hielt die Angelegenheit in den lokalen Medien präsent und schrieb in seiner *Sun*-Kolumne regelmäßig darüber. Jim und Marie Bohlen flogen zusammen mit Pat Moore nach New York, wo sie im Hauptquartier der Vereinten Nationen an über 160 Konsulatstüren anklopften, um so viele Staaten wie möglich dazu zu bringen, bei der bevorstehenden UN-Konferenz über die Umwelt des Menschen in Stockholm eine Erklärung zu unterzeichnen, die oberirdische Atomwaffentests verurteilte.[16] Lyle Thurston hatte sich nach London begeben, um dort einer Protestaktion von Greenpeace Starthilfe zu geben, und entdeckte zu seiner Überraschung, dass es dort bereits eine Gruppe gab, die sich Greenpeace nannte. Es stellte sich heraus, dass eine traditionsreiche Pazifistenzeitschrift namens *Peace News* Irving Stowes Kolumne »Greenpeace is Beautiful« aus dem *Georgia Straight* nachgedruckt hatte, und dies hatte eine kleine Gruppe von Anarchisten und Aktivisten gegen Atomwaffen inspiriert, sich Greenpeace London zu nennen. Thurston lief ihnen bei einer Straßendemonstration über den Weg und wurde verhaftet, als sie sich für den Geschmack der örtlichen Polizeitruppe ein wenig zu rowdyhaft gebärdeten.[17]

Rod Marining war mittlerweile nach Paris geflogen, wo er eine Reihe von Antiatom- und Umweltgruppen für einen Greenpeace-Protest zusammenbringen wollte, der hoffentlich endlich dazu führte, dass die französischen Medien die Frage der Atomwaffentests nicht mehr ignorierten. Zusammen mit Moore, Thurston und verschiedenen französischen Anhängern wie Les Amis de la Terre organisierte er einen Protestmarsch, der in der Besetzung der Kathedrale Notre-Dame gipfelte. Die Gendarmen vor Ort beeindruckte das nicht. Mehrere von ihnen packten Marining, schleppten ihn hinaus und schlugen ihn mehrfach in den Magen, während sie wissen wollten, ob er ein »Roter« sei. »Nein«, keuchte er zwischen den Schlägen, »ich bin ein Grüner.« Mit dieser Aussage konnten sie offenkundig wenig anfangen.[18]

Ben und Dorothy Metcalfe flogen ungefähr zur gleichen Zeit nach Paris. Im Flughafen wurden sie von Beamten der Einwanderungsbehörde aufgehalten, die sie verhafteten und ihnen mitteilten, dass sie auf der Stelle zurück nach Kanada ausgewiesen würden.[19] Doch die Beamten änderten ihre Meinung, als Dorothy eine sehr authentisch aussehende Einladung des Papstes vorzeigte. Statt sie in ein Flugzeug zurück nach Vancouver zu setzen, ließ die Polizei sie von Bewaffneten bis zur italienische Grenze eskortieren. Moore und Thurston sowie einige aus ihrem Gefolge trafen sie in Rom, wo sie tatsächlich eine Audienz beim Papst bekamen, der die Greenpeace-Fahne segnete und ihnen sagte, dass er ihre Aktionen gutheißen würde.[20]

Von Rom reiste die Gruppe nach Stockholm zur Konferenz der Vereinten Nationen über die Umwelt des Menschen. Die Stockholmer Konferenz war ohne Zweifel eines der bahnbrechenden Ereignisse in der Geschichte der internationalen Umweltbewegungen. Laut John McCormick, dem Autor eines hilfreichen Buches zum Thema, war sie »die erste Gelegenheit, bei der über die politischen, gesellschaftlichen und ökonomischen Probleme der internationalen Umweltverschmutzung in einem regierungsübergreifenden Forum mit der Aussicht auf wirkliche Schritte zur Abhilfe diskutiert wurde«.[21] Anwesend waren Vertreter von 113 Ländern, 19 internationalen Organisationen und über 400 Nichtregierungsorganisationen (NGOs). Ergebnis der Konferenz war die Gründung des Umweltprogramms der Vereinten Nationen. Akkreditierten NGOs, darunter die Friends of the Earth, waren separate Räumlichkeiten für ein eigenes Forum zur Verfügung gestellt worden. Viele sahen darin den Versuch, sie von der offiziellen Konferenz fernzuhalten. Als erst vor Kurzem gegründete Organisation nahm Greenpeace nicht an diesem Forum teil, sondern am alternativen People's Forum, das verschiedene Gruppierungen organisierten, die als zu radikal für das NGO-Forum galten – oder sich dafür hielten.[22]

Marining und Thurston konnten mehrere Dutzend französische und britische Umweltaktivisten mobilisieren, bei der Konferenz als Greenpeace-Demonstranten teilzunehmen, und spielten laut ihrer Darstellung der Ereignisse eine Hauptrolle bei der Organisation eines Umzugs von mehreren tausend Menschen – größtenteils Radikale, Hippies und aktive Kriegsgegner –, die in den Straßen von Stockholm gegen Atomwaffentests protestierten. Metcalfe, dessen Sache die Teilnahme an plebejischen Märschen nie gewesen war, verbrachte seine Zeit mit den Mächtigen und Berühmten. Er schaffte es, mehrere lange Gespräche mit Margaret Mead zu führen, die eine tatkräftige Anhängerin von Greenpeace wurde. Metcalfe und die anderen Greenpeacer gerieten in Ekstase, als eine von Neuseeland eingebrachte Resolution, die Atomwaffentests verurteilte, von einer überwältigen Mehrheit der Regierungsvertreter angenommen wurde. Sie kamen nicht umhin zu glauben, dass ihre internationalen Kampagnen – die *Vega* im Südpazifik, das Klinkenputzen im UN-Hauptquartier in New York, die Audienz beim Papst, die Proteste in London und Paris – eine größere Rolle bei dieser Resolution gespielt hatten.[23]

Aus der Greenpeace-Kampagne in Europa resultierten keine direkten Gründungen von neuen Greenpeace-Gruppen dort, aber die Bekanntheit des Namens hatte insbesondere bei Umweltschützern und den Medien zugenommen, was die Basis für die Etablierung formellerer Greenpeace-»Zweigvereine« in naher Zukunft schuf. Metcalfe erhielt ständig Anrufe von Journalisten aus aller Welt, die genau wissen wollten, wer hinter Greenpeace stand und wer die Organisation finanzierte. Die meisten wollten nicht glauben, dass sie bloß eine Handvoll Aktivisten in Vancouver waren, die sich darauf verstanden, Staub aufzuwirbeln. Mitte 1972 war diese Beschreibung von Greenpeace durchaus angemessen.[24]

Während der harte Kern der Greenpeace-Aktivisten in Europa war, setzten McTaggart, Ingram und Davidson die Fahrt nach Mururoa fort. Haddleton war in Rarotonga geblieben.[25] Auf Metcalfes Vorschlag hin funkten sie ständig falsche Positionen und hofften, damit das französische Militär zu verwirren. Doch das nützte wenig, wie sie später erfuhren. Gespräche mit französischen Offizieren sollten ergeben, dass leistungsstarke Funkpeilstationen ihren Kurs seit Rarotonga verfolgten. Außerdem hatte die französische Marine mehrere Schiffe der französischen Flotte in Neukaledonien herbeibeordert, die sich um etwaige Protestschiffe kümmern sollten, die es geschafft hätten, bis zum Atoll vorzudringen.[26] Die *Vega* segelte nun bei starken Gegenwinden am gefährlichen

Tuamotu-Archipel entlang, einer langen sichelförmigen Kette von Atollen, in der rasiermesserscharfe Korallenriffs dicht unter der Wasseroberfläche lauerten und in einem Moment der Unachtsamkeit ein Schiff leicht aufschlitzen konnten. Am Abend des 1. Juni erreichten sie die Testzone, genau einen Tage bevor die Testperiode beginnen sollte.[27]

Während des nächsten Monats lieferte sich die Crew der *Greenpeace III* ein Katz-und-Maus-Spiel mit einer kleinen französischen Marineflotte. Die Franzosen versuchten ständig, sie mit gefährlichen Manövern zu zermürben und einzuschüchtern. Sie fuhren immer wieder mit voller Kraft auf die *Greenpeace III* zu, als wollten sie sie rammen, um dann in letzter Sekunde abzudrehen. Und regelmäßig flogen Flugzeuge über sie hinweg. Das waren eindeutige Zeichen, dass die Franzosen sie ernst nahmen. Solange sie außerhalb der Zwölf-Meilen-Zone blieben, hatten sie theoretisch jedes Recht der Welt, dort so lange zu kreuzen, wie sie wollten. Der Trick bestand also darin, so dicht wie möglich an Mururoa und damit in der Gefahrenzone zu bleiben, aber weit genug weg zu sein, dass sie nicht versehentlich in die Zwölf-Meilen-Zone gerieten, wo die Franzosen das Recht hatten, sie festzunehmen und das Schiff zu beschlagnahmen. Sie versuchten, über ihr Funkgerät Botschaften an die Außenwelt abzusetzen, erreichten aber immer nur ein belgisches Schiff namens *Astrid*, das aber, wie sie später erfuhren, in Wahrheit ein französisches Marineschiff war, das sich als Frachter getarnt hatte. Sie sahen auch amerikanische und britische Marineschiffe, die in dem Gebiet patrouillierten. Der französische Admiral, der für die Operationen bei Mururoa verantwortlich war, gab zu, dass diese Schiffe mit den Franzosen kooperierten, ihnen bei den Vorbereitungen halfen und Daten mit ihnen austauschten. Diese Tatsache wurde später durch einen US-Kongressangehörigen bestätigt, der die Angelegenheit untersuchte. Die Anwesenheit von Schiffen der amerikanischen und britischen Marine verletzte den Geist, wenn nicht die Buchstaben des Vertrags zum partiellen Verbot von Atomwaffentests von 1963.[28]

Am 29. Juni erfuhren McTaggart, Ingram und Davidson zu ihrer Verblüffung, dass die Franzosen die erste Bombe am 26. Juni gezündet hatten. Obwohl sie nur 40 Meilen entfernt waren, hatte keiner von ihnen auch nur irgendetwas von der relativ kleinen Explosion mitbekommen. Offenbar handelte es sich um den Atomsprengsatz zum Zünden einer viel größeren Wasserstoffbombe, deren Explosion die Franzosen planten.[29] Um noch mehr Salz in die Wunden zu reiben, hatten die Franzosen die Meldung veröffentlicht, dass die *Greenpeace II* »am 21. Juni friedlich aus dem Gebiet herausgesegelt und seither nicht mehr gesehen worden« sei. Die Medien griffen diese Story auf, und der neuseeländische Premierminister Marshall lobte McTaggart für die Einsicht, dass »Besonnenheit der bessere Teil der Tapferkeit« ist.[30] McTaggart und seine Crew mögen phänomenale seglerische Leistungen vollbracht haben, doch die Propagandaschlacht gewannen die Franzosen locker.

McTaggart, Ingram und Davidson hatten zwar Schwierigkeiten, Kontakt zur Außenwelt zu bekommen, aber erhebliche Kopfschmerzen bereiteten sie den Franzosen trotzdem. Die Kosten, die sie durch Verschiebungen und die Schiffe, die gegen sie eingesetzt wurden, verursachten, beliefen sich auf mehrere Millionen Franc. Am 1. Juli hatte man genug. Der Minensucher *La Paimpolaise* bekam die Aufgabe, die *Vega* aus dem Gebiet zu vertreiben, damit die Tests größerer Bomben endlich weitergehen konnten. Mit einer Reihe atemberaubend gefährlicher Manöver, die zahllose Seegesetze verletzten, ging *La Paimpolaise* die *Vega* an, umkreiste sie und schnitt ihr den Weg ab, um sie zu zwingen, die Gefahrenzone zu verlassen. Aber McTaggart und Ingram drehten ihre Runden weiter in der Nähe und ließen sich nicht aus dem Gebiet vertreiben. Dann geschah das Unvermeidliche. *La Paimpolaise* näherte sich der *Vega* von Backbord, wendete vor ihr und drehte sich zurück, bis sie sich etwa 20 Meter hinter der Yacht befand, leicht versetzt zur Steuerbordseite. Dann fuhr *La Paimpolaise* bis auf zehn Meter heran und nahm damit der *Vega* den Wind aus dem Großsegel. Ihre Bugwelle warf die *Vega* auf die Seite, direkt vor den riesigen Minensucher, der dann in die Steuerbordseite der *Vega* rauschte. McTaggart beschrieb es folgendermaßen: »Vierhundert Tonnen krachten in die Flanke der *Vega*. Holz barst kreischend, Splitter flogen durch die Luft. Die Scheuerleiste aus Hartholz riss ab, der ganze Rumpf der *Vega* bebte und stöhnte.«[31]

Trotz des enormen Größenunterschieds zwischen der Ketsch und dem Minensucher wurde die *Vega* nicht so schwer beschädigt, wie man hätte meinen sollen, und von der Crew wurde niemand verletzt. Allerdings hatten sie nicht die geringste Chance weiterzusegeln und brauchten Beistand. Doch obwohl die *Vega* in Schwierigkeiten war, kamen ihnen die Franzosen über zwei Stunden lang nicht zu Hilfe. Sie ignorierten die Notfallflagge, die McTaggart gehisst hatte, und reagierten erst, als McTaggart zwei Leuchtraketen abgefeuert hatte. Schließlich zischte der Kapitän der *Paimpolaise* mit einem Schlauchboot herüber zur *Vega*. Er war anscheinend fast genauso geschockt über den Zwischenfall wie die *Greenpeace*-Crew und entschuldigte sich wortreich für die Kollision. McTaggart glaubte ihm, als er erklärte, er habe die *Vega* nicht vorsätzlich gerammt. Trotzdem war er eindeutig der Verursacher und hatte ohne Rücksicht auf das Leben der Crew manövriert. McTaggart sollte später erfahren, dass zwar mehrere französische Offiziere dafür gewesen waren, sein Schiff einfach zu rammen, aber der Admiral, der für die Operationen bei Mururoa verantwortlich war, hatte dies verboten – weniger, weil er um die Sicherheit der Crew besorgt war, sondern weil er befürchtete, damit einen internationalen Zwischenfall heraufzubeschwören.[32]

Da das Schiff zu stark beschädigt war, um gesegelt zu werden, blieb McTaggart nichts anderes übrig, als den Franzosen zu gestatten, die *Vega* zur Reparatur nach Mururoa zu schleppen. Er verlangte, dass die jeweiligen Regierungen der Crewmitglieder über den Zwischenfall informiert würden, aber das wurde ihm verweigert. Auf Mururoa traf sich die Crew mit Admiral Clavière, jenem hochrangigen Marineoffizier, der mit den militärischen Operationen auf dem Atoll betraut war. Er erwies sich als liebenswürdiger, höflicher und kluger Gastgeber, der darauf bestand, dass McTaggart, Ingram und Davidson mit ihm und seinen Offizieren zu Mittag aßen. Keiner der *Greenpeace-III*-Leute sprach sonderlich gut Französisch, und die Englischkenntnisse des Admirals waren auch begrenzt. Doch mehrere seiner Offiziere konnten als Dolmetscher fungieren. Clavière beglückwünschte McTaggart zu seiner seemännischen Großtat und sagte, dass er nicht umhin käme, ihren Mut und ihr Können zu bewundern, auch wenn sie ihm ein Stachel im Fleisch gewesen wären. Während der Admiral den überwiegenden Teil der Konversation bestritt, verschlangen McTaggart, Ingram und Davidson ihre erste ordentliche Mahlzeit seit über einem Monat und spülten sie mit großzügig bemessenen Mengen ausgezeichneten französischen Weins hinunter. Mehrere junge Frauen schlenderten an den Speisenden vorbei – etwas, das eindeutig inszeniert war –, und der Admiral nahm dies zum Anlass, um erneut darauf hinzuweisen, wie sicher es auf dem Atoll sei und wie gering die Gefahr der Kontaminierung durch radioaktiven Fallout wäre. Am Rande des Geländes lauerten mehrere Fotografen mit Teleobjektiven und dokumentierten die Vorgänge. Die Crew der *Greenpeace III* nahm ihre Anwesenheit aus den Augenwinkeln wahr, aber außer unter Protest davonzustürmen – was kaum ein höfliches Verhalten bei einem zivilisierten Lunch gewesen wäre –, sahen sie keine Möglichkeit, die Fotografen daran zu hindern, weiter diese Bilder aufzunehmen, die sich als kompromittierend erweisen sollten. Währenddessen fuhr der Admiral damit fort zu erläutern, warum die französischen Tests gerechtfertigt seien. Doch er räumte ein, dass die *Greenpeace III* der beeindruckendste Protest war, der ihnen bislang begegnet war.[33]

In den folgenden Tagen halfen französische Arbeiter bei der Reparatur der *Vega*. Währenddessen durfte McTaggart auch lernen, wie umfassend die Franzosen ihre Kommunikation abgehört hatten. Einmal fragte ihn ein Offizier, wie es Ann-Marie ginge, nannte ihre Telefonnummer und sagte mit breitem Grinsen, er würde sie anrufen, wenn er das nächste Mal in Neuseeland wäre.[34] Nachdem die *Vega* repariert war, erklärte McTaggart, sie würden nur dann freiwillig Mururoa verlassen, wenn der Admiral der Außenwelt von der Kollision und dem Aufenthaltsort der Crew berichten würde. Clavière gab sein Wort, das zu tun, und die *Greenpeace III* legte, eskortiert von *La Paimpolaise*, von Mururoa ab. Schon bald stellte die Crew fest, dass ihr Schiff trotz der Reparatur ziemlich stark leckte. Sie baten die Franzosen, Tahiti anlaufen zu dürfen, um das noch zu richten, bekamen aber keine Erlaubnis.

Später am Abend hörten sie die ersten Berichte in den Nachrichten, die auf der Presseerklärung des Admirals basierten. McTaggart schäumte, als Radio Australia verkündete, die Kollision sei auf ein falsches Manöver von McTaggart zurückzuführen, der Skipper der *Greenpeace III* habe darum gebeten, dass die

Franzosen sie für die Reparatur nach Mururoa schleppten, die Franzosen hätten dem großzügig entsprochen, auf ihre Kosten die Ketsch repariert und für ihre sichere Abfahrt gesorgt. Die NZBC-Version der Geschichte war zusätzlich ausgeschmückt mit Einzelheiten über das köstliche Mahl unter wogenden Palmen – ein höfliches Treffen, bei dem beide Parteien das Brot miteinander geteilt und Respekt vor dem Standpunkt des anderen bekundet hätten.[35] Die Greenpeace- und CND-Unterstützer waren ebenfalls sauer über die Berichte und hatten das Gefühl, McTaggart habe sie im Stich gelassen. Selbst die Medien, die die Aktion zuvor unterstützt hatten, berichteten nun in leicht ironischem Ton über die Reise. Kurz gesagt, es war ein PR-Desaster. McTaggart schrieb später:

> Mir war nicht bewusst, dass die Presse deshalb als Organ des Establishments bezeichnet wird, weil sie erst einmal auf das Establishment hört und kaum auf irgendwelche ›Spinner‹. Nach zwei Monaten Isolation mit Nigel und Grant, die ich beide als intelligente und sensible menschliche Wesen kenne, hatte ich komplett die Tatsache vergessen, dass *da draußen* Legionen zynischer Redakteure saßen, die auf die kleinste Gelegenheit warteten, die Fahrt der *Greenpeace III* als ein Unternehmen von Spinnern, Radikalen und Betrügern abzuschreiben.[36]

Am 15. Juli schleppte sich die lädierte, leckende *Greenpeace III* zurück an die Küste von Rarotonga. Endlich hatte McTaggart die Möglichkeit, Kontakt zur Außenwelt aufzunehmen und seine Version der Ereignisse zu berichten. Doch die Erfahrungen mit Metcalfe und den Medien überhaupt hatten ihn der Presse gegenüber misstrauisch gemacht. Der einzige nennenswerte Reporter auf Rarotonga war ein Neuseeländer, den McTaggart als »Trunkenbold« beschrieb, der ihn immer anging, ihm ihre Fotos und Tonbänder zu überlassen, damit er die »große Story« schreiben könne. McTaggart weigerte sich, worauf der wütende Reporter einen Artikel verfasste, der unterstellte, McTaggart würde die Medien hinhalten, um Geld aus seiner Geschichte zu schlagen: Kaum die Art von Verhalten, mit dem McTaggart sich beim durchschnittlichen Leser – und erst recht nicht bei Atomwaffengegnern und Umweltaktivisten, die die Fahrt unterstützt hatten – beliebt machen konnte. Ohne einen Pfennig, erschöpft und die Nase voll von den Medien, rief McTaggart Metcalfe in Vancouver an und bat um 1500 Dollar für die Reparatur der Vega. Nachdem er mehrmals versprochen hatte, das Geld zu schicken, gab Metcalfe schließlich zu, dass Greenpeace nicht flüssig sei und ihm nicht helfen könne. Gründlich ernüchtert von Greenpeace, verkaufte McTaggart das Funkgerät für 700 Dollar und kaufte sich ein Flugticket nach Vancouver. Nach Neuseeland zurückzukehren erschien ihm sinnlos. Ihre Glaubwürdigkeit war durch irrige Berichterstattung und ihre eigene Naivität, sich auf das Mittagessen mit dem Admiral einzulassen, schwer beschädigt worden. McTaggart überließ es Ingram, die *Vega* wieder nach Auckland zu segeln, und kehrte nach Kanada zurück, wo er versuchen wollte, seine Regierung zu überreden, ihn bei einer Klage gegen die Franzosen zu unterstützen.[37]

Betrachtet man die Situation aus der Perspektive von McTaggart, wird sein Interesse an Geld gut nachvollziehbar. Schließlich war die *Vega* sein einziger nennenswerter Besitz und sie war stark beschädigt. Zudem hatte Metcalfe es nicht geschafft, ihm die von Greenpeace versprochene Unterstützung zu geben. Und wenn er es vor Gericht mit der französischen Marine aufnehmen wollte, brauchte er zweifellos eine größere Summe für die Anwaltskosten. Doch für Leute wie Grant Davidson beeinträchtigten McTaggarts finanzielle Interessen die Reinheit des Protests und ließen ihn selbstsüchtig und korrupt erscheinen. In seinen Erinnerungen und in seiner Autobiografie findet McTaggart nur Lob für Davidson. Doch zumindest in der Privatkorrespondenz mit Metcalfe gab Davidson die Komplimente nicht zurück. Er schrieb, er könne es kaum erwarten, »mindestens 6000 Meilen« zwischen sich und McTaggart zu bringen, und charakterisierte den Skipper der *Vega* als »aalglatt und so gerissen und falsch wie Nixon«. Nachdem Metcalfe das Schiff in Rarotonga verlassen hatte, habe McTaggart versucht, so Davidson, sich von Greenpeace zu distanzieren, und den Leuten dort wie auf Mururoa erzählt, Greenpeace unterstütze ihn nicht und die Fahrt hätten andere finanziert. Davidson hatte auch das Gefühl, McTaggart würde dem »ewig betrunkenen« Reporter in Rarotonga ihre Geschichte absichtlich vorenthalten, um herauszufinden, wie viel Geld er für Interviews und Veröffentlichungsrechte herausschlagen könne – »ein deutliches Indiz für einen Kopf, dessen Sinnen und Trachten auf finanzielle Vorteile gerichtet ist«. McTaggart habe gegenüber Reportern auch falsche Angaben gemacht, etwa, dass sie in Mururoa keinen Schritt von der *Vega* getan und die Franzosen ihnen nichts zu essen angeboten hätten. Diese Behauptung konterten die Franzosen auf der Stelle mit der Veröffentlichung der Fotos von dem Lunch. Laut Davidson »stellten diese widersprüchlichen Berichte und die Weigerung, mit der Presse zu reden, die Glaubwürdigkeit der Fahrt und der Crew sicher in Frage«.[38]

Es besteht kein Zweifel, dass McTaggart versuchte, bei jeder Gelegenheit an Geld zu kommen, aber ihn als geldgierig und auf finanzielle Vorteile aus zu charakterisieren, ist zumindest in diesem Fall ungerecht. Für einen Mann mit McTaggarts Erfahrungen und Fähigkeiten hätte es zahllose andere Möglichkeiten gegeben, Geld zu machen, als nach Mururoa zu segeln und gegen die französischen Atomwaffentests zu protestieren. Betrachtet man McTaggarts manchmal verschlagenes und widersprüchliches Gebaren und dazu seine Unkenntnis von Rhetorik und Kultur des Aktivismus, kann man verstehen, wieso Leute wie Metcalfe und Davidson und auch andere bei Greenpeace seinen Motiven mit Misstrauen begegneten. Doch angesichts von Greenpeaces Versäumnis, ihn wie versprochen zu unterstützen, ist ebenso zu verstehen, dass McTaggart die finanzielle Frage selbst in die Hand nehmen wollte, auch wenn er dabei recht ungeschickt vorging. Jahre später, als McTaggart für Greenpeace International verantwortlich war, sollten Reporter, die Dreck über ihn ausgraben wollten, sich an Metcalfe wenden, der sie dann mit einer Kopie von Davidsons Brief sowie seinen eigenen bitteren Erinnerungen an McTaggarts Verhalten bei der Fahrt versorgte. Es war leicht, solche Geschichten in das Gesamtbild von McTaggarts Leben einzubauen, um seinen Charakter zu verunglimpfen und sein Engagement für Greenpeace anzuzweifeln. Solche Kritik macht aber nicht die Mühe, sein Verhalten im Kontext zu sehen. Er mag »aalglatt« gewesen sein, aber sein Bestreben, bei den Nachwehen der *Greenpeace-III*-Fahrt finanzielle Mittel aufzutreiben, war eindeutig durch seinen Wunsch, die *Vega* zu reparieren, und seine zunehmende Obsession, die Franzosen vor Gericht zu bringen, und nicht durch den nach persönlicher Bereicherung motiviert.[39]

Bei seiner Rückkehr nach Vancouver wurde McTaggart nun keineswegs wie ein Held empfangen. Nur seine Eltern und eine einsame Reporterin hießen ihn willkommen. Schon bald erfuhr er, dass die Lokalpresse – abgesehen von Hunters Unterstützung der Mission in der *Vancouver Sun* – mehr an dem Schmuggelvorwurf und dem Lunch mit dem Admiral als an dem Protest interessiert gewesen war. Metcalfe arbeitete jetzt für ein Semester als Gastprofessor an einem kleinen College im Landesinnern von British Columbia, und Greenpeace selbst hatte, so weit McTaggart das sehen konnte, aufgehört zu existieren. McTaggart fragte sich sogar langsam, ob es überhaupt je existiert hatte oder ob das bloß ein weiterer Trick von Metcalfe gewesen war. Doch trotz aller Enttäuschungen über Greenpeace und das Ende der Kampagne stellte die Reise eine Erfahrung dar, die sein Leben veränderte. Mit seinen alten Freunden konnte er sich nicht mehr identifizieren, sie erinnerten ihn jetzt nur noch an sein früheres Leben als engstirniger Konservativer. Gleichzeitig konnte er jedoch den tiefen Zynismus, der die längste Zeit seines Lebens Teil seiner Weltsicht gewesen war, nicht überwinden und fühlte sich deshalb auch nicht dem Aktivistenmilieu zugehörig. Einsam und deprimiert begann er trotzdem, die verschiedenen Rechtswege, die ihm offenstanden, auszuloten und fand einen Juraprofessor der UBC, der bereit war, ihm ohne Honorar zu helfen.[40]

Erst mehrere Wochen später erfuhr McTaggart von der lokalen Greenpeace-Gruppe, und auch das nur rein zufällig. In einem Supermarkt traf er Dorothy Stowe, die ihn fragte, wieso er sich nicht bei ihnen gemeldet hätte. Sie lud ihn zum nächsten Treffen der Organisation ein, und McTaggart freute sich darauf, seine Erlebnisse mit einem ganzen Raum voller wohlwollender Zuhörer zu teilen und endlich zu erfahren, wer genau diese Greenpeace-Leute waren. Seine Enttäuschung wurde jedoch nur noch größer, als er zu dem Treffen kam und dort bloß drei amerikanische Ehepaare mittleren Alters vorfand – die Stowes, die Bohlens und Will Jones mit seiner Frau. Und sie waren alles andere als wohlwollend, sondern skeptisch hinsichtlich seiner Motive. Einmal hatten sie Metcalfes herabsetzende Schilderung von McTaggart gehört, und dann hatten sie herausgefunden, dass der in Kalifornien ein habgieriger Bauentwickler gewesen war, der drei Frauen und Töchter verlassen hatte. Keine Frage, er war keiner von »ihnen«.[41] Ihrer Meinung nach war Greenpeace in erster Linie eine Aktivistenorganisation. Sie hielten es nicht für sonderlich produktiv, das wenige Geld, das vorhanden war, einzusetzen, um McTaggart bei einem langwierigen Gerichtsverfahren gegen die französische Marine beizustehen. Aus McTaggarts Sicht besaßen sie sogar die unverhohlene Frechheit, ihm vorzuwerfen, dass er das Funkgerät auf Rarotonga verkauft hatte, ohne den Erlös an Greenpeace weiterzugeben.[42] Seine Ernüchterung verstärkte sich noch, als er einen Anruf von Metcalfe bekam, der wollte, dass er seine Rechte an der *Greenpeace-III*-Story für 3000 Dollar abtrat, damit er selbst ein Buch über die Fahrt schreiben konnte. Metcalfe argumentierte, eigentlich sei das eine Geschichte über Greenpeace, nicht über McTaggart, und alle Erlöse daraus müssten an die Organisation gehen. McTaggart legte angewidert auf und sprach nie wieder ein Wort mit Metcalfe.[43]

McTaggarts Rechtsberater machten ihm rasch klar, dass es nahezu unmöglich wäre, die französische Regierung oder ihre Marine zu verklagen. Am besten wäre es, die kanadische Regierung dazu zu bringen, ihn zu vertreten. Ein Anwalt schrieb: »Dann können Sie Ihre Regierung vor die Wahl stellen, entweder Ihre Schadenersatzforderungen bei der französischen Regierung geltend zu machen oder, wenn sie das nicht möchte, sie selbst begleichen, weil sie Sie um Ihr einziges internationales Rechtsmittel gebracht hat.«[44] Die Regierung drückte zwar ihr Bedauern über McTaggarts Schicksal aus und bekräftigte ihre Opposition gegen die Atomwaffentests, schien aber hinsichtlich der Rechtssache auf Zeit zu spielen, wohl in der Hoffnung, dass McTaggart frustriert aufgeben würde. Außenminister Mitchell Sharp teilte McTaggart mit. »Es ist notwendig, dass ein privater Anspruchsberechtigter die vorhandenen Rechtsmittel ausschöpft und nachweist, dass eine Rechtsverweigerung vorliegt, ehe eine Regierung ein irgendwie geartetes Eintreten für seinen Anspruch erwägen kann.«[45]

Durch einen reinen Zufall konnte McTaggart seinen Fall direkt Premierminister Pierre Trudeau vortragen, der just zu der Zeit in der Buccaneer Bay Urlaub machte, als McTaggart auch dort war. Nervös und äußerst unsicher ruderte er hinaus zu Trudeaus Yacht. Während er sich an das Fallreep klammerte und den Hals nach dem Premierminister reckte, der ihn nicht an Bord einlud, schilderte McTaggart sein Martyrium. Trudeau gab ihm unmissverständlich zu verstehen, dass er »für die Greenpeace Foundation nicht viel übrig« habe. Angesichts der schlechten Presse, die seine Regierung von Leuten wie Hunter und Metcalfe bekommen hatte, überraschte das nicht. McTaggart distanzierte sich erneut von Greenpeace und betonte, dass es um seinen Fall ginge, nicht um deren. Nach einem 40-minütigen Gespräch zuckte Trudeau schließlich mit den Schultern und kehrte die Handflächen nach oben. »Mr. McTaggart, erwarten Sie von uns, dass wir wegen Ihres Schiffs einen Krieg beginnen?«[46] Die Dinge sahen schlecht aus: Sein eigener Premierminister hatte ihm ins Gesicht gesagt, dass sein Fall zum Scheitern verurteilt sei. Alle Mittel waren offenbar ausgeschöpft.

McTaggart weigerte sich aufzugeben. Man ließ ihn nach Toronto fliegen, damit er bei *W5*, einer der populäreren Nachrichtensendungen in Kanada, auftrat, und die mitfühlende Behandlung, die ihm dort zuteilwurde, gab seiner Stimmung Auftrieb. In Toronto brachte ihn ein Journalist mit Jonathan Bingham zusammen, einem demokratischen amerikanischen Kongressabgeordneten aus New York, der das Ausmaß der US-Beteiligung an den oberirdischen Atomwaffentests der Franzosen untersucht hatte. Er bestätigte McTaggarts Befund, dass das amerikanische Militär stark ins französische Programm verwickelt war – eine klare Verletzung des Vertrags zum partiellen Verbot von Atomwaffentests von 1963. Als McTaggart fragte, ob er die Angelegenheit weiterverfolgen wolle, antworte der Kongressabgeordnete, dass er seine Aussage gemacht habe, und die sei in die Kongressprotokolle aufgenommen worden, und man habe ihn aufgefordert, es dabei zu belassen. Er traf auch Farley Mowat, den berühmtesten Naturschriftsteller von Kanada. Der sagte ihm, wie sehr er seinen Protest bewundern würde, und riet ihm, ein Buch über die ganze Affäre zu schreiben. McTaggart sagte sich, dass es nötig wäre, seine Argumente und Materialien in eine Ordnung zu bringen, wenn er seinen Fall irgendwie vor Gericht bringen wollte. Ein Buch zu schreiben könnte ein guter Anreiz sein, diese Aufgabe anzugehen, und würde zudem einige Publizität sowie dringend benötigtes Geld bringen. Er überredete Ann-Marie, zu ihm nach British Columbia zu kommen, und die beiden verbrachten einen feuchten und grauen Winter in einer baufälligen Hütte auf Vancouver Island. Während McTaggart die ganze Zeit damit beschäftigt war, Briefe zu schreiben, an seinem Manuskript zu arbeiten und über Atomfragen zu lesen, widmete sich Ann-Marie den Haushaltspflichten.[47]

Anfang 1973 bekam McTaggart Besuch von einem australischen Rechtsanwalt, der eine eidesstattliche Versicherung haben wollte, die als Beweis gegen die Franzosen benutzt werden konnte. Seit McTaggart den Südpazifik verlassen hatte, war sowohl in Australien als auch in Neuseeland eine Labour-Regierung gewählt worden. Beide hatten versprochen, eine härtere Gangart gegen die französischen Atomwaffentests einzulegen. Der neuseeländische Premier Norman Kirk und sein australischer Kollege Gough Whitlam hatten beschlossen, beim Internationalen Gerichtshof in Den Haag Klage gegen Frankreich einzureichen. Eine hochrangige Delegation, darunter der Justizminister von Neuseeland, kam nach Europa, um den Fall vorzutragen. Die südpazifischen Völker »verdammen die Kontamination der Luft, die sie atmen, und der Gewässer, aus denen ihre Nahrung stammt … Es liegt auf der Hand, dass es nötig ist, in Neuseeland selbst und auf den pazifischen Inseln Mess-Stationen zu unterhalten, die das fluktuierende Niveau einer unnatürlichen und unerwünschten Bedrohung beobachten.«[48] Die Delegation machte auch deutlich, dass man damit auf die »intensiven Anstrengungen von Privatpersonen und Gruppen« reagierte, »der Regierung von Neuseeland gegenüber ihren Ängste bezüglich der Tests Nachdruck zu verleihen«. Diese Anstrengungen seien »von den Kirchen, lokalen Körperschaften und Gemeindeorganisationen, Gewerkschaften, Studenten- und anderen Jugendorganisationen und von nahezu jeder anderen Gruppierung der öffentlichen Sphäre in einer wachen demokratischen Gesellschaft unterstützt« worden.[49] Im Juni 1973 erließ der Gerichtshof die einstweilige Verfügung, dass die Franzosen erst einmal keine weiteren Tests durchführen sollten, um den Disput nicht weiter anzuheizen. Obwohl die Franzosen entschiedene Befürworter des Internationalen Gerichtshofs waren, weigerten sie sich, wenn es um Fragen der nationalen Sicherheit ging, seine Rechtsprechung anzuerkennen. Doch das Verfahren bewirkte breite Publizität und trug zum wachsenden internationalen Druck gegen die *Force de frappe* bei.[50]

McTaggart wurde langsam unruhig. Sein Manuskript war nahezu abgeschlossen, aber seine Anstrengungen, seine Regierung zu veranlassen, ihn bei seiner Klage gegen die Franzosen zu unterstützen, kamen nicht vom Fleck. Und es ärgerte ihn, dass die Franzosen das Urteil des Internationalen Gerichtshofs ignorierten. Alle diese Faktoren trugen zu seinem Entschluss bei, ein zweites Mal nach Mururoa zu segeln. Und es war klar: Das Hauptmotiv war Rache:

> Ich hatte gehofft, den Admiral vor Gericht zu treffen, um ihn mit der Wahrheit konfrontieren zu können, damit der kleine Mann auf der Straße endlich erkennen könnte, in welchem Maß Regierungen bereit sind, die Wahrheit vor ihrem Volk zu verbergen. Eine Rückkehr nach Mururoa würde uns vielleicht nicht die Türen des Gerichtssaals öffnen, aber ich hätte meine Genugtuung, wenn ich nur ein paar Minuten von Angesicht zu Angesicht mit dem Admiral verbringen könnte, um ihm zu sagen, was ich von seinem glattzüngigen Lügen hielt.[51]

Ob beim Badminton oder bei Geschäftsabschlüssen, McTaggart fühlte sich immer am wohlsten, wenn er Probleme im Zweikampf anging. Der Versuch, die Franzosen über die Gerichte und seine eigene unnachgiebige Regierung zu belangen, war ein Quelle unablässigen Frusts. Stattdessen würde er die komplexen politischen und militärischen Kräfte, die um ihn herumwirbelten, auf eine kompakte, handhabbare Figur zusammenpressen, der er von Angesicht zu Angesicht gegenüberstehen konnte. Er würde zurück nach Mururoa segeln und es mit den Fäusten austragen, Mann gegen Mann, mit dem Admiral.

Anfang 1973, kein Jahr nach der offiziellen Eintragung als gemeinnützige Organisation, war die Greenpeace Foundation in Auflösung begriffen. Zersplittert, desorganisiert und de facto führungslos – die Gefahr des völligen Kollapses war groß. Metcalfe war zwar offiziell Vorsitzender, aber er beteiligte sich kaum noch, und die Gruppentreffen waren schlecht besucht. Der Graben zwischen den älteren Quäkern und Friedensaktivisten einerseits und den gegenkulturellen Öko-Freaks andererseits war breiter denn je, manchmal wusste die eine Fraktion nicht, was die andere im Namen von Greenpeace tat. Im Februar inszenierte beispielsweise eine Gruppe, die von Hunter, Marining und Watson angeführt wurde, einen Protest gegen zwei französische Kriegsschiffe, die zu Gast waren – eine Aktion, die zu einem ziemlichen Fiasko wurde. Sie hatten wieder einmal die *Edgewater Fortune* (auch bekannt als *Greenpeace Too*) als Protestschiff gechartert, aber in letzter Minute zog Kapitän Johansen die Gangway hoch, weil man sich nicht über sein Honorar einigen konnte. Hunter und Watson rasten zu Hunters kleiner Yacht und segelten mit ihr zu den einlaufenden Kriegsschiffen, während Marining oben auf einer Brücke stand und Pilze und Marshmallows auf die verblüfften Seeleute warf, ehe er wegen Belästigung verhaftet wurde.[52] Marinings Beschreibung, wie sich der Protest entwickelt hatte, spiegelt die Zersplitterung der Gruppe und ihren willkürlichen Planungsstil wider: »Wir saßen zu sechst in einem Wohnzimmer und überlegten, was wegen dieser französischen Kriegsschiffe zu tun sei. Das war zwei Tage vorher. Es handelte sich bloß um ein kleines Greenpeace-Treffen. Ich hatte alle eingeladen, aber nur sechs waren gekommen.«[53]

Trotz des Durcheinanders und der mangelhaften Planung, oder vielleicht gerade deshalb, erlangte die Aktion doch noch eine Menge lokale Medienaufmerksamkeit. Aber selbst in diesem frühem Stadium war Marining ziemlich ambivalent, was man mit Presseberichten allein erreichen könnte: »Die Presse pickt sich immer die Sensationen heraus. Sie schreiben, Greenpeace hat dies gemacht, Greenpeace hat jenes gemacht. Bei ihnen sieht es so aus, als wären Tausende von Leuten beteiligt und treiben die Revolution voran, dabei waren wir doch nur sechs. Der Rest ist nur Mythos ... Diese ganze Greenpeace-Macht ist eine Illusion. Es sieht so aus, als würden sich Unmengen von Leuten Sorgen darüber machen, was Tausende von Kilometern entfernt im Südpazifik passiert, aber in Wirklichkeit würden sie sich nur Sorgen machen, wenn es in Squamish passieren würde.«[54]

Verständlicherweise blieb McTaggart unbeeindruckt von Greenpeace, aber er wusste niemanden sonst, an den er sich wegen der zweiten Mururoa-Fahrt wenden konnte. Während die alte Garde der Bohlens und Stowes ihm gegenüber weiterhin abweisend war, ergab sich augenblicklich ein harmonisches Verhältnis zu Hunter. Obwohl sie aus verschiedenen Welten kamen, wurden die beiden rasch gute Freunde. Einig in ihrem Groll auf Metcalfe, trafen sie sich regelmäßig an Hunters Küchentisch, tranken Bier und redeten über Politik, Umweltschutz und das Leben im Allgemeinen. Hunter war beeindruckt von der Lebenserfahrung des Älteren und fasziniert von seinen Heldentaten als gerissener und skrupelloser Geschäftsmann. Und McTaggart wiederum konnte viel von Hunters Wissen über Umweltfragen, die Medien und die Gegenkultur profitieren.[55] Hunter überredete Metcalfe alsbald, seinen Posten als Vorsitzender aufzugeben, und er und Marining übernahmen als Interimsvorsitzende. In enger Zusammenarbeit mit McTaggart schafften sie es, 13 000 Dollar für McTaggarts nächste Protestfahrt einzuwerben, darunter eine 900-Dollar-Spende von der kurz zuvor gewählten New-Democratic-Party-Regierung in British Columbia.[56] Sie brachten auch die skeptischeren Mitglieder der Organisation, die fürchteten,

McTaggart wolle das Geld für die Reparatur der *Vega* und nicht für eine zweite Mururoa-Fahrt einsetzen, dazu, die Kampagne zu unterstützen, wenn auch mit leichtem Zähneknirschen.[57] Ironischerweise war es deshalb vor allem McTaggart, obwohl er Greenpeace so viel Antipathie entgegenbrachte, dem die Rettung der Organisation größtenteils zu verdanken war.

McTaggarts Ankündigung, er wolle wieder nach Mururoa segeln, hatte sofort Auswirkungen, die zeigten, dass ihn die kanadische wie die französische Regierung ernst nahmen. Die Zahl der Briefe und Telegramme zwischen McTaggarts Anwalt und dem kanadischen Außenministerium stieg merklich an. Premierminister Trudeau versicherte McTaggart: »Die kanadische Regierung nutzt weiterhin ihre Verbindungen zur französischen Regierung in Ihrer Sache … und ist dabei, die französische Regierung formell zu unterrichten, dass eine frühestmögliche Einigung [hinsichtlich der Forderung] im Interesse der kanadischen Regierung liegt … [Die Regierung] lässt auch juristisch prüfen, welche Rechtsmittel vor Ort in Frankreich bestehen.«[58] Kurz bevor McTaggart Vancouver verlassen wollte, erreichte ihn eine Nachricht der französischen Regierung: Man sei willens, ihm 5000 Dollar für die Schäden an der Vega zu zahlen, wenn er auf die Reise verzichte.[59] In diesem Stadium hatte sein Feldzug gegen die Franzosen jedoch einen Punkt erreicht, wo dieses Angebot wirkungslos blieb. Im Gegenteil, es festigte nur seine Entschlossenheit, sich erneut mit der *Force de frappe* anzulegen.

McTaggart überredete Nigel Ingram auch diesmal zur Beteiligung und flog dann nach Auckland, wo sich beide daranmachten, die *Vega* für die Seereise hinzubekommen. Ingram hätte gern den *Greenpeace-III*-Schriftzug an der Bordwand übermalt, aber McTaggart entschied sich dagegen. Er blieb zwar skeptisch hinsichtlich der Kompetenz von Greenpeace, aber seine Treffen mit Hunter hatten ihn davon überzeugt, dass der Verein trotz aller organisatorischen Unzulänglichkeiten und internen Streitereien bei seinem Widerstand gegen Atomwaffentests und der Unterstützung seiner Mission ernst zu nehmen war.[60]

Derweil fanden auch in Europa Greenpeace-Proteste statt. So organisierte etwa der Londoner Verein gemeinsam mit *Peace News* den Greenpeace-Marsch von London nach Paris. Rund 70 Leute schafften es, sich in die Kathedrale Notre-Dame einzuschleichen und sich dort an die Säulen zu ketten. Doch anders als im Jahr zuvor gestattete ihnen der Erzbischof das Bleiben, und die Polizei schleppte sie nicht auf die Straße. Hunter schrieb dies der päpstlichen Unterstützung für das Greenpeace-Anliegen zu.[61] Nach dem Sit-in in der Kathedrale marschierten rund 200 englische und französische Greenpeace-Anhänger Richtung Élysée-Palast und verteilten unterwegs Flugblätter, bis sie von der Polizei eingekesselt wurden.[62] In Bonn versammelte sich eine kleine Gruppe westdeutscher Friedensaktivisten und Umweltschützer unter einem Greenpeace-Banner und marschierten durch die deutsche Hauptstadt zur französischen Botschaft.[63] Eine weitere Gruppe reichte unter dem Label Greenpeace eine Antiatomwaffen-

Petition bei der französischen Regierung ein. Darunter befanden sich mehrere Australier und Neuseeländer, die Asyl in Frankreich verlangten, weil ihre eigenen Länder durch die Strahlung der französischen Atomwaffentests verseucht seien.[64] In diesem Stadium konnte jeder, der die Sache unterstützte, den Begriff »Greenpeace« einfach nutzen, ohne die Greenpeace Foundation in Vancouver um Erlaubnis fragen zu müssen. Diese Laisser-faire-Einstellung hatte den Vorteil, dass sie den Protest von gleichgesinnten Aktivisten auf breiter Front förderte, aber die Ergebnisse waren dann manchmal alles andere als professionell. Beispielsweise verlief der Versuch einer Gruppe Londoner Aktivisten, im französischen Tourismusbüro in der Piccadilly zu protestieren, nicht ganz nach Plan. »Dummerweise suchten sich die Demonstranten das falsche Büro aus«, berichtete der *Guardian*, sie drangen in die Räume der Ceylon Airlines und der Air Afrique ein und überschütteten sie mit Flugblättern. Das französische Büro befand sich nebenan. Der Mann von Ceylon Airlines erklärte: ›Ich bin derselben Meinung wie sie.‹ Die Polizeibeamten vor der Botschaft applaudierten nach der Vorstellung und sagten, dass es ihnen gefallen habe: ›Es wird ziemlich kalt hier draußen, und so was vertreibt die Zeit.‹«[65] Die Farce war harmlos genug, aber zu viele solcher Zwischenfälle wären nicht gut für die Glaubwürdigkeit von Greenpeace gewesen.

McTaggart war im Juni 1973 nach Neuseeland zurückgekehrt, wo er und Ingram fieberhaft an der *Vega* arbeiteten. Nach eigener Aussage gelang es McTaggart nicht, Grant Davidson ausfindig zu machen, aber selbst wenn er ihn aufgespürt hätte, ist es unwahrscheinlich, dass dieser noch einmal bereit gewesen wäre, zwei Monate zusammen mit McTaggart auf einem engen Schiff eingepfercht zu sein.[66] Nach den Erfahrungen des Vorjahres beschlossen McTaggart und Ingram ein neues Auswahlprinzip: Sie würden nur Leute fragen, die sie bereits kannten und denen sie vertrauten. Am Ende stellte sich heraus, dass dies die Freundinnen der beiden waren. Ann-Marie Horne beschäftigte sich seit fast einem Jahr mit der Angelegenheit und hatte große Lust, McTaggart zu begleiten. Ingrams Freundin Mary Lornie, eine junge Anwaltssekretärin mit einiger Segelerfahrung, war ebenfalls scharf auf das Abenteuer. Neben der weiblichen Gesellschaft erhoffte sich McTaggart, dass die Anwesenheit von zwei jungen Frauen die Franzosen mäßigen und daran hindern würden, allzu rau zu werden. In diesem Punkt sollte er bitter enttäuscht werden.[67]

Ganz anders als im Vorjahr versuchten die neuseeländischen Behörden diesmal in keiner Weise, McTaggarts Vorbereitungen zu behindern. Das zeigte deutlich, wie sehr sich das Klima für Atomwaffengegner unter der neuen Labour-Regierung gewandelt hatte.[68] Das Wetter verweigerte allerdings die Kooperation, und McTaggart war gezwungen, das Auslaufen zu verschieben, weil schwere See gegen die Hafeneinfahrt schlug. Ende Juli konnten sie dann endlich die Segel setzen. Auch wenn es keine größeren Probleme wie im letzten Jahr gab, stimmte die Chemie zwischen den neuen Crewmitgliedern nicht perfekt. Ann-Marie

Horne, ziemlich naiv und religiös, kam mit der weltlicheren und zynischeren Lornie nicht so gut zurecht, und zwischen McTaggart und Ingram ergab sich eine leichte Gereiztheit. McTaggart waren in Auckland Gerüchte zu Ohren gekommen, Ingram sei ein französischer Agent, und in Augenblicken stärkster Spannung begann er sich zu fragen, ob nicht etwas daran wäre. Aus Angst, zu spät zu kommen, trieben McTaggart und Ingram die kleine Yacht energisch voran, nutzten starke südwestliche Winde und erreichten in bemerkenswerten drei Wochen wieder die französische Absperrung um Mururoa.[69]

Zu diesem Zeitpunkt war aber alle Geduld, die das französische Militär aufgebracht haben mochte, komplett aufgezehrt. Millionen Francs und unzählige wertvolle Tage waren bei den Störaktionen der *Greenpeace III* im Jahr zuvor und weiteren von anderen Protestschiffen seither vergeudet worden. Die Rückkehr der *Vega* war eine Provokation, die man nicht mehr hinnehmen wollte. Keine zwei Tage nach ihrer Ankunft im Testgebiet kam ein Minensucher heran. Längsseits lag ein Zodiac, ein Festrumpfschlauchboot, mit einem Kommandotrupp. Das kleine Boot raste über das Wasser zur *Vega*, und der Crew war sofort klar, dass der Trupp die Yacht entern wollte. Als der erste Mann versuchte, an Bord seiner Ketsch zu gelangen, brachte McTaggart seine Arme in Abwehrposition und stieß den Franzosen so fest wie möglich, als er über die Reling klettern wollte. Diese Provokation war alles, was der Kommandotrupp brauchte. Mit gezückten Schlagstöcken sprangen drei Mann über die Reling der *Vega* und versuchten, McTaggart zu überwältigen. Der wehrte sich mit Händen und Füßen, um freizukommen.[70] Einer aus dem Kommando schaffte es, McTaggart das T-Shirt über den Kopf zu ziehen, und ein anderer packte seine Arme und fesselte sie. Dann flogen die Schlagstöcke:

> Der erste Knüppelschlag traf mich mit ungeheurer Wucht am Hinterkopf. Der zweite landete auf meinen Schultern, der nächste in meinem Nacken ... Plötzlich war ich in der Luft, flog über die Reling und wurde in das Schlauchboot geworfen. Ich kam überhaupt nicht zu Atem, konnte keinen Laut von mir geben ... Pausenlos prasselten die Knüppelschläge auf mich herunter. Sie trafen meine Zähne, so dass ich glaubte, sie würden völlig zertrümmert; ich fürchtete, Rückgrat, Rippen und Schädeldecke müssten jeden Augenblick brechen. Rücken. Nacken. Kopf. Niere ... [Es war] als seien diese Menschen verrückt geworden. Als versuchten sie, mich totzuprügeln oder wie irgendein ekelerregendes Insekt zu zerstampfen ... Während meine Arme von je einem Mann festgehalten wurden, riss man mich hoch und lehnte mich mit dem Rücken gegen die Bordwand des Schlauchboots. Dann krachte irgendetwas mit solcher Gewalt in mein rechtes Auge, als sei es bis ins Gehirn durchgestoßen worden. Ich glaubte, mir sei der halbe Schädel weggerissen. Alles wurde schwarz.[71]

Vor der Enterung hatte McTaggart Mary und Ann-Marie angewiesen, Ruhe zu bewahren, egal was passieren würde, und so viel wie möglich von den Ereignissen festzuhalten, Mary mit der Filmkamera, Ann-Marie mit der Nikon. Zwi-

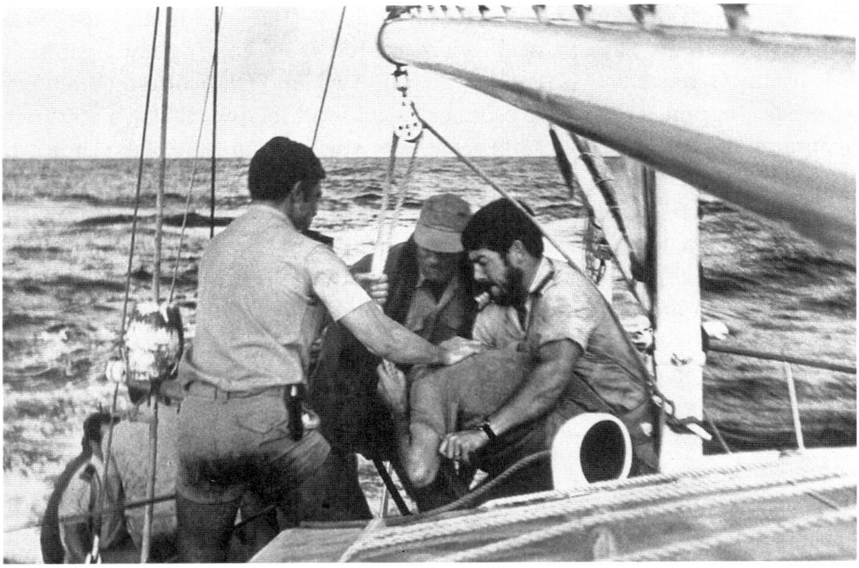

Französische Militärs entern die *Vega* und schlagen David McTaggart, August 1973.

schen ihren Protestschreien schafften sie genau das irgendwie. Als Ingram auftauchte, der unter Deck gewesen war, um einen Notruf abzusetzen, fielen sofort weitere schlagstockschwingende Soldaten über ihn her. Einer entriss Mary die Filmkamera, als sie diese einen Moment absetzte, um ihren Protest herauszuschreien, und schleuderte das Gerät ins Wasser. Ann-Marie machte so viele Fotos wie möglich, dann rannte sie unter Deck, um die Nikon in einem vorbereiteten Versteck zu verstauen. Ein Angreifer folgte ihr, um die Kamera zu beschlagnahmen. Stattdessen fand er einen nur teilweise verborgenen Köder, den er zum Schlauchboot trug. Das war ein simpler Trick, doch er genügte, um die Franzosen glauben zu machen, sie hätten alle Beweise für die Knüppelei vernichtet.[72]

Während der nächsten halben Stunde verlor McTaggart immer wieder das Bewusstsein. Als er einmal zu sich kam, tastete er nach seinem blinden rechten Auge und fühlte zu seinem Entsetzen nur blutigen Brei. Während die *Vega* mit Ingram, Horne und Lornie an Bord nach Mururoa geschleppt wurde, flog man McTaggart nach Papeete, um sein Auge operieren zu lassen. Anfangs weigerte er sich, sich von den Ärzten anfassen zu lassen, ehe er nicht mit seinem Bruder telefoniert hätte. Französische Marineoffiziere verweigerten ihm das über Stunden. Sie behaupteten, die *Vega* hätte sich in französischen Hoheitsgewässern befunden und sie hätten das Recht gehabt, sie zu entern. McTaggart wies das vehement zurück. Schließlich erlaubten sie ihm, mit seinem Bruder in Vancouver zu sprechen. Er diktierte Drew ein Telegramm an Premierminister Trudeau, dann

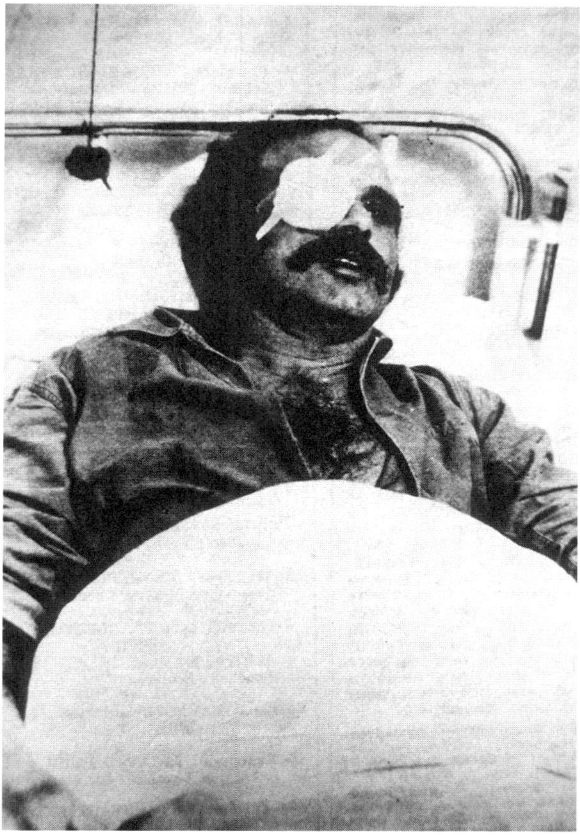

David McTaggart erholt sich von seinen Verletzungen, August 1973.

willigte er schließlich in die Operation ein, die sein Augenlicht rettete. Währenddessen sollten die anderen aus der Crew zur französischen Militärbasis auf dem Hao-Atoll geflogen werden, rund 450 Kilometer entfernt. Danach sollten sie abgeschoben werden. Das große Problem war jedoch der Film, der sich immer noch in Ann-Maries Kamera befand, die hinter einem Paneel versteckt war. Wenn sie die Yacht gründlicher durchsuchten, würden die Franzosen sie finden. Und der Film war der einzige Beweis, den sie jeder Geschichte entgegenhalten könnten, die die Franzosen über den Zwischenfall aushecken würden. Ohne die Fotos wäre ihre Fahrt aus Propagandasicht wieder ein bitterer Fehlschlag geworden. Mit ihnen hatten sie eine Chance, der französischen Version der Ereignisse etwas entgegenzuhalten. Als das Kommando sie allein ließ, damit sie ihre Sachen packen konnten, beratschlagten sie, wie sie das Beweismaterial herausschmuggeln könnten. Es einfach in die Tasche zu packen, war zu riskant. Schließlich zog Ingram eine Grimasse und sagte: »Es gibt Präzedenzfälle.« Dann ging er mit dem Film zur Toilette und versuchte ihn in seinen Anus zu schieben. Doch der Schmerz war unerträglich, und Ingram musste aufgeben. An diesem Punkt erkannte Ann-Marie, dass es nur eine Lösung gab. Sie ließ sich den Film von Ingram geben, ging in die Toilette, schob die Filmdose in ihre Vagina und schaffte es, ihren Schmerz zu verbergen und, von Ingram gestützt, von der Yacht herunter zum wartenden Jeep zu laufen.[73]

In Erwartung, dass bei der Darstellung der Ereignisse die Aussage der Crew gegen das der Franzosen stehen würde, gaben Letztere eine Presse-Erklärung heraus, in der es hieß, McTaggart habe sich mit Gewalt gegen französische Seeleute gewehrt, die friedlich an Bord eines Schiffes gehen wollten, das sich in französischen Hoheitsgewässern befand. Die Augenverletzung habe er sich zugezogen, als er ausgerutscht und hingefallen sei, behaupteten sie. Zuerst zog es die kanadische Regierung vor, diese Version der Geschichte zu glauben.[74] Während McTaggart im Krankenhaus in Papeete lag, wurde Ingram, in Handschellen und begleitet von einem französischen Sicherheitsoffizier, in ein Flugzeug Richtung London gesetzt. Er schaffte es, im Flughafen von Los Angeles dem Mann zu entwischen und ein Flugzeug nach Vancouver zu besteigen. Dort traf er sich mit McTaggarts Bruder, dem er den Film übergab.[75] Drew McTaggart überbrachte den Film Greenpeace; die ließen ihn umgehend entwickeln und sahen sofort, dass sie einen Riesen-Publicitycoup in Händen hielten. Die Fotos zeigten unmissverständlich, wie der französische Kommandotrupp die Yacht enterte, McTaggart in ein Schlauchboot warf und mit Schlagstöcken auf Ingram einprügelte. Die Bilder und die Geschichte wurden in Zeitungen auf der ganzen Welt veröffentlicht (außer in Frankreich, da fielen sie unter die Zensur). Greenpeace hatte endlich die Publicity, die man sich ersehnt hatte, und McTaggart hielt nun seinen Beweis in Händen. Wenn die Franzosen zu so etwas fähig waren, waren sie sicher auch fähig, Lügen über das Rammen der *Vega* und die angebliche Unschädlichkeit ihrer Atomwaffentests zu verbreiten. *Time* erklärte, durch den Zwischenfall seien »die Beziehungen zwischen Frankreich und Kanada auf dem tiefsten Punkt angelangt, seit Charles de Gaulle 1967 seinen Schlachtruf ›Vive le Quebec Libre‹ ertönen ließ«.[76] Laut *Vancouver Sun* waren die Franzosen »davon überrascht, wie wichtig es Kanada ist, dass die *Greenpeace-III*-Kontroverse beigelegt wird«. Außenminister Mitchell Sharp besprach die Angelegenheit bei einem 50-minütigen Treffen mit dem französischen Außenminister Michel Jobert während fast der Hälfte der Zeit.[77]

Anders als im Jahr zuvor war McTaggarts Rückkehr nach Vancouver ein Triumph: Dutzende von Reportern und Greenpeace-Anhängern begrüßten ihn am Flughafen. Die Operation in Tahiti hatte sein Auge gerettet, aber es bestand die große Gefahr, dass sich ein Glaukom entwickeln würde. Dies müsste sofort medizinisch behandelt werden, um seine Sehkraft zu erhalten. Im Laufe der nächsten paar Wochen machten McTaggart und Ingram mehrfach die Runde bei Ärzten in Vancouver und Toronto. Gleichzeitig erschien McTaggarts Buch *Outrage!* bei einem kleinen Verlag in Vancouver. Der finanzielle Erfolg war bescheiden.[78] Zuerst war McTaggart erfreut über die engagiertere Haltung seiner Regierung zu seinem Fall. Diesmal gab es anscheinend eine große Chance, dass man ihn beim Versuch, die französische Marine vor Gericht zu bringen, unterstützen würde. Doch diese Unterstützung nahm ab, sobald die Schlagzeilen versiegten. McTaggart überkam wieder die Frustration, als man auch diesmal Gründe vorbrachte, warum man für seine Forderung nicht eintreten könne. Im Dezember gestatteten ihm die Franzosen, nach Tahiti zu kommen, um die *Vega* abzuholen. Allerdings machten ihm das die lokalen Behörden so schwer wie möglich. Schließlich bezahlte die kanadische Regierung, nach Druck durch die populäre Presse, die 12 000 Dollar, die nötig waren, um die Ketsch nach Vancouver zu verfrachten.[79]

Bei aller Frustration im Umgang mit der kanadischen beziehungsweise französischen Regierung gab es doch auch etwas Tröstliches für McTaggart: Bis 1973 hatten die Franzosen erklärt, ihre oberirdischen Tests seien im Wesentlichen harmlos, also gäbe es keinen Grund, sie unter die Erde zu verlagern.[80] Im November änderte man diese Meinung jedoch plötzlich und verkündete, man würde 1974 mit unterirdischen Tests beginnen. Greenpeace betrachtete das als signifikanten Erfolg und verlor keine Zeit, seinen Anteil daran herauszustellen. Laut Hunter hatten sie einen »phantastischen Sieg« über das französische Militär errungen. »Wer hätte gedacht«, schrieb er in seiner Kolumne, »dass Europas mächtigste Nation bei ihrer Politik, sich nicht um die Meinung anderer zu scheren, so schnell eine Kehrtwende vollziehen würde?« Greenpeace habe, so Hunter, jenes öffentliche Bewusstsein geschaffen, das die Vereinigten Staaten veranlasste, die Zahl der für Amchitka geplanten Test zu reduzieren, und jetzt die Franzosen gezwungen hatte, ihre Test unter die Erde zu verlagern. Gruppierungen wie Greenpeace, fuhr er fort, hätten »als fliegender Keil fungiert, der von jenseits der üblichen Diplomatie- und Regierungskanäle über Frankreich gekommen« sei. Hunter glaubte, solche Organisationen repräsentierten eine politische Arena jenseits des Staates und oberhalb des Einzelnen und verliehen nichtstaatlichen Akteuren Macht in einem internationalen System, das ansonsten von Regierungen und Korporationen beherrscht wird. »Die klare Lektion … ist, dass Regierungen nicht viel tun können. Auf unsere individuelle Verantwortung zu verzichten – die Lösung von Problemen allein Regierungen zu überlassen –, heißt, das Feld aufzugeben. Greenpeace hat gezeigt, dass die Bedingungen für ein globales Dorf existieren und auf politisch wirkungsvolle Weise umgesetzt werden können.«[81]

Hunters Wortwahl nimmt den Begriff »Zivilgesellschaft« vorweg, der dann zur populären Analysekategorie bei der Untersuchung sozialer Bewegungen und Nonprofit-Organisationen geworden ist. Der Politologe Paul Wapner beispielsweise hat überzeugend ausgeführt, dass Gruppierungen wie Greenpeace in der Arena der »globalen Zivilgesellschaft« operieren – jenem Segment gesellschaftlichen Lebens, das oberhalb der Ebene des Individuums und unterhalb der des Staats, aber auch über Staatsgrenzen hinweg existiert –, wo sie sich in der »globalen Bürgerpolitik«, wie er es nennt, engagieren.[82] Mit anderen Worten, die Bemühungen, Regierungen zu beeinflussen und zu überzeugen, stellen nur eine Dimension, wenn auch eine bedeutende, der globalen politischen Aktivitäten dar, die internationale NGOs unternehmen. Greenpeace zielt auch auf das »globale Reich der Kultur«, so Wapner, wo es versucht, »in gemeinsamen internationalen Diskursformen – wie moralischen Normen, Symbolen und wissenschaftlicher Argumentation – Fuß zu fassen … und manipuliert sie, um Menschen dazu zu bewegen … umweltverträglich handeln«. Indem es sich am aktiven Protest beteiligt und Mediensensationen einbringt, »verbreitet [Greenpeace] eine ökologische Sensibilität«, die das Verhalten von Normalbürgern und ihren Regierungen indirekt beeinflusst. Kampagnen wie Amchitka und Mururoa verkörpern also die Bemühungen, Menschen und Regierungen diese ökologische Sensibilität »zu injizieren«. Dabei schaffen sie, so Wapner, »einen Typus von Herrschaft« und »einen Autoritätsmechanismus, der menschliches Verhalten formen kann«.[83] Auch wenn sie nicht die gleichen Worte benutzten, das Konzept, das der Begriff »globale Bürgerpolitik« beinhaltet, dürfte verschiedenen Greenpeacern vertraut gewesen sein, insbesondere jenen wie Hunter und Metcalfe, deren hegelianische Sicht von Geschichte sie für solche Vorstellungen empfänglich machte. Es ist ziemlich eindeutig, dass sich Greenpeace selbst in dieser frühen Phase, wenn auch eher planlos, auf dem Weg in die Arena globaler Bürgerpolitik befand.

Die Behauptung von Greenpeace, man hätte die französische Entscheidung beeinflusst, die oberirdischen Atomwaffentests zu beenden, stimmt insofern, als es Greenpeace tatsächlich gelungen ist, mehr Aufmerksamkeit auf Atomwaffentests zu lenken als jede andere Organisation zuvor. Keiner der Proteste der 1950er und 1960er Jahre – mit Ausnahme der Aldermaston-Märsche vielleicht – hatte so viel Medienecho gefunden wie die Greenpeace-Fahrten. Auch wenn es schwierig ist abzuschätzen, wie stark die Auswirkungen auf die Regierungspolitik waren, ganz sicher ist die französische Entscheidung, die Tests unter die Erde zu verlegen, nach zwei Greenpeace-Fahrten kein bloßer Zufall gewesen. Zudem hat Greenpeace, weil es andere inspiriert hat, die Aktionen nachzuahmen, das Schreckgespenst einer immer größeren Protestflotte heraufbeschworen, die Jahr für Jahr ins Testgebiet eindringen würde. Die Aussicht, solche Proteste zurückhalten zu müssen und ihrem immer breiteren politischen Fallout ausgesetzt zu sein, muss schwer auf den französischen Militärs und Politikern gelastet haben.

Greenpeace feierte zwar gern McTaggarts Fahrt und das Medienecho, das sie der Organisation einbrachte, aber man zögerte, Zeit und Geld in seine juristische Schlacht zu investieren. Einige in der Organisation planten schon eine weitere Fahrt 1974 und argumentierten, dass das wenige Geld, das Greenpeace eingeworben hatte, für diese kommende Kampagne ausgegeben werden sollte und nicht für McTaggarts Anwaltskosten.[84] Dieser fühlte sich von seiner Regierung fallen und von Greenpeace im Stich gelassen. Er begann zu überlegen, die ganze Sache einfach über Bord zu werfen, seinem unscharfen und halbgaren Idealismus und der Bewegung, der er zu verdanken war, einfach den Rücken zu kehren und wieder in die Welt des unbekümmerten Geschäftemachens einzutreten. Hätten sich die Franzosen in der ganzen Angelegenheit anständig verhalten, hätten sie sich entschuldigt, hätten sie zugegeben, dass sie gelogen hatten, und hätten sie die Reparaturen der *Vega* bezahlt, dann hätte McTaggart, wie er glaubt, die ganze Episode zu den Akten gelegt und wäre ins »normale« Leben zurückgekehrt.[85] Dass die Franzosen überhaupt nicht daran dachten, überrascht nicht. »Die Vorstellung, dass die Franzosen für das, was sie getan hatten, nicht zur Rechenschaft gezogen werden sollten«, schrieb McTaggart, »erfüllte mich mit Wut und Empörung … Aber rechtfertigte Empörung den ungeheuren Aufwand an Energie, Zeit und Geld, der erforderlich war, um meinen Fall vor Gericht durchzufechten?« Bei McTaggarts Verbissenheit und der Mentalität, um jeden Preis siegen zu müssen, dürfte seine Empörung tatsächlich allein gut ausgereicht haben, um ihn zum Weitermachen zu motivieren. Doch es waren auch noch andere Faktoren beteiligt:

Wenn ich mir diese Frage stellte, kamen mir Dutzende von Antworten. Hier ging es um Prinzipien, aber auch um grundlegende juristische Probleme. Es ging um politische Realität und Umweltschutz. Der Komplex erschien mir manchmal so gewaltig, dass er sich kaum erfassen ließ. Auf der einen Seite war ich zu scheu, um mit anderen offen darüber zu sprechen, aber andererseits glaubte ich, dass es hier einfach um das menschliche Überleben ging. Ich wusste, dass der Einzelne nicht in solchen Kategorien denken sollte, dass historische Entwicklungen von Massen und Strömen bestimmt werden, die ihre Dynamik in Jahrhunderten entwickeln. Aber ich konnte den Gedanken nicht loswerden, dass ein einziger gezielter Schuss auf das Herz des politischen und juristischen Mechanismus, der als treibende Kraft hinter den Maschinen stand, die man gebaut hatte, um die Erde zu zerstören, mehr wert war als alles, was mir das Leben sonst bedeuten konnte. Ich dachte auch an meine eigenen, für mich verlorenen Kinder und an ihre Hoffnung, dieses Leben zu Ende führen zu können, ohne in die Luft gesprengt oder vergiftet zu werden. Und dann dachte ich selbstverständlich auch daran, dass ich schuldig wurde, wenn ich nichts sagte, weil ich dann meinen Verpflichtungen als Vater nicht nachkam.

Nach solchen Überlegungen ging ich wütend wieder an die Arbeit.[86]

Im Mai 1974 verließ McTaggart, das Gepäck voll mit Ordnern, eidesstattlichen Erklärungen und Fotos, Vancouver und flog nach Paris, wo er die nächsten drei Jahre hauptsächlich damit beschäftigt sein sollte, seine Klage gegen die französische Marine vor Gericht zu bringen. Am allerwenigsten hatte er im Sinn,

Greenpeace-Gruppen in Europa auf die Beine zu helfen. Doch genau das sollte, fast aus Versehen, eines der Nebenprodukte seiner Pariser Zeit sein.[87]

Die Mururoa-Kampagne war in vielerlei Hinsicht erfolgreicher als Amchitka. McTaggart hatte es beide Male geschafft, zu dem Atoll zu gelangen, und konnte das französische Militär direkt angehen, was letztlich gezeigt hatte, dass man gewillt war, gegenüber Protestlern zu Gewalt zu greifen und auch die Welt zu belügen, um das Atomwaffentestprogramm zu rechtfertigen. Das Medieninteresse war riesig gewesen in den Gebieten, die direkter betroffen waren, insbesondere in Neuseeland, und mit den Bildern von der Knüppelei bekam Greenpeace Schlagzeilen rund um die Welt. Aller Wahrscheinlichkeit nach spielten die Kampagnen eine Rolle bei der Entscheidung Frankreichs, die Tests unter die Erde zu verlegen, wie auch dabei, dass die französischen Medien gezwungen waren, sich mit einer Frage zu beschäftigen, über die bis zu diesem Zeitpunkt in ihrer Gesellschaft ein breiter Konsens bestanden hatte. Die Gründung von Greenpeace New Zealand war ein weiteres wichtiges Erbe der Kampagne, wenn auch ein eher indirektes. Auf lange Sicht war die bedeutsamste Folge der Kampagne aber höchstwahrscheinlich, dass sie den Beginn der langen Verbindung von David McTaggart und Greenpeace markierte.

Für die Gründer in Vancouver war die Zeit von 1972 bis 1974 eine Periode des ständigen Wechsels und nicht der Konsolidierung gewesen. In den ersten neun Monaten des offiziellen Bestehens von Greenpeace hatten Stowe und Bohlen ihr Engagement bei der Organisation heruntergefahren und es Ben Metcalfe überlassen, sie wie eine Kreuzung von New Yorker PR-Agentur und Spionageunternehmen zu führen. Metcalfes Stil mag effektiv gewesen sein, um Pseudo-Events und mediale Bildwelten für die Medien zu schaffen, aber er entfremdete auch viele in der Gruppe, die eine mehr demokratische und partizipatorische Vorgehensweise bevorzugten. Als Metcalfe am Schluss der Kampagne von 1972 das Interesse verlor, war Greenpeace de facto führungslos, und die Kernmitglieder waren abgerückt, um eigene Interessen zu verfolgen. Betrachtet man McTaggarts Geringschätzung Greenpeace gegenüber, ist es eine Ironie, dass vor allem er es war, der die Organisation vor dem unaufhaltsamen Niedergang bewahrte, auch wenn dies indirekt geschah. Seine Entscheidung, eine zweite Fahrt zu unternehmen, und seine Versuche, Greenpeace zu überreden, ihn zu unterstützen, brachten Schlüsselfiguren der Organisation wieder zusammen. Auch wenn diese sich nicht unbedingt einig darin waren, McTaggart zu unterstützen, waren sie dadurch jedoch wieder aktiv in die alltäglichen Angelegenheiten der Gruppe eingebunden. Die Wut und die Schlagzeilen, die die Behandlung der *Greenpeace III* durch die Franzosen hervorgerufen hatte, weckte das Interesse der Menschen an der Organisation erneut und trug dazu bei, dass die wieder auf feste Füße kam.

Trotz dieser Konsolidierung blieb aber auch ein erhebliches Maß an Spannungen zwischen den Hauptpersonen bestehen, ein Bruch, der im Wesentlichen entlang der Generationslinien verlief. Die älteren, »konventionelleren« Mitglieder, wie die Stowes und die Bohlens, blieben streng dem Antiatomwaffen-Charakter von Greenpeace verschrieben. Für sie waren Atomwaffen immer noch die größte Bedrohung für die Menschheit und die Umwelt, und sie hatten sich darauf festgelegt, dass Greenpeace sich mit seinen Aktionen weiterhin auf das atomare Wettrüsten konzentrieren sollte. Die Kampagne 1973 hatte ihnen Auftrieb gegeben (auch wenn einige McTaggart nur lauwarm unterstützt hatten), so dass die Antiatomwaffen-Fraktion plante, 1974 ein weiteres Schiff nach Mururoa zu schicken. Sie meinten, dass sie die Franzosen an der Angel hätten und es Zeit wäre, diesen Vorteil auszunutzen.[88] Bob Hunter hingegen glaubte, dass die Mururoa-Kampagne ihren Zenit 1973 gehabt hätte und Greenpeace nur mit einem Fall von Tötung während der Protestaktionen noch mehr Aufmerksamkeit für das unglückselige Atoll erlangen könnte. Außerdem war Hunter der Meinung, dass die Mururoa-Kampagne sich zu sehr um die traditionelle Antiatomwaffen-Themen gekümmert und die ökologischen Fragen nicht genügend betont hätte. Das bedeutete nicht, dass Hunter oder die Gegenkultur-Fraktion von Greenpeace insgesamt glaubte, andere Angelegenheiten seien wichtiger als der Protest gegen Atomwaffen. Sie hatten eher das Gefühl, dass Greenpeace sich zu stark auf die »Peace«-Hälfte und zu wenig auf das »Green« im Namen konzentrierte. Es war Zeit, so meinte Hunter, der Organisation eine andere Richtung zu geben: eine, die nicht nur die Gefahren betonte, die die Menschheit für sich selbst schuf, sondern auch die Bedrohungen, die sie für andere Arten in petto hatte.[89]

Der Mann, der Greenpeace in diese neue Richtung führen sollte, war ein Neuseeländer, der als Assistenzprofessor für Psychiatrie an der University of British Columbia arbeitete. Während die »Konventionellen« mit den Planungen für die Mururoa-Kampagne 1974 beschäftigt waren und McTaggart in Paris sein Gerichtsverfahren gegen das französische Militär vorbereitete, brachte Paul Spong, frisch promovierter Absolvent des Instituts für Hirnforschung an der University of California in Los Angeles, Greenpeace auf einen Weg, der vom Protest gegen Kernwaffen zu einer breiter angelegten Form von Umweltaktivismus führte. Spongs Kampagne sollte die Greenpeacer zu den Lieblingen der Medien machen – de facto zu den ersten »Öko-Superstars« der Welt. Durch scharfsinniges Ausnutzen der Spannungen des Kalten Kriegs sollte sie Greenpeace auch den großen Durchbruch auf dem lukrativsten NGO-Markt der Welt verschaffen – in den Vereinigten Staaten.

7. Kapitel

Armlose Buddhas gegen fleischfressende Nazis

Ende 1973 befand sich Greenpeace in den Augen von Bob Hunter an einem Scheideweg. Man konnte weiter den Antiatomwaffen-Weg beschreiten, wie Bohlen, Stowe und andere aus der älteren Generation es wollten. Oder man konnte seine Zielsetzungen verbreitern und sich für Fragen engagieren, die, zumindest in den Augen der Öffentlichkeit, deutlicher »ökologisch« waren. Für Hunter erwies sich der Kampf, die Wale vor Ausbeutung durch den Menschen zu schützen, als ideales Symbol für das Überleben der Umwelt. Seiner Meinung nach waren die Proteste gegen Atomwaffentests, insbesondere gegen die französischen, aus dem Rennen. Es war nicht zu erwarten, dass die launischen Weltmedien allzu begeistert über eine weitere Antiatomwaffentest-Flotille auf dem Pazifik berichten würden. Außerdem war er zu dem Schluss gekommen, dass die Angst der Menschen vor der Bombe nur bis zu einer gewissen Grenze als Vehikel zur massenhaften Bewusstseinsveränderung taugte. Das Schreckgespenst nukleare Vernichtung war so betäubend und schockierend, dass es viele vorzogen, einfach nicht darüber nachzudenken. Statt die Angst vor dem Tod als Initialzündung für eine Bewusstseinsrevolution einzusetzen, wäre es effektiver, so fand Hunter, an die Ehrfurcht der Menschen vor dem Leben zu appellieren. Wale stellten, zu dieser Überzeugung kam er nun, eine sinnfällige, lebendige Metapher für die brutale Zerstörung durch den Menschen dar. Die sensiblen, intelligenten, erstaunlichen Geschöpfe wurden weiter abgeschlachtet, weil sich eine kleine Zahl von Menschen eine Welt, in der Menschen keine Wale jagten, nicht vorstellen konnten.[1]

Die Spaltung zwischen Hunter und den älteren, von den Quäkern beeinflussten Aktivisten spiegelte auch andere Brüche in der ungefestigten Organisation wider. Einige davon, wie die kulturellen Unterschiede zwischen jüngeren Gegenkultur-Leuten und den nüchternen Aktivisten im härenen Hemd, die mit den Friedensdemonstrationen der 1950er großgeworden waren, hatten schon immer bestanden, aber jetzt wurden sie tiefer. Stowe etwa erklärte, Rauchen sei eine Form der Luftverschmutzung, die Umweltschützer nicht tolerieren dürften, und beantragte, es bei allen Greenpeace-Treffen zu verbieten. Und auch Drogen würden eine inakzeptable Verschmutzung von Körper und Geist sowie des Images der Gruppe bewirken.[2] Natürlich rieben sich die Angehörigen der jüngeren Generation, besonders die kettenrauchenden, LSD schluckenden Hippies wie Hunter und Marining, an solchen strengen, altväterlichen Erklärungen.

Ende 1973 blieb Greenpeace aus organisatorischer Sicht nach wie vor formlos: Es herrschte eine labile Gleichgewichtslage zwischen einer in Vancouver beheimateten Antiatomwaffen-Organisation und einer spontanen internationalen Bewegung. Greenpeace war zwar noch als gemeinnützige Organisation in British Columbia registriert, aber man hätte höchstwahrscheinlich eine Prüfung auf Regelkonformität mit dem Vereinsgesetz nicht bestanden. Metcalfe war als Vorsitzender zurückgetreten, und Hunter und Marining fungierten als »Interim-Doppelspitze«. Es hatten weder Jahreshauptversammlungen noch Kassenprüfungen stattgefunden, und die Bücher selbst waren »zu einem unsortierten Haufen von Zetteln mit Kontonummern, Rechnungen [und] Bankauszügen angewachsen«. Hunter zufolge war das »ein Zustand, der bei jedem Anarchisten schiere Freudentränen ausgelöst hätte«.[3] In der Zwischenzeit war Greenpeace New Zealand unabhängig vom Verein in Vancouver entstanden, in London nannte sich eine Anarchistengruppe Greenpeace, und rund um die Welt fühlten sich alle möglichen Gruppierungen und Individuen befugt, den Namen nach eigenem Gutdünken zu benutzen. In Bonn beispielsweise bezeichnete sich eine Gruppe von Atomkraftgegnern als Greenpeace Deutschland, während in Australien eine Horde waghalsiger Fallschirmspringer den Namen angenommen hatte. In gewissen Kreisen wurde die Ad-hoc-Versammlung von Atomwaffengegnern einfach als »Greenpeace-Aktivität« bezeichnet.[4]

Ab Anfang 1974 und vor allem unter der Führung von Hunter machte Greenpeace eine Reihe starker Veränderungen bei der Zusammensetzung seiner Mitglieder, beim Kampagnenstil und bei der Organisationsstruktur durch. Sie waren so dramatisch, dass Greenpeace 1976 nur noch wenig Ähnlichkeit mit der Gruppe aufwies, die fünf Jahre zuvor versucht hatte, mit einem ausgemusterten Fischerkahn nach Amchitka zu fahren. Hunter und jene, die ihn unterstützten, versuchten aus einer Antiatomwaffen-Organisation mit Umweltanspruch eine ökologische Schlagtruppe zu formen, die mit wagemutigen und spektakulären Aktionen auf den rasanten Rückgang der Großwale hinwies, der größten Lebewesen, die je auf unseren Planeten gelebt haben. Unter Einbeziehung einer eklektischen und manchmal verwirrenden Mischung aus Ökologie, östlichen Religionen, New-Age-Romantik und umstrittenen neurowissenschaftlichen Erkenntnissen beschritt Greenpeace einen radikal neuen Weg beim Wildtierschutz. Dabei wurde die volle Kraft der Gegenkultur auf die Umweltbewegung losgelassen.

Bis zur Mitte des 20. Jahrhunderts hätte kaum jemand gesagt, Walen seien »Intelligenz« oder »Schönheit« eigen. Wie eine Autorität auf dem Gebiet es formulierte, musste man »marginale Materialien sorgfältig durchkämmen, um auch nur einen Anflug solcher Einschätzungen zu entdecken«. Ebenso wurden die Großen Tümmler überwiegend als störende »Heringfresser« betrachtet, die den Fisch aus den Netzen hart arbeitender, ehrbarer Fischer stahlen, und nicht als das maritime Gegenstück höherer Primaten.[5] Doch Anfang der 1970er Jahre wurden Wale und Delfine rasch zu kulturellen Ikonen, insbesondere in der Gegenkultur von Nordamerika und Westeuropa. *Cetacea*, die eine einzigartige Form von Intelligenz besitzen, wurden vor allem für jene, deren Umweltdenken mit gegenkulturellem Mystizismus durchsetzt war, zum Symbol einer idealisierten ökologischen Harmonie. Diese Sichtweise bedeutete eine dramatische Abkehr vom durch Moby Dick inspirierten Bild der Wale als wilder Leviathane der Tiefe.

Wie verwandelten sich die Wale von bloßen natürlichen Ressourcen zu einer Art Unterwasser-Buddhas? Der Mann, der vor allem dafür verantwortlich ist, heißt John Lilly: Ein brillanter Neurowissenschaftler, dessen umstrittene Forschungen letztlich eine vielversprechende konventionelle wissenschaftliche Karriere zerstört haben. Doch Lilly war es das Opfer wert. Er wurde 1915 in St. Paul, Minnesota, geboren und war ein frühreifes Kind mit einer Begabung für Naturwissenschaften. Er studierte Physik und Biologie am Caltech, wechselte 1938 an die Dartmouth Medical School und schloss seine medizinische Ausbildung 1942 an der University of Pennsylvania ab. Während des Kriegs untersuchte er die physiologischen Auswirkungen von Flügen in großer Höhe bei Piloten. Dies war der erste einer Reihe von Aufträgen, die Lilly tief in einige der phantastischen und unheimlichen Militärforschungsprojekte verstrickte, die auf dem Höhepunkt der Paranoia im Kalten Krieg durchgeführt wurden. Nach dem Krieg arbeitete Lilly für den militärischen Zweig des öffentlichen Gesundheitssystems und 1953 wurde er Sektionsleiter am National Institute for Mental Health. Dort wollte Lilly das menschliche Gehirn bei Abwesenheit aller äußeren Stimuli untersuchen. Er entwickelte dafür einen Isolationstank, eine Art abgeschirmte, schalldichte Badewanne mit warmem Salzwasser. Die Versuchsperson – häufig Lilly selbst – lag stundenlang wie ein Fetus im Fruchtwasser in dem Tank. Diese Experimente erbrachten einige Erkenntnisse, aber Lilly wollte das menschliche Gehirn noch tiefer ergründen. Allerdings gab es für diese Sondierungen gewisse Grenzen. Etwa das Verbot von Vivisektion beim Menschen. Vielleicht gab es ja andere Säugetiere mit großem Gehirn, die es ertrugen, stundenlang isoliert in Salzwasser zu hängen, und die keine Chance hatten, sich zu beschweren, wenn ihr Schädel geöffnet und in ihrem Gehirn herumgestochert wurde?[6]

Lilly begann mit der invasiven Kortex-Erforschung bei Delfinen Mitte der 1950er Jahre (bei Affen hatte er das schon viele Jahre getan). Um neutrale Wissenschaft handelte es sich dabei nicht gerade. Auf dem Höhepunkt des Kalten Kriegs wollte das US-Militär Möglichkeiten erkunden, das menschliche Gehirn zu manipulieren. Verschiedene Militärzweige finanzierten Forschungen zu Gehirnwäsche (oder »Reprogrammierung«, wie es damals hieß), Schlafentzug und »operanter Kontrolle« als Teil der tobenden Schlacht gegen die Feinde des Kapitalismus und, in geringerem Maß, der Demokratie. Tiere, deren Gehirn dem von Menschen am ähnlichsten war, wurden einfach als nützliche Versuchsobjekte betrachtet. Lillys Delfin-Experimente erschienen da als erfolgversprechender Forschungsweg. Ein Großteil von Lillys früher Delfin-Arbeit fand in den Florida Marine Studios statt, einem Delfinarium, in dem Delfine und Robben vor Tausenden von Zuschauern clevere Tricks zeigten. Während die eine Gruppe Delfine in den Becken herumplanschte und Wasserbälle auf der Nase balancierte, wurde bei ihren weniger glücklichen Artgenossen im Labor nebenan die Schädeldecke geöffnet und das Gehirn mit Lillys Elektroden sondiert, ehe sie einen barmherzigerweise raschen Tod starben (Delfine können unter Narkose nicht atmen). Bis Lilly sein Heureka-Erlebnis hatte. Als ein anderes seiner Versuchsobjekte im Dienste der Wissenschaft sein Leben aushauchte, stieß es eine Reihe von Pfeiftönen aus, die Lilly an menschliche Sprache erinnerten.[7]

Cetacea-inspirierte Enthüllungen waren nicht auf die leichte Schulter zu nehmen. Lilly verließ das National Institute for Mental Health und richtete eine eigene Delfin-Forschungsstation ein, das Communication Research Institute (CRI), erst in Miami, dann in St. Thomas auf den Virgin Islands. Er verließ seine Frau nach 20-jähriger Ehe und heiratete ein Model aus St. Croix. Man machte ihm ein lukratives Angebot für ein Buch über seine Arbeit mit Delfinen. Das Ergebnis war *Man and Dolphin*, das 1961 erschien und zum Bestseller wurde. Der erste Satz bestimmte den Kurs für das restliche Buch wie für Lillys weiteres Leben: »In den nächsten ein bis zwei Jahrzehnten wird die menschliche Art in der Lage sein, mit einer anderen Art zu kommunizieren: Sie ist nicht menschlich, fremdartig, möglicherweise außerirdisch, wahrscheinlicher Meeresbewohner, zweifellos hochintelligent, vielleicht sogar intellektuell.«[8]

Zuerst konnte Lilly seine neue Forschungsrichtung verfolgen, ohne seine Verbindungen zu seinen großzügigen Wohltätern Office of Naval Research, Office of Space Sciences' Bioscience Program (gehört zur NASA) und National Science Foundation zu kappen, so dass beständig Geld für seine Untersuchungen floss. Lilly war nicht der einzige Cetacea-Forscher, der von der großzügigen Mittelvergabe während des Kalten Kriegs profitierte. Nein, er war Teil eines ziemlich ausgedehnten Netzwerks von Wissenschaftlern, die sich unversehens an einer lukrativen Schnittstelle befanden – der plötzlichen und unerwarteten Annäherung von Cetacea-Forschung, Neurowissenschaften und Biowissenschaft im Zuge des Kalten Kriegs. In den 1960er Jahren mündete das im Meeressäugerprogramm der US-Navy, bei dem Große Tümmler für verschiedene Militäraufgaben dressiert wurden, von denen viele bereits Jahre zuvor von Lilly vorgeschlagen worden waren.[9]

Trotz der guten Aussichten begann Lillys wissenschaftliche Karriere zu bröckeln. Ein Stück weit war das der psychotropen Überlegenheit von LSD zuzuschreiben. In allen 1950er Jahren haben Gegenkultur-Intellektuelle wie Aldous Huxley und Alan Watts mit der chemischen Synthese von Albert Hoffmann experimentiert, häufig in den Salons der kulturellen Elite von Los Angeles. Lilly hatte nicht zu diesem Milieu gehört, aber das sollte sich bald ändern.

Seine erste LSD-Erfahrung fand 1963 in Los Angeles statt, und zwar zusammen mit Constance Tors, der Frau des *Flipper*-Produzenten Ivan Tors. Durch Verbindungen zu seinem früheren Arbeitgeber, das NIMH, konnte Lilly so viel LSD beschaffen, wie er wollte. Während der nächsten Jahre nahm er die Droge regelmäßig, häufig, wenn er nackt in seinem Isolationstank trieb. Und er begann, es Delfinen zu injizieren. Angesichts des Forschungsstands in jener Zeit war das nicht so bizarr, wie das heute erscheint. Das US-Militär wollte unbedingt wissen, ob LSD zur Verhaltenskontrolle und -manipulation benutzt werden könnte, und ermutigte bestimmte Forscher, damit zu experimentieren. Viele nahmen die Droge selbst, ehe sie sie ihren freiwilligen Versuchspersonen verabreichten. Und Lillys Delfine waren sicher nicht die ersten nichtmenschlichen Wesen, bei denen LSD im Blut zirkulierte: Zahllose Tiere, von Ratten bis zu Schimpansen, hatten gleichfalls ihre Dosis LSD bekommen.[10]

Doch als sich seine immer eigentümlicher anmutenden Arbeiten in der Welt der Cetacea-Forschung herumsprachen, zog sich Lilly den Zorn seiner intellektuelleren und moralisch orthodoxeren Kollegen zu. Anfang der 1960er ähnelte »das CRI in der Karibik immer weniger einer schlechten Szene aus *Flipper* und immer mehr einem Puff für unverheiratete Wissenschaftler auf der Suche nach Sonne und Meer«.[11] Zahllose nonkonformistische Berühmtheiten wie Aldous Huxley, Carl Sagan oder der Anthropologe Gregory Bateson (Ex-Ehemann von Margaret Mead) kamen zum CRI, gaben sich Spekulationen zur Möglichkeit der Kommunikation zwischen den Arten und anderen Themen von kosmologischer Relevanz hin und tobten im Pool herum.[12]

Unter Lillys vielen unorthodoxen Experimenten stach eines heraus, und zwar wegen eklatanter Verletzung sowohl wissenschaftlicher Normen als auch der allgemein anerkannten Grenze bei der Interaktion zwischen Mensch und Tier. 1964 überredete Lilly Margaret Howe, eine junge Frau, die Bateson in einer Hotelanlage vor Ort kennengelernt hatte, mehrere Wochen mit einem lernbegierigen pubertierenden Delfin-Männchen in einem flachen Becken zusammenzuleben. Howe trug ein hautenges Trikot und leuchtend roten Lippenstift (damit der Delfin ihre Lippen leichter lesen konnte). Die Aussicht, bei einem, wie Lilly hoffte, bahnbrechenden Moment seiner Kommunikationsforschung beteiligt zu sein, begeisterte sie. Der Delfin Peter schien sich allerdings eher für Howes Trikot zu begeistern. Dies war nicht der kluge und clowneske asexuelle Delfin aus der Disney-Phantasie: Hier handelte es sich um ein adoleszentes Männchen mit starken Trieben und keinen Hemmungen. Peters immer aggressivere Annäherungsversuche erschreckten Howe, aber Lilly überredete sie, Ruhe zu bewahren und dem Delfin halbwegs entgegenzukommen. Was folgte, beschrieb Howe so: »Als Peter oben im Fiberglasbehälter war, wurde er gelegentlich erregt, und ich entdeckte, dass er irgendeine Art von Orgasmus erreichte, wenn ich seinen Penis in die Hand nahm und ihn sich gegen mich pressen ließ; er hatte das Maul offen, die Augen geschlossen, der Körper schüttelte sich, dann entspannte sich sei Penis und zog sich zurück. Er wiederholte dies bisweilen zwei- oder dreimal; dann hörten seine Erektionen auf, und er schien befriedigt zu sein.«[13]

Im Dienst der Wissenschaft gab es viele unübliche Experimente, aber was man von Lillys Projekt der Kohabitation halten soll, ist zweifelhaft. Er selbst war alles andere als zurückhaltend und veröffentlichte gern alle freizügigen Details in seinem Buch *Ein Delphin lernt Englisch*, einer Fortsetzung seines Bestsellers *Man and Dolphin* aus dem Jahre 1961. Sein bohemehafter Lebensstil und seine fragwürdigen Forschungsmethoden waren zweifellos ein Manko. Seine Karriere endgültig aus der Bahn geworfen haben aber seine unablässigen Behauptungen zu den überlegenen Fähigkeiten der Delfin-Intelligenz und -Kommunikation – Behauptungen, die die meisten Wissenschaftler befremdlich fanden. *Man and Dolphin* war ein großer Erfolg beim breiten Publikum und sollte zu einem Lieblingsbuch der Gegenkultur werden, doch in wissenschaftlichen Zeitschriften wurde es kritisiert und sogar verrissen, wobei Lilly schlampiges Denken vorgeworfen wurde. Zum Beispiel nahm er simplifizierend eine direkte Korrelation zwischen Größe des Gehirns und Intelligenz an. Da das Gehirn von Pottwalen sechsmal so schwer wie das menschliche Gehirn ist, so meinte Lilly, müssten sie weit mehr graue Substanz haben. Unter anderen schloss Lilly daraus, Pottwale könnten Erlebtes perfekt erinnern und daraus lernen. Der Historiker Graham Burnett beschreibt diesen Ansatz treffend als eine Form von »plattem kortikalen Reduktionismus«. Trotzdem fand Lillys Besessenheit hinsichtlich der Gehirngröße viele Jahre lang immer wieder Eingang in die Literatur gegen den Walfang.[14]

Ende der 1960er wurde Lilly von den Geldtöpfen für die Biowissenschaften des Kalten Kriegs ausgeschlossen, die ihn zwei Jahrzehnte ernährt hatten.[15] Nachdem seine wissenschaftliche Karriere in Scherben lag, konnte Lilly all seinen psychedelischen Bedürfnissen nachgeben und zum regelrechten Guru der Gegenkultur werden. Er schloss sich dem Esalen-Institut an und propagierte das therapeutische Potential seines Isolationstanks.[16] Er freundete sich mit Timothy Leary an, der einen ähnlichen Karriereknick und Hang zu LSD aufzuweisen hatte. Und er entwickelte und propagierte weiterhin seine Vorstellungen zur Intelligenz von Cetacea und zur Kommunikation zwischen den Arten. Dass seine früheren Wissenschaftler-Kollegen ihn nicht mehr wahrnahmen, machte ihm nichts aus: Eine ganze neue Generation war bereit zuzuhören. Lilly legte nahezu allein den Grundstock für das Konstrukt eines neuen Säugetiers. Hätte man ihn um einen Namen gefragt, hätte er es vielleicht *Cetaceus intelligentus* genannt.

Roger Payne, ein Wissenschaftler an der Rockefeller University, lieferte weitere Beweise, die die Theorie untermauerten, dass Wale und Delfine über ein ausgeklügeltes Kommunikationssystem verfügen, das dem des Menschen ähnlich ist. Mit einem primitiven Hydrofon zeichnete Payne die Laute von Buckelwalen in der Nähe der Bermudas auf. Bei der Analyse der Aufzeichnungen kam er zu dem Schluss, dass es sich bei den Lauten um Gesänge im genauen Wortsinn handelte: Einzelne Phrasen wiederholten sich immer und immer, manchmal dauerten die Gesänge bis zu 30 Minuten. Payne produzierte eine Schallplatte, *Songs of the Humpback Whale*, die Millionen Menschen die Jagdtöne der Tiere vorstellte – Gesänge, die man angesichts der raschen Dezimierung der Art leicht als Hilferufe interpretieren konnte.[17] Letztlich verwirklichte Payne eines der zentralen Ziele von Lilly: den Menschen eine bedeutsame akustische Begegnung mit intelligenten Leben im Meer zu ermöglichen.

Der hervorragende schwedische Wissenschaftler Karl-Erik Fichtelius kam 1972 zu der Erkenntnis, dass seine Kollegen Lillys Arbeiten vorschnell abgetan hätten. Zusammen mit dem Journalisten Sverre Sjölander veröffentlichte er ein Buch, das den provokanten Titel *Smarter than Man?* trug. Fichtelius und Sjölander verglichen systematisch das menschliche Gehirn mit dem von Walen und Delfinen, um einige allgemeine Schlüsse über ihre komparative Intelligenz zu ziehen. Der zerebrale Kortex, so fanden sie heraus, ist bei Delfinen größer als bei uns, hat doppelt so viele Windungen und 10 bis 40 Prozent mehr Nervenzellen. Der Teil des Kortex, der für motorische Fähigkeiten zuständig ist, ist beim Menschen deutlich größer als beim Delfin, aber das bedeutete nur: »Der Delfin hat mehr Kortex als wir für die höheren mentalen Prozesse übrig … Die überraschende Folgerung [unseres] Vergleichs lautet: Das Delfin-Gehirn *könnte* unserem überlegen sein.«[18] Das bedeutete hingegen nicht, dass Wale intelligenter als Menschen sind, jedenfalls nicht in dem Sinn, wie wir Intelligenz verstehen. Es wäre jedoch möglich, so spekulierten die Autoren, dass unsere Definition von Intelligenz schlicht zu eng ist.

Mit ein wenig Nachdenken wird uns klar, dass das, worauf wir so stolz sind – unser Vermögen, uns an neue Situationen anzupassen und vorherige Erfahrungen heranzuziehen, um neue Probleme zu lösen – eine Fähigkeit ist, die eine strenge Selektion bei einem nackten Affen, der zum Räuber geworden ist, hervorgerufen hat. Und diese Fähigkeit ist für das Leben dieses Affen geeignet, auch wenn sie außerdem zur Erfindung von Walfängern, Wasserstoffbomben und Konzentrationslagern geführt hat. Mit ein wenig Phantasie können wir uns auch eine andere Art intelligenter Aktivität als unsere vorstellen. Und es ist nicht notwendigerweise so, dass unsere Form von Intelligenz auch für Wale die zweckdienlichste ist.[19]

Der Mann, durch den Greenpeace Teil der Bewegung gegen den Walfang wurde, war Paul Spong, ein physiologischer Psychologe, der für seine unorthodoxe Cetacea-Forschung schon bekannt war. Er hatte am Vancouver Aquarium gearbeitet, doch dann war sein Vertrag nicht verlängert worden, weil Spongs Chef dessen Hippie-Gebaren und seine Aufforderungen, die Wale des Aquariums freizulassen, leid war. Spong war in einer Kleinstadt an der neuseeländischen Nordostküste aufgewachsen und hatte zunächst Jura an der University of Canterbury in Christchurch studiert. Doch durch einige Psychologiekurse wurde sein Interesse an Hirnphysiologie und das neue Gebiet der Neuropsychologie geweckt. Er war ein ausgezeichneter Student und überquerte 1963 den Pazifik, um sein Studium am Institut für Hirnforschung an der University of California in Los Angeles (UCLA) fortzusetzen, einer der besten neurowissenschaftlichen Forschungsstätten der Welt. Spongs Arbeit umfasste Hightech-Computeranalysen von Hirnstrommustern bei Menschen, und seine Dissertation untersuchte, wie das Gehirn sensorische Stimulationen verarbeitet, speziell Phänomene wie Aufmerksamkeit, Konzentration und Bewusstheit.[20]

In Los Angeles kam Spong in engen Kontakt mit Angehörigen der lokalen Gegenkultur. Er hatte wenig Interesse an Politik, sondern neigte eher der Musik- und Drogenszene zu. Häufig hielt er Hof und fesselte Verehrergruppen mit seinen drogeninspirierten Monologen über menschliches Verhalten und Psychologie.[21] Ein asiatischer Kollege brachte Spong das uralte chinesische Weisheitsbuch I Ging nahe, das er als tiefsinnige und äußerst nützliche philosophische Lebenshilfe schätzen lernte. Wie Bob Hunter und andere der eher gegenkulturellen Greenpeace-Mitglieder nahm er es ohne zu zögern in Anspruch, wann immer er vor einem Dilemma stand.[22] Das I Ging war ursprünglich ein einfaches Orakel-Hilfsmittel, ehe es Konfuzius-Schüler vor etwa 2000 Jahren formalisierten. Danach wurde es zum Schlüsseltext der chinesischen Kosmologie, der nicht nur den Konfuzianismus untermauerte, sondern auch den Taoismus, Feng-Shui und die traditionelle chinesische Medizin. Im Westen war das I Ging Teil des größeren Interesses an östlichem Gedankengut, das Anfang des 20. Jahrhunderts aufkam. Der breiten deutschen Leserschaft wurde es 1923 in der einflussreichen Übersetzung des Sinologen Richard Wilhelm bekannt. Das Vorwort schrieb C. G. Jung, der das I Ging als Hilfsmittel, um Zugang zum kollektiven Unbewussten zu erlangen, betrachtete. Wilhelms Version und das Jung'sche Vorwort wurden Anfang der 1950er Jahr ins Englische übersetzt und wanderte schnell in den intellektuellen Rüstzeugkasten der Gegenkultur, in die es bestens neben Einflüssen wie Gestaltpsychologie, Kybernetik und Systemtheorie hineinpasste.[23] Ken Kesey, der Autor von *Einer flog über das Kuckucksnest,* war einer der berühmtesten Jünger. In einem Anhang zum *Whole Earth Catalog* beschrieb Kesey 1971 das I Ging als »Orakel«, das auf einem »kybernetischen Gestalt-Prinzip« beruhe und »das praktischste Alltagshilfsmittel zum Tageverbummeln« sei, um »das Wissen« zu erlangen, »dem normalerweise vom voreingenommenen Regime des Gerichtsgebäudes von Ego und Anhängendem, das wir in einer Art diplomatischer Nervosität als unser Bewusstsein anerkennen, kein Gehör gestattet wird«.[24]

Wer angeblichen Orakel-Hilfsmitteln gegenüber skeptisch eingestellt ist, erklärt sich ihre Attraktivität für die Anhänger mit der »Übereinstimmung« zwischen dem allgemein gehaltenen Rat und den ganz persönlichen Umständen des Ratsuchenden. Für Menschen wie Kesey, Spong und Hunter war das I Ging jedoch die Verbindungsschnur zu einer tiefen und bis dahin noch nicht geschauten universellen Informationsstruktur. Das war unter Wissenschaftlern, die der Gegenkultur der 1960er anhingen, nicht ungewöhnlich. Hewlett Packard bot beispielsweise einen I-Ging-Zufallszahlengenerator auf seinem neuen Tischrechner an. Warfen technikbewanderte Hippies wie Stewart Brand, der Gründer des *Whole Earth Catalog*, das I Ging, imitierten sie selbstbewusst sowohl die alten Chinesen als auch die Merry Pranksters und agierten zugleich »in Einklang mit der probabilistischen Weltsicht der Informationstheorie«, wie es Fred Turner formulierte. Sie zapften die »informatorischen Energien der Welt [an], um das ›System‹ zu transformieren«, um nicht zu sagen, die Welt selbst. Und sie »konnten das Alte und das Neue, das Östliche und das Westliche, das Literarische und das Technische als sich wechselseitig legitimierende Elemente [ihrer] ›ganzheitlichen‹ Erfahrung erleben«.[25]

Die Verehrung altchinesischer Orakel und LSD-Konsum sind wohl nicht gerade Merkmale, die die meisten Leute bei brillanten Forschern in der vordersten Linie der Neurowissenschaften vermuten würden. Der Widerspruch ist jedoch nicht so paradox, wie er vielleicht erscheint. Wie John Lillys Karriere zeigt, waren LSD, Neurowissenschaften, Cetacea-Forschung und der militärisch-industrielle Komplex merkwürdige, aber vereinbare Bettgenossen, und das Institut für Hirnforschung war ein sehr gastfreundliches Schlafzimmer.

Nach einem einjährigen Forschungsstipendium an der UCLA im Anschluss an die Promotion bot man Spong 1967 eine ungewöhnliche Forschungsstelle an der University of British Columbia an. Er konnte einmal im neurologischen Labor der Universität arbeiten – die Art von Forschung, die er gewohnt war – und dann parallel Verhaltensforschung bei dem neu erworbenen Schwertwal im Vancouver Public Aquarium betreiben. Der Name des Wals war Skana, ein Haida-Wort, das in etwa »Übernatürliche« bedeutet. Die Stellenbeschreibung faszinierte Spong, obwohl er nahezu nichts über Wale wusste. Nach einem längeren Gespräch mit dem Walforscher Kenneth Norris entschloss sich Spong zur Zusage, und so zogen er und seine amerikanische Frau Linda 1967 vom sonnigen Los Angeles in die neblig-feuchte kanadische Provinzstadt fast 2000 Kilometer weiter nördlich.[26]

Ungeachtet seiner gegenkulturellen Neigungen blieb Spong ein karriereorientierter Wissenschaftler. Er hatte beispielsweise keine Bedenken, Elektroden in den Kopf einer Katze zu setzen. Wie konnte man Hirnfunktionen verstehen, ohne ein paar Gehirne zu sondieren? Er begeisterte sich für seinen Job und teilte seine Zeit zwischen dem UBC-Labor und dem Delfinarium auf, wo er eine Reihe von Experimenten entwickelte, um Skanas Sehschärfe zu testen. Er kannte natürlich die bewegte Kontroverse um die Cetacea-Intelligenz und entschied sich dabei »für eine konservative wissenschaftliche Methode, die darin bestand, das zu untersuchende Tier zunächst als unbekanntes Säugetier zu betrachten und Basisinformationen zu sammeln«.[27] Bei seinen Experimenten mit

Skana ging es in der Hauptsache darum, zwei Tafeln – eine mit einem Strich, die andere mit zwei Strichen darauf – im Walbecken zu plazieren und Skana zu belohnen, wenn sie die Tafel mit zwei Strichen wählte. Schritt für Schritt verringerte Spong den Abstand zwischen den beiden Strichen langsam von 10 auf 0,3 Zentimeter. Letzterer kennzeichnete offenbar das Limit von Skanas Sehvermögen. Nachdem er das Experiment 200 Mal wiederholt hatte, hielt Spong fest, dass Skanas Trefferquote, zwischen zwei Linien im Abstand von 0,3 Zentimeter und einer einzigen Linie unterscheiden zu können, bei 90 Prozent lag. Im Juli 1968 wiederholte Spong das 0,3-Zentimeter-Experiment, um seine Ergebnisse zu überprüfen. Zu seiner großen Überraschung fiel Skana nicht nur bei dem ersten Test durch, sondern schaffte es 83 Mal in Folge, die falsche Tafel zu wählen. Spong war klar, dass dieses Ergebnis kein Zufall sein konnte: Bei Münzen entspräche das 83 Mal Zahl bei 83 Würfen. Aus irgendwelchen Gründen wählte Skana mit voller Absicht die falsche Tafel.[28]

Zunächst war Spong verzweifelt über Skanas Verhalten. Seine Daten zur Sehschärfe waren wertlos, und Skanas mangelhafte Kooperationsbereitschaft bedeutete zudem, dass man weiteren Tests mit ihr nicht mehr trauen konnte. Spong hatte in den Monaten, in denen er mit Skana gearbeitet hatte, Gefallen an ihrer Gesellschaft gefunden, aber er hatte nach wie vor Angst vor ihrer Größe und Kraft und immer einen gewissen Abstand zwischen sich und seinem Versuchstier eingehalten. Jetzt, so beschloss er, war es an der Zeit, die formellen Experimente auszusetzen und einfach Zeit mit Skana zu verbringen, sie zu beobachten, mit ihr zu interagieren und sie besser kennenzulernen. Eines Tages, als er am Beckenrand saß und seine Füße im Wasser baumeln ließ, näherte sich Skana ihm langsam, wie sie das oft tat, doch dann schlug sie plötzlich ihr offenes Maul auf seine nackten Füße. Ihre zehn Zentimeter langen Zähne, die seine Füße leicht wie Ästchen von einem Zweig hätten abtrennen können, kratzten nur sanft liebkosend über seine Haut. Er zog seine Füße unter erstauntem Seufzen sofort aus dem Wasser. Nach kurzer Zeit war seine Neugier jedoch wieder größer als seine Angst, und er streckte seine Füße vorsichtig wieder ins Wasser. Skana zog ihre Zähne wieder über Rücken und Sohlen seiner Füße, und wieder riss Spong die Beine instinktiv aus dem Wasser. Er wiederholte die Prozedur elfmal mit dem gleichen Ergebnis. Dann, beim zwölften Mal, nahm er sich fest vor, seinen Drang zurückzuzucken zu überwinden. Diesmal packte Skana zart seine reglosen Füße mit dem Maul, ließ sie dann los, schwamm weg und gab dabei Töne von sich, die nach Zufriedenheit klangen. Spong ließ seine Füße im Wasser, aber Skana näherte sich ihnen nicht noch einmal. Der verwirrte und aufgeregte Spong hatte das Gefühl, gerade einen Rollentausch durchgemacht zu haben: Skana war jetzt die Experimentatorin und er ihr Versuchsobjekt.[29]

Von da an begann für Skana und ihn, so Spong, eine »fröhliche Zeit gegenseitigen Entdeckens und Kennenlernens zwischen Mensch und Tier«. »Jetzt warf ich meine Distanziertheit über Bord [öffnete meinen Geist] und beschäftigte mich persönlich mit Skanas Lernproblemen ... Dieser Wal war keineswegs als überdimensionale Laborratte anzusehen. Sie hatte vielmehr eine Persönlichkeit: wissbegierig, erfinderisch, fröhlich, gutmütig, lustig, geduldig und vor allem völlig furchtlos und mit einer starken Selbstbeherrschung.«[30] Spong postulierte, dass das Gehör für das Wohlergehen von Walen weitaus wichtiger als das Sehvermögen ist. Er stellte die Tests zur Sehschärfe ein und brachte verschiedene Musikinstrumente mit ins Delfinarium, um zu sehen, wie Skana und Tung Jen, ein weiterer Wal in Gefangenschaft, reagieren würden. Offenbar stimulierte eine große Bandbreite an Musik die beiden Tiere, insbesondere, wenn sie live gespielt wurde. Das veranlasste Spong zu zunehmend unorthodoxeren Forschungsmethoden, etwa indem er Musiker ins Delfinarium holte. Er wurde auch mutiger beim Umgang mit seinen Versuchsobjekten: Es dauerte nicht mehr lange, bis er mit ihnen schwamm und sich auf ihre Rücken setzte. Und er begann, die Wale als weit komplexere und intelligentere Geschöpfe zu betrachten, als man das allgemein tat. Diese Ansicht brachte er mit gebotener Vorsicht in seinem Forschungsbericht 1969 zum Ausdruck:

> *Orcinus orca* (der Schwertwal) ist ein hoch entwickeltes, komplexes und fähiges Lebewesen und von uns hinsichtlich der fundamentalen Organisation seines Nervensystems und seines Körperbaus so unterschiedlich, dass unsere Fähigkeit, selbst seine elementarsten Charakteristika zu verstehen, trotz der gemeinsamen Säugetiervorfahren notwendigerweise stark limitiert ist.[31]

Seine Lektüre und der Umgang mit den Walen brachten Spong zu der Überzeugung, dass Wale primär akustische Geschöpfe sind, für die das Hören ebenso wichtig ist wie für Menschen das Sehen. Von dieser Position aus war es nur natürlich, zu dem Schluss zu gelangen, dass Betonbecken für Cetacea Isolationstanks ohne Sinneswahrnehmungen darstellten. Das war nicht nur grausam für die beiden Wale, sondern grenzte auch die Möglichkeiten für Menschen stark ein, zu verstehen, wie Wale und Delfine wirklich geartet sind. Spong wollte diese Ansichten der Öffentlichkeit kundtun, sorgte sich aber darum, wie seine wissenschaftlichen Kollegen und Arbeitgeber reagieren würden. Er wusste, dass viele Kollegen jede Behauptung, dass Wale eine ausgeklügelte Sprache besäßen und eine hoch entwickelte Form von Intelligenz hätten, die der des Menschen vergleichbar sei, höchst skeptisch aufnehmen würden. Eine ganze Weile teilte es seine Meinung nur mit seiner Familie und Freunden, die ähnlich dachten. Gleichzeitig stürzte er sich wieder einmal in die lokale Gegenkultur. Linda und er zogen in eine alternative Gemeinde, die sich eine klapprige Siedlung am Rande des Watts südlich von Vancouver errichtet hatte. Er ließ seine Haare wachsen und einen Bart stehen und tauchte mit einer Kopfbedeckung bei der Arbeit auf, die Murray Newman, der Direktor des Aquariums, als »Che-Guevara-Barett« bezeichnete. Newman und sein Direktorium beobachteten Spongs Mätzchen mit wachsendem Misstrauen und fürchteten, sein Gebaren würde »unheimlich und möglicherweise gefährlich für die Tiere«. Ihre negative Einschätzung verstärkte sich, als ein älterer potentieller Spender in das Aquarium kam, »einen Blick auf den Hippie Spong warf – und das war es dann«.[32]

Spong war 1969, nachdem er über ein Jahr mit Skana und Tung Jen gearbeitet hatte, absolut überzeugt, dass es sowohl grausam als auch wissenschaftlich kontraproduktiv sei, Cetacea in Gefangenschaft zu halten. Wale sollten in ihrer natürlichen Umgebung beobachtet werden, zu unserem Wohl wie zu ihrem eigenen. Spong dachte jetzt auch darüber nach, ob er diese Ansichten bei dem Kolloquium darlegen sollte, das er im Rahmen der Seminarreihe seiner Abteilung durchzuführen hatte. Doch die Bedrohung, die das für seine Karriere darstellen würde, ließ ihn zögern. Wie immer bei einem solchen Dilemma, wandte er sich an das I Ging. Er warf die Münzen, und die ergaben das Hexagramm 47. Spong hatte das I Ging auswendig gelernt und wusste sofort, dass die Zahl »Bedrängnis« bedeutete. »Wenn man etwas zu sagen hat«, las er in dem 2000 Jahre alten Text, »wird es nicht geglaubt.« Weiter hieß es, die großen Männer würden von gemeinen Männern bedrängt und behindert. Der Kommentar erläuterte: »Man … denkt, man werde es zu bereuen haben, wenn man sich bewegt. Aber sobald man zur Einsicht kommt, diese geistige Haltung ablegt und einen starken Entschluss fasst, so gelingt es, der Bedrängnis Herr zu werden.«[33] Diesmal machte der Text Spong also Mut, seine Ansichten beim Mitarbeiterseminar auszusprechen. Doch es bleibt die Frage, was er getan hätte, wenn das I Ging ihn aufgefordert hätte, zu schweigen.

Spong begann seinen Vortrag mit unstrittigen Fakten, skizzierte einige allgemeine Charakteristika von Schwertwalen und berichtete von seinen Experimenten zur Sehschärfe. Doch gegen Ende begann er, über die Ausgereiftheit der Wal-Kommunikation und das Intelligenzniveau von Walen im Verhältnis zum Menschen zu spekulieren:

> Das stimmliche Verhalten des Orcas zeigt genügend Variabilität, Komplexität und Vermögen zu Modifikation und Entwicklung, dass es wahrscheinlich erscheint, dass es hilfreichen Kommunikationsfunktionen dient. Ihr Vermögen, akustische Information auszusenden, aufzuspüren, darauf zu reagieren, Inhalte daraus zu entnehmen und sie anderweitig zu verarbeiten und zu speichern, ist nach jedem Maßstab bemerkenswert … *Orcinus orca* hat ein riesiges Gehirn mit mehr Windungen pro Oberflächenbereich als das menschliche Gehirn. Der hoch entwickelte Kortex veranlasst mich zu dem Schluss, dass der Orca dieses Gehirn entwickelt hat, indem er es benutzte, so, wie die Primaten.[34]

Unzufrieden damit, lediglich zu postulieren, dass Wale mit Menschen verglichen werden könnten, tat Spong den nächsten Schritt und machte den Vergleich explizit:

Paul Spong spielt 1974 im Vancouver Aquarium für einen Schwertwal Querflöte.

Orcinus orca nimmt im Meer einen Platz ein, der dem entspricht, den die Menschen an Land innehaben: an der Spitze der Nahrungskette, ohne Fressfeinde ... Meine Forschungen sind noch nicht weit genug, um Annahmen über die genaue Art und Weise der Intelligenz von *Orcinus orca* zu erlauben, aber ich sehe aufregende Möglichkeiten ... Mein Respekt vor diesem Tier grenzt gelegentlich an Ehrfurcht. [Es] handelt sich um ein unglaublich mächtiges und begabtes Geschöpf, es ist selbstbeherrscht und sich der Welt um sich herum bewusst, ist ein Wesen, das Freude am Leben, einen gesunden Humor und überdies eine bemerkenswerte Zuneigung und Interesse an Menschen besitzt.[35]

An diesem Punkt hatte Spong in den Augen einiger Kollegen die Grenze zwischen wissenschaftlicher Spekulation und naivem Anthropomorphismus überschritten. Zu konstatieren, dass das große Gehirn von Walen auf eine hoch entwickelte, aber kaum verstandene Intelligenz hinweisen würde, war eine Sache – nahezulegen, dass sie ein menschenähnliches Bewusstsein besäßen, aber wissenschaftliche Blasphemie. Spong konnte rollende Professorenaugen sehen und unruhig auf ihren Stühlen rutschende Leute hören. Seine abschließenden Bemerkungen verschärften die ungläubige Haltung bei seinen Zuhörern nur noch:

Meine Erfahrungen mit Skana und Tung Jen im Vancouver Aquarium haben mich zu der Folgerung veranlasst, dass ihre Haltung dort uns keine weiteren richtigen Erkenntnisse über sie liefert. Das Leben in Gefangenschaft bedeutet nicht nur einen Mangel an Sinneswahrnehmungen für sie, sondern auch einen sozialen Mangel ... Ich glaube heute ... dass diese Wale freigelassen werden sollten und wir unsere Studien mit dem freilebenden oder halb gefangenen *Orcinus orca* in seiner natürlichen Umgebung fortsetzen sollten.[36]

In Spongs Worten hallten die von John Lilly wider. Sie reflektierten aber auch einen größeren Wandel im menschlichen Verhalten gegenüber Walen und Delfinen. Doch in den Augen von Murray Newman hatte sich Spong von seinem Forschungsgegenstand verführen lassen. Schuld an dieser »Korruption« sei vor allem Spongs Verbrüderung mit der lokalen Gegenkultur. Für Newman dienten die Wale einzig zur Unterhaltung des Publikums und zu wissenschaftlichen Untersuchungen. Mit der Forderung, sie freizulassen, stellte Spong die Daseinsberechtigung des Aquariums in Frage. Somit sah Newman keine andere Möglichkeit, als Spong rauszuwerfen, indem er seinen Vertrag nicht verlängerte.[37]

Falls Newman irgendwelche Bedenken wegen seiner Entscheidung hatte, konnte ihn Spong schon bald davon befreien. Nachdem ihm der Zugang zu Skana verweigert worden war, schlug Spong unter einem Baum hinter dem Delfinarium sein Lager auf. Mit dabei hatte er ein großes Samtkissen, eine Schale Marihuana, einen großen Spiegel, eine Gitarre, eine Flöte, eine Zither, ein Tamburin, eine Mandoline, einen Sitar, eine Muschel, einen dreisaitigen Gartwang und eine Verstärkeranlage im Wert von 1000 Dollar. »Wenn ich damit spiele«, erklärte er einem Reporter der *Vancouver Sun*, »wird Skana durch das gesamte Aquarium tanzen, und keine verdammte Sau kann sie stoppen. Sie werden mich im gesamten Park hören. Allen wird das Hirn regelrecht weggeschmettert.« Und über seinen ehemaligen Arbeitgeber sagte er: »Ich habe Dr. Newman immer gemocht, aber er ist nur ein bisschen schwer von Begriff.«[38] Danach spannte Spong den *Georgia Straight* für seine Sache ein, wo er sich in einem Interview mit verständigen *Straight*-Reportern, bei dem drogeninduziert die Bewusstseinsströme frei flossen, des Jargons der Gegenkultur bediente. Spong, dessen Haar bis auf die Schultern und dessen Bart halbwegs bis zum Nabel reichte, saß im Schneidersitz zwischen seinen Instrumenten und verkündete, der Wal sei »die Nummer eins auf diesem Planeten ... das höchste Geschöpf. Glaub mir bloß, Baby, und ich werde es dir beweisen ... 'tschuldigung ... ich werde es nicht beweisen, der Wal wird es beweisen. Lass dir gesagt sein, sobald ich Flüssigkristall in die Finger bekomme, wird der Wal englisch mit uns reden. Mit Worten, die wir sehen können, wie das I Ging.« Spong gab offen zu, dass er während der Arbeit Drogen nahm: »Hilft mir beim Arbeiten. Hilft mir, in die Killerwal-Sphäre einzutreten. Wenn ich Drogen nehme, wärmt der Killerwal seine Nase auf, Dampf kommt aus ihrer Nase, und wer weiß ... Sie haben's nicht verstanden, Mann, ist aber okay, sie kommen noch dahinter, verstehst du, weil das I Ging das sagt.«[39]

Auch wenn Spong sich immer mehr einer Figur aus dem *Electric Kool-Aid Acid Test* anverwandelte, blieb er im Herzen Wissenschaftler. Er wollte in die Praxis umsetzen, was er predigte, und plante, Wale in ihrer natürlichen Umgebung zu beobachten. 1970 fuhr er mit Linda und ihrem kleinen Sohn Yashi an der Küste von British Columbia nach Norden in das Kwakiutl-Dorf Alert Bay – dasselbe Dorf, in dem ein Jahr später die Mitglieder der *Greenpeace*-Crew zu Ehrenstammesangehörigen ernannt werden sollten. Auf den Rat der Indianer vor Ort hin wählte Spong Hanson Island, ein paar Hektar üppigen Regenwaldes der gemäßigten Zone nahe der Nordostspitze von Vancouver Island, als Untersuchungsgebiet aus. Es war bekannt, dass viele Schwertwalschulen durch die schmalen Meeresarme zogen und man sie leicht vom Strand und von den Klippen aus beobachten konnte. Mithilfe einiger Freunde errichtete Spong dort eine einfache Hütte – das erste Stadium des renommierten Walforschungsprojekts, das Spong noch heute dort betreibt.[40]

Zu jener Zeit war Spong ein Fachmann für Schwertwale und Walverhalten und Walphysiologie allgemein. Erstaunlicherweise wusste er wenig über die Misere der Großwale, von denen viele bis an den Rand zur Ausrottung bejagt wurden. Er hatte nur eine vage Ahnung, dass japanische und sowjetische Walfänger immer noch große Mengen Pottwale im Nordpazifik erlegten sowie noch gefährdetere Arten wie Seiwal und Finnwal in der Antarktis. Erst 1972, nach einem Treffen mit dem berühmten kanadischen Naturschriftsteller Farley Mowat, wurde Spong klar, wie stark dezimiert die Populationen der Großwale inzwischen waren. Mowat stellte in Vancouver sein neuestes Buch *A Whale for the Killing* (dt. *Moby Joe darf nicht sterben*) vor, und jemand machte ihn bei der Veranstaltung mit Spong bekannt. Mowat war fasziniert von Spongs Forschungen, aber für die Zukunft der Großwale sah er schwarz. In düsterem Ton sagte er, er hoffe, dass in ein paar Jahren noch genügend Wale übrig wären, die man erforschen könne. Spong war entsetzt über Mowats Verzweiflung: »Meinen Sie, dass es so schlimm ist?« Dann habe sich, so berichtet Spong, Mowat vorgebeugt und mit gesenkter Stimme geantwortet:

> Hören Sie, Paul, nur wenige Menschen haben gesehen, was Sie gesehen haben, haben solch eine Erfahrung gemacht. Der Großteil der Welt bezieht seine Vorstellungen über Wale immer noch aus Bildern von Moby Dick und Geschichten über bösartige Ungeheuer in der Tiefe. Die Fabrikschiffe löschen die Wale aus so schnell sie können. Was kümmert es sie? Es geht um ein paar Dollar. Wenn die Wale verschwunden sind, können die Walfänger ihre Aktiva auf andere Geschäftszweige ausrichten. Sie stellen Hundefutter und Lippenstifte aus Walen her. Die Russen schmieren ihre Interkontinentalraketen mit Walöl. Ebenso die Yankees.[41]

Mowats Worte hallten wie Alarmglocken in Spongs Ohren. Er merkte plötzlich, dass er durch die Konzentration allein auf einige Wale in Gefangenschaft die Gesamtsituation – dass Wale von den Menschen stärkstens bedroht werden –

beinahe ganz verpasst hatte. Mowat erzählte Spong von Project Jonah, einer in San Francisco beheimateten Antiwalfang-Organisation, von deren kanadischer Filiale er Vorsitzender war. Mowat fragte Spong, ob er bereit wäre, die Organisation in British Columbia zu vertreten. Spong, der sich immer vom Aktivismus ferngehalten hatte, war zunächst misstrauisch, aber Mowat überzeugte ihn rasch, dass er von Nutzen sein würde.[42]

Einmal entschlossen, für Project Jonah zu arbeiten, warf sich Spong mit der ganzen Begeisterung des Bekehrten auf seine neue Rolle als Aktivist. Seine erste Aufgabe war es, die kanadische Regierung zu drängen, die laufende Walfangsaison im Nordatlantik zu beenden und beim Treffen der Internationalen Walfangkommission nicht mehr mit den großen Walfangnationen – Japan, UdSSR und Norwegen – abzustimmen. Linda und er vervielfältigten energisch Flugblätter und Petitionen, sammelten Unterschriften und versuchten, die lokalen Medien für das Elend der Wale zu interessieren. Ein paar Monate später zahlte sich die harte Arbeit von Project Jonah offenbar aus: Die kanadische Regierung kündigte an, den industriellen Walfang des Landes offiziell aufzugeben. Spong betonte, dass dies hauptsächlich Farley Mowat zu verdanken war, der Premierminister Trudeau persönlich kannte und es schaffte, ihn zu überreden, die Antiwalfang-Bewegung zu unterstützen.[43] Doch es ist zweifelhaft, ob allein Mowats Einfluss Trudeau und andere Politiker veranlassen konnte, den industriellen Walfang abzustellen. Wahrscheinlicher war es die Tatkraft von Menschen wie Spong, die eine gewisse Grundtendenz von Unterstützung bewirkte, auf die die Politik reagierte. Letztlich aber wäre das Verbot wohl nie erlassen worden, wenn es nicht simple Tatsache gewesen wäre, dass ab den 1960er Jahren der Walfang keine bedeutende Rolle mehr für die kanadische Wirtschaft spielte.[44]

Anfang 1973 flog Spong nach San Francisco, um sich mit Joan McIntyre zu treffen, der Gründerin und Leiterin von Project Jonah. McIntyre war Aktivistin von Friends of the Earth und hatte Project Jonah zusammen mit Maxine McCloskey, der Frau des Sierra-Club-Vorsitzenden Michael McCloskey, ins Leben gerufen. Sie und Spong besprachen die Kampagne für das angefangene Jahr. McIntyre und andere Antiwalfang-Aktivisten bezogen sich auf eine Resolution, die bei der UN-Konferenz über die Umwelt des Menschen in Stockholm verabschiedet worden war und ein zehnjähriges Moratorium beim kommerziellen Walfang empfahl.[45] Um den Druck auf die Walfangnationen aufrechtzuerhalten, wollte McIntyre eine Kampagne starten, die das weltweite Medieninteresse auf die Konferenz der Internationalen Walfangkommission (IWC) im Juni in London lenken sollte. Sie wollte überall in den Vereinigten Staaten und in Großbritannien »Walfeiern« organisieren und bat Spong, eine ähnliche Show für British Columbia zusammenzustellen. Damals war Spong gerade dabei, eine bekannte Medienfigur in Vancouver zu werden. Die Kombination von wissenschaftlicher Eloquenz und nahezu evangelikaler Inbrunst für seine Sache machten Spong zum gesuchten Gast von Talkshows in Radio und Fernsehen. Es sollte nicht lange dauern, bis sein Terminkalender voll war mit Interviews, Arbeitsessen und Abendeinladungen. Am 2. Juni 1973 veranstalteten Spong und Linda eine »Walfeier« im Stanley Park – nicht weit entfernt von dem Delfinarium, in dem sich seine geliebte Skana immer noch befand. Das Fest, das eine erkleckliche Menge anzog, vereinte Aufklärung mit sauberem Spaß, abschreckenden Wutreden und allen gegenkulturellen Aktivitäten, die geeignet waren, die normalen Mittelschichtbürger fernzuhalten.[46] Zeitgleich fanden ähnliche Feiern rund um die Welt statt. Dazu gehörte auch eine große Versammlung vor dem Londoner Hotel, in dem das IWC-Treffen stattfand. Trotz der positiven Medienberichterstattung über die Show zur Unterstützung des Moratoriums gelang es der IWC nicht, die Dreiviertelmehrheit zusammenzubekommen, die für das Inkrafttreten der Resolution nötig war. Spong ärgerte sich besonders über das kanadische Abstimmungsverhalten. Während die USA und Großbritannien für das Moratorium stimmten, enthielt sich Kanada der Stimme, womit es indirekt die Pro-Walfang-Nationen unterstützte.[47]

Spong und seine Familie verbrachten den Rest des Sommers 1973 auf Hanson Island und forschten weiter auf ihrer Walbeobachtungsstation. Während dieser Monate begann Spong, eine Serie von »Walshows« für die Öffentlichkeit zu planen, bei denen Filme, Dias und Anekdoten eingesetzt werden sollten, um, wie Spong hoffte, die einzigartige Form der Walintelligenz stärker ins Bewusstsein der Menschen zu rücken und sie mit dem Befund aufzurütteln, dass viele Arten unmittelbar vom Aussterben bedroht waren. Diese Kampagne wollte er auch weit über die Grenzen von British Columbia hinaus ausdehnen. Er machte Pläne für Tourneen durch Skandinavien, Island und Japan, die starrsinnigste aller Walfangnationen. Um wohlwollende Publicity für die Show zu bekommen und auch, um zu erfahren, wie man eine erfolgreiche Umwelt-Medienkampagne führt, nahm Spong Kontakt zu Bob Hunter bei der *Vancouver Sun* auf. Angesichts ihrer Vorliebe für die Gegenkultur, ihrer Prominenz in der Medienwelt von Vancouver und ihrer ähnlichen Interessen war es ganz unausweichlich, dass sich die beiden Männer irgendwann kennenlernten. An einem grauen Herbsttag 1973 nahm Hunter Spong in seinem umgebauten Fischerboot mit hinaus auf das unruhige Wasser der English Bay, wo sie ein Gespräch führten, das bis zum heutigen Tag gewiss als eines der folgenreichsten in der Greenpeace-Geschichte gelten muss.[48]

Hunter hatte, im Gegensatz zu den meisten anderen Journalisten, mit denen Spong gesprochen hatte, John Lillys umstrittenes Buch über die Cetacea-Intelligenz und Farley Mowats Buch über die Einstellung der Menschen zu Walen tatsächlich gelesen. Nachdem er von seiner Arbeit mit Skana und seinem Forschungsprojekt auf Hanson Island erzählt hatte, ließ Spong, ermutigt durch Hunters Charme und seine verständige Haltung – und nicht zu vergessen, sein Bier –, seine Theorien zur Walintelligenz vom Stapel:

Ich glaube wirklich, dass Wale eine hoch entwickelte soziale Struktur haben und sich ihre großen Gehirne herausgebildet haben, weil sie sie für eine extrem komplexe soziale Kommunikation benutzen. Sie sprechen wohl nicht mit Worten, aber sie schaffen vielleicht Tonbilder. Auf alle Fälle sind ihre riesigen Gehirne in gewisser Weise vielleicht die ausgereiftesten biologischen Computer auf diesem Planeten. Menschen kommen nicht annähernd an ihre Fähigkeit heran, akustische Information zu verarbeiten. Ich war ein klassischer Verhaltensforscher, zufrieden damit, das Verhalten bei Tieren zu manipulieren, bis ich merkte, dass das Tier, mit dem ich arbeitete, ebenso intelligent und in mancher Hinsicht möglicherweise *intelligenter* als ich war. Bei meiner Arbeit geht es mir jetzt darum, eine neue *Art* von Intelligenz zu enthüllen – oder vielleicht einen Blick darauf zu erhaschen –, etwas, dessen sich die Menschen nicht einmal bewusst sind.[49]

Hunter versicherte Spong, dass manchen Menschen durchaus bewusst wäre, dass es unterschiedliche Formen von Intelligenz gibt, und sie bereit wären, Spongs Ideen weiter auszuloten. Er skizzierte sein hegelianisches Verständnis von der Bewusstseinsrevolution und die entscheidende Rolle, die ökologische Werte bei einer derartigen historischen Entwicklung spielen würden.

Die Industrienationen sind den Gesetzen der Ökologie gegenüber blind und werden auf ihre schicksalhafte Schuld stoßen, wenn sie die Ressourcen so weit ausgeraubt haben, dass die Maschinen knirschend zum Stehen kommen. Die Industriewirtschaften stecken in Schwierigkeiten, und ein ökologischeres, koevolutionäres Paradigma schält sich heraus. Wenn das, was du über Wale sagst, stimmt – und ich glaube, dass es das tut –, dann sind uns die Wale weit voraus. Sie haben anscheinend bereits gelernt, in Harmonie mit ihrer Umgebung zu leben, ihre Populationen zu kontrollieren, ökologisch in ihrer Umwelt zu leben und ihre Gesellschaften ohne Aggression und Gewalt zu führen. Es hört sich an, als hätten die Wale eher eine *Gestalt*-Sprache, keine Sprache, wie wir sie kennen, sondern eine Form, über ihr Verhältnis zu kommunizieren. Sie verstehen intuitiv die Systemtheorie. Das stellt sie weit über den menschlichen Intellekt.[50]

Die meisten Wissenschaftler hielten und halten Hunters und Spongs Vorstellungen über Cetacea-Intelligenz bestenfalls für umstritten, wenn nicht eklatant mystisch. Aber für einen Hippie-Wissenschaftler, der sich kurz vor einem Durchbruch hinsichtlich unseres Verständnisses von Intelligenz sah, und einen gegenkulturellen Journalisten, der zu kosmischen Ebenen der Theoretisierung neigte, repräsentierten die Wale sowohl ein Modell als auch eine Metapher für ökologisches Bewusstsein. Indem Hunter und Spong die Wale an die Spitze der Gehirnkette stellten, machten sie sie zu idealen Subjekten einer Kampagne für Tierrechte. Indem sie sie als Geschöpfe porträtierten, die sich zu einem Stadium höchster ökologischer Harmonie entwickelt hatten, wurden sie gleichzeitig zu Vorbildern der tiefen ökologischen Ethik, die die Menschheit annehmen musste, wenn sie auf der Erde überleben wollte. Kurz, der Wal sollte der Messias von Hunters Whole Earth Church werden und Greenpeace ihr Apostel. Das Ergebnis wäre, so hoffte man, die ökologische Verzauberung der Welt.

Im weiteren Verlauf des Gesprächs beschrieb Spong seine Arbeit für Project Jonah. Er war der Meinung, dass die Antiwalfang-Aktivisten einige Fortschritte machten, aber zu langsam wären. Bis sie ein Moratorium durchgesetzt hätten, wären die meisten Großwale bereits bis fast zur Ausrottung bejagt. Radikaleres als das bloße Sammeln von Unterschriften und die Lobbyarbeit bei Politikern war nötig. Dies brachte Hunter dazu, Spong seine »Gedankenbomben«-Theorie zu erklären: Wie die modernen elektronischen Medien als unmittelbares Transportsystem für Bilder und Ideen rund um die Welt fungierten. Die Theorie brachte Spong auf eine Idee: »Was, wenn wir ein Boot nähmen und die Walfänger blockierten, wenn wir direkt zwischen sie und die Wale fahren und verhindern, dass sie ihre Harpunen abschießen! Meinst du, die Mediennetzwerke würden darüber berichten?« Hunter antwortete, dass sie das sicher täten, die Logistik für eine solche Aktion aber enorm wäre. Wo wollte Spong einen Kapitän finden, der bereit war, sein Schiff vor eine Harpune zu steuern? Und wie sollte man die Walfänger in der unendlichen Weite des Pazifiks aufspüren? Spong schlug dann vor, mit Kajaks zwischen Wale und Harpunen zu paddeln. »Wir schützen die Wale mit unseren Körpern. Wenn sie feuern, müssen sie uns zuerst töten.« Hunter wies darauf hin, dass Spong in einem Kajak niemals mit einem Walfänger Schritt halten könne. Trotzdem fand er die Idee grundsätzlich gut.[51]

Der Gedanke, in direkter Aktion gegen die Walfänger vorzugehen, egal, wie schwierig das logistisch war, elektrisierte Spong. Würde Greenpeace Interesse an solch einer Kampagne haben, fragte er Hunter. Hunter meinte, die Idee hätte Potential und ein Richtungswechsel sei an der Zeit für Greenpeace. Aber er war skeptisch, ob er die anderen in der Organisation überzeugen könnte. Schließlich handelte es sich eigentlich um eine Gruppe von Atomwaffengegnern. Zudem war Greenpeace zu diesem Zeitpunkt Ende 1973 zersplittert und verschuldet. Leute wie die Stowes, die Bohlens und Will Jones waren beeindruckt von der Mururoa-Kampagne 1973 und wollten 1974 wieder eine solche Fahrt starten. Und McTaggart forderte nach wie vor von Greenpeace, dass man ihn finanziell bei einem sicher langwierigen und teuren Verfahren vor französischen Gerichten unterstützte. Dies alles vor Augen, war Hunter nicht sehr optimistisch, dass er andere überreden könnte, Mittel, die sie überdies noch gar nicht hatten, in eine völlig neue Kampagne fließen zu lassen, insbesondere eine mit so unzweifelhaft versponnenen Untertönen. Trotzdem beschloss er, einen Versuch zu wagen, und bat Spong, seine Ideen beim nächsten Greenpeace-Treffen vorzutragen.[52]

Spongs Auftauchen führte zu weiteren Fraktionierungen der ohnehin zersplitterten Organisation. Bohlen respektierte zwar Spong als Wissenschaftlerkollegen, aber die Walfangangelegenheit erschien ihm im Vergleich zur Bedrohung durch Atomwaffen »weich«. Die meisten älteren Aktivisten waren derselben Meinung.[53] Irving Stowe war vielleicht der unnachgiebigste Gegner von Spongs Plänen – eine rätselhafte Haltung angesichts seiner früheren Aussagen zu Walen. Nachdem er Roger Paynes Buckelwal-Aufzeichnungen gehört hatte, hatte er geschrieben: »Das gedankenlose Abschlachten der größten Säugetiere der Welt ist das perfekte Symbol für den größten Fehler, den wir je machen können – eine andere Art auszulöschen und die Kette des Lebens zerstören.«[54] Vielleicht war Stowes Sinneswandel mit seinen Besitzergefühlen Greenpeace gegenüber zu erklären. Egal, was der Grund war, seine Opposition machte es schwer für Hunter und Spong, sich durchzusetzen. Auf ihrer Seite waren Rod Marining, Doc Thurston und Hunters Freund Hamish Bruce. Bruce war der Hippie-Anwalt, der als Erster die Idee einer ökologischen Schlagtruppe von »Grünen Panthern« vorgebracht hatte.[55] Er führte eine Art Doppelleben: Tagsüber, im Büro, war er ein harter, radikaler, linker Anwalt, aber er war auch, wie Hunter es sagte, »ein wahrer, in der Wolle gefärbter Westküsten-Freak … und ein Anhänger von I Ging, indischen Orakeln, dem Jung'schen Konzept der Synchronizität und glaubte an Magie«.[56]

Nachdem Metcalfe von der Bildfläche verschwunden war und weder Bohlen noch Stowe verantwortlich für das Tagesgeschäft von Greenpeace sein wollten, sah es so aus, als wäre Hunter als Nächster an der Reihe, offizieller Vorsitzender zu werden. Doch weder Bohlen noch Stowe würde diesen Schritt gutheißen. Als Kompromisskandidat wurde Bruce gewählt, weil man davon ausging, dass er der Antiatomwaffen-Kampagne von Greenpeace weiterhin Priorität einräumen, aber Hunter und Spong erlauben würde, sich auf die Walfangfrage zu konzentrieren. Hunter und Spong bildeten daraufhin das Stop Ahab Committee, das eingerichtet wurde, um, wie Hunter festhielt, »Mittel und Wege zu erkunden, eine Expedition zusammenzustellen, um die Wale trotz Greenpeace zu retten«.[57] Als zentralen Punkt ihrer Arbeitsbeziehung (und ein Vorzeichen kommender Dinge) legten Hunter und Spong fest, sich bei allen Meinungsverschiedenheiten ratsuchend an das I Ging zu wenden.[58]

Spongs erster Tagesordnungspunkt betraf seine Walpräsentation für die Öffentlichkeit. Er buchte ein mittelgroßes Kino für die Show und ließ sich von Greenpeace die Erlaubnis geben, sie »Erste jährliche Greenpeace-Wal-Weihnachtsshow« zu nennen. Im Austausch für die Nutzung der »Marke« Greenpeace bestanden Bohlen und Stowe aber darauf, dass Spong einen notariell beglaubigten Brief unterschrieb, in dem er erklärte, persönlich für alle Verluste aufzukommen.[59] Spong hoffte, mit der Walshow genug Geld einzutreiben, um seine Reise nach Japan zu finanzieren, wo er einen öffentlichen Aufschrei gegen die Unterstützung des Walfangs durch die japanische Regierung bewirken wollte. Sollte das fehlschlagen, wollten Hunter und er ein Schiff auftreiben und 1975 eine Direkte-Aktion-Kampagne gegen die Walfänger starten. Die Show am 28. Dezember 1973 war ausverkauft, und Spongs Mittel wurden durch eine 5000-Dollar-Spende des kanadischen Folksingers Gordon Lightfoot noch aufgestockt. Jetzt hatte er genug, um die Japanreise zu bezahlen.[60]

Bevor Spong im Februar 1974 mit seiner Familie nach Japan flog, machte er sich mit Hunter an die logistische Planung einer gewaltlosen Direkte-Aktion-Kampagne gegen Walfänger. Zu diesem Zeitpunkt, so Hunter, »mangelte es uns, abgesehen von der Idee, mit einem Schiff rauszufahren und uns den Walfängerflotten irgendwo auf dem Meer entgegenzustellen, und einem positiven I-Ging-Text, an allen besonderen Plänen«.[61] Als er mal mit McTaggart gesprochen und dessen Fotos von der Attacke des französischen Kommandos angesehen hatte, war Hunter aber aufgefallen, dass sich die Franzosen der *Vega* zum Entern mit motorgetriebenen Schlauchbooten genähert hatten, die sie »Zodiacs« nannten. Die Boote waren eine französische Erfindung und konnten bei glatter Wasseroberfläche bis zu 30 Knoten schnell sein. Zudem waren sie extrem kentersicher und wendig. Spong erinnerte sich, dass er gesehen hatte, wie Wissenschaftler der kanadischen Fischereiabteilung die Schlauchboote benutzten, und dass auch Jacques Cousteau sie bei seinen Filmaufnahmen von Walen in Gebrauch hatte. Zodiacs, so entschieden sie, sollten das Herzstück der Ausrüstung bei ihrer Direkte-Aktion-Kampagne gegen Walfang sein.[62]

Kurz bevor Spong nach Japan abreiste, beschlossen er und Hunter, noch lokale Publicity für Spongs mobile Walshow zusammenzutrommeln. Sie schafften es, Murray Newman zu überreden, Spong noch einmal ins Delfinarium zu lassen, damit der neben Skanas Betonbecken eine Pressekonferenz abhalten konnte. Die erwies sich als weitere klassische Erleuchtung in Hunters Leben. Spong und der Wal begrüßten sich wie verschollen geglaubte Liebende. Spong kniete am Beckenrand, tätschelte Skana und presste sein Gesicht gegen ihr riesiges Maul, während ihm Tränen in die Augen schossen. Dann winkte er Hunter, zu ihm zu kommen, und stellte ihn Skana vor. Anfangs hatte Hunter Angst vor diesem gewaltigen Kraftpaket:

> Doch als ich hinunter auf die Plattform kam und meine Hände nach Skana ausstreckte, bewegte sie sich leicht – wie eine Frau – in meine Richtung und erlaubte mir, sie unter dem Kiefer zu streicheln. Die Furcht fiel binnen Sekunden von mir ab und machte Staunen und Aufregung Platz. Bevor mir richtig klar wurde, was passiert war, rieb ich meine Stirn gegen ihre, streichelte sie und verspürte nichts als Sinnlichkeit.[63]

Überraschte Journalisten und verlegene Aquariumsmitarbeiter sahen mit an, wie Hunter und Spong weiter herumtollten. Als Hunter sich dann über das Becken beugte, kam Skana aus dem Wasser hoch, nahm Hunters Kopf in ihr Maul und behielt für ihn einige Sekunden dort. Hunter erinnerte sich:

> Ich konnte spüren, wie [ihre] Zähne ganz leichte Eindrücke in meinem Nacken machten. Ich konnte mich nicht einen Zentimeterbruchteil bewegen. Ich fühlte mich wie ein Kristallglas in einem Schraubstock. Einen kurzen Moment lang fühlte ich mich schrecklich einsam. Ich wusste, wenn sie zuschnappen wollte, gab es nichts, womit mich jemand auf der Welt noch retten konnte. Ich war ihr völlig ausgeliefert. Angst

explodierte in meiner Brust, doch das Gefühl vertrauensvollen Glücks blieb in meinem Kopf. Als wäre sie zufrieden, ließ sie los und sank weg – unglaublich sanft –, eine Handvoll meiner Haare um zwei ihrer riesigen Zähne verheddert.[64]

Eine Möglichkeit, Skanas Verhalten zu begreifen, hätte es sein können, es mit einem Hund zu vergleichen, der die Hand eines Kindes in der Schnauze hält, ohne das Bedürfnis zu haben, die Finger abzubeißen. Doch wie viele Menschen können nach solch einer Begegnung eine solche kühle Distanz aufbieten? Wahrscheinlich nur sehr wenige und sicher nicht Menschen mit einer Persönlichkeit und Weltsicht wie Hunter. Stattdessen glaubte dieser, Skana habe ihm ganz bewusst den Weg gezeigt, den er jetzt gehen sollte. Sie hatte seine Angst bloßgelegt und die geheimen Winkel seiner Seele ausgeleuchtet.

[Hunter fand sich hinterher] allein zwischen den Bäumen stehend wieder, weinend wie ein Baby vor Erleichterung, denn endlich, *endlich* konnte ich genau sehen, wer ich war, wo meine Grenzen lagen ... Ich hatte Marathonsitzungen mit Encountergruppen und emotional erschöpfende Workshops mit dem großen Gestalttherapeuten Fritz Perls hinter mich gebracht, doch keine dieser Erfahrungen führte so weit über meine Verständnisgrenze hinaus, dass sie mich so erschüttern konnte, wie das jetzt der Fall war.[65]

Wenn Hunter noch irgendwelche Zweifel gehabt hatte, sich an Spongs Antiwalfang-Kampagne zu beteiligen, dann hatte die Begegnung mit Skana diese weggewischt. In ihr hatte sich ihm mehr als nur ein kluger Meeressäuger offenbart, mehr als ein höherer Primat des Meeres. Nein, sie hatte sich als höchste Form von Kraft und Intelligenz gezeigt, die im Einssein mit der Natur wurzelt, ein Stadium, das Menschen mit ihrem erbärmlichen Kampf, sich die Natur zu unterwerfen, niemals erreichen konnten.

Konnte es sein, dass es friedliche Superwesen im Meer gab, die lange bevor der Mensch auch nur gelernt hatte, aus dem Schutz der Höhlen zu kriechen, die Natur schon beherrschten, indem sie eins mit den Gezeiten und Temperaturen geworden waren, aber das Kommen kleiner, bösartiger Landmonster nicht vorhergesehen hatten, deren einzige Antwort auf die Natur war, sie zu zerhacken, zu zerschmettern, zurechtzustutzen, ihr die Seele auszutreiben? Hatten die Wale ein Millionen von Jahren dauerndes Goldenes Zeitalter erlebt, ehe ihr Reich schließlich von einem gefährlichen Parasiten befallen wurde, dessen Vordringen von keinem adaptiven Prozess aufgehalten werden konnte, es sei denn Gliedmaßen zu bekommen und Waffen zu fertigen? Was konnte in der Tat eine Nation von armlosen Buddhas gegen das Äquivalent fleischfressender Nazis, ausgerüstet mit hochseetauglichen Panzern und Krupp-Kanonen, ausrichten?[66]

Hunter war, so stand nun fest, bereit zu einem Kreuzzug. Er war auch bereit, seine immer unglücklichere Ehe mit Zoe zu beenden und schrieb es der Begegnung mit Skana zu, dass er jetzt den Mut dazu hatte.

Während sich Spong auf seiner japanischen Waltour befand, trafen sich die Kernmitglieder von Greenpeace weiterhin – meist im Wohnzimmer von Hamish Bruce – und diskutierten über Kampagnen und, am wichtigsten, Finanzierungen. Der Ruhm von Greenpeace stand in keinem Verhältnis zu seiner Größe und organisatorischen Kompetenz. In Kanada, Australasien und im Südpazifik sowie bei Umwelt- und Friedensaktivisten in Europa und in den Vereinigten Staaten wurde die Organisation immer bekannter. Doch die Gruppentreffen arteten meist in kleinliche Streitereien über Finanzierungen und Kosten aus. Das wenige Geld, das vorhanden war, stammte überwiegend aus freiwilligen Spenden und Ad-hoc-Sammelaktionen. Es gab keine Anzeigen, keine Serienbriefe, keinen Newsletter, und die Anschrift änderte sich mit jedem neuen Vorsitzenden. Der einzige Aktivposten von Belang war der kompakte und sinnfällige Name, der, wie Hunter genau wusste, bequem in die Überschrift eines Einspalters passte. Die Streitigkeiten in der Organisation ließen sich daher oft auf den Kampf um die Kontrolle über einen zunehmend wertvolleren Markennamen reduzieren. Für Bohlen und Stowe war dieser Markenname unlösbar mit dem Protest gegen Atomwaffen verbunden. Eine Erweiterung würde seine kraftvolle Ausstrahlung verwässern und zudem jene täuschen, die dachten, sie hätten ihre Spenden einer Antiatomwaffen-Organisation gegeben. Hunter, Marining und Spong argumentierten dagegen, die Marke wäre weit wirkungsvoller, wenn sie sich auch ökologischen Zielen widmen und so zum Synonym von Protestaktionen für den Umweltschutz würde.[67]

Nun erwies sich Hamish Bruce als idealer Interimsvorsitzender. Er fühlte, dass Greenpeace irgendwie höheren Zwecken diene, und das hob ihn über die kleinlichen und profanen Zänkereien hinaus. Überdies waren ihm alle Spenden nahezu heilig, und so übte er eine genaue Kontrolle über die neuen Mittel aus, die der Organisation damals zuflossen. Da er von McTaggarts Heldentat in Mururoa nicht sonderlich beeindruckt war, konnte er sich auch dessen Forderungen widersetzen, alle Greenpeace-Gelder in sein Gerichtsverfahren gegen die französische Marine fließen zu lassen. Im kosmischen Weltganzen, das bei Bruce das Weltbild beherrschte, waren McTaggarts Aktionen relativ geringfügig und machten kaum dessen Draufgängertum und verschwenderischen Lebensstil in den 30 Jahren davor wett. Die Antiatomwaffen-Fraktion machte Bruce glücklich, indem er der Mururoa-Fahrt 1974 bei der Mittelzuteilung Priorität einräumte, während er zugleich der Kampagne gegen den Walfang seine moralische Unterstützung gab. Diese Unterstützung hatte bisweilen ein Ausmaß an Exzentrizität, das selbst hartgesottene LSD-Schlucker und I-Ging-Freaks wie Hunter und Spong verblüffte. Beispielsweise wollte Bruce an der English Bay ein »Call-in« für Wale organisieren. Dazu sollten sich Hunderte von Menschen in Kitsilano an den Strand stellen, um per Telepathie die Wale aus der ganzen Welt herbeizulocken und ihnen hier ein Schutzgebiet zu geben.[68]

In Japan erreichte Spong derweil beträchtliche Prominenz, als er mit seiner Walshow durch das Land tourte und die lokalen Medien hofierte. Seine Botschaft konzentrierte sich auf zwei Themen, die mehr oder weniger stark auch die Greenpeace-Kampagnen gegen Walfang im Rest der Dekade bestimmten. Erstens weckte er Besorgnisse über die ökologischen Auswirkungen einer dezimierten Walpopulation. Bartenwale vertilgen ungeheure Mengen an Plankton, führte er aus, während Pottwale hauptsächlich Kalmare fressen. Würden wir eine dramatische Plankton-Zunahme bekommen, wenn die Wale aus diesem Kreislauf verschwunden wären? Hätte das einen drastischen Einfluss auf die Meeresökologie? Würden erhöhte Planktonmengen mehr Sonnenlicht reflektieren und die Wassertemperatur verändern? Welche Auswirkungen würde eine Explosion der Kalmarpopulationen auf die Fischpopulationen haben? Die Antworten auf diese Fragen seien nicht bekannt, aber angesichts der Menge an Walen, die gejagt würden, würden wir sie nicht finden können, bis es schließlich zu spät für eine Abhilfe wäre.[69]

Zweitens postulierte Spong, dass Wale die am höchsten entwickelte Lebensform im Meer seien, vielleicht sogar überhaupt auf der Erde. Das bedeute: Wir schulden ihnen besonderen Schutz als Mitgeschöpfen, die vielleicht eine Intelligenz und ein Bewusstsein besitzen, die zwar von uns verschieden sind, aber ebenso ausgereift sind. Statt sie brutal abzuschlachten und zur Produktion von Dingen zu verwenden, die leicht auch auf andere Weise hergestellt werden konnten, sollten wir von den Walen lernen. Spong verglich die Stabilität der Gruppenstruktur bei Walen mit dem unbeständigen, zersplitterten Wesen moderner menschlicher Gesellschaften und unterstrich, dass Walfamilien ein Leben lang zusammenbleiben und Walschulen »sehr effizient Gruppenenergie mobilisieren können, um individuelle Bedürfnisse zu erfüllen«. Solche Botschaften trafen auf unterschiedliche Reaktionen in Japans Öffentlichkeit und bei der Presse. Manche sahen in Spong den erleuchteten Wissenschaftler, dessen Warnungen beachtet werden sollten, während andere in ihm den wissenschaftlichen Imperialisten und Moralisten sahen, den jüngsten in einer langen Reihe von Westlern, die ihre Kultur der japanischen überstülpen wollten. Spongs Tour war nicht geeignet, Japans tief wurzelnde Interessen am Walfang ins Wanken zu bringen. Doch sie bewirkte einen winzigen Sprung im japanischen Konsens, dass Walfang eine nicht hinterfragbare Errungenschaft sei, und legte auch den Grundstein für eine kleine, aber lautstarke Bewegung gegen den Walfang in Japan.[70]

In dem Augenblick, in dem es so aussah, als würde die Hunter-Spong-Fraktion eine starke Position bei Greenpeace einnehmen, schmolz ihr Einfluss plötzlich dahin. Während Spong in Japan war, ging sowohl die Ehe von Hunter als auch die von Bruce in die Brüche, und beide waren deshalb gezwungen, sich vom Tagesgeschäft der Organisation zurückzuziehen. Damit waren die Hauptbefürworter der Walkampagne zeitweilig aus dem Weg, und die Antiatomwaffen-Fraktion wählte den Lehrer Neil Hunter (nicht mit Bob verwandt) aus Vancouver zum neuen Vorsitzenden. Neil Hunters geradliniger, pädagogischer Stil vertrieb viele der jüngeren Mitglieder, die eher dazu tendierten, die Antiwalfang-Sache zu unterstützen. Das ermöglichte es der Antiatomwaffen-Fraktion, die Greenpeace-Anstrengungen ausschließlich auf die Mururoa-Kampagne 1974 zu richten.[71] Diesmal ging die Kampagne von Melbourne aus und wurde vor allem vom lokalen Büro von Friends of the Earth betrieben. Die im Entstehen begriffene Gruppe Greenpeace New Zealand und Les Amis de la Terre (der französische Zweig von Friends of the Earth) waren ebenfalls beteiligt.[72] Da McTaggart es vorgezogen hatte, wegen seines Gerichtsverfahrens in Frankreich zu bleiben, hatte Greenpeace den deutschstämmigen Segler Rolf Heimann ausgewählt, die Fahrten der *Vega* zu wiederholen. Seine kleine Ketsch, in *Greenpeace IV* umgetauft, verließ Melbourne in der Mitte des Winters auf der Südhalbkugel. Heimann und seine Crew erreichten schließlich Mururoa, aber erst eine Woche nachdem die Franzosen die Tests in dieser Saison abgeschlossen hatten. Heimann war ein fähiger und erfahrener Segler, dessen Antiatomwaffen-Verdienste weit beeindruckender als die von McTaggart waren, aber ihm fehlten dessen manischer Elan und die Dickköpfigkeit. Die Fahrt schaffte es nicht – und das hatte Hunter vorausgesagt –, das Interesse der Weltmedien auf sich zu ziehen. Da die französische Regierung bereits beschlossen hatte, die oberirdischen Tests zu beenden, sahen wenige Journalisten und Politiker praktischen Nutzen in dem Protest.[73]

Die eher enttäuschende Kampagne 1974 beschleunigte eine Reihe von Ereignissen, die Greenpeace in relativ kurzer Zeit von seinen Wurzeln im Antiatomwaffenkampf Abschied nehmen ließen. Neil Hunters Fraktion begann, wahrscheinlich ernüchtert durch die Mururoa-Kampagne, das Interesse an Greenpeace zu verlieren, und somit schwand auch ihr Einfluss. Jim und Marie Bohlen kauften ein großes Stück Land auf Denman Island, in der Nähe der Stadt Courtenay in British Columbia, wo sie die Greenpeace Experimental Farm gründeten, ein Modell für alternativen, nachhaltigen Lebensunterhalt. In Eigenarbeit und mit Materialien aus der Region bauten sie ein Haus, das aus zwei geodätischen Kuppeln besteht, für Bohlen das optimale Design für ein platz- und energieeffizientes Gebäude. Sie richteten einen großen Bio-Garten ein, entwickelten verschiedene Formen alternativer Energien und versuchten, einen Lebensstil durchzuhalten, der ihnen nahezu autonome Eigenversorgung ermöglichte. Auch wenn sie den Namen Greenpeace beibehielten, zogen sich die Bohlens de facto von der Organisation zurück und sollten bis Mitte der 1980er Jahre keine weitere Rolle spielen.[74]

Das deutlichste und tragischste Anzeichen, dass die reine Antiatomwaffen-Phase von Greenpeace zu Ende ging, war die Nachricht, dass Irving Stowe, Vegetarier, Aktivist gegen das Rauchen und glühender Anhänger von gesunder Ernährung, unheilbar an Magenkrebs erkrankt war. Das Familienoberhaupt von

Greenpeace durchlitt ein langsames, schmerzhaftes Sterben und war verständlicherweise verbittert ob der ätzenden Ironie der Situation.[75] Das Schicksal, so muss es ihm erschienen sein, machte sich über ihn lustig. Stowe war die stärkste und direkteste Verbindung von Greenpeace zum Quäkertum und der amerikanischen Friedensbewegung der 1950er Jahre. Sein Einfluss auf die jüngeren Aktivisten war beträchtlich gewesen, auch wenn sie seinen paternalistischen Ton und seine langatmigen, selbstgerechten Reden nicht immer geschätzt hatten. Sein Tod im Oktober 1974 machte schließlich den Weg bei Greenpeace frei für die Generation der 1960er. In Bob Hunters Worten:

> Es war niemand mehr da, der noch Widerstand leistete gegen den Wandel bei Greenpeace vom Kampf gegen Atomwaffen zu dem zur Rettung der Wale. Und es war niemand mehr da, der uns daran gehindert hätte, die anstrengende, Stein auf Stein setzende Logik der normalen politischen Welt komplett fallen zu lassen und unsere I Gings zu nehmen und unseren Kurs von Zeichen und Visionen bestimmen zu lassen.[76]

Hunter und Spong begannen nun ernsthaft, die Greenpeace-Kampagne zur Rettung von *Cetaceus intelligentus* vorzubereiten. Zufällig deckte sich der Zeitpunkt der Kampagne mit dem Erscheinen von *Mind in the Waters* (dt. *Der Geist in den Wassern*), einem Buch mit Artikeln, Essays und Gedichten, die Joan McIntyre von Project Jonah zusammengestellt hatte. Der Band, vielleicht die ultimative Ode auf *Cetaceus intelligentus*, vereinte Texte von Leuten, die auf verschiedenen Gebieten arbeiteten. John Sutphen, ein Arzt aus Connecticut mit mehr als nur vorübergehendem Interesse an Walen, argumentierte, Wale und Delfine besäßen wahrscheinlich eine viel höher entwickelte emotionale Intelligenz als Menschen: »Die [Echoortung] ist dreidimensional. Der Delfin, der einen Artgenossen anpeilt, erhält nicht nur ein Echo von dessen Außenhaut, sondern auch eines von dessen Körperinnerem.« Daher »darf man annehmen, dass Cetaceen über den Gesundheitszustand und das [emotionale] Befinden der Artgenossen in ihrer Umgebung Bescheid wissen … Welche Offenheit mag zwischen Individuen herrschen«, fragte sich Sutphen, »deren Empfindungen sich augenblicklich und in einem fort den anderen mitteilen? Dann ist es doch zwecklos, etwas zu verheimlichen, zu lügen oder die eigenen Gefühle zu verleugnen.« Cetacea, so erschien es Sutphen, sind nicht nur so intelligent wie Menschen, sondern ihnen mit hoher Wahrscheinlichkeit auch moralisch überlegen. Sutphens Analyse verwarf wie die von Spong das konservative Caveat vieler wissenschaftlicher Diskurse und ging sogar so weit, nahezulegen, dass Wale und Delfine eine »Kultur« besitzen.[77]

Die eloquentesten Beiträge zu *Der Geist in den Wassern*, man könnte auch sagen, die spekulativsten und gefühlvollsten, stammten von Joan McIntyre selbst. Mit einer Kombination aus holistischer Ökologie und New-Age-Romantik machte McIntyre das cartesianische Weltbild nieder, das anderen Lebewesen

Empfindungen, Vorstellungskraft, Gewahrsein und Bewusstsein abspricht. »In dem Wahn, unsere Ausbeutung aller nicht-menschlichen Formen von Leben zu rechtfertigen«, erklärte sie und ließ dabei Rachel Carson anklingen, »haben wir sie, so scheint es, aller Eigenschaften beraubt, die sich unserem Zugriff entziehen könnten.« Und sie drängt ihre Leser: »Versuchen Sie sich … in die Phantasiewelt eines Wales oder das Bewusstsein eines Delfins hineinzuversetzen. Dass unsere Vorstellung solche Sprünge nicht zu vollziehen vermag, liegt daran, dass wir von einer kulturellen Perspektive geprägt sind, die dergleichen von vornherein für unmöglich erklärt.«[78] Die Misere der Wale müsse als Teil des allgemeinen Trends beim Verhältnis der Menschen zur Natur verstanden werden. In der Tat sei es die Schere zwischen Natur und Kultur, zwischen Geist und Körper, die die Wurzel für das Problem gelegt hat. Im Wasser, der Wiege des Cetacea-Bewusstseins, sei die Trennung von Geist und Körper aufgehoben worden: »Ohne entfremdende Objekte und Ausrüstungen, allein mit dem nackten Körper, der den schwebenden Geist umgibt, werden Körper und Geist, die eine von Technik bestimmte Kultur gespalten hat, wieder eins. Der Geist dringt in eine neue Sphäre vor, in der er Zeit, Schwere und das eigene Selbst als Ganzheit erlebt.« Im Meer, so fährt sie fort, kann man die Welt »gleichzeitig *denken* und *erleben* – man braucht sie nicht in Kategorien, die an die Stelle des Erlebens treten, zu *zerbrechen*, statt sie selbst zu erleben.«[79]

Wenn man die Beiträge von McIntyre und den anderen Autoren von *Der Geist in den Wassern* gelesen hat, bleibt man mit dem Bild von Walen und Delfinen als Musterexemplaren ökologischer Tugend und ganzheitlichen Bewusstseins zurück. Es sind Geschöpfe, die völlig in Einklang mit ihrer Umwelt und miteinander leben. Sie besitzen fortschrittliche Kommunikationssysteme und bilden »Gedanken« aus akustisch gewonnenen Bildern. Ihre Gehirne sind größer als unsere, und in ihnen steht relativ mehr graue Substanz zur Verfügung, die für die höheren mentalen Prozesse statt bloß zum Handhaben von Objekten einsetzbar ist. Ist sich der Leser dessen bewusst, schockiert es ihn um so mehr, wenn er erfährt, dass alle zwölf Minuten ein Wal getötet wird: »… eine todbringende, mit einer Explosivladung versehene Harpune dringt in lebendes Gewebe ein.« Zu dieser Brutalität kommt die Tatsache, dass nahezu alle Produkte, die aus Walen und Delfinen hergestellt werden – etwa »Hühner- und Viehfutter, Düngemittel, Autowachs, Schuhcreme, Lippenstift, Kosmetika, Margarine, Hunde- und Katzennahrung und Nahrung für Nerze und Füchse, aus denen schließlich Pelzmäntel hergestellt werden« –, auch synthetisch erzeugt werden oder aus anderen Quellen kommen können. Die Zukunft der Wale, so betont McIntyre, ist unlösbar mit unserer eigenen verbunden: »indem wir sie retten, können wir ein Modell internationaler Zusammenarbeit entwickeln, das zeigt, wie wir auch uns selbst und die Erde insgesamt retten können.«[80]

Dies war ausdrücklich nicht die Sprache des Naturschutzdenkens, die viele Walforscher und Politiker verwendeten. Angesichts von *Cetaceus intelligentus* wurde bloße Schonung irrelevant, ja sogar abstoßend. Der einzige Weg, um die Wale zu retten, war die Abschaffung des Walfangs, nicht bloß seine Regulierung und Kontrolle. Laut Leuten wie McIntyre, Mowat, Spong und Bob Hunter sollte die Logik wissenschaftlichen Schutzes, die das Vokabular und das Konzept von Verwaltung natürlicher Ressourcen benutzte, für Wale nicht gelten. Als hochintelligente und empfindsame Wesen sollten Wale nicht wie bloßer Fisch »geerntet« werden. Und sie sollten auch nicht Regeln für natürliche Ressourcen wie etwa die maximale Ertragsgrenze bei Nachhaltigkeit unterworfen sein. Kurz, Walfang war moralisch verwerflich und musste weltweit per Gesetz verboten werden.

Zu dem Zeitpunkt, als die Walschutzkampagne von Greenpeace begann, war der Prozess der Verzauberung, die von Walen ausging, schon weit fortgeschritten. Binnen weniger Dekaden waren aus Speck und Fischbein Buddhas der Tiefe geworden. Einst lediglich eine natürliche Ressource, waren sie Anfang der 1970er neu erfunden worden, als Ikonen ökologischen Holismus und holistischen Bewusstseins. Dabei dienten sie, besonders in der Gegenkultur, als Allzwecklinderungsmittel, das die intellektuellen und ökologischen Wunden heilen sollte, die die westliche Kultur der Welt beigebracht hatte, seit Descartes die Trennung von Körper und Geist propagiert und behauptet hatte, alle Kreaturen außer dem Menschen seien bloß Maschinen. Doch wenn Hunters armlose Buddhas die Bewusstseinsrevolution vollenden sollten, dann musste sie jemand vor den fleischfressenden Nazis retten, die ihre Ausrottung betrieben.

8. Kapitel

Stoppt Kapitän Ahab!

Ende 1974 war Hunters und Spongs Stop Ahab Committee de facto zu Greenpeace geworden. Technisch war es zwar nur eine Untereinheit der Gesamtorganisation, doch nach dem Weggang der Quäker und der Antiatomwaffen-Mitglieder war das Stop Ahab Committee das einzige funktionsfähige und aktive Element innerhalb der Gruppe. Obwohl sie bei ihrer offiziellen Korrespondenz weiterhin den Briefkopf »Stop Ahab« benutzten, bezeichneten sich alle, die bei der Kampagne mitarbeiteten, als Greenpeace, und die Medien verwendeten kaum den eher sperrigen, von Melvilles Roman *Moby Dick* inspirierten Namen. Nach 18-monatiger Unterbrechung war Patrick Moore, der in dieser Zeit wieder geheiratet und seinen Doktortitel in Ökologie erworben hatte, zur Kerntruppe zurückgekehrt, die aus Hunter, Spong, Marining und Bruce bestand.

Hunters Entschluss, eine Greenpeace-Walschutzkampagne aufzuziehen, wurde im Juli 1974 zementiert. Grund war die nahe Begegnung mit einer frei lebenden Walschule. Enttäuscht über die Greenpeace-Entscheidung, eine weitere Mururoa-Kampagne durchzuführen, und niedergeschlagen nach dem Ende seiner Ehe, beschloss Hunter, an einem einsamen Strand an der Westküste von Vancouver Island zu zelten und über seine Zukunft nachzudenken. So lange die Einheimischen zurückdenken konnten, war jeden Sommer eine Schule Grauwale hierhergekommen, um in den flachen Gewässern in Küstennähe zu fressen. Hunter hatte ein kleines Kinderplastikboot dabei, und nach einem positiven I-Ging-Orakel beschloss er, die rund zwei Meilen zu den Walen hinauszupaddeln. Einer der 40-Tonnen-Riesen näherte sich dem winzigen und völlig unzulänglichen Bötchen bis auf nicht einmal zwei Meter. Eine Angstwelle erfasste Hunter. Der Wal trieb dicht unter der Wasseroberfläche, und Hunter konnte das riesige Auge sehen, das ihn anstarrte. »Mein Zittern wich«, so erinnerte er sich, »und machte einem Gefühl Platz, das ich normalerweise mit spektakulären Sonnenuntergängen verbinde. Ich befand mich da nicht Aug in Aug mit *etwas*, sondern mit *jemandem*.« Anders als bei seiner Begegnung mit Skana, gab diese Episode Hunter aber nicht das Gefühl, einem Meeresguru mit Einblick in die menschliche Natur begegnet zu sein. Stattdessen stieg er sehr langsam hinauf auf den Strand und fühlte sich »sehr normal, real und gewöhnlich«, war sich »bewusst, in der Nähe eines normalen, realen, gewöhnlichen Wals gewesen zu sein, und dass wir beide uns in der normalen, realen, gewöhnlichen Welt befanden – einer Welt, in der seine Art blutig gejagt wurde. Es war Zeit, dass ich mich wieder daranmachte, etwas dagegen zu tun.«[1]

Im September 1974 mieteten Hunter und Spong einen kleinen Saal im Gemeindezentrum von Kitsilano, dem Herz der gegenkulturellen Szene von Vancouver, für ein Treffen, bei dem es um die Planung einer Protestkampagne gegen den Walfang ging. Rund 70 Menschen kamen, die meisten unter 30 und Geisteskinder ihrer Generation. Von Anfang an herrschte fröhliche Feierstimmung und gute Laune bei diesem Treffen wie bei den weiteren in den nächsten Monaten – ein deutlicher Kontrast zur »drückenden Atmosphäre moralistischer Reinheit«, die, so Hunter, frühere Greenpeace-Treffen dominiert hatte. Das »ernsthafte Mitleiden« der Stowes und Bohlens war von Lebensfreude abgelöst, so erinnerte sich Patrick Moore. Ein Umstand, der sich teilweise durch den positiven Charakter der Kampagne erklären ließ. Solange der Daseinszweck von Greenpeace der Protest gegen Atomwaffen war, hatte es wenig zu feiern gegeben. Jetzt aber, so Hunter, »wandten wir uns dem Leben zu, statt gegen den Tod zu kämpfen. Wir wollten die Wale nicht bloß retten, wir wollten ihnen auch begegnen, uns auf sie einlassen, sie erfahren, sie berühren, sie entdecken. Zum ersten Mal gab es ein transzendentes Element im Zentrum des Unternehmens.«[2]

Ein weiteres Charakteristikum der neuen Greenpeace-Organisation und ihrer Anhänger war, dass sie sich an den ökologischen Sichtweisen orientierten, die Hunter, Moore und Spong skizziert hatten. Anfang der 1970er veröffentlichte der norwegische Philosoph Arne Næss einen zukunftweisenden Artikel, in dem er zwischen »Tiefenökologie« und »flacher« Ökologie unterschied. Hunter hatte nie von Næss gehört, aber er schwamm zweifellos in den gleichen intellektuellen Gewässern. Seine Version der Dichotomie flach/tief war die Unterscheidung verschiedener Formen von Umweltschutz, gemessen an ihrem »planetarischem Bewusstsein«. Er räumte zwar ein, dass es den Mitgliedern der Antiatomwaffen-Fraktion bei Greenpeace bei den Strahlenschäden um die Auswirkungen auf nichtmenschliche wie auf menschliche Wesen ging, hatte aber trotzdem das Gefühl, dass »ihre moralische und spirituelle Abscheu doch im Wesentlichen der Sorge um die Auswirkungen auf Menschen und nicht auf Wale, Robben und Eidechsen entsprang«. Irving Stowe sei zwar ein »planetarischer Patriot« gewesen, aber in Hunters Augen weiterhin »ein Agent der menschlichen Rasse, der sich um die langfristigen Interessen der menschlichen Rasse kümmerte, insbesondere die seiner eigenen Ururenkel«. Leute wie er selbst und Spong akzeptierten dagegen, dass nichtmenschliche Arten einen intrinsischen Wert besitzen, der ihre Rettung zum würdigen Ziel an sich machte, unabhängig von den möglichen Auswirkungen auf Menschen. Solche Charakterisierungen werden Leuten wie Jim Bohlen, deren Umweltbewusstsein sowohl von Ökologie als auch von buddhistischem Gedankengut geprägt war, wahrscheinlich nicht gerecht, aber sie zeigen, wie Hunter fein abgestimmt versuchte, die neue Greenpeace-Organisation, die letztlich *seine* Organisation war, von der alten abzugrenzen. Für Hunter war die Ökologie der neuen Organisation, um es mit Næss zu sagen, »tiefer«. Auch wenn sich Greenpeace mit Sicherheit nicht umformte, um Næss' Philosophie zu entsprechen, ist es gerechtfertigt anzunehmen, dass die Ansichten von Menschen wie Hunter, auch wenn sie nicht immer streng konsequent waren, dem sehr nahekamen, was Næss im Sinn hatte, als er von Tiefenökologie sprach.[3]

Die Walschutzkampagne brachte Greenpeace nicht nur neue Mitglieder, sondern gab auch einigen, die vorher eher am Rand gestanden hatten, die Möglichkeit, eine größere Rolle zu spielen. Einer der wichtigsten und umstrittensten von ihnen war Paul Watson. Watson war 1971 an Bord der *Greenpeace Too* gewesen und hatte in geringerem Maß an der Mururoa-Kampagne teilgenommen. Ähnlich wie McTaggart ist er zu einer Art überlebensgroßer Figur der Umweltbewegung geworden, und die Einzelheiten seiner Biografie wurden umgedeutet, damit sie besser zur Legende von »Captain« Watson passen, dem furchtlosesten und kompromisslosesten Öko-Krieger der Welt. Hunter erinnerte sich, dass Watson wegen seines Ungestüms, seiner Unberechenbarkeit und ausgeprägten Neigung zu Prahlerei bei den anderen Mitgliedern häufig in Ungnade fiel. Er litt auch an »Verfolgungswahn« und war außerstande, eigene Fehlschläge sich selbst zuzuschreiben. Diese Fehler wurden in Hunters Augen aber durch Watsons Mut und die totale Hingabe für die Sache sowie seine körperliche Kraft und die schnellen Reflexe aufgewogen.[4]

Ein weiteres wichtiges Mitglied der Walretter-Fraktion war David Garrick, ein 28-Jähriger aus Ontario, der sich dem ganzen Pantheon der Gegenkultur verschrieben hatte, insbesondere den Rechten der Ureinwohner und ganzheitlicher Ökologie. Wie Watson war er Mitglied der Vancouver Liberation Front. Als Geste der Solidarität mit den Ureinwohnern hatte er in den 1970ern den Namen »Walrus Oakland« angenommen. Walrus, wie er bei Greenpeace bekannt war, besaß auch vertiefte Kenntnisse der Spiritualität der amerikanischen Ureinwohner. Ein anderer wichtiger Neuzugang war Rex Weyler, ein 28-jähriger Amerikaner, der auf der Flucht vor seiner Einberufung nach Vancouver gekommen war. Er arbeitete als Journalist für eine kleine Lokalzeitung, bei der er erheblichen Freiraum hatte zu entscheiden, welche Stories er für berichtenswert hielt. Da er starkes Interesse an Ökologie hatte, drehten sich viele seiner Beiträge um Umweltangelegenheiten in Vancouver. Er trat Greenpeace 1973 bei, und sein Hauptbetätigungsfeld dort war die Fotografie. Viele der spektakulärsten Greenpeace-Fotos stammen aus seiner Kamera.[5]

Ende 1974 standen die Pläne für die Greenpeace-Protestkampagne gegen den Walfang fest, zumindest in groben Zügen: Eine Aktivistencrew sollte hinaus auf den Pazifik fahren und sowjetische oder japanische Walfänger aufspüren. Dann würden sie ihre Zodiacs zu Wasser lassen, den Killerbooten zu den Walschulen folgen und versuchen, sich zwischen den Harpunen und den Walen zu positionieren. Man nahm an, dass der Harpunier aus Angst, die Protestler zu töten, es in solch einer Situation nicht wagen würde zu feuern. Die ganze Aktion sollte gefilmt und fotografiert werden, um die Medien mit unwiderstehlichen Bildern von David gegen Goliath, von den unbewaffneten Aktivisten in ihren winzigen Zodiacs gegen die Walfänger mit ihren riesigen Fabrikschiffen und Stahlharpunen mit Sprengladung, zu versorgen.

Die nächsten paar Monate waren ein einziger Wirbel von Aktivitäten. Greenpeace musste ein Schiff finden, eine Crew auswählen, eine Medienstrategie festlegen und – am allerwichtigsten – Mittel für die Kampagne zusammentrommeln. Insbesondere für Hunter bestand diese Zeit auch aus einer bizarren Reihe von Ereignissen und Zufällen, die seiner Wahrnehmung, dass Greenpeace mit einem außerordentlichen Karma gesegnet sei, Nahrung gab. Erst zog ein Mann, den Hunter als »abtrünnigen Brahmanen« aus Indien beschrieb, neben Rod Marining ein. Der Möchtegern-Guru lief barfuß durch den Schnee und trug einen Handspiegel bei sich, »in den er voller Bewunderung und Verzückung stierte, wie ein Gott, der sich selbst anstarrt«. Sein einziges Kleidungsstück war eine schmutzige Decke, und er spielte zu jeder denkbaren Zeit Flöte und rollte dabei beseligt die Augen. Er wäre kaum fähig gewesen, seine Schuhe selbst zuzubinden, doch »er wedelte mit seinem dunklen, knochigen Finger vor unseren Gesichtern herum und wetterte, dass er nach Nordamerika gekommen sei, um uns zu führen«. Der »abtrünnige Brahmane« tauchte zu den seltsamsten Zeiten an den seltsamsten Orten auf, »starrte im einen Moment bösartig und wütend, kicherte im nächsten über irgendein großes kosmisches Geheimnis und sang vor sich hin«. Zu Hunters Interessen gehörte phänomenologische Psychologie, die, neben anderen umstrittenen Ansichten, postuliert, Schizophrene seien vielleicht die einzigen geistig gesunden Menschen um uns herum. R.D. Laing, der führende Exponent dieser Sicht, kam damals nach Vancouver, und Hunter erinnerte sich lebhaft an eine Passage seines Vortrags: »Das Licht, das den Wahnsinnigen erleuchtet, ist ein unirdisches Licht. Vielleicht wird er von Licht aus anderen Welten bestrahlt. Es könnte ihn ausbrennen.« Der Umstand, dass Hunter, Marining, Weyler, Bruce und andere offen für solche Ansichten waren, bedeutete, dass Menschen, die andere vielleicht einfach als unzurechnungsfähig abgetan hätten, im Dunstkreis von Greenpeace herumhängen durften und vielleicht sogar dazu ermutigt wurden.[6]

Ein weiterer derartiger Charakter war Henry Payne, ein selbsternannter »Schamane«, der in einem nahe gelegenen Wald lebte. Payne spendete gut zwei Hektar Land, das Greenpeace im Rahmen einer Tombola verlosen konnte, um Geld für die Walschutzkampagne einzunehmen. Als Dank verlangte er, »sich bei Treffen hinstellen zu dürfen und seine Gedichte mit donnernder Leidenschaft herauszuschreien«. Wie der Brahmane suchte er Jünger und behauptete, die wahre Stimme Gottes zu sein und die Macht zu besitzen, Winden und Gezeiten zu gebieten. Ständig stieß er rätselhafte Sätze aus wie: »Ich bin das Ich des ewigen Ichseins.« Die Gegenwart solcher Exzentriker wirkte, so Hunter, auf das Denken der Leute ein und öffnete es für alle möglichen Ansichten, Glaubensformen, Rituale, Magien: »Man konnte abends nicht ins Bett steigen und sicher sein, dass man nicht von Gesängen oder Mantras, magischen Ritualen oder läutenden Glöckchen geweckt wurde. Auch wenn keiner von uns Neigung hatte, sie zu verehren, blieb da das einschnürende Gefühl – und das war am allerschlimmsten –, die beiden Tröpfe könnten doch echte Gurus sein und tatsächlich Flüche aussprechen, Netze spinnen, auf geheime, übersinnliche Weise die Dinge manipulieren.«[7]

Typisch für die Reihe bizarrer Koinzidenzen in jener Zeit war das Auftauchen von Melville Gregory, einem Hippie-Musiker und Komponisten aus North Vancouver. Spong hatte vorgeschlagen, dass die Greenpeacer Musiker mit auf die Fahrt nehmen sollten, die vielleicht die Wale zum Schiff locken könnten. Allerdings seien dafür besondere Musiker vonnöten: Solche, die eine Affinität zur Kommunikation zwischen den Arten aufwiesen. Hunter und Bruce besprachen die Idee an ihrem Lieblingsort, in der Bierstube des Cecil Hotels in der Innenstadt von Vancouver. Als sie sich gerade fragten, wo sie um alles in der Welt einen Musiker mit Affinität zu Tieren auftreiben könnten, schlängelte sich »ein koboldhafter Mann von Anfang vierzig und mit buschigem Bart« zwischen den Tischen durch und kam zu ihnen. Er stellte sich als Melville Gregory vor. Schon der Name gemahnte an Wale: Er trug also den Namen von Herman Melville, dem Autor von *Moby Dick*, und dann hatte Gregory Peck die Rolle des Captain Ahab in der Hollywood-Verfilmung des Romans gespielt. Dieser Melville Gregory setzte sich also zu den beiden und sagte, er »habe den Geistesblitz gehabt, ihr Jungs wollt mit mir reden«. Es stellte sich heraus, dass Gregory Profimusiker war, der behauptete, mit Tieren kommunizieren zu können. Hunter und Bruce waren verblüfft, dass Gregory genau in dem Moment aufgetaucht war, als sie über jemanden wie ihn sprachen. Gregory hingegen blieb gelassen: »Das ist bloß ein Wunder, Mann. Passiert ständig.«[8]

Etwas Ähnliches geschah während Hunters Planungen, die Expedition auf Film zu bannen. Er erkannte, dass die Reise das Potential für eine aufregende Dokumentation in Spielfilmlänge barg, scheute aber die Kosten für ein Filmteam. Just als er über das Problem nachdachte, rief ihn Michael Chechik an, ein Filmhochschulabsolvent aus Vancouver, und fragte, ob er mit seinem Team an der Fahrt teilnehmen könne, um eine Dokumentation in Spielfilmlänge zu drehen. Solche Koinzidenzen passierten nahezu täglich. Spong wollte einen Moog-Synthesizer mitnehmen, der walähnlich Töne produzierten konnte: Unaufgefordert schrieb ein Moog-Musiker aus San Francisco an Greenpeace und fragte, ob er Mitglied der Crew werden könne. Ähnlich erging es ihnen mit dem Tontechniker, der Zodiac-Expertin, Leuten, die Japanisch und Russisch sprachen und als Dolmetscher fungieren konnten.

Das Paradoxe bei diesem unberechenbaren, hippiemäßigen Wirbel von Ereignissen war, dass Greenpeace trotz des scheinbaren Chaos besser organisiert war denn je zuvor in seiner fünfjährigen Geschichte. Trotz der surrealen Einflüsse von Henry Payne und dem »abtrünnigen Brahmanen«, trotz des Gewichts erzkonservativer Hippies wie Marining und Bruce und trotz der Führung des visionären, aber ewig unorganisierten Bob Hunter nahm Greenpeace allmählich all das Drum und Dran einer traditionell geführten Nonprofit-Organisation an. Der erste und vielleicht wichtigste Schritt war die Einrichtung eines Büros in einem kleinen Gebäude in der Fourth Avenue im Herzen von Kitsilano. Dieses scheinbar triviale Ereignis war ein vitales Element in der Entwicklung von Greenpeace. Die Leute hatten endlich eine Adresse, unter der sie die Organisation erreichen konnten, und mussten nicht mehr die einzelnen Mitglieder privat kontaktieren. Zudem hatte es eine tröstliche bürgerliche Legitimität, das Haus zu verlassen und ins Büro zu gehen. Ungeachtet der gegenkulturellen Werte, die dem inneren Zirkel von Greenpeace anhafteten, kamen die meisten von ihnen aus Elternhäusern, die durch und durch Mittelschicht waren.

Die Einrichtung eines Büros führte auch zur Übernahme von Errungenschaften, die normalerweise damit assoziiert sind: Buchhaltung, Adressenlisten, Ablage, Briefpapier mit Aufdruck. Der »Geist«, der entstand, weil Menschen in einem gemeinsamen Raum in Gruppen zusammen arbeiteten, trug allgemein zu einem Gefühl von Kameradschaft und inspirierterer und effizienterer Arbeitsmoral bei. Und Simulanten konnten höflich aus den Geschäftsräumen komplimentiert werden. Der Umzug aus dem Gemeindezentrum in das Büro hatte auch Auswirkungen auf die persönlichen Beziehungen innerhalb der Organisation. Wie Hunter festhielt: »Stelle einen realen Raum zur Verfügung, in dem jeder sich bewegen, interagieren, sich einmischen, aneinanderpressen kann, bevölkere ihn mit Leuten, die im Durchschnitt Mitte zwanzig sind, füge einen ungewöhnlich hohen Prozentsatz schöner, intelligenter, emanzipierter, strahlender, positiver Frauen hinzu, von denen die meisten Singles sind, und stelle sie jüngeren und älteren Männern vor, die angesichts einer bevorstehenden gefährlichen Mission unter Strom stehen – dann können die Säfte nur noch fließen.« Trotz des hohen Grades an sexueller Spannung stand Promiskuität, so betonte Hunter, nicht auf der Tagesordnung: »Es gab zu viele spirituelle Leute« sowie »ein weitgehendes Verbot irgendwelcher offenen Zurschaustellung von männlichem Chauvinismus.« Zudem »waren die Rhetorik und in hohem Maß auch der tatsächliche Geist der Frauenbefreiung bis in unseren Kern vorgedrungen.« Vielleicht ist es nicht überraschend, dass in dem neuen Greenpeace-Büro Frauen viele der leitenden organisatorischen und administrativen Positionen innehatten, wobei Hunters neue Partnerin Bobbi MacDonald besonders einflussreich war.[9]

Die Aufgabe, ein Schiff für die Kampagne ausfindig zu machen, lag bei Hunter, der mehrere Wochen damit zubrachte, die Docks abzuklappern und die Nachricht zu streuen, dass Greenpeace auf der Suche nach einem robusten Schiff wäre, das mit einer Walfängerflotte mithalten könnte. Es dauerte nicht lange, bis dies zu John Cormack vordrang, dessen klappriger alter Heilbuttfänger *Phyllis Cormack* die ursprüngliche *Greenpeace* des Jahres 1971 gewesen war.

Cormack hatte im Jahr zuvor eine gute Fangsaison gehabt und viel in Reparaturen und Verbesserungen seines Schiffs investiert. Doch die Aussichten für die Fangsaison 1975 waren nicht allzu rosig, so dass seine Kollegen meinten, er solle »versuchen, wieder so ein Greenpeace-Geschäft zu machen«. Hunter war zwar nicht gerade begeistert, wieder zwei Monate zwischen den engen Planken der *Phyllis Cormack* eingesperrt zu sein, kam aber zu dem Schluss, dass es besser wäre, mit einer bekannten Größe loszulegen, statt das Risiko einer Suche nach etwas Besserem einzugehen. So wurde aus der Ur-*Greenpeace* die *Greenpeace V.* Dann tauchte zu Hunters großer Überraschung ein emeritierter Jura-Professor namens Jacques Longini auf und stellte seine Yacht und sich selbst Greenpeace zur Verfügung. Die Yacht hieß *Vega*, und er hatte sie David McTaggart abgekauft. So geschah es, dass die *Greenpeace III* als *Greenpeace VI* wiedergeboren wurde.[10]

Anfang 1975 hatte Greenpeace also zwei Schiffe, ein Büro und eine rasch wachsende Basis von Unterstützern in Vancouver, aus denen man die Crew für die Kampagne auswählen konnte. Die Tombola für Paynes zwei Hektar Land erbrachte eine annehmbare Menge an Mitteln, außerdem kamen jetzt Gelder und Unterstützung aus den verschiedensten Quellen herein. Der Holzgigant MacMillan Bloedel etwa spendete zwei Tonnen Papier für Prospekte, die das Schulamt von Vancouver über die Schulen der Stadt verteilen ließ. Spenden kamen auch von so unterschiedlichen Gruppierungen wie Animal Liberation League, Lower Mainland Automotive Dealers' Association, Federation of Labor, British Columbia Association of Indian Chiefs und British Columbia Teachers' Association. Außerdem bekamen sie den Segen des sozialistischen Premiers der Provinz und konnten die Kooperation so wichtiger Einrichtungen wie dem Hafen Vancouver und der Polizeibehörde der Stadt erlangen. Hunter nahm sich auch die Freiheit, das Schwertwal-Wappensymbol der Kwakiutl-Indianer für ein neues Logo »auszuborgen«: Dabei bildete das Wappen die Basis und darüber befanden sich das Ökologie- und das Friedenszeichen von Greenpeace. Dieses Logo wurde auf die *Phyllis Cormack* gemalt und auf T-Shirts und aufs Greenpeace-Briefpapier gedruckt. Hunter hielt das für zulässig, denn Greenpeace hatte seiner Meinung nach ein besonderes Verhältnis zu den Ureinwohnern von Nordamerika. Und schließlich waren er und seine Greenpeace-Kollegen 1971 zu Ehrenstammesangehörigen der Kwakiutl ernannt worden. Und dann stand ja Spong auf gutem Fuß mit der Kwakiutl-Gruppe in der Nähe von Hanson Island, wo sich seine Walbeobachtungsstation befand.[11]

Alle diese Entwicklungen waren ermutigend, aber ein entscheidender Faktor fehlte immer noch. Es war ganz und gar nicht anzunehmen, dass zwei kleine Schiffe, die auf dem Meer herumgondelten, so mir nichts, dir nichts auf eine Flotte Walfänger stoßen würden. Wo in den Weiten des Pazifiks könnte Greenpeace die sowjetischen oder japanischen Walfänger aufstöbern? Paul Spong bekam die Mammutaufgabe, hilfreiche Daten über die Fanggebiete der Flotten zu

Paul Spong (links) gewinnt 1974 die Unterstützung von Dave Barrett, Premierminister von British Columbia.

beschaffen. Doch wo könnte er die finden? Gewiss waren die japanischen und sowjetischen Walfänger nicht bereit, ihre geplanten Routen preiszugeben – und ihre Regierungen genauso wenig. Spong kam zu dem Schluss, es wäre wohl am besten, irgendwie Zugang zu den schwer bewachten Aktenordnern des Büros für internationale Walfangstatistiken in Norwegen zu bekommen. Er beschloss, diese Aufgabe mit der Verbreitung der Greenpeace-Botschaft gegen den Walfang in ganz Kanada und in Europa zu verbinden. Daher reaktivierten er, Linda und Yashi Anfang 1975 die Walshow aus dem vergangenen Jahr und zogen damit durch gut ein Dutzend kanadischer Städte von Edmonton bis St. John's. Die Spongs fungierten dabei nicht nur als Wissensvermittler über das Elendsschicksal der Großwale, sondern auch als Greenpeace-Apostel. In jeder Stadt, die sie aufsuchten, hinterließen sie einen kleinen Kader von Walliebhabern, von denen einige zu Keimzellen späterer Greenpeace-Zweigstellen wurden.[12]

In Island stellte Spong den ersten einer Reihe von Kontakten her, die ihn schließlich zu Einar Vangstein führten, den Direktor des Büros für internationale Walfangstatistiken im südnorwegischen Sandefjord. Die pragmatischen Norweger hatten sich ausgerechnet, dass Walfang wohl nicht mehr lange wirtschaftlich lukrativ sein würde, und ihre Walfangflotten überwiegend durch Rohöltanker ersetzt. Trotzdem gab es im Land viele Menschen, die ihr Leben dem Walfang verschrieben hatten, der weiterhin eine wichtige Rolle in der nor-

Das von den Kwakiutl inspirierte Greenpeace-Symbol schmückt das Segel der *Phyllis Cormack*. Sydney Harbour, British Columbia, 1976. Die Crew (von links nach rechts): Michael Manolson, Bob Hunter, Rex Weyler und Kazumi Tanaka.

wegischen Kultur spielte. Vangstein gehörte zu jenen, die hofften, dass Norwegen seine stolze Walfangtradition eines Tages wiederbeleben würde. Spong konnte ihm einreden, dass er aus rein wissenschaftlichem Interesse Pottwale in ihrer natürlichen Umgebung beobachten wolle. Der Direktor reagierte zunächst nur zögernd, aber Spongs Höflichkeit, Lindas Charme und Yashis Ausgelassenheit führten bald dazu, dass der onkelhafte Vangstein seine Meinung änderte. Während Vangstein mit Linda plauderte und mit Yashi spielte, hatte Spong Zugang zu dem Büro, in dem sich die detailliertesten Waldaten der Welt befanden. Er schrieb 13 Seiten voll mit Zahlen, darunter die geografischen Koordinaten,

Daten und einzelnen Fänge der sowjetischen und japanischen Hauptwalfangflotten in den Jahren 1973 und 1974. Mittlerweile hatte Vangstein so viel Vertrauen zu den Spongs, dass er eine Sekretärin die Daten abtippen ließ. Die Informationen garantierten zwar nicht, dass Greenpeace die Fangflotten lokalisieren konnte, aber sie erhöhten die Chance beträchtlich. Nachdem er die Zahlenkolonnen übersetzt hatte, rechnete Spong aus, dass die sowjetische Fangflotte bei der Verfolgung von Pottwalen bis auf 50 Meilen an die kalifornische Küste herangekommen war. Diese Tatsache und weniger irgendwelche übergeordneten geopolitischen Überlegungen aufseiten von Greenpeace machten die Sowjets zu dem wahrscheinlicheren Ziel der Kampagne.[13]

Spongs kombinierte Spionage-Forschung ergab, dass der beste Zeitpunkt für das Auslaufen zur Walschutzkampagne irgendwann Anfang Juni wäre, um die sowjetische Fangflotte vor der kalifornischen Küste Ende Juni oder im Juli abzufangen. Spong war schon unterwegs, da hatten Hunter und die anderen willkürlich den 27. April als Termin festgesetzt. Sie hatten bereits eine riesige Abschiedsveranstaltung mit viel Musik und Reden organisiert und erwarteten Tausende von Zuschauern am Kai. Nicht zum letzten Mal siegte die PR über die Logistik: Hunter entschied, beim festgesetzten 27. April zu bleiben. Mittlerweile hatte er auch beschlossen, seine Stelle als Kolumnist bei der *Vancouver Sun* aufzugeben, um sich, wie er seinen Lesern in seiner Abschiedskolumne mitteilte, »voll dem zu widmen, was so locker als Umweltbewegung bezeichnet wird«. Ein neues Zeitalter ziehe herauf, »in dem sich Spiritualität und Technik aufs Lebhafteste vermischen werden«. Hunter hatte Freude daran, dieses Phänomen zu beobachten, zu dokumentieren und zu erforschen, aber jetzt fand er, es sei an der Zeit, »einzutauchen, daran mitzuarbeiten und Teil davon zu sein, statt draußen zu bleiben und zuzuschauen«.[14]

Allerdings war Hunter seinen Lesern gegenüber nicht ganz ehrlich. Später erklärte er, die Aufgabe, die er sich vorgenommen hatte, war, ein »Presseagent« für die Wale zu sein. Um das zu schaffen, war er bereit, »jeden Trick einzusetzen, den ich jemals von Ben Metcalfe gelernt hatte, und dazu noch einige mehr zu erfinden«. Subjektiv verfasste Kolumnen wurden in den seltensten Fällen von internationalen Presseagenturen übernommen, meinte Hunter, während »objektive« Berichte von Reportern als einwandfreie Nachrichten behandelt wurden. Um auf diese Ebene von »Objektivität« zu gelangen, während er weiter als »Nachrichtenmanager« für Greenpeace agierte, war Hunter durchaus bereit, »Zitate zu erfinden, sie den damit einverstandenen Crewmitgliedern in den Mund zu legen und dann der Welt da draußen zu ›berichten‹, was sie gesagt hatten«. Sein übergeordnetes Ziel war es, »weniger schmeichelhafte Wahrheiten zu zensieren, unser öffentliches Image zu kontrollieren und wenn Flaute eintrat … Ereignisse zu arrangieren, die als Neuigkeiten berichtet werden konnten«. Statt über Neuigkeiten zu berichten, erklärte Hunter stolz, war er de facto »in der Position, die Nachricht zu erfinden – und *dann* über sie zu berichten«.[15]

Am 27. April, dem Tag des Auslaufens, forderten die fieberhaften Vorbereitungen ihren Tribut von Hunter, der unter Erschöpfung, ungenügender Ernährung und zu viel an Alkohol und anderen Stimulanzien litt. Um das Maß vollzumachen, hatte Watson am Morgen der Abreise ein Glas Formaldehyd im Laderaum der *Phyllis Cormack* verschüttet, und Hunter half ihm über eine Stunde lang, die giftige Brühe zu entfernen. Dann wurde er ernsthaft krank. Er verbrachte den Großteil des Tages zusammengekrümmt vor Schmerzen und mit trockenem Erbrechen, während eine bunte Truppe an einem Strand von Kitsilano stand und die Schiffe verabschiedete. Das war sicher nicht der vielversprechendste Anfang, aber Hunters Probleme erwiesen sich als eher klein, gemessen am psychischen Zustand von Hamish Bruce. Dieser hatte während der Vorbereitung der Kampagne unter viel Stress gelitten, hinzu waren persönliche Probleme gekommen. Dies und die Einnahme einer hoch wirksamen Pilzsubstanz versetzten den Hippie-Anwalt in eine Art Trance. Nach dem Ablegen der *Phyllis Cormack* stand er fünf geschlagene Stunden lang am Bug, sein salzverkrustetes Haar flatterte im eisigen Wind, und in seinem Bart bildeten sich Eiszapfen. Weder der Schiffsarzt Myron MacDonald – der zufällig der frühere Mann von Hunters neuer Partnerin Bobbi war – noch Hunter konnten ihn vom Bug weglocken. Er starrte einfach weiter aufs Meer, wie die Statue eines antiken Seefahrers.[16]

Neben Hunter, Bruce, Cormack und MacDonald gehörten Watson, Weyler, Walrus, Moore und Mel Gregory zum Kern der Crew. Marining sollte zusammen mit Bobbi MacDonald die Kampagne vom Greenpeace-Büro in Vancouver aus koordinieren, während Spong nach London flog und versuchen wollte, als Greenpeace-Vertreter an der Konferenz der IWC teilzunehmen. Während des ersten Monats der Kampagne änderte sich die Zusammensetzung der Crew ständig, weil verschiedene Leute in den diversen Häfen zu- oder ausstiegen – manchmal einem Plan entsprechend, manchmal nicht. Darunter waren der bekannte indianische Schauspieler und Sänger Don Francks, ein Ozeanograf namens Gary Zimmerman aus San Francisco, mehrere Musiker, Nicholas Desplats von Les Amis de la Terre in Paris, ein Arzt namens Jim Cotter aus Kansas City und ein Kameramann namens Fred Easton. Zu den längerfristigeren und einflussreicheren neuen Crew-Mitgliedern gehörte George Korotva, ein riesiger blonder Tscheche, der in ein sibirisches Arbeitslager verbannt worden war, weil er sich an der Studentenrevolte in Prag beteiligt hatte. Nachdem er aus dem Lager geflohen war, hatte er sich nach Westeuropa durchgeschlagen und war dann nach Kanada emigriert. Er hatte erhebliche Segelerfahrung und sollte als Russisch-Dolmetscher für Greenpeace fungieren; allerdings waren einige später skeptisch hinsichtlich seiner angeblichen russischen Sprachkenntnisse. Der Schiffsingenieur und Elektronik-Zauberer für alle Fälle war Al Hewitt, ein hochgewachsener, schlanker 37-Jähriger, der so gut wie jedes elektronische oder mechanische Gerät bedienen, reparieren und notfalls bauen konnte, wenn

Der kanadische Schauspieler und Musiker Don Francks spielt im April 1975 bei Bella Bella, British Columbia, für einen Schwertwal. Im Hintergrund die *Phyllis Cormack*.

Greenpeace es brauchte. Ebenfalls an Bord für die gesamte Dauer der Reise war Carlie Trueman, eine 24-jährige Taucherin und Zodiac-Fahrerin aus Victoria, BC, deren Fähigkeiten Cormack von seiner Maxime »keine Frauen an Bord« abrücken ließen.[17]

Da sie mindestens einen Monat totzuschlagen hatten, ehe sie vor Kalifornien nach der sowjetischen Walfangflotte suchen konnten, fuhren die beiden Schiffe entlang der Westküste von Vancouver Island und hielten Ausschau nach Walen. Mit den Musikern, Hydrofonen und dem Moog-Synthesizer wollten Hunter und die Crew einige Experimente zur Kommunikation zwischen den Arten durchführen. In Rex Weylers Logbuch spiegelte sich die positive und manchmal selbstgerechte Haltung der Crew wider: »Wir segeln gegen die Habgier an – und die Habgier wird verlieren, denn Habgier ist Selbstzerstörung … wir ziehen in einen Krieg, den wir nicht verlieren können, weil das Leben immer Sieger bleibt, und wir kämpfen für das Leben.«[18]

Nach zwei Tagen auf See hatte sich der Zustand von Hamish Bruce nicht gebessert. Es wurde immer offensichtlicher, dass der frühere Greenpeace-Vorsitzende dringend psychiatrische Hilfe benötigte. Hunter hatte es schließlich zwar geschafft, ihn vom Bug wegzulocken, und ihn so vor sicherer Unterkühlung bewahrt, aber Bruce weigerte sich, etwas zu essen oder zu sprechen. Am nächsten Tag erschien er mit Kriegsbemalung auf den Wangen an Deck und sang in einer

Sprache, die keiner an Bord je gehört hatte. Mit seinem durchbohrenden Blick schaute er die Crew-Mitglieder in einer Mischung aus Mitleid und Verachtung an. Dr. MacDonald, so etwas wie ein New-Age-Mediziner, war der Meinung, Bruce hätte entweder einen schizophrenen Schub oder sei eine Art Erweckter respektive Buddha. Hunter mit seinem Interesse an phänomenologischer Psychologie und östlichem Mystizismus fand beide Möglichkeiten faszinierend.

Doch bis zur fünften Nacht war das Verhalten von Bruce so psychotisch geworden, dass selbst der toleranteste Mystiker das nicht mehr aushielt. Beim Aufenthalt in Patrick Moores Heimatort Winter Harbor rannte Bruce, während der Rest der Crew schlief, wie wild durch den Wald, heulte und brabbelte wie ein Besessener und versetzte die Dorfbewohner in Angst und Schrecken. Immer mehr Journalisten kamen, darunter einer von der *New York Times*, um Berichte über die Kampagne zu schreiben, und Bruce war nicht geeignet, Vertrauen in eine Gruppe einzuflößen, die schon mehr als genug wirre Untertöne geliefert hatte. Lyle Thurston, der Arzt auf der ersten *Greenpeace* und ein Freund von Bruce, wurde aus Vancouver herbeigeholt, aber seine Ankunft schien die aufbrausende und immer aggressivere Wut bei Bruce nur zu steigern. MacDonald und Thurston zerstießen einige Beruhigungstabletten und mischten sie unter die Mayonnaise, die sie auf ein Käse-und-Gurken-Sandwich strichen. Bruce hatte sich inzwischen im Laderaum verbarrikadiert, wo Hunter und Korotva vergeblich versuchten, ihn zu überwältigen. Die Ärzte reichten das Sandwich mit der Aufforderung nach unten, es Bruce, der den ganzen Tag noch nichts gegessen hatte, einzuverleiben. Bruce wehrte es ab, und Hunter und Korotva, die auch noch nichts gegessen hatten, verschlangen es heißhungrig. Daraufhin ließen die Drogen sie benommen zu Boden gehen. Glücklicherweise konnte MacDonald, ehe die Situation noch absurdere comichafte Züge annahm, Bruce so weit beruhigen, dass er ihm eine Spritze in den Hintern rammen konnte. Danach wurde Bruce in einem Schlafsack mit riesigem Stars-and-Stripes-Muster, der als Zwangsjacke diente, fixiert, in ein Flugzeug verfrachtet und in eine psychiatrische Klinik in North Vancouver gebracht. Als wäre das noch nicht genug, bekam Watson am nächsten Tag eine akute Blinddarmentzündung und musste per Hubschrauber zur Operation in die Stadt Campbell River geflogen werden. Plötzlich erschien der Umstand, dass die Expedition einen Monat früher begonnen hatte, als Spong für nötig erachtet hatte, als Glück im Unglück.[19]

Während die Fahrt weiterging und die Schiffe kleine Städte an der Küste von British Columbia anliefen, wurde immer deutlicher, dass die nun ausgewählten Aktivisten, genau wie die Crew, die nach Amchitka unterwegs gewesen war, in »Mechaniker« und »Mystiker« eingeteilt werden konnten. Auf der einen Seite waren da die hartgesottenen I-Ging-Verschworenen, die von indianischer Mythologie und östlicher Religion beeinflusst waren, hemmungslos Drogen nahmen und dazu neigten, in jedem Ereignis, das nur ein wenig ungewöhnlich oder zufällig war, Magie am Werk zu sehen. Zu den »Hauptmystikern« gehörten Hunter, Weyler, Walrus und Gregory. Zu den »Mechanikern« zählten, in mehr oder weniger starkem Maß, Cormack, Korotva, Moore, Hewitt und Carlie Trueman. Allerdings schlossen sich diese Kategorien nicht wechselseitig aus. Hunter beispielsweise war der Meinung, die Welt sei auf dem Weg in ein Zeitalter, in dem östliche Religion und westliche Wissenschaft zusammenfließen würden. Wie der New-Age-Physiker Fritjof Capra glaubte Hunter: »... ohne das aufzugeben, was wir durch die Quantenphysik gelernt haben, können wir uns gut dem Prinzip des Tao anpassen.«[20] Trotzdem ist die Phrase »Mystiker gegen Mechaniker« eine ganz brauchbare Beschreibung für die Zusammenstöße, zu denen es in der Crew immer wieder kam, besonders wenn wichtige Entscheidungen für die Kampagne zu treffen waren. Dann holten die »Mystiker« regelmäßig das I Ging hervor und bestanden darauf, dass sein Rat zumindest erwogen, wenn nicht befolgt wurde.[21]

Für die Mystiker an Bord gab es zahllose unerklärliche Ereignisse und mysteriöse Zufälle, die ihr Glaubenssystem bestätigten. Regenbögen, eines der Hauptsymbole der selbsternannten »Rainbow Warriors«, waren immer wieder zu sehen. Bedenkt man, dass die Küste, an der sie entlangfuhren, gemeinhin als »Regenküste« bezeichnet wird, sollte das nicht sonderlich verwundern. Doch für die Mystiker waren die Regenbögen Zeichen, dass Magie am Werk war. Sie entdeckten sie nachts bei Vollmond, in der Gischt der Wellen, die gegen die Schiffe schlugen, und, am symbolträchtigsten, in dem Blas aus dem Atemloch der Wale. Auf dem abgelegenen Moresby Island wurden sie ausgerechnet von zwei buddhistischen Mönchen begrüßt, die ihnen eine Fahne aus einem tibetischen Kloster schenkten. Dies berührte besonders Hunter, der einen Streifen roten Tuchs um den Hals trug, den er von Seiner Heiligkeit Gyalwa Karmapa XVI., dem Oberhaupt der Karma-Kagyü-Linie des tibetischen Buddhismus, bekommen hatte. Kurz danach erreichte Hunters Erstaunen den Gipfelpunkt, als plötzlich sein geliebter und lange vermisster Onkel Ernie auftauchte, der aus seiner Heimatstadt Winnipeg verschwunden war, als Hunter noch ein Kind gewesen war, und den er für tot gehalten hatte. Während Hunter weinend seinen Onkel umarmte, wiesen die beiden Mönche aufgeregt auf das plötzliche Erscheinen eines »erstaunlich kräftigen, vollständigen doppelten Regenbogens« hin. Das reichte aus, um auch den skeptischsten »Mechaniker« ins Grübeln zu bringen.[22]

Mitte Mai wechselte Hunter von der *Phyllis Cormack* auf die *Vega*, mit der er an den Rand des Kontinentalschelfs segelte, um per Funkgerät nach irgendwelchen Anzeichen für die Walfänger zu suchen. Patrick Moore war als Verantwortlicher auf der *Cormack* verblieben, die in ein Gebiet fuhr, das für seine Grauwalpopulation bekannt war. Moore war allerdings nicht so beliebt wie Hunter und hatte auch nicht dessen Führungsqualitäten. Weyler schrieb in seinem Logbuch: »Bob ist per Instinkt Führer, er kann einfach Entscheidungen fällen und durchsetzen. Pat konnte das nicht so leicht; es war immer ein Kampf für ihn.« Hunter erspürte, so Weylers Meinung, das »große Ganze, die Gesamtheit des Ereignisses« und sah gleichzeitig »Absurditäten und Unvereinbarkeiten, die anderen entgingen«.[23] Moores recht schulmeisterlicher und gönnerhafter Stil befremdete viele an Bord und vermittelte eine Ahnung der Probleme, die er später haben sollte, als er Hunter an der Spitze von Greenpeace nachfolgte. Besonders schwierig war sein Verhältnis zu Watson. Watson, der sich rasch von seiner Blinddarmoperation erholte hatte, wollte in dem kleinen Hafen Tofino wieder auf die *Phyllis Cormack* kommen. Doch Moore weigerte sich, ihn wieder in die Crew aufzunehmen. Watson ließ sich aber nicht abweisen und schwamm dem auslaufenden Schiff hinterher, so dass ihn Kapitän Cormack retten und an Bord holen musste.[24]

Die Spannungen auf der *Phyllis Cormack* ließen nach, als man eine Schule von Grauwalen erreichte. Für viele war das die erste Begegnung mit Walen in freier Wildbahn. Der Reihe nach stiegen die Crew-Mitglieder in die Zodiacs, kurvten zwischen den Walen herum und versuchten, mittels verschiedener Musikinstrumente mit den Tieren zu »kommunizieren«. Vor allem die Mystiker meinten, dass die Wale positiv auf ihre Annäherungsversuche reagierten. Weyler schrieb: »[Sie] liebten die Musik – man kann es Neugier, Intelligenz, Wertschätzung, Kommunikation, was auch immer nennen. Sie kamen! Sie kamen und sie blieben und sie *sprachen* mit uns.« Einmal kam ein Wal unter Weyler nach oben, und seine Fluke »klopfte sanft gegen die Zodiac-Unterseite«. »Das war kein Versehen«, schrieb Weyler: Die Wale reagierten auf die gute Ausstrahlung der Greenpeacer und versuchten, auf ihre Weise mit ihnen zu kommunizieren.[25] Will Jackson, einer der Musiker an Bord, verbrachte mehrere Stunden meditierend in einem Zodiac und versuchte, einen Zen-ähnlichen Zustand mentaler Reinheit zu erreichen, um mit den Walen zu kommunizieren. Für die Mystiker bestätigte sich der Sinn dieser Aktion durch das Auftauchen von zwei Walen, die in der Nähe von Jacksons Boot blieben. Meditation wirkte anscheinend noch besser als Musik. Ungeachtet der unterschiedlichen Interpretationen, die verschiedene Crew-Mitglieder für das Verhalten der Wale lieferten, bewirkten die Erlebnisse, so Hunter, dass »alle zu Wal-Süchtigen ›bekehrt‹« wurden.[26] Für Weyler war die Lektion offensichtlich: »Wir erkennen, dass wir lernen müssen, anderen Geschöpfen zu vertrauen und sie zu respektieren, wenn wir sie besser verstehen und eine Wertschätzung für die Beziehungen zwischen allen Geschöpfen entwickeln wollen. Wir müssen ihnen eine aktive Rolle bei der Begegnung ermöglichen. Sie müssen bei uns sein *wollen*. Das ist eine Gewissheit.«[27]

Erst als die *Phyllis Cormack* nur noch rund 50 Meilen von der Nordküste Kaliforniens entfernt war, berichtete Hunter von den Koordinaten, die Spong in der Walfangstatistik im norwegischen Sandefjord gefunden hatte. Bis dahin hatte er niemandem etwas gesagt und den Zettel sorgfältig in seinem Seesack versteckt, damit keiner aus Versehen etwas an die Medien ausplaudern konnte. Ein Kontaktmann in der sowjetischen Botschaft in Ottawa hatte Korotva zugesteckt, dass die regelmäßigen Berichte der Sowjets über die Greenpeace-Position unter Mitwirkung der kanadischen Regierung gespeist wurden. Hunter konnte das zwar nicht verifizieren, aber es gab wenig Grund, diese Geschichte anzuzweifeln. Greenpeace hatte ja schließlich bereits bewiesen, dass es der Regierung Trudeau größere Kopfschmerzen bereiten konnte. McTaggart, der sich just zu diesem Zeitpunkt in Paris befand, verlangte unablässig, dass ihm seine Regierung bei seinem Prozess gegen die französische Marine zu Hilfe kam. Deshalb war klarerweise anzunehmen, dass Trudeau alles daransetzen würde, einen ähnlich peinlichen Zwischenfall mit der Sowjetunion zu vermeiden. Hunter wollte deshalb den Eindruck vermitteln, dass Greenpeace keine Ahnung hätte, wo die Walfänger sein könnten, und man blindlings über den Pazifik schipperte, in der vagen Hoffnung, auf sie zu stoßen. Um diesen Eindruck zu untermauern, legte Hunter bei der kanadischen Militärbasis auf den Queen-Charlotte-Inseln an und arrangierte ein Privatinterview mit dem kommandierenden Major. Er tat so, als wolle er den Offizier in die Falle locken und ihn bedrängen, ihm die Koordination der sowjetischen Flotte zu verraten. Er heuchelte Verzweiflung und spielte den Entmutigten, als der Major sich weigerte, etwas herauszurücken. Außerdem erzählte er, Greenpeace wolle vor British Columbia nach der Walfängerflotte suchen, also weit nördlich von dem sowjetischen Fanggebiet. Hunter war überzeugt, dass seine Gegenspionage-Aktion erfolgreich war und er sein Bestes gegeben hatte, um seine eigene Regierung von der Greenpeace-Spur abzulenken. Kurz danach erzählte er dem Rest der Crew von Spongs Koordinaten, und Cormack setzte Kurs auf einen Bereich des Mendocino-Rückens, rund 100 Meilen vor dem kalifornischen Eureka.[28]

Anfang bis Mitte Juni kreuzte die *Phyllis Cormack* auf der Suche nach der schwer auszumachenden sowjetischen Walfängerflotte im Meer vor Westkalifornien. Die Vorräte neigten sich dem Ende zu, außerdem war Treibstoff ausgelaufen und hatte die meisten Lebensmittel an Bord verunreinigt – alles hatte jetzt einen kräftigen Dieselgeschmack. Das Funkgerät fing dauernd Gesprächsfetzen in Russisch auf, aber die waren immer zu kurz, um die genauen Koordinaten per Radiokompass (RDF, radio direction finder) festzustellen. Da er die fruchtlose Suche und die dauernden Diskussionen, ob RDF oder I Ging hilfreicher bei der Suche nach den Walfängern sei, leid war, stellte Cormack, der Hauptmechaniker, Hunter, den Obermystiker, zur Rede. Ob er wirklich »an dieses Buch da aus dem Abrakadabra-Zauberland« glaube, fragte er Hunter und fixierte ihn mit seinem stahlharten Blick. Hunter bestätigte, dass er das tat. Unter den interessierten Blicken der übrigen Crew nahm Cormack die I-Ging-Münzen und warf sie in der vorgesehenen Weise auf den Tisch. Das Ergebnis war das Hexagramm 19, »Die Annäherung«, eine positive, eher unklare Prophezeiung, die sich mit »Großwerden« übersetzen ließ und auf die »Annäherung des Starken, Höherstehenden an das Niedrige« anspielte. Cormack überzeugte das nicht, und selbst die Mystiker waren nicht willens, allzu viel aus dieser vagen

Vorhersage herauszulesen. Doch nur ein paar Stunden später waren wieder russische Stimmen über Funk zu hören, und diesmal waren sie so deutlich, dass der Radiokompass die grobe Richtung der Flotte feststellen konnte.[29]

Während die *Phyllis Cormack* weiter nach der sowjetischen Flotte suchte, versuchte Spong in London, Zutritt zu der International Whaling Commission (IWC) zu bekommen. David Barrett, der sozialistische Premier von British Columbia, hatte versprochen, Greenpeace zu helfen, und er gab Spong den BC-Repräsentanten in London zur Seite. Spongs Ankündigung, dass Greenpeace die Walfänger durch »gewaltfreie Intervention« stoppen wolle, hatte bei den vielen Protestlern, die sich in London versammelt hatten, für erhebliche Aufregung gesorgt. Doch bei den IWC-Delegierten machte er sich damit nicht gerade beliebt. Man verweigerte ihm den Teilnehmerpass für die Sitzungen. Spongs Frustration wurde noch größer, als der kanadische Delegierte beschloss, mit der Sowjetunion und Japan für eine Erhöhung der Pottwal-Fangquote zu stimmen. Doch nach einigen Konferenztagen wendete sich das Blatt für Spong. Nach dem Mittagessen mit einer Gruppe von Delegierten in einem nahe gelegenen Pub fand er einen roten IWC-Zugangspass unter einem der Tische. Als er den Konferenzraum betrat, fragte ihn der überraschte und ziemlich konsternierte kanadische Delegierte, wer ihn eingelassen hätte. »Gott«, antwortete Spong mit geheimnisvollem Lächeln. In den folgenden Tagen besuchte Spong alle IWC-Sitzungen und leistete unermüdlich Lobbyarbeit für Greenpeace. Abends hielt er Vorträge und Seminare über das elende Schicksal der Wale und zeigte Dias und Filme von den Orcas, die er auf Hanson Island beobachtete. Doch als sich die Konferenz dem Ende näherte, sah es immer mehr danach aus, als würde der geplante Höhepunkt der Greenpeace-Kampagne, die Konfrontation mit den Walfängern, nicht rechtzeitig stattfinden. Am 26. Juni, dem vorletzten Konferenztag, hatte die *Phyllis Cormack* die sowjetische Flotte immer noch nicht gefunden. Es hatte den Anschein, als müsste Spong nun seine Anhänger enttäuscht zurücklassen.[30]

Am 26. Juni befand sich die *Phyllis Cormack* gegen Mitternacht rund 40 Meilen südwestlich von Kap Mendocino. Schwerer Seegang und ein mit besonders viel Diesel gewürztes Abendessen hatten dazu geführt, dass mehrere Crew-Mitglieder stöhnend in ihren Kojen lagen. Die fünf Kettenraucher an Bord, darunter Hunter, hatten kaum noch Zigaretten, und im Laderaum gab es nur noch sieben Dosen Bier. Korotva suchte derweil wieder per Funkgerät nach Signalen von der Walfangflotte. Plötzlich hörte er das Wort *Vostok*. Das war der Name eines der größeren sowjetischen Walfangmutterschiffe. Hewitt machte sich daran, die Stimmen über den Radiokompass zu lokalisieren. In dem Gebiet befanden sich auch sowjetische Fischereiflotten, was es für Korotva und Hewitt schwierig machte, zwischen Walfängern und Fischern zu unterscheiden. Am nächsten Morgen um zehn Uhr stand ein splitternackter Mel Gregory am Ruder und hatte den strikten Befehl von Cormack, unbeirrt einen Geradeauskurs zu halten. Ein paar Wochen zuvor hatte Gregory sich Cormacks Zorn zugezogen, als er lieber in Richtung Vollmond statt nach dem Kompass steuerte. Das hatte sie um rund 30 Grad vom Kurs abgebracht. Doch der Zwischenfall hatte nicht dazu gedient, Gregory nautische Disziplin einzuimpfen. Kurz nachdem Cormack gegangen war, um sich aufs Ohr zu legen, entdeckte Gregory einen Regenbogen und wendete das Schiff in dessen Richtung. Rund 30 Minuten später erschien die hoch aufragende Silhouette der *Dalniy Vostok* am Horizont. Ganz sicher hätte Greenpeace ohne Funkgerät und Radiokompass so gut wie keine Chance gehabt, die Walfänger aufzuspüren. Aber die Mystiker zogen Kraft aus der Tatsache, dass es letztlich ein Regenbogen gewesen war, der sie zu ihrem Ziel geleitet hatte.[31]

Der Anblick der Walfangflotte löste weder Chaos noch Panik an Bord aus, sondern führte dazu, dass die Crew mit großer Disziplin an ihre Aufgaben ging. Mehrere zogen Neoprenanzüge an und machten sich bereit, die Zodiacs zu besteigen, andere checkten ein letztes Mal ihre Kameras. Als sie sich der Flotte näherten, bemerkte Cormack eine rote Dreiecksfahne, die aus einem graublauen Klumpen an der Wasseroberfläche in die Höhe ragte. Als sie näher kamen, stellten alle entsetzt fest, dass damit ein sterbendes Pottwalkalb markiert war. Nach den Begegnungen mit den Grauwalen einige Wochen zuvor war das Auffinden des harpunierten Wals ebenso schlimm, als wäre das ein Hund, der im Park mit einer Armbrust erschossen worden war. Hunter ging sogar noch weiter und verglich die Tat mit Mord:

> Die Woge an Emotionen – Abscheu, Wut –, die uns erfasste, war so massiv, dass wir alle mehrere Sekunden wie gelähmt waren und es jenen scharf umrissenen Moment gab, in dem sich nichts zu bewegen schien, weder das Schiff, noch die Leute auf den Decks, noch das tote Walkind im Wasser. Aus Walrus Oakenboughs Mund drang so etwas wie ein kurzes Heulen oder eine Wehklage, so, wie sie ein Indianer ausgestoßen haben mag, als er zurück in sein Lager kam und feststellte, dass seine Kinder ermordet waren und seine Welt in Trümmern lag.[32]

Paul Watson fuhr mit einem Zodiac hinaus zu dem Wal, kletterte auf dessen Körper, streichelte ihn liebevoll und blickte in sein brechendes Auge. Während Weyler und andere Fotos machten, um durch Watsons Körper einen Größenvergleich für den Wal zu haben, beugte sich Watson vor und zog das Lid sanft über das tote Auge. Dieses Ereignis erklärt auch, warum Watson seither mit solchem Zorn gegen die Walfänger vorging. Für viele an Bord der *Phyllis Cormack* waren Wale nun nicht mehr bloß Tiere, die geschützt werden mussten, nein, sie waren Menschen nahegekommen, die Opfer eines Genozids geworden waren.

Der erste Anblick eines Walfangmutterschiffs in nächster Nähe hinterließ ebenfalls einen tiefen Eindruck bei der Crew. Die wuchtige Helling am Heck sah aus wie ein gigantischer Schlund, in den die Wale, die »so klein wie Sardinen«

Paul Watson sitzt auf einem Walkalb, das kurz zuvor von der Harpune sowjetischer Walfänger getroffen wurde, Juni 1975.

wirkten, hineingezogen wurden. Hunters Beschreibung gibt gut wieder, was der Anblick bei der Crew bewirkte:

Aus einer Öffnung von der Größe eines Gullys, die sich etwa auf halber Strecke des massigen Rumpfs befand, schossen – so selbstverständlich wie gelegentlich Öl aus der Bilge eines normalen Schiffs – Ströme dicken roten Bluts hervor und strömten weiter und weiter, jede Minute hätte eine Badewanne damit gefüllt werden können. Wer hatte je zuvor so viel Blut gesehen? Der Geruch, der uns erreichte, als wir in Lee kamen, ließ die halbe Crew würgend über der Reling hängen. Die merkwürdige Obszönität der *Vostok* wurde deutlich, als wir erkannten, dass das hier eine Bestie war, die durch ihren After gefüttert wurde, und dass es dieses schmähliche Loch war, durch das die letzten Wale dieser Welt verschwanden – vor unseren Augen.[33]

Hunters wütende, melodramatische Reaktion ist aufschlussreich. Er war ein Mann, der in einem Schlachthof gearbeitet und die Erfahrung mit allen blutigen Details beschrieben hatte. Doch das Schlachten von Rindern und Schweinen, das er nicht nur beobachtet hatte, sondern an dem er auch beteiligt gewesen war, hatte nicht im Entferntesten zu einem solchen moralischen Verdammungsurteil über das Fabrikschiff geführt.[34] Hunters je verschiedenartige Reaktionen könnten im Lichte der Ökologie interpretiert werden: Vieh war nicht von Ausrottung bedroht, also war es zulässig, an seiner Schlachtung beteiligt zu sein und das Fleisch zu essen (Hunter war kein Vegetarier). Doch die Greenpeace-Rhetorik, damals und hinfort, zeigt, dass man Wale sowieso auf einer anderen moralischen Ebene als Vieh sah. Laut Patrick Moore gab es kaum jemanden in der Crew, der nicht die Ansicht von Hunter und Watson teilte, dass Wale aufgrund ihrer vermuteten Intelligenz eine Sonderbehandlung verdienten:

Der Wal ist das größte Tier, das je auf der Erde gelebt hat, und sein Gehirn ist größer als unseres. Er hat hier 60 Millionen Jahre in Frieden gelebt. Der Satz, »Wenn der Mensch eine Stufe unter den Engeln geboren ist, dann sind es die Wale irgendwo dazwischen«, fasst mehr oder weniger zusammen, was wir darüber dachten. Ich denke heute noch so. Ich sehe keinen Grund, nicht so zu denken. Es gibt einfach keinen logischen Grund zu glauben, wir seien die höchste Lebensform – außer in einer sehr spezialisierten Weise. Wir sind die am höchsten spezialisierte Lebensform, wenn es um den Bau von Autos geht, aber nicht die höchste Lebensform, die im Meer schwimmen kann, 60 Millionen Jahre friedlich ist und ein größeres Gehirn als wir hat. Ich finde sie staunenswert. Ich habe sie immer als die absolut legitimen heiligen Kühe betrachtet. Nachhaltige Nutzbarmachung muss nicht auch auf Wale angewendet werden.[35]

Als sich die *Phyllis Cormack* der *Dalniy Vostok* näherte, fuhren Weyler und Kameramann Fred Easton mit ihren Zodiacs los, um zu filmen, wie die Harpunenschiffe die toten Wale zum Walfangmutterschiff brachten. Hunderte erstaunter Arbeiter standen an der Reling und fragten sich, was sie von dieser bunten Truppe halten sollten, die da in ihren kleinen Booten herumzischten. Auf der *Cormack* holten Mel Gregory und Will Jackson ihre Gitarren und Megafone raus und sangen ein Wal-Lied, das sie während der Fahrt geschrieben hatten. So kam es zu dem absurden Schauspiel, dass sich russische Walschlächter zu dem Refrain im Rhythmus wiegten und klatschten:

We are the whales, living in the sea
Come on now, why can't we live in harmony?
We'll make love, above the ocean floor
Waves of love come crashing on the shore.[36]

Der nächste akustische Anschlag auf die Walfänger bestand darin, Roger Paynes Aufnahmen der Buckelwalgesänge in voller Lautstärke abzuspielen. Das Echo der geisterhaften Töne waberte zwischen der *Cormack* und dem riesigen Stahlrumpf der *Vostok* hin und her. Kaum hatten die Männer an Bord des Fabrikschiffs erkannt, was sie da hörten, wurde aus dem freundlichen Winken ein Schütteln von Fäusten. Will Jackson machte den Versuch, auf seinem Synthesizer Walgesänge nachzuahmen, doch das ohrenbetäubend laute Ergebnis klang Hunter zufolge eher »wie ein abstürzendes Flugzeug voller vor Panik verrückter Katzen«. Falls die Walfänger noch irgendwelche Zweifel hatten, was Greenpeace über ihre Art des Lebensunterhalts dachte, wurden sie alsbald von Korotva ins

Ein Greenpeace-Zodiac nähert sich dem sowjetischen Walfangmutterschiff *Dalniy Vostok* und zwei Harpunenschiffen, Juni 1975.

Bild gesetzt, der ihnen in gebrochenem Russisch erklärte, dass Greenpeace gekommen war, »um euch daran zu hindern, Wale umzubringen«.[37]

Wo die Sowjets nun bestens über die Greenpeace-Mission in Kenntnis gesetzt worden waren, war es Zeit, das Kernstück ihres Plans anzugehen: Menschen als lebende Schutzschilde zwischen die Wale und die Harpunen aufzustellen. Die *Phyllis Cormack* folgte einem der Harpunenschiffe, der *Vlastny*, als die sich auf Beutezug begab. Nach einer Weile entdeckte Walrus, der sich im Mast befand, dass die *Vlastny* eine Schule Pottwale verfolgte. Zu ihrem Erstaunen sah die Crew, dass die Wale »direkt und unbeirrt geradewegs wie ein Pfeil in Richtung *Phyllis Cormack* kamen«. Für die Mystiker konnte das kein Zufall sein. »Von den 360 Grad auf dem Kompass, die die Wale für ihre Flucht hatten wählen können, nahmen sie den einzigen Kurs, der sie auf unsere Seite brachte«, hielt Hunter fest. »Sie schleppten die Walfänger in ihrem Kielwasser heran und ermöglichten uns so den Versuch, sie zu schützen. Dieser Augenblick an Deck, als uns die Bedeutung dessen, was passierte, klar wurde, machte es wett, ein Leben lang einen sinnlosen Kampf ertragen zu haben, um dies einmal zu erfahren.«[38]

Die Crew machte sich nun daran, ihre drei Zodiacs zu Wasser zu lassen. Einer wurde von Korotva gesteuert, und an Bord befand sich Weyler mit seiner Kameraausrüstung. Den anderen fuhr Moore; das Boot sollte in eine Position gebracht werden, von der aus Easton die Aktion filmen konnte. Doch Easton hatte schlechte Nachrichten: Von seinem Filmmaterial waren nur noch die letzten Meter für etwa zehn Minuten übrig, und die waren auch noch von schlechter Qualität. Außerdem nahm das Licht ab, und die Batterie der Kamera machte Schwierigkeiten. Hunter und Watson befanden sich im dritten, dem »Kamikaze«-Zodiac, das sich zwischen die Wale und die Harpune drängen sollte. Die Männer überkam eine Woge nervöser Aufregung, als sie sich dem Killerschiff näherten. Unterwegs drehte sich Hunter, der eine bunte peruanische Mütze und das rote Stoffband trug, das er vom Karmapa bekommen hatte, zu Watson um, der sich ein weißes Tuch im Kamikaze-Stil um den Kopf gewunden hatte, ergriff dessen Hand zu einem revolutionären Händedruck und schrie über den Motorlärm hinweg: »Wir machen's, Paul! Wir machen's!«[39]

Watson erreichte den Bug der *Vlastny.* Hier konnten er und Hunter erstmals die Harpune aus der Nähe sehen. Als der Harpunier sie entdeckte, gab er ihnen zu verstehen, dass er ihre Anwesenheit durchaus nicht komisch fand. Er schüttelte die Faust und spuckte wütend nach ihnen, als Watson das Boot über die kabbelige See in eine Position etwa zwölf Meter vor dem Bug des Walfängers brachte. Knapp 20 Meter vor ihnen brachen jetzt die fliehenden Pottwale durch die Wasseroberfläche, um Luft zu holen. Während der nächsten Minuten hielten Hunter und Watson ihre Position zwischen der Harpune und den Walen bei. Hunter erinnerte sich: »Statt Angst verspürten wir in diesem Moment nur Triumph. Wir waren überzeugt, dass sie nicht schießen würden. Wir waren überzeugt, dass sie das politische Risiko, zwei Menschen in internationalen Gewässern umzubringen, nicht eingehen würden.« Diese Überzeugung wurde durch das Verhalten des Harpuniers bestätigt, der erst weiter auf die Wale zielte, sich dann aber frustriert davonmachte, weil er kein freies Schussfeld bekommen konnte. Hunter erinnerte sich nur an einen einzigen klaren Gedanken, der ihm nun durch den Kopf schoss: »Ausgeschmiert, ihr Bastarde! Ausgeschmiert!« Dann ging plötzlich der Außenborder des Zodiacs aus. Das Boot stoppte abrupt, während die *Vlastny* schnell auf die beiden zukam. Watson zog wie wahnsinnig am Starterseil, und Hunter beobachtete den Kapitän der *Vlastny*, der sich über den Bug beugte und »unter wildem Gelächter mit dem Zeigefinger hin und her über seine Kehle strich«. Das Schiff näherte sich ihnen unaufhaltsam, als wollte man sie unter dem rostenden Rumpf zermalmen. Hektisch streckte Hunter die Hand mit dem Friedenszeichen dem Kapitän entgegen und machte sich bereit, aus dem Zodiac zu springen. Doch Watson weigerte sich aufzugeben und zerrte weiter am Starterseil. Der Bug der *Vlastny* war jetzt nur noch drei Meter entfernt, und Hunter saß wie eingefroren in dem Schlauchboot. Er hätte nicht springen können, solange Watson nicht sprang. Buchstäblich in letzter Sekunde fegte sie die Bugwelle des Harpunenschiffs zur Seite, und die *Vlastny* raste mit voller Geschwindigkeit so dicht an ihnen vorbei, dass Hunter ihren Rumpf berühren konnte. Plötzlich war sich Hunter nicht mehr so sicher, dass die Sowjets es nicht riskieren würden, sie umzubringen.[40]

Korotva hatte den Zwischenfall von seinem Zodiac aus verfolgt und war binnen Sekunden längsseits gekommen. Er rief Hunter zu, er solle den Platz mit Weyler tauschen. Mit Vollgas brachte der 55-PS-Motor Korotva und Hunter schnell wieder an die *Vlastny* heran und sie konnten die Position zwischen der Harpune und den fliehenden Walen wieder einnehmen. Während Korotva sich auf das Steuern konzentrierte, beobachtete Hunter, wie der Kapitän der *Vlastny* mit einem seiner Matrosen sprach, der dann gemessenen Schritts über den Steg zum Harpunier ging und ihm die Botschaft überbrachte. Korotva sagte Hunter später, er habe den Moment, in dem der Harpunier feuern wollte, an Hunters Gesicht ablesen können, »das plötzlich aschfahl und krank aussah«. Weyler, der jetzt bei Moore im Schlauchboot saß, beschrieb, was als Nächstes passierte: »Wir hörten eine ohrenbetäubende Detonation, als der Schütze seine Sprengladungsharpune über die Köpfe von George und Bob hinweg abfeuerte. Ich hatte Angst, die Harpunenleine würde sie in zwei Hälften schneiden, als sie herunterzischte.«[41] Kaum dass sich Hunter und Korotva reflexartig ducken konnten, hatte die Harpune schon den Speck eines erschöpften Pottwals durchdrungen und explodierte wie eine Handgranate tief im Körper des Tiers. Die Harpunenleine peitschte keine eineinhalb Meter vor der Backbordseite des Zodiacs auf das Wasser. Der Harpunier hatte großes Können bewiesen und war ein erhebliches Risiko eingegangen, indem er wartete, bis der Zodiac in ein Wellental tauchte, und über ihn hinweg auf den Wal schoss, als der zum Luftholen nach oben kam.[42]

Inzwischen hatte Watson den Außenborder wieder anwerfen können und fuhr mit dem Zodiac neben dem Bug der *Vlastny*, als Hunter und Korotva den Harpunier blockierten. Da merkte Easton, der sich nun in Watsons Zodiac befand, dass er nur noch für 30 Sekunden Filmmaterial hatte und die Batterie wohl leer war. Da sowieso nichts zu verlieren war, hob er die Kamera auf die Schulter und begann zu filmen. Zu seiner Überraschung erwachte die Batterie wieder zum Leben. Er schwenkte zwischen den Walen und der *Vlastny*, war aber zu weit entfernt, um zu sehen, dass der Harpunier bereit zum Schuss war. Durch schieres Glück oder, wie die Mystiker das lieber sahen, irgendeine göttliche Intervention hielt Easton mit seinen letzten Filmmetern und den letzten Lebenszeiten der Batterie genau den Moment fest, als die Harpune abgefeuert wurde. In der Zeitlupe kann man genau sehen, wie die Harpune knapp über die Köpfe von Hunter und Korotva zischt, ehe sie in den Körper des Wals kracht. Dort draußen war sich Eastman nicht ganz sicher, ob er den Schuss festgehalten hatte. Doch wenn das so war, dann hätte Greenpeace ebenjene »Gedankenbombe« in Händen, die sich Hunter so sehnlich wünschte.[43]

Der Wal war getroffen, und Korotva wendete den Zodiac und fuhr zurück Richtung *Phyllis Cormack*. Ein Cetacea-Experte in Vancouver hatte ihnen gesagt, dass Walfänger eigentlich zuerst eine Walkuh schießen und damit den Leitbullen wütend machen, der sehr oft umkehren und versuchen würde, die

Kuh zu retten. Dadurch wäre der Rest der Schule verwirrt und führungslos, was es dem Harpunier ermöglichte, sie nach Gutdünken abzuschießen. Der Experte hatte ihnen auch gesagt, dass der Bulle alles angreifen könnte, was immer er als Bedrohung für die Schule ansah. Die Greenpeace-Ökokommandos in ihren kleinen Schlauchbooten wären leichte Ziele für einen wehrhaften Pottwal. Der Bulle kehrte tatsächlich um, ging aber nicht auf die Zodiacs los. Stattdessen, »als wüsste er genau, wer sein wahrer Feind war«, richtete sich seine Wut gegen die *Vlastny.* Er warf seinen riesigen Körper aus dem Wasser und schnappte mit seinem ungeheuren Maul nach dem Harpunier am Bug. Der Schütze beobachtete den angreifenden Wal ungerührt, als hätte er just diese Reaktion erwartet. Beim zweiten Sprung des Wals zielte er in aller Ruhe und feuerte seine Harpune ab, als der Bulle wieder auf dem Wasser aufschlug. Alle auf der *Phyllis Cormack* waren erstaunt über das Verhalten des Wals. Wieder einmal hatten diese Geschöpfe anscheinend gezeigt, dass sie zwischen Menschen, die sie abschlachten, und Menschen, die sie retten wollen, unterscheiden können. Auch wenn es keinen wissenschaftlichen Beweis dafür gab, passte das Verhalten doch in die allgemeine Anekdotenhistorie von Cetecea, die zwischen »freundlichen« und »unfreundlichen« Menschen unterscheiden können.[44]

Hunter und die Crew waren zwar traurig über den Tod zweier Pottwale, aber sie waren auch stolz auf ihren Einsatz. Weyler hatte Dutzende Fotos von seinem Zodiac aus geschossen, und Ron Precious, ein anderer Fotograf, hatte ebensoviel von der *Phyllis Cormack* aus aufgenommen. Wenn sich auch Eastons Film als vorzeigbar erwies, wovon er überzeugt war, dann hatte Hunter die Story, von der er geträumt hatte, samt den Bildern dazu. »Kein Fernsehsender kann solches Bildmaterial ablehnen«, dachte Hunter, »genau wie keine Medienagentur die Story ignorieren kann.« Greenpeace hatte, fand Hunter, sein unmittelbares Ziel erreicht:

> Schon bald sollten Bilder losgeschickt werden und in Hunderte Millionen Köpfe rund um die Welt gelangen und dort ein komplett neues grundlegendes Bild vom Walfang verankern. Statt kleine Schiffe und riesige Wale, riesige Schiffe und winzige Wale. Statt Mut beim Töten von Walen, nun Mut beim Retten von Walen. David war zu Goliath geworden, Goliath war jetzt David. Nachdem der Mythos von Moby Dick und Kapitän Ahab über ein Jahrhundert lang die menschliche Vorstellung vom Leviathan beherrscht hatte, zog nun ein ganz neues Zeitalter auf. Nichts weniger als eine historische Wende schien stattgefunden zu haben. Vom rein strategischen Standpunkt aus, wie menschliches Bewusstsein zu verändern war, hätten wir kaum mehr erreichen können.[45]

Mittlerweile gingen der *Phyllis Cormack* der Treibstoff und die Vorräte aus, und Easton hatte sein Filmmaterial aufgebraucht. Nach eigener Zählung hatte Greenpeace acht Wale gerettet, die bei dem Durcheinander, das die Zodiacs gestiftet hatten, den Walfängern entkommen konnten. Sie versuchten, die Flotte noch einen weiteren Tag zu verfolgen, konnten aber nicht Schritt halten. Also wendete Cormack das Schiff und nahm Kurs auf San Francisco. In diesem Stadium waren alle aus der Crew von der Richtigkeit ihrer Sache und auch davon, dass Wale einzigartige und außergewöhnliche Geschöpfe sind, die um jeden Preis gerettet werden mussten, absolut überzeugt. Der Vergleich mit den Abolitionisten, die im 19. Jahrhundert die Sklaverei bekämpften, wäre jetzt keine Schmähung gewesen.[46] Laut Hunter waren die Mystiker »total überzeugt, dass die Götter so oft interveniert hatten, nicht nur vor unseren Augen, sondern auch vor unseren Kameras, dass es keiner weiteren Diskussion bedurfte: Wir *waren* gesegnet«.[47] Die Beweise dafür waren überall um sie herum zu sehen: bei den Regenbögen; bei Eastons Kamera, die im entscheidenden Moment plötzlich wieder zum Leben erwacht war; bei den Walen selbst, die anscheinend Greenpeace als ihre Retter erkannt hatten. Und das war noch nicht alles. Am Morgen nach der Begegnung mit der *Vlastny* entdeckte Weyler beim Erwachen eine große Wolke am Horizont, die zweifelsfrei die Gestalt eines Pottwals hatte.[48] Die Erfahrung als solche ließ Hunter in eine verzückte Meditation über die Bedeutung von dem allen versinken:

Wir haben eine Zone tiefsten Mysteriums betreten, das in sich noch faszinierender ist als sogar die Wunder und Wehen der Wale. Wir hatten die uralten Einflüsse aus Tibet wie aus China hinaus auf das Wasser vor der Küste Amerikas gebracht, um uns einer Flotte vom asiatischen Festland entgegenzustellen, die vom Schiff *Dalniy Vostok* angeführt wurde – ein Name, der »Ferner Osten« bedeutet. Hier bestand sicher eine Yin-Yang-Situation von globalen Proportionen, ein echtes Treffen zwischen Ost und West. Allerdings kam der Osten von Westen, und der Westen von Osten, was zeigte, dass eine ungeheuere Umkehrung, eine Umpolung der Achse des Weltgeists stattgefunden hatte. Der Westen war jetzt der Osten, und der Osten selbst war in sein Gegenteil verkehrt worden. Was gerade in den Gewässern beim Mendocino-Rücken geschehen war, war ein Mikrokosmos, der dies alles widerspiegelte und, jedenfalls für unser Verständnis, einen Wandel ankündigte, dessen Umfang jede unserer früheren, unbedeutenden Phantasien winzig erscheinen ließ. Es war, als würde das kollektive Unbewusste der Welt einen seiner periodischen Versuche unternehmen, sich selbst zum Bewusstsein zu machen, und wir waren die unmittelbaren Instrumente der Transformation.[49]

Als es sich die erschöpfte Crew angesichts der nächtlichen Fahrt nach San Francisco gemütlich machen wollte, wurde Hunter und mehreren anderen plötzlich klar, dass sie keinerlei Plan hatten, was als Nächstes geschehen sollte. Ihre Bemühungen waren einzig darauf ausgerichtet gewesen, die Walfängerflotte aufzuspüren und sich ihr entgegenzustellen. Trotz der geringen Chancen hatten sie ihre Mission jetzt erfüllt. Was nun? Ironischerweise lag der anstrengendste, mühsamste und strittigste Teil der Kampagne noch vor ihnen, wie Hunter und die Crew bald feststellen sollten. In London hatten die Medien Hunters Bericht über den Zusammenstoß mit den Walfängern inzwischen aufgegriffen und verbreiteten ihn, während die IWC-Konferenz kurz vor dem Abschluss stand. Spong war als Greenpeace-Vertreter in London plötzlich von Reportern umlagert, die mehr über die Kampagne wissen wollten. Alle größeren Londoner Zeitungen brachten Hunters Geschichte, manche auf der Titelseite, und verschafften Spong damit unversehens neue Glaubwürdigkeit bei den Medien wie bei den aktiven Walfang-Gegnern. Die Delegationen aus der Sowjetunion und aus Japan waren verärgert und bezeichneten die Greenpeacer als »Piraten«. Die Naturschützer hatten es zwar wieder nicht vermocht, genügend Stimmen für ein Moratorium zu gewinnen, aber Geschichten von Aktivisten, die bereit waren, ihr Leben zu riskieren, um den Walfang zu stoppen, müssen die Alarmglocken bei den Delegationen der Walfang-Befürworter zum Schrillen gebracht haben. Dass mehrere der an der Aktion Beteiligten Amerikaner waren und dass sich die Ereignisse vor der kalifornischen Küste abgespielt hatten, war besonders alarmierend. Die Vereinigten Staaten waren schließlich die stärksten Befürworter des Moratoriums. Die Sowjets kamen nicht umhin, die Greenpeace-Aktionen als Elemente im größeren Kontext des Kalten Kriegs zu interpretieren. Die Japaner wiederum fürchteten, dass der zunehmend kritischere Blick auf ihre Walfang-Industrie die Vereinigten Staaten veranlassen könnte, den 1971 verabschiedeten Pelly-Zusatzantrag zum Fischereischutzgesetz von 1967 anzuwenden. Danach konnten alle Meerestierimporte aus Ländern verboten werden, deren Fangpraxis auch bedrohte Arten einschloss. Allen Betroffenen war klar, dass es den Antiwalfang-Kräften gelungen war, den Kampf auf eine neue Ebene zu heben.[50]

Als die *Phyllis Cormack* in San Francisco einlief, wurde die Crew von Unmengen von Reportern begrüßt, die auf dem Embarcadero warteten. Die Einwanderungsbeamten mussten die lärmenden Journalisten zurückhalten, die sich mit ihren Kameras und Mikrophonen über das Dollbord des Schiffs beugten und sofort mit den heldenhaften, wenn auch irgendwie fanatischen Umweltaktivisten sprechen wollten, die ihr Leben riskiert hatten, um die Wale vor den sowjetischen Jägern zu retten. Medienleute holten Weyler und Easton per Taxi ab und brachten sie zu ihren Filmlabors. Hunter sprach mit buchstäblich jedem Fernseh- und Radiosender in der Bay Area, und die Story wurde zusammen mit den Fotos von Weyler und dem Film von Easton in den gesamten USA und überall auf der Welt gedruckt und gesendet. Laut einer Studie erfuhr die Walschutzkampagne in den Vereinigten Staaten mehr Medienecho als alle Antiatomwaffen-Aktionen von Greenpeace in den vergangenen vier Jahren zusammengenommen.[51] Der *San Francisco Chronicle* spiegelte den Greenpeace-Status als bis dahin nahezu unbekannte Umweltgruppe wider, indem er von einer »Antiwalfang-Organisation aus British Columbia« schrieb.[52] Walter Cronkite, der Doyen der amerikanischen Nachrichtensprecher, stellte Greenpeace in seiner Abendsendung »That's the Way it is« ausführlich einem großen Fernsehpublikum vor. Die *New York Times* veröffentlichte ein längeres und überwältigend positives Feature über die Organisation. Darin beschrieb die *Times* nicht nur den Zusammenstoß mit den Walfängern, sondern zitierte auch Spongs Experimente mit Schwertwalen als Beweis für die einzigartige Intelligenz der Wale und fügte so wissenschaftliche Glaubwürdigkeit zur Liste der Greenpeace-Tugenden hinzu. Als Medienereignis war die Kampagne weit erfolgreicher, als Hunter sich das in seinen kühnsten Träumen erhofft hatte.[53]

In der Rückschau wird klar, dass die Medien für eine Walkampagne, wie sie Greenpeace durchgezogen hat, gut präpariert worden waren. Jahrelang waren die possierlichen Spiele gefangener Wale und Delfine in Fernsehdokumentationen zu sehen gewesen, und sentimentale Geschichten über gestrandete Wale waren regelmäßig durch die Nachrichten gegangen. Im Januar 1973 brachte CBS News eine Story über die Wanderung von Grauwalen entlang der amerikanischen Westküste. Bilder Zehntausender beglückter Walbeobachter, die sich auf Klippenspitzen und Stränden drängten, wurden mit Aufnahmen vom Abschlachten der Wale auf hoher See kontrastiert. In Nachrichtensendungen wurde negativ über den Verzehr von Walfleisch in Japan berichtet. Wale wurden als intelligente und friedliche Geschöpfe geschildert, die durch die übermäßige Bejagung durch Nationen wie Japan und die Sowjetunion bedroht waren. Dass Walfang für die Wirtschaft der USA absolut bedeutungslos war, hatte zur Folge, dass kein Anreiz für Journalisten bestand, ihre Berichterstattung »ausgewogen« zu gestalten, indem auch die Walfänger zu Wort kamen. Aus Mediensicht fehlten jetzt nur noch unwiderstehliche Bilder, die ein weiteres Schlaglicht auf die Sache der Walfanggegner warfen. Greenpeace lieferte diese Bilder und das nötige Moment an Spektakel und Konflikt. Die Mischung wurde noch unwiderstehlicher, weil es sich bei den »Feinden« um die Sowjetunion und Japan handelte, Länder, die in zwei Generationen von Amerikanern Angst und Misstrauen ausgelöst hatten.[54]

Greenpeace tat wenig, um sich von den vom Kalten Krieg geprägten Untertönen vieler Berichte zu distanzieren, und benutzte selbst häufig militärische Metaphern bei der Beschreibung der eigenen Aktionen. Weyler etwa begann einen seiner Artikel mit der Feststellung: »Es bestand kein Zweifel, dass Krieg herrschte … Wir waren mit Kameras bewaffnet; es handelte sich um eine Guerilla-Aktion in einem Medienkrieg.«[55] In der *New York Times* verwendete der *Vega*-Skipper Jacques Longini ebenfalls Kriegsrhetorik, um Greenpeace zu beschreiben: »Protest bedeutet, mit einem Schild zu demonstrieren, gegen etwas zu sein. Das ist nicht das, was wir tun. Wir werfen uns eher als Sand in das Getriebe einer riesigen Maschine. Statt uns bloß darüber zu beklagen, versuchen wir, den Walfang zu beenden. Dies ist eine gewaltfreie Schlacht, kein Protest.«[56] Außerdem griff Hunter bei der Darlegung seiner Theorien zur Medienarbeit oft zu militärischen Metaphern, sprach beispielsweise vom Fernsehen als dem »Trägersystem« für »Gedankenbomben«.[57] Auch wenn solch eine Sprache für eine vorgeblich pazifistische Organisation mit Wurzeln im Quäkertum problematisch war, zeigten weder Greenpeace noch die Medien die Neigung, auf diesen Widerspruch einzugehen. Die vom Kalten Krieg geprägten Untertöne, ob bewusst oder unbewusst eingesetzt, dienten ja den Zielen beider Gruppierungen.

Die Crew blieb insgesamt neun Tage in San Francisco, in denen sie fürstlich bewirtet und auch sonst gefeiert wurde, vor allem von den lokalen Medien, aber auch, in geringerem Maß, von örtlichen Umweltorganisationen. Nachdem man fast zwei Monate in der qualvollen Enge der *Phyllis Cormack* zugebracht hatte, waren der Glamour und der Glanz der Medienwelt von San Francisco und die opulenten Häuser von vielen der Umweltschützer in der Stadt eine Art Kulturschock. Ein etwas übermüdeter Hunter rief sich einen von Metcalfes Lieblingsaphorismen ins Gedächtnis: »Fürchte den Erfolg«. Es sollte nicht lange dauern, bis die Bedeutung von Metcalfes Worten offenkundig wurde. Keine 24 Stunden nach ihrer Ankunft nahm die New Yorker Filmproduktionsgesellschaft Artists Entertaiment Complex, die Blockbuster wie *Erdbeben* und *Der Pate Teil II* produziert hatte, Kontakt zu Hunter auf. Am nächsten Tag flogen die AEC-Agentin Amy Ephron und ein Drehbuchautor nach San Francisco, um sich mit der Crew zu treffen und über einen viele Millionen teuren Film über die Greenpeace-Heldentaten zu reden. Alle Spannungen, die auf der *Phyllis Cormack* bestanden haben mögen, verblassten zu einem Nichts angesichts der Spaltung, die der Besuch von Ephron bewirkte. Ihre schroffe New Yorker Art stieß die meisten Greenpeacer sofort ab. Sie könne ihnen 25 000 Dollar für die Filmrechte an ihrer Story anbieten, zehn Prozent sofort, der Rest nach Fertigstellung des Films. Auch wenn Hunter kein Unternehmer war, wusste er doch, dass 25 000 Dollar Peanuts im Vergleich zu dem waren, was Ephrons Firma an einem erfolgreichen Film verdienen würde. Doch was ihn anging, war das Anliegen nach wie vor, überall auf der Welt »Walbewusstsein« hervorzurufen. Der Film, fand er, würde dazu beitragen und zudem Greenpeace mit einer gehörigen Portion kostenloser Publicity versorgen. Andere waren jedoch zutiefst misstrauisch. Watson und Walrus waren besonders verärgert und beschimpften Hunter als »Ausverkäufer«. Der Vertrag verlangte, dass jedes einzelne Crewmitglied eine Verzichtserklärung unterschrieb, die der Filmfirma das Recht gab, jeden Einzelnen so zu porträtieren, wie sie es für richtig erachtete. Watson und Walrus verweigerten ihre Unterschrift, was Hunter und Moore erboste, die ihnen vorwarfen, sich aufzuspielen. Der Bruch wegen des Filmvertrags »heilte« Hunter zufolge »nie ganz aus und sollte uns Jahre belasten«. Die Erbitterung wurde bei einer Auseinandersetzung zwischen Moore und Walrus am letzten Tag in San Francisco deutlich. Moore versuchte ein letztes Mal, den Rest der Crew zum Unterschreiben der Verzichtserklärung für den Film zu überreden. In einem Wutanfall kletterte Walrus auf den Mast, um Moores Vorhaltungen zu entgehen, und schrie ihn an, er sollte weggehen. Er weigerte sich herunterzukommen, solange das Schiff nicht abgelegt hatte.[58]

Der bittere Geschmack, den der Filmdisput hinterlassen hatte, wurde durch den Empfang, den lokale Umweltgruppen Greenpeace bereiteten, nicht gemildert. San Francisco galt als amerikanische Hauptstadt der Umweltbewegung, und es waren über ein Dutzend mehr oder weniger engagierte Antiwalfang-Gruppen in der Bay Area beheimatet. Statt zu kooperieren, so schien es Hunter, agierten viele dieser Gruppierungen allein und betrachteten andere Organisationen als Konkurrenten beim Geldeinwerben und bei Publicity. Der Mediencoup von Greenpeace machte die Crew nicht nur zum Ziel von Lob, sondern auch von ebenso viel Missgunst, nicht zuletzt, weil ihr Kampf mit den Walfängern buchstäblich vor den Toren von San Francisco stattgefunden hatte. »Statt als Brüder und Schwestern von unseren Mit-Umweltschützern willkommen geheißen zu werden«, so stellte Hunter fest, »begrüßten uns falsche Freundlichkeit und Gratulationen, die kaum den Groll und das Misstrauen dahinter verbargen … Es war, als hätten wir ein fremdes Revier usurpiert.« Hunter und die anderen störten sich auch an dem Kontrast zwischen dem Leben von der Hand in den Mund, das ihr Engagement für Greenpeace zur Folge hatte, und dem opulenten Lebensstil, den viele der Umweltschützer in San Francisco offenbar pflegten. »Wir kamen nicht umhin zu erkennen«, bemerkte Hunter, »dass aktiver Umweltschutz das Reich einer Elite war.« Die Reaktion von Joan McIntyre, der Chefin von Project Jonah und Amerikas bekanntester Kämpferin gegen den Walfang, bestärkte diesen Eindruck. »Ich will, dass die Wale gerettet werden«, sagte sie vorwurfsvoll zu Hunter, »aber nicht auf *diese* Weise.« Der konfrontative und aus ihrer Sicht machohafte Stil von Greenpeace passte schlecht zu McIntyres vornehmer Empfindsamkeit. Diese neue Form des aktiven Umweltschutzes schmeckte weder Naturschützern alter Schule noch, wie in diesem Fall, sensiblen New-Age-Umweltschützern wie McIntyre. Hunter war klar, dass Greenpeace bei dem Versuch, die amerikanische Umweltschützer-Szene zu erobern, nicht auf die Hilfe des ökologischen Establishments von San Francisco hoffen konnte.[59]

Die Härte und Aufregungen der Kampagne, der Medienzirkus in San Francisco, die Spaltung wegen des Filmvertrags und ein Übermaß an Alkohol und Drogen forderten schließlich ihren Tribut von Hunter. Auf der Rückfahrt von San Francisco nach Vancouver sah er einen »Nebelregenbogen«, einen vollkommenen Regenbogen, der sich wie ein bunter Heiligenschein vom Bug zum Heck der *Phyllis Cormack* spannte. Überzeugt, dass es sich um ein weiteres in einer langen Reihe von Wundern handelte, zog sich Hunter aus und sprang in das eiskalte Wasser des Nordpazifiks, wo er »in einem Zustand der Glückseligkeit« auf den langsam treibenden Regenbogen zuschwamm. Als die anderen ihn schließlich wieder aufs Schiff gehievt hatten, zitterte er so stark, dass er nicht mehr sprechen konnte: Er war nur knapp einer Unterkühlung entgangen. Zwei Nächte später schlief er mit einer brennenden Zigarette im Mund ein und erwachte erst, als seine Koje schon in Flammen stand. Auf einem Holzschiff war

Patrick Moore, Rex Weyler und Bob Hunter (von links nach rechts) kommen 1975 nach der ersten Greenpeace-Kampagne zur Rettung der Wale wieder in Vancouver an.

ein solcher Unfall unverzeihlich. Der Rest der Crew bestrafte Hunter, indem man mehre Tage lang nicht mit ihm redete. Zu diesem Zeitpunkt war er, wie Hunter zugab, so »weggetreten«, dass er nicht zwischen Wasser und Weißwein unterscheiden konnte. Trotz der Probleme in San Francisco und der Auswirkungen der Kampagne auf Hunters Befinden endete die Fahrt mit einem Triumphgefühl, als rund 10 000 Menschen auf den Jericho Beach in Vancouver kamen, um die Crew in der Heimat willkommen zu heißen.[60]

Die Fahrt, alles in allem, war als erstaunlicher Erfolg zu verbuchen. Dass Greenpeace die sowjetische Walfängerflotte überhaupt aufgespürt hatte, war allein schon bemerkenswert. Mit ihrer Taktik der gewaltfreien Protestaktion hatten sie zwar zu ihrer Überraschung die Walfänger nicht davon abgehalten, ihre Harpunen abzufeuern, aber sie hatte Greenpeace trotzdem mit einer Reihe starker Bilder versorgt, die die Einstellung der Welt zum Walfang beeinflussen konnten. Als in Szene gesetztes Medienereignis war die Kampagne weit erfolgreicher, als man erwartet hatte. Die Fotos und Filmaufnahmen waren rund um die Welt zu sehen gewesen, und es ist kaum zweifelhaft, dass sie eine größere Rolle dabei spielten, den prüfenden Blick von Öffentlichkeit und Medien auf die International Whaling Commission und das elende Schicksal der letzten Großwale der Erde zu lenken. Das Medieninteresse an der Kampagne speziell in den USA verschaffte Greenpeace die Ausgangsposition, auf dem größten »Umweltschutz-Markt« der Welt dabei zu sein. Plötzlich schienen die Möglichkeiten, Gelder einzuwerben und organisatorisch zu expandieren, grenzenlos zu sein. Zudem konnte der Greenpeace-Proteststil, der den Quäkerbegriff von »Zeugnis ablegen« mit einer McLuhan'schen Medienstrategie und einer kräftigen Dosis Straßentheater verband, bei einer Vielzahl von Anliegen eingesetzt werden und versorgte somit frustrierte Umweltschützer in aller Welt mit einem neuen Paradigma des ökologischen Aktivismus.[61]

Trotz aller Erfolge verblieb im Herzen der Greenpeace-Kampagne ein gewisses Maß an philosophischer Spannung und logischer Konfusion. Jene, die in erster Linie für die Ausformung der Greenpeace-Gesinnung in Sachen Walfang verantwortlich waren – Spong, Hunter und Moore –, versuchten zwei Stränge von Umweltschutzvorstellungen zu vereinen, die zwar in gewisser Hinsicht eng verwandt waren, aber den Wert, den Menschen nichtmenschlichem Leben beimessen sollten, unterschiedlich einschätzten. Sicher, aus ökologischer wie tierrechtlicher Sicht gab es gewichtige Argumente für die Forderung nach der Abschaffung des Walfangs. Aber es bestanden auch erhebliche Unterschiede bei den philosophischen Begründungen der jeweiligen Argumente. Nach Meinung der holistischen Ökologen waren Wale wie jede andere Art zu schützen, weil sie eine wichtige Rolle in unserem Ökosystem spielen und sie, wie die Natur überhaupt, einen eigenen Wert besitzen, der unabhängig von den Werten ist, die Menschen ihnen beimessen. Aus ökologischer Sicht gibt es jedoch keine Einwände a priori dagegen, dass Menschen Arten jagen, deren Populationen gesund und stabil sind. Damit ließ die Ökologie die Tür offen für die kunstgerechte Jagd auf nicht bedrohte Cetacea und die eventuelle Wiederaufnahme der Jagd auf größere Wale, wenn deren Quantität wieder das Niveau wie vor dem 19. Jahrhundert erreicht hatte. Aus Sicht der Tierrechtler waren Wale jedoch als intelligente Wesen in der Lage, Freude und Schmerz zu empfinden, und sollten unter gar keinen Umständen gejagt werden. Weder die Populationsgröße einer bestimmten Art noch die Rolle, die der Walfang in einer Kultur spielte, sollten die Erlaubnis begründen können, dass Menschen Wale jagen. Die Beendigung des Walfangs sollte, wie die Abschaffung der Sklaverei, für alle Zeiten gelten.

Es bestanden zweifellos zwingende ökologische Gründe, gegen Walfang zu sein, und Greenpeace hat soundso oft die Rhetorik der Ökologie eingesetzt, um dieses Anliegen der Öffentlichkeit zu präsentieren. Doch bei *Cetaceus intelligentus* spielte Ökologie häufig nur die zweite Geige. Bei Pressekonferenzen und in Gesprächen etwa betonte Hunter immer wieder, dass Greenpeace mindestens acht Walen direkt das Leben gerettet habe. Nach Überzeugungen von Greenpeace waren Wale ebenso wie Menschen als Individuen und nicht nur zusammengefasst als Kollektivum oder Art anzusprechen.[62] Mel Gregory, der ortsansässige »Experte für Kommunikation zwischen den Arten«, erörterte seinen gleichfalls auf Tierrechten basierenden Ansatz in einem Artikel, den er kurz nach der Rückkehr der *Phyllis Cormack* nach Vancouver schrieb. Der erste Absatz zog das Standardbild von Walen als Musterbeispiel für ökologische Harmonie heran: »Irgendwann beschloss der Wal, ins Wasser zurückzukehren und in völligem Einklang mit der Natur zu leben.« Die Großwale, fuhr er fort, hätten »die Meere nie übervölkert« und »das fein ausbalancierte Ökosystem, das den Hauptnachschub an Sauerstoff für alle Geschöpfe der Erde liefert, im Gleichgewicht gehalten«. Der Rest des Artikels vertrat dann den »Geist in den Wassern«-Ansatz und behauptete, Wale besäßen eine höhere Intelligenz und ein höheres Bewusstsein, womit er implizierte, dass sie es deshalb wert seien, geschützt zu werden. Wenn man sich Paynes Buckelwal-Aufzeichnungen anhören würde, so argumentierte Gregory, käme man »nicht umhin, Sinn und Intellekt in den 30-minütigen Gesängen zu erkennen … die die Schaltkreise jedes Synthesizers überhitzen« würden … »Der Buckelwal, der heute am Rande der Ausrottung steht, hat sein Dasein der Perfektion der höchsten Form von Kommunikation gewidmet – der MUSIK.« Das große Gehirn des Wals, folgerte Gregory, habe »sich wahrscheinlich aufgrund von Millionen Jahren der Introspektion und meditativer Reflexion entwickelt«. Während »der Mensch mit Händen zum Schaffen und gelegentlich zum Zerstören aus sich herausgegangen« sei, habe »der Wal Vollkommenheit in sich selbst verwirklicht«.[63]

Gregorys Gefühle zeigen, wie die von Spong und Hunter, die eklektische und häufig widersprüchliche Phalanx der intellektuellen Einflüsse bei Greenpeace. Die Notwendigkeit, ein zwingendes populäres Image des Wals zu zeichnen, führte zusammen mit den diversen philosophischen und wissenschaftlichen Vorlieben von Hunter und Spong zur Entwicklung einer gebrochenen Umweltphilosophie, die auf unterschiedlichen Elementen von Biozentrismus, Neurowissenschaften, Tierrechten und New-Age-Romantik basierte. Sie verschmolz neueste Gehirnforschung mit östlichem Mystizismus, ökologischen Holismus mit sentimentalem Anthropomorphismus und koppelte sie an eine Theorie der Bewusstseinsrevolution, die zu gleichen Teilen von Hegel und McLuhan stammte. Es handelte sich um eine potente Mischung, eine, die sich als attraktiv sowohl für die Medien als auch für Umweltaktivisten rund um den Globus erwies. Ihre Mängel und Widersprüchlichkeiten sollten bei der nächsten größeren Greenpeace-Kampagne deutlicher werden: dem Versuch, die Sattelrobbenjagd auf den Eisschollen im Osten Kanadas zu beenden.

9. KAPITEL

Auf dünnem Eis

Seit Anfang der 1970er war es Bob Hunters vorrangiges Ziel gewesen, eine internationale revolutionäre Umweltbewegung anzuführen. Mitte 1975 schien er diesen Traum verwirklicht zu haben. Die Kampagne gegen den Walfang hatte nicht nur das Vorgehen der sowjetischen Fangflotte vor der kalifornischen Küste bloßgestellt, sondern auch Greenpeace und seinen spektakulären gewaltfreien Stil der direkten Protestaktion weltweit ins Rampenlicht gerückt. Besonders die amerikanischen Medien waren fasziniert von den Taktiken der Organisation. Die Folgen der Medienstrategie von Greenpeace waren weitreichend. Jetzt transportierten die *New York Times* und Walter Cronkites Kommentare Hunters Gedankenbomben überall in die amerikanischen Wohnzimmer, und im mittleren Amerika beklagten Zeitungen wie der *St. Louis Globe Democrat* »die gewissenlose Ausrottung vieler der großartigsten Geschöpfe Gottes« und forderten Präsident Nixon auf, den Pelly-Zusatzantrag gegen Walfangstaaten anzuwenden.[1] Greenpeace hatte offenkundig sogar die Zustimmung der Vereinten Nationen, denn Maurice Strong, der Leiter des UN-Umweltprogramms, dankte der Organisation, dass sie das Elend der Wale ins Bewusstsein gerückt habe, und forderte sie auf, mit ihren Anstrengungen weiterzumachen.[2]

Während die Vorstellung, Präsident der Greenpeace Foundation zu sein, romantisch und aufregend gewesen sein mag, musste sich Hunter jetzt mit den mühseligen und langweiligen Routinearbeiten abgeben, die bei der Leitung einer NGO anfallen. Der intellektuelle Schauder, den Hunter beim Nachdenken über Bewusstseinsrevolution und Gedankenbomben überkam, wurde rasch gedämpft durch die profane Realität von Buchhaltung, juristischen Formalitäten und den Umstand, dass Greenpeace mit mindestens 40 000 Dollar in der Kreide stand. Das Gefühl von Magie, das während der gesamten Walfahrt herrschte, verflüchtigte sich schnell. Während das Unternehmen in Vancouver wuchs und neue Greenpeace-Gruppen in Nordamerika, Europa und Australasien aus dem Boden schossen, war Hunter nun mit so einschneidender Zersplitterung konfrontiert, dass er sich nach der simplen Dichotomie »Mystiker gegen Mechaniker« an Bord der *Phyllis Cormack* zurücksehnte. Zudem beschloss Greenpeace bald, eine Kampagne gegen das alljährliche Abschlachten von Sattelrobben auf den Eisschollen Ostkanadas zu starten: ein Protest, der ein großes Aufgebot an Unterstützern anziehen würde, das von hartgesottenen Tierrechte-Aktivisten bis zu bloßen politischen Opportunisten reichte, die alle ihre eigenen Vorstellungen hatten, wie eine Kampagne zu laufen hätte, warum Robben zu schützen seien und wer sie, wenn überhaupt, jagen dürfe. Nicht ganz unerwartet kam, dass die heftigsten Auseinandersetzungen nicht etwa zwischen Vancouver und den neuen Zweigstellen stattfanden, sondern innerhalb der Vancouver-Gruppe selbst. Eine dieser Kontroversen, mit Paul Watson auf der einen Seite und Patrick Moore und Bob Hunter auf der anderen, war von besonderer Bedeutung, weil dabei die akzeptablen Grenzen gewaltfreier Greenpeace-Aktionen bestimmt wurden.

Die Kampagne gegen den Walfang konnte noch plausibel als Versuch firmieren, eine bedrohte Art zu retten, und nicht als Anliegen von Tierrechten, denn es bestand kein Zweifel, dass bestimmte Großwal-Arten von Ausrottung bedroht waren. Das Schicksal der Sattelrobbe war dagegen aus ökologischer Sicht nicht ganz so einfach einzuordnen. Obwohl kanadische und norwegische Jäger jedes Jahr Hunderttausende von Robbenjungen abschlachteten, blieb die Robbenpopulation relativ stabil, auch wenn sie erheblich kleiner war als in den Jahrhunderten zuvor. Hinzu kam, dass Robben im Gegensatz zu Walen anscheinend keine außergewöhnliche Intelligenz vorweisen konnten. Es ließ sich also keine Kampagne um einen »Geist auf den Eisschollen« entwickeln. Nicht zu leugnen war allerdings, dass die neugeborenen Robbenjungen äußerst liebenswert aussehen. Das ließ das Abschlachten – üblicherweise durch Zerschmettern des Schädels mit einem selbstgefertigten Schläger – um so brutaler erscheinen. Hierin lag ein Dilemma: Konnte die Sattelrobbe in einer Welt, in der tagtäglich Millionen von niedlichen Tieren getötet wurden oder grausamen Experimenten ausgeliefert waren, zum Symbol der mutwilligen ökologischen Zerstörung durch den Menschen gemacht werden, ohne eine unnötig emotionale Kampagne zu initiieren, die die meistens armen Neufundländer verteufelte, weil sie die Robben jagten?

Die Robbenkampagne von Greenpeace exemplifiziert noch stärker als die Proteste gegen Atomwaffentests und den Walfang einen Konflikt, der sich in den vergangenen Jahrzehnten immer und immer wieder zwischen Umweltschützern, die einen von ihnen als wertvoll geachteten Teil der Natur erhalten wollen, und arbeitender Bevölkerung abgespielt hat, deren Lebensunterhalt von dessen Ausbeutung abhängt. Von den Wäldern am Amazonas bis zum Fischfang im Nordatlantik – Umweltschützer haben sich oft in der wenig beneidenswerten Situation wiedergefunden, Gegner einer agrarischen Arbeiterschaft oder von Ureinwohnern zu sein, die ums nackte Überleben kämpfen. Und dieser Konflikt wird üblicherweise durch die Reaktionen von Wirtschaftsunternehmen und Regierungen noch komplizierter. In jüngster Zeit haben verschiedene Umweltgruppen erhebliche Anstrengungen unternommen, mit statt gegen Menschen zu arbeiten, deren Lebensunterhalt von der Zerstörung hoch geschätzter Naturbereiche abhängt. Im Kanada der 1970er Jahre gab es jedoch kaum Vorläufer für Kampagnen wie die von Greenpeace. Daher überrascht es vielleicht, dass die Organisation tatsächlich versuchte, eine Allianz mit Robbenjägern gegen die großen Unternehmen zu bilden, die am meisten vom Abschlachten der Sattelrobben profitierten. Der Umstand, dass diese Bemühungen letztlich fehlschlugen, war ebenso der Kompromisslosigkeit der Robbenjäger und der kanadischen Regierung wie fahrlässigen Versäumnissen bei Greenpeace geschuldet.

*

Im Herbst bekam Rex Weyler die Aufgabe, eine auf weite Verbreitung abzielende Zeitschrift zu entwickeln, die den Titel *Greenpeace Chronicles* trug. Die erste Ausgabe erschien als Beilage zum *Georgia Straight*. Die *Chronicles* sollten weniger das Sprachrohr von Greenpeace sein, sondern »der Beginn eines internationalen Kommunikationsnetzwerks, dessen Hauptziel es ist, Umweltgruppen auf der ganzen Welt untereinander über Aktionen, Beiträge, Ideen und Pläne der anderen zu informieren«. Weyler bat um Berichte »von allen Umwelt-, Wildtier-, Naturschutz- und Ökologie-Gruppen«, vorausgesetzt, sie befassten sich mehr »mit Aktionen und Kampagnen als mit Rhetorik oder Spekulationen«.[3] Jenen, die nicht so vertraut mit Greenpeace waren, beschrieb Weyler die Organisation als »Prototyp der Friedenstruppen der Vereinten Nationen, der sich letztlich der Erhaltung einer bewohnbaren Welt widmen wird«. Politisch sei Greenpeace »jenseits von links oder rechts im konventionellen ... Sinn«, agiere als Nichtregierungstruppe »in Bereichen, in denen Regierungen selbst derzeit nicht intervenieren können oder wollen«. Jenen, die Interesse hätten, der Organisation zu helfen, stünden zwei Kategorien offen: als »Unterstützer«, die ihre Aktivität auf finanzielle Zuwendung beschränken wollten, und als »Mitglieder«, die bereit wären, »eine AKTIVE Rolle bei der Verteidigung der Umwelt zu übernehmen«. Letztere wurden eingeladen, sich an den generellen Aktivitäten von Greenpeace zu beteiligen und »die Skizze eines Aktionsplans vorzulegen«. Aus Vancouver würden sie einen Kampagnen-Bausatz bekommen, der Beispiele für erfolgreiche Aktionen und »Schritt-für-Schritt-Anleitungen für den Einsatz innovativer Kommunikationstheorien enthielt, um auf ein bestimmtes Anliegen aufmerksam zu machen«.[4]

Um ihre Absicht, zum Clearinghaus in Sachen Umwelt zu werden, zu verdeutlichen, veröffentlichten die *Greenpeace Chronicles* Artikel zu einem breiten Themenspektrum. Neben den obligatorischen Walfang-Artikeln schrieb Patrick Moore auch einen Text über die umweltschädlichen Auswirkungen von Atomkraftwerken; Fred Easton beteiligte sich mit einem Artikel über die bevorstehende Einrichtung des Trident-Atomraketen- und U-Boot-Stützpunkts in Bangor, Washington, und Walrus brachte Einzelheiten über die Leiden der Ojibwa im Nordwesten von Ontario, von denen viele Symptome der Minamata-Krankheit aufwiesen, die auf Quecksilber-Rückstände aus einer örtlichen Papierfabrik zurückzuführen waren. Eine englische Tierrechte-Organisation mit

Namen Hunt Saboteurs skizzierte ihre Kampagne gegen die Fuchsjagd und bezeichnete sich als einzige Gruppe, die gewaltfreie Protestaktionen im Greenpeace-Stil durchführen würde, um die Jagd publik zu machen und zu »sabotieren«. Dieses eklektische (und gelegentlich widersprüchliche) Spektrum von Anliegen – Tierrechte, Tiefenökologie, soziale Gerechtigkeit, Protest gegen Atomkraft – spiegelte die wichtigsten Stränge modernen Umweltschutzes wider und zeigte, dass Greenpeace bereit war, seinen Grundsatz der direkten Aktion bei einer Vielzahl von Angelegenheiten anzuwenden, ohne sich unbedingt über mögliche Konflikte und Widersprüchlichkeiten ganz im Klaren zu sein.[5]

Wichtig war in der ersten *Chronicles*-Ausgabe auch die Ankündigung, dass Greenpeace eine Kampagne gegen die Robbenjagd im Winter 1976 plane. Jedes Jahr im Februar und März suchen Hunderttausende (früher: Millionen) weiblicher Sattelrobben das Treibeis in Ostkanada auf, um ihre Jungen zu gebären. Die Fischer von Neufundland, von denen viele im Winter eine Zwangspause einlegen müssen, bessern dann ihr allgemein mageres Einkommen auf, indem sie die rehäugigen, flaumig-weißen Robbenbabys »jagen«. Vielen Stadtbewohnern aus der Mittelschicht, denen die harten Wechselfälle des Landlebens fremd geworden waren, erschien das alljährliche Abschlachten der Sattelrobbenjungen als Relikt einer brutalen und barbarischen Vergangenheit. Die »Swiler«, wie sie in Neufundland genannt werden, gehen einfach zu einem wehrlosen Jungen hin und zerschmettern dessen Kopf mit einem mit Eisenspitze versehenen Schläger, der als »Hakapik« bezeichnet wird, einem norwegischen Wort, das die Funktion des Schlägers lautmalerisch in zahlreichen Sprachen deutlich anklingen lässt. Das Junge wird dann rasch gehäutet, und der Swiler zieht weiter zum nächsten. Nicht selten bleibt eine Robbenmutter zurück, die den blutigen Leichnam des Jungen verzweifelt anstupst. Verschiedene Tierschützergruppen hatten seit über zehn Jahren gegen die Jagd protestiert, und obwohl sie einige Verbesserungen bei der Ausführung erzwungen hatten, wurden immer noch Hunderttausende Robbenjunge jeden Winter abgeschlachtet.

Paul Watson und Walrus Oakenbough machten als Erste den Vorschlag, Greenpeace solle sein auf Konfrontation abzielendes Prinzip der direkten Aktion auf den Eisschollen von den Küsten von Neufundland, Labrador und Quebec realisieren. Die Sattelrobbe sei im Zuge dieser Jagdpraxis auf gutem Wege, ausgerottet zu werden, behauptete Watson.[6] Von Anfang an machte er jedoch eindeutig klar, dass es ihm hierbei nicht um Populationsbiologie und mit Nachhaltigkeit zu vereinbarende Obergrenzen zu tun sei. Vielmehr sollte es um Brutalität, Blut und Tod gehen. Die Robbenfänger, so ereiferte er sich, »begrüßen die Mütter und ihre Babys mit Schlägern und Messern«, verwandeln die »friedliche Kinderstube« auf dem Eis in ein »Blutbad«, bringen »den Robben einen schrecklichen Tod und den Kanadiern international Schande«. Swiler seien »kälter als das Eis, auf dem sie laufen«, beteuerte er. Sie würden »Baby um Baby« erledigen, »mit dem Schläger« auf es einknüppeln, es treten und manchmal häuten, »wenn das Baby noch lebt und sich in Qualen windet«. Watson stellte klar, dass Greenpeace, genau wie beim Walfang, bloßer Schutz nicht ausreichen würde: »Die Robbenjagd muss komplett aufhören.«[7]

Sattelrobben, die im Englischen nach der harfenförmigen Zeichnung auf dem Rücken erwachsener Tiere als »harp seals« bezeichnet werden, sind wahrlich Geschöpfe der Kälte. Sie werden auf dem Treibeis vor Neufundland und Quebec geboren – zugleich die Südgrenze ihres Verbreitungsgebiets – und wandern in jedem Jahr hinauf zu den Gewässern und dem Packeis der ostkanadischen Arktis und der Westküste Grönlands. Millionen von Jahren sind sie mit dem Labradorstrom hin und her geschwommen und haben sich von den großen Loddeschwärmen – kleinen Fischen aus der Stintfamilie – ernährt, die in den gleichen Gewässern zu Hause sind. Sattelrobben sind ausgezeichnete Schwimmer, und ausgewachsenen Tiere können fast 200 Meter tief tauchen und bis zu 30 Minuten am Stück unter Wasser bleiben. Bis zum 18. Jahrhundert wurden sie jahrtausendelang in kleiner Zahl von den Einwohnern von Nordostkanada gejagt, in jüngerer Zeit kamen Europäer hinzu, die über den Atlantik fuhren, um die reichen Meeresressourcen der Region auszubeuten. Um 1800 betrug ihre Population unterschiedlichen Schätzungen zufolge vier bis zehn Millionen.[8]

Im Herbst und Frühwinter fressen sich die Robben reichlich Speck an, ehe sie sich auf den Weg hinunter zu den Eisschollen um Neufundland und im Sankt-Lorenz-Golf machen, wo sie im Februar ankommen. Sie sind gesellige Tiere und versammeln sich in großen Gruppen an verschiedenen Stellen, deren Position von den klimatischen Bedingungen des jeweiligen Jahres abhängt. In einem besonders kalten Winter kann eine Herde fast in Sichtweite der neufundländischen Hauptstadt St. John's zusammenkommen, in anderen Jahren müssen die Swiler über 500 Kilometer weiter nördlich in der Provinz auf die Suche gehen. Auf dem Treibeis gebären die Weibchen die rundlichen, reinweißen, rehäugigen Jungtiere, deren Fell das eigentliche Ziel der Jagd war.[9] Sie werden kurze Zeit intensiv von der Mutter ernährt: Etwa neun Tage lang trinken sie reichliche Mengen Robbenmilch, deren Fettgehalt bei 40 Prozent liegt. Das Äquivalent für einen Menschen wäre, mehrere Kannen flüssigen Brie pro Tag hinunterzustürzen.

Binnen drei Wochen schießt das Gewicht von sieben Kilo bei der Geburt auf erstaunliche 45 Kilo. Gleichzeitig beginnt der Wechsel vom weißen Fell zu einem hellgrauen mit schwarzen Flecken. Jetzt werden sie als »Beaters« bezeichnet und sind weniger wertvoll für die Pelzindustrie. Bald darauf verlagert sich ihr Leben ins Wasser, und sie ernähren sich dann von kleinen Krustentieren, die in Massen entlang des Treibeises zu finden sind. Der Zeitraum von der Geburt bis zur Selbstständigkeit beträgt gerade mal drei Wochen, die Gefahren eines Lebens auf dem dünnen Packeis, das ständig bricht, nachgibt und absplittert, machen diese rasche Anpassung nötig. Die weiblichen Tiere verlassen ihre Jungen so früh wie möglich, um sich mit den Männchen zu paaren, die sich in der

Nähe der Eisschollen herumtreiben. Jetzt beginnt erneut eine elfeinhalbmonatige Schwangerschaft, und die Robben machen sich für einen neuen Zyklus wieder auf den langen Weg nach Norden.

Die Robbenjagd machte nur einen kleinen Teil im Arbeitsleben eines Swilers aus – bloß drei oder vier Wochen gegen Ende des Winters. Die meisten verbrachten die wärmeren Monate in Fischerbooten oder in Fischverarbeitungsfabriken und den Winter in der Holzverarbeitungsindustrie. Trotz der kurzen Jagdzeit konnte das Einkommen daraus für bestimmte Gemeinschaften recht erheblich sein, nicht selten machte es den Unterschied zwischen extremer Not und schierem Überleben wett. Früher war die Jagd lebensnotwendig für viele Gemeinschaften, wie ein Forscher anmerkte. Doch seit Mitte des 20. Jahrhunderts kann der ökonomische Wert bestenfalls als Zubrot bezeichnet werden.

Die Robbenjagd stellte für viele Männer in der Provinz so etwas wie ein angestammtes Recht dar, und in der Region gibt es unzählige Geschichten über die Nöte und Triumphe der Swiler.[10] Da das Töten einer Robbe nicht sonderlich anspruchsvoll oder gefährlich ist, betonen die Geschichten der Swiler ihre Kämpfe gegen die Elemente oder skrupellose Kapitalisten. Sich selbst stellen sie eher als arme, bedürfnislose, abgehärtete Menschen dar, die am Rande der Zivilisation leben, gegen die schrecklichen Gewalten der Natur kämpfen und von rücksichtslosen Schiffsbesitzern und Pelzhändlern ausgebeutet werden, denen ihre Sicherheit und ihr Wohlergehen egal sind. Die Geschichte von Neufundland kennt viele Tragödien über Swiler, die in plötzlich aufziehenden Schneestürmen umkamen oder durch das dünne Eis brachen und in das eisige Wasser des Sankt-Lorenz-Golfs stürzten. Eines der bemerkenswertesten Ereignisse war die Katastrophe von Neufundland 1914, die Cassie Brown in ihrem Buch *Death on the Ice* lebendig nacherzählt hat. Zwei Tage lang waren 120 Robbenjäger bei einem schweren Schneesturm auf treibenden Eisschollen gefangen und konnten ihr Schiff nicht wiederfinden. 80 Swiler erfroren auf dem Eis. Was die Tragödie so furchtbar machte, war die Tatsache, dass der Kapitän, um seine Quote zu verbessern, die Männer trotz der horrenden Wetterbedingungen gezwungen hatte, vom Schiff zu gehen.[11] Schiffseigner erhielten üblicherweise zwei Drittel der Ausbeute einer Fahrt, den Rest teilte die Crew unter sich auf, wobei der Kapitän den Löwenanteil bekam. Und noch mehr Salz in die Wunden rieb der Umstand, dass der Swiler, wie ein empörter Neufundländer darlegte, »gezwungen ist, Krankenhausbeiträge zu bezahlen, und vom Händler nicht nur mit den Kosten für die nötigen Werkzeuge und Materialien belastet wird, sondern zusätzlich noch eine Summe von 3 Pfund 12 Shilling für das Privileg entrichten darf, sein Leben zu riskieren, um dem Händler ein Vermögen zu verschaffen«.[12]

Wie beim Walfang waren die Norweger auch bei der Robbenjagd die großen Erfinder von Techniken in der Robbenindustrie. Ende der 1960er Jahre arbeiteten die meisten Swiler für norwegische Firmen, von denen einige in Kanada registriert waren, und die wenigen unabhängigen neufundländischen Robbenfangunternehmen konnten ihre Felle nur über norwegische Mittelsmänner in Europa absetzen. Ein Swiler erhielt für ein Fell zwei bis drei Dollar, dessen Wert dann auf 100 bis 125 Dollar stieg, wenn es Teil eines Luxuspelzmantels geworden war. Nur ein sehr kleiner Teil dieses Geldes fand je den Weg zurück nach Kanada. Dem Historiker Briton Cooper Busch zufolge konnte man 1971 über die neufundländische Robbenjagdindustrie »mit Fug und Recht sagen, dass sie sich in norwegischer Hand befand«.[13]

Von 1949 bis 1961 töteten die Swiler pro Jahr durchschnittlich 300 000 Sattelrobbenjunge. Der Zoologe David Sergeant, der für das kanadische Fischereiministerium arbeitete, meinte, das seien viel zu viele, um die Jagd auf lange Sicht zu sichern. Die Geburtenrate hatte sich dadurch bereits von 750 000 im Jahre 1950 auf 350 000 im Jahre 1961 halbiert. Die gesamte Sattelrobbenpopulation wurde auf unter 1,5 Million geschätzt.[14] Bis Anfang der 1960er Jahre hatten weder die Robbenjäger noch die kanadische Regierung aktives Interesse am Schutz gezeigt. Die einzige Maßnahme war eine vage Vereinbarung auf Treu und Glauben zwischen kanadischen und norwegischen Robbenjägern, dass man nur von Anfang März bis Anfang Mai jagte.[15] Doch ab den 1960ern befürwortete und ermöglichte die Bundesregierung zuverlässig die Jagd. Die Swiler hießen die Anstrengungen professioneller Wildbiologen nicht immer gut. Doch egal, wie sehr das Ansehen Kanadas im Ausland durch die Jagd auf die Robbenjungen litt, die Regierung blieb unverrückbar bei der Unterstützung der Robbenfangindustrie, ebenso wie alle größeren politischen Parteien.

Mitte der 1960er appellierten Wissenschaftler, die sich für den Naturschutz einsetzten, an die Regierung, Regulierungen für die Industrie einzuführen. Zusätzlich begannen Tierschutz-Aktivisten, die der Meinung waren, die Jagd sei grausam, das alljährliche Schlachten publik zu machen, um die Stadtbevölkerungen in Nordamerika und Europa hinsichtlich der, wie sie es wahrnahmen, barbarischen Praktiken der Neufundländer aufzurütteln. Ökologische Ziele und Arterhaltung waren für diese Aktivisten, von denen viele zu den diversen kanadischen Zweigstellen der Society for the Prevention of Cruelty to Animals (SPCA) gehörten, nur beiläufig von Interesse. Ihren Zorn erregte die Grausamkeit der Jagd. Bei der Jagd würden nicht nur den Jungen – und den Müttern, die sie verloren – große Schmerzen und Leid zugefügt, sondern sie trüge auch zur Brutalisierung der Swiler bei, machten sie zu kaltherzigen Wilden, wie viele meinten. SPCA-Mitglieder, die in den gediegenen Vororten von Toronto oder Vancouver lebten, konnten sich nur schwer die Geistesverfassung vorstellen, die es einem Mann möglich machte, eines der schönsten Geschöpfe, die die Natur zu bieten hatte, so unbarmherzig totzuprügeln und dann den warmen und möglicherweise noch lebenden Körper zu häuten.[16]

Swiler passten nicht einfach in irgendeine erkennbare soziale Kategorie. Die indigenen Gemeinschaften jagten schließlich auch Robben, und kaum ein eingewanderter Kanadier würde ihnen dieses Recht streitig machen. Doch während die Jagdpraktiken der Ureinwohner durch jahrtausendealte Traditionen und tiefverwurzelte kulturelle und mythische Beziehungen zu ihrer Beute geadelt wurden, waren die Swiler bloß arme Weiße, die Robben für den internationalen Pelzhandel erschlugen.

Das Schicksal der Sattelrobben wurde 1964 einem breiteren Publikum bekannt, nachdem Artek Films Limited, eine Produktionsfirma aus Montreal, einen Vertrag mit der CBC abgeschlossen hatte, eine Reihe von halbstündigen Filmen über das Fischen und Jagen in Quebec zu produzieren. Nachdem man einige Episoden von Enten- und Elchjagden gedreht hatte, flog die Filmcrew, die nur wenig Ahnung von der Sattelrobbenjagd hatte, auf die Magdalen Islands vor der Küste von Quebec, wo man hoffte, die Robben in ihrer natürlichen Umgebung filmen zu können und vielleicht Zeuge dabei zu werden, wie eine oder zwei von ihnen erlegt wurden. Stattdessen geriet die Crew mitten in die Swiling-Saison und war schockiert, zusehen zu müssen, wie Swiler sich dem Erschlagen und Häuten der Robben in anscheinend fröhlicher Ausgelassenheit widmeten. Das waren keine kundigen Jäger, die ein einzelnes Karibu ins Zielfernrohr ihrer Flinte nahmen, sondern Swiler, die von Robbe zu Robbe rannten und sie so schnell wie sie konnten niederknüppelten und häuteten, um ihre Produktivität zu steigern. Der Dokumentarfilm, der den Titel *Les Phoques de la Banquise* trug, rief Empörung hervor, in Kanada und anderswo. In dem Film gab es viele grausame Szenen, aber eine stach besonders hervor und wurde für diejenigen, die gegen die Robbenjagd kämpften, zum Symbol für die Brutalität und Verrohung dieser Jagdpraxis. Die schändliche Szene zeigt, wie ein Swiler sein Messer auf einer Sattelrobbe ansetzt, die sich windet und aufbäumt und eindeutig noch sehr lebendig ist, und beginnt, sie zu enthäuten. Die Szene endet damit, dass das enthäutete Geschöpf wie wahnsinnig und grauenhaft schreiend über das Eis rast und eine blutige Spur hinter sich lässt.[17]

Sowohl die Swiler als auch die kanadische Regierung, die bis dahin stramm hinter der Jagd stand, bezweifelten die Authentizität des Films und behaupteten, die Filmcrew hätte die Häutung in Szene gesetzt und einen der Swiler bezahlt, damit er etwas tat, was er normalerweise bei seinem Job nicht getan hätte.[18] Doch solche Vorwürfe änderten kaum etwas an dem vom Film ausgehenden Eindruck, der Kanadas größte Naturzeitschrift veranlasste zu erklären, der Film habe, egal, ob er übertrieben sei oder nicht, »dazu gedient, die allgemeine Aufmerksamkeit auf eine Praxis zu richten, die, egal, ob sie in Einzelfällen oder allgemein üblich ist, gesetzlich verboten werden muss«.[19]

Vor der Einmischung von Greenpeace war der markanteste Gegner der Robbenjagd der unermüdliche Brian Davies. 1964 nahm er als Geschäftsführer der SPCA New Brunswick an einem Treffen zwischen Regierungsvertretern und Repräsentanten der Robbenindustrie teil, bei dem es um die Regulierung der Jagd 1965 ging. Die Veranstaltung brachte Davies zu der Folgerung: »Eine Robbenfangindustrie, die viel Geld eingesetzt hat, beabsichtigt, auch noch das letzte

Robbenjunge zu töten, um ihre Ausrüstung zu amortisieren, und jene, die an den Robben verdienen, verschwenden nicht einen Gedanken an deren Qualen.« Unter dem Druck mehrerer humanistischer Gesellschaften bot der kanadische Fischereiminister an, bei der Jagd 1965 drei Beobachter zuzulassen, damit diese bezeugen konnten, dass das Ganze so human wie möglich ablief. Einer der drei war Davies. Der Minister und seine Nachfolger sollten diese Entscheidung schwer bereuen, denn Davies und die Organisation, die er gründete – der International Fund for Animal Welfare (IFAW) – wurden in den folgenden drei Jahrzehnten im Mai buchstäblich zu Dauergästen auf den Eisschollen.[20]

Als Watson und Walrus ihre Idee für eine Kampagne gegen die Robbenjagd anderen Greenpeace-Mitgliedern vorstellten, sei er, so erzählt Hunter von sich, sofort »darauf angesprungen«: »Ich habe das Foto einer Robbe gesehen und ›Wow!‹ gesagt. Nicht ›Wow, das ist ein großes Mediending‹, sondern ›Wow, sind die hübsch!‹«[21] Watson erinnert sich allerdings, dass mehrere in der Organisation, darunter Hunter, skeptisch waren. Manche empfanden die ganze Sache als zu kontrovers. Andere, wie etwa Spong, wollten nicht, dass kostbare Mittel von der Walkampagne abgezogen würden. In diesem Fall scheint Watsons Version die richtigere zu sein. Während Hunter, Moore, Spong und andere sich um den Aufbau der Organisation und die Vorbereitung der Walkampagne 1976 kümmerten, waren Watson und Walrus bei der Einwerbung von Mitteln und den Vorarbeiten für den Sattelrobben-Protest mehr oder weniger auf sich allein gestellt.[22]

Zu der Crew, die sie als Begleitung für den Weg zu den Eisschollen auswählten, gehörte Dan Willens, ein Musiklehrer aus Indiana, dessen neue lokale Greenpeace-Gruppe beträchtliche Gelder für die Kampagne gesammelt hatte. Mit dabei waren Watsons Freundin Marilyn Kaga, eine 26-jährige japanischstämmige Kanadierin, Patrick Moores Partnerin Eileen Chivers und Henrietta Neilson, eine junge Norwegerin, die das Verhalten ihres Landes gegenüber Meeressäugern ablehnte. Noch ein wichtiges neues Greenpeace-Mitglied war Al »Jet« Johnson, ein forscher Pilot Anfang vierzig, der ursprünglich aus Vancouver kam, jetzt aber in San Francisco lebte. Er verstärkte die Tierrechte-Brigade in der Organisation, denn er hatte eine starke Affinität zu Wildtieren, insbesondere zu Wölfen und Kojoten, und war eigentlich an Greenpeace herangetreten, weil er wollte, dass man die Aktivitäten auf Landsäugetiere ausweitete. Johnson war genau der Typ, den Watson suchte – reif, zäh und ein leidenschaftlicher Wildtierschützer. Zudem sprach er fließend Norwegisch (seine Eltern stammten aus Norwegen), hatte Arktis-Erfahrungen und besaß fliegerische Kenntnisse, die hilfreich sein konnten, wenn es darum ging, Greenpeace aufs Treibeis zu befördern.[23]

Der ursprüngliche Plan sah vor, noch vor den Pelzjägern auf den Eisschollen zu sein, das weiße Fell der Robbenjungen mit einer harmlosen, nicht abwaschbaren Farbe einzusprühen und ihnen so den kommerziellen Wert zu nehmen.

Außerdem, so hieß es in ihrer Pressemitteilung, würden sich die Greenpeace-Leute »mit ihren Leibern zwischen den Schläger der Robbenjäger und das vorgesehene Opfer werfen« und zusätzlich »die Robbenjäger permanent behindern, um die Jagd zu verlangsamen«. Durch diese direkten Aktionen sollte das Leben vieler Robben gerettet werden und »der Welt die Tatsache bewusst gemacht werden, dass die Sattelrobben in einem Maß abgeschlachtet werden, das sie an den Rand kommerzieller wie biologischer Ausrottung bringt«.[24] Von Anfang an basierte die Kampagne auf einer unguten Vermischung von Ökologie und moralischer Entrüstung. Hunter war sich der Fallstricke und Widersprüche, die einem solchen Ansatz innewohnen, mit Sicherheit bewusst:

> [Die Jagd] war eine Angelegenheit, die die schlimmsten Formen von Anthropomorphismus und zugleich die höchsten Formen von Mitleid zum Vorschein brachte. Wir wussten, dass uns ein Drahtseilakt bevorstand zwischen einer ausgewogenen »wissenschaftlichen« Analyse, dass die Jagd selbst einfach schlecht für die Meeresökologie war … und dem Ausmaß an Emotionen, die das Töten von »Babys« bei Millionen von Städtern hervorruft, die ansonsten mit ihren Autos, Pools und Elektrogeräten die größten Umweltzerstörer überhaupt sind.[25]

Unter Berufung auf Arbeiten von Wissenschaftlern der University of Guelph erklärte Greenpeace, zum einen sei die Jagd »nachweislich schrecklich und brutal« und zum anderen lägen unbestreitbare wissenschaftliche Beweise dafür vor, dass ihre Fortsetzung »zum dauerhaften Verschwinden der gesamten Sattelrobbenpopulation führen« würde und »auf den Eisschollen nur Blutflecken zurückblieben«. Wie Brian Davies betrachtete Greenpeace die Sattelrobbe als Spezies, die als Türöffner diente: »Ein erhöhtes Verantwortungsbewusstsein der Öffentlichkeit einer Spezies gegenüber – wie dem Wal oder der Robbe – bewirkt unweigerlich, dass Menschen über Luchse, Biber, Eisbären oder Vögel nun ebenso denken.« Greenpeace arbeite deshalb »auf einen grundlegenden Wandel im Verhalten gegenüber allen Lebewesen« hin (eine Aussage, die wieder Hunters Glauben an eine Bewusstseinsrevolution widerspiegelte). Die Alternative seien »das langsame Absterben menschlichen Moralgefühls und der endgültige und unausweichliche Tod eines ökologischen Systems, der auf lange Sicht der Menschheit selbst Schaden zufügen« könne.[26] Diese rhetorische Mischung von Wildtierschutz und moralischer Empörung samt Fotos, die Robbenbabys vor, bei und nach der Abschlachtung zeigten, hatte sich in der Vergangenheit für Gruppen wie dem International Fund for Animal Welfare (IFAW) als erfolgreich erwiesen. Als noch die Möglichkeit einer direkten Konfrontation zwischen Robbenjägern und Aktivisten auf den kahlen Eisschollen hinzukam, erwies sich das als unwiderstehliches Rezept für die Gewinnung von medialer Aufmerksamkeit. Binnen eines Tages nach der Ankündigung der Pläne brachten die Zeitungen von Neufundland Schlagzeilen wie »Krieg gegen Greenpeace – wir müssen siegen«, während Politiker aus Neufundland mit der Drohung zitiert wurden, sobald ein Greenpeace-Demonstrant das Eis beträte, würden wütende Einheimische »über ihn herfallen«.[27]

Im Winter 1976, am Vorabend der Robbenkampagne, konnte die vorherrschende Stimmung bei den Hauptaktivisten von Greenpeace als Selbstvertrauen, das gelegentlich an Hochmut grenzte, bezeichnet werden. Hunter, der mit der Gabe gesegnet war, den breiten Strom der Geschichte in einer Sprache zusammenfassen zu können, die zugleich lakonisch und plastisch war, beschrieb diese Stimmung in seinem gewohnt lebhaften Stil:

> Wir hatten es so oft gesagt, dass wir langsam selbst daran glaubten: Eine kleine Gruppe von Leuten, die phantasievoll und gewaltfrei vorgeht, kann den Gang der Ereignisse im »globalen Dorf« beeinflussen. Auf einem Planeten, auf dem rund vier Milliarden Menschen in gigantischen Ameisenhaufen leben und jeder Einzelne offenbar machtlos angesichts der schieren Masse um ihn herum ist, konnte keine verwegenere Idee ersonnen werden. Die meisten Denker der Welt halten unerschütterlich an dem Glauben fest, Geschichte werde vom Schwarm, von einer ungeheuren Antriebskraft von Zahl und Masse, geformt. Das Individuum, selbst das Genie, das nur alle paar Jahrhunderte einmal vorkommt, kann kaum mehr bewirken, als den Gang der Ereignisse für ein paar Jahre zu biegen, dann bricht die große Strömung herein und fegt alles mit sich. Wie kann sich ein rational denkender Mensch einreden, es gäbe auch nur den Hauch einer Chance, auch nur den geringsten Einfluss auf weltweite Ereignisse zu haben? Und wer außer einem Größenwahnsinnigen kann davon träumen, das Bewusstsein der Menschheit wirklich zu verändern?[28]

Nun, Hunter zum Beispiel hielt an solchen Träumen fest. Er blieb bei der Überzeugung, dass die Revolution der internationalen Kommunikationstechnik, kleinen Gruppen von Menschen, die keinen Zugang zu den traditionellen Quellen politischer und ökonomischer Macht hatten, die Möglichkeit eröffnen könnte, Ereignisse im großen Stil zu beeinflussen. Hunter machte sich McLuhan aus ganzem Herzen und unkritisch zu eigen. Wer sollte ihm einen Vorwurf machen? Schließlich verwandelte sich eine hektografierte Pressemitteilung aus seinem vollgestopften kleinen Büro im Hippie-Ghetto von Vancouver buchstäblich über Nacht in Zeitungsschlagzeilen in ganz Kanada und bewirkte erkennbar Angst bei Politikern und Industriellen. Die Robbenkampagne sollte aber völlig anders als der Walfang-Protest vonstatten gehen. Diesmal ging es nicht gegen ein unpersönliches, monolithisches Walfangmutterschiff aus einem feindlichen Land, jetzt wollte sich Greenpeace Männern aus der kanadischen Arbeiterklasse Auge in Auge und auf deren ureigenstem Terrain entgegenstellen. Dies bedeutete eine Dynamik, die ein größeres Maß an Kompromissen erforderte, als viele Leute – auf beiden Seiten – bereit waren zu akzeptieren.

10. Kapitel

Blut, Tod und Sex

Der kanadischen Regierung war es bis 1976 gelungen, viele der herkömmlicheren Naturschutzorganisationen davon zu überzeugen, dass die Sattelrobbe keine bedrohte Art und die Jagdmethode der Swiler human sei. In den Jahren davor hatte sie Maßnahmen ergriffen: etwa feste Termine für Anfang und Ende der Jagd, Fangobergrenzen, strikte Quoten für die verschiedenen Jäger, Jagdlizenzen und die Anwesenheit von Regierungsvertretern. Diese Maßnahmen überzeugten Organisationen wie World Wildlife Fund, Canada Audubon und Ontario Humane Society, die ihre Proteste gegen die Jagd zurückzogen.[1] Die Umweltphilosophie dieser Gruppierungen entsprach in vielerlei Hinsicht mehr dem wissenschaftlichen Tierschutz, wie ihn Wildtierbiologen der Regierung vertraten, als der Haltung von Greenpeace oder dem IFAW. Brian Davies führte zu diesem Zeitpunkt unverhohlen eine Tierrechtekampagne. Greenpeace hingegen ging auf Nummer sicher. Die meisten Verlautbarungen wurzelten im Diskurs der holistischen Ökologie: Robben seien ein lebenswichtiger Teil des Ökosystems Meer und die Jäger würden sie so zahlreich töten, dass ihre Ausrottung drohe. Doch schon bald wurde klar, dass viele der Hauptaktivisten – sowie viele der Greenpeace-Unterstützer – der Meinung waren, die Robbenjagd sei ganz abzuschaffen. Während Abschaffung im Fall der Wale folgerichtig war, konnte diese Forderung bei Robben nicht so eindeutig und zwingend erklärt werden.

Am 2. März 1976 begab sich die Mehrheit der Robbenkampagnen-Crew auf die lange Reise per Bahn, Fähre und Auto von Vancouver in das abgelegne Fischerdorf St. Anthony an der Nordostküste von Neufundland. Dort warteten zwei gecharterte Hubschrauber vom Typ Bell Jet Ranger II auf sie, die sie hinaus auf das Packeis bringen sollten. Watson, der, wie Hunter meinte, eine »militärische Ader« hatte, liebte es, den Leuten von der Crew entsprechende Titel zu verpassen, etwa »Gruppenführer«, »Flugassistent« und »Quartiermeister«. Für sich hatte er den Titel »Expeditionsführer« reserviert. Er war wenig begeistert, dass Hunter und Moore, die in der Hackordnung von Greenpeace über ihm standen, beschlossen hatten, mitzukommen. Er und Walrus hatten bislang die meiste Arbeit geleistet und sollten, so fand er, deshalb auch die Kampagne so führen dürfen, wie sie das für richtig hielten. Die Beziehung zwischen Watson und Moore hatte sich seit der Walkampagne nicht verbessert, und es war unwahrscheinlich, dass ihre Feindschaft auf den Eisschollen schmelzen würde. Dass Moore und Hunter mit dem Flugzeug anreisten, statt zusammen mit der Crew die billigere, aber endlos lange Zugfahrt auf sich zu nehmen, strapazierte die Beziehungen innerhalb der Gruppe noch mehr.[2]

Bei der Walkampagne im Sommer zuvor war Greenpeace in den Häfen an der Westküste, die angelaufen wurden, mit großem Beifall und Wohlwollen begrüßt worden. Natürlich erwartete niemand ähnliche Szenen in Neufundland, aber kaum einer war auf den offen gezeigten Zorn und schieren Hass vorbereitet, der diesen zudringlichen Festlandleuten dort entgegenschlug. Als ihre Vans St. Anthony erreichten, wurde der kleine Trupp von einem Mob erboster Einheimischer empfangen, die Plakate schwenkten und Fäuste schüttelten. Hunter zählte rund ein Dutzend bedrohlich aussehender junger Schlägertypen in vorderster Front, die zu Schlingen gelegte Seile schwangen. Der Mob umzingelte die Vans und begann daran zu rütteln, als wollten man sie umkippen. Moore, der den ersten Van fuhr, schaltete erschöpft den Motor aus und seufzte: »Wir scheinen da zu sein.« Watson und er schafften es auszusteigen. Sie versuchten, die wütenden Einheimischen zu beruhigen, während Hunter erst einmal überlegte, wie er seinen Kopf »am besten vor Tritten schützen« könnte. Moore und Watson trugen orangefarbene Arktis-Rettungsanzüge – ein Outfit, das sie noch mehr von den Einheimischen absetzte, die ersichtlich bescheidener gekleidet waren. Hunter, der eine alte Seemannsjacke trug, schaffte es, sich vom Van zu entfernen und in der Menge zu verschwinden, während die wütenden Einheimischen Moore und Watson weiter obszön beschimpften und mit den Latten ihrer Plakate bedrohten. Gerade, als es danach aussah, als würden Moore und Watson gelyncht, stieg Eileen Chivers aus dem Van. Ihre langen schwarzen Haare fielen offen über ihren orangefarbenen Parka. Sie lächelte die Zwischenrufer an, die bass erstaunt waren, eine Frau unter den Greenpeacern zu sehen, und kurz zurückwichen.[3]

Mittlerweile war Hunter auf den Schneewall neben der Straße gestiegen, um sich einen Überblick zu verschaffen. Rasch hatte er ausgemacht, wer anscheinend der Anführer der Gruppe war. Sein unscheinbares Aussehen ausnützend, schlängelte er sich durch die Menge zu Roy Pilgrim, dem Koordinator des Concerned Citizens Committee of St. Anthony Against Greenpeace (Komitee besorgter Bürger von St. Anthony gegen Greenpeace), und streckte ihm die Hand hin. Pilgrim schüttelte sie widerstrebend. Hunter fragte ihn, ob man eine Versammlung einberufen könne, und erfuhr, dass die schon für neun Uhr abends arrangiert sei. Pilgrim pfiff dann die Menge zurück, die die anderen Greenpeacer weiter anging, und verkündete, dass die Greenpeacer am Abend ihre Sache präsentieren würden: »Und dann sehen wir, was passiert.« Unter viel Beifall feuerte ein alter Mann im archaischen Dialekt der Einheimischen eine letzte Breitseite auf den Feind ab: »Macht keinen Unterschied, Junge … Versammlung hin, Versammlung her, die Jungs sind bis Mitternacht wieder zurück.«[4]

Als die Greenpeacer die Pension im Ort erreichten, war die Menge schon wieder unruhig geworden, und ein junger Mann schien Watson angreifen zu wollen. Da stolzierte Walrus, der bis dahin ziemlich unauffällig geblieben war, zu dem kriegslustigen Swiler, stieß ihm den Finger auf die Brust und brüllte: »*Hör zu, ich habe von keinem von euch Kerlen ein Wort über Mutter Erde gehört! Und darum geht es! Wir sind hier, um die Robben zu retten, die Wale, die Vögel, alles! Sie gehören alle zu Mutter Erde! Und ihr haltet uns nicht auf, denn das ist der Wille von Mutter Erde. Diese Robben sind auch meine Robben! Also haut ab, haut ab, das reicht!*«[5] Solch eine Sprache machte den kulturellen Graben zwischen den Öko-Hippies aus Vancouver und den Robbenjägern noch sichtbarer. Einheimischen wie Calvin Coish »erschienen die Greenpeacer wie eine Bande verrückter Besserwisser da hinten von der Westküste«. Viele Swiler schworen sich, »es sich nicht zweimal zu überlegen, ob sie [den Greenpeacern] eins über den Schädel ziehen sollten«. Eine andere typische Haltung drückte ein Robbenjäger aus: »Wenn [Greenpeace] da draußen versucht, einen Mann daran zu hindern, seinen Lebensunterhalt zu verdienen, gibt es Ärger.«[6] Einem Swiler erschien die Vorstellung, ein Robbenjunges zu »retten«, ebenso unsinnig wie die, einen Fisch zu »retten«. Sicher war es angemessen, eine Spezies, die sie als Ressource betrachteten, vor übermäßigem Raubbau zu bewahren. Aber die Vorstellung, eine Wesenheit namens »Mutter Erde« sei der Meinung, Robben zu töten wäre falsch, war einfach absurd. Für sie hatte Gott die Robben hierherkommen lassen, damit sie Gebrauch davon machen konnten. Jene, die die Jagd rechtfertigten, bezogen sich immer wieder auf Genesis 1,26 mit der berühmten Aussage: »[Die Menschen] sollen herrschen über die Fische des Meeres, über die Vögel des Himmels, über das Vieh, über die ganze Erde und über alle Kriechtiere auf dem Land.« Dies wurde auch von den Priestern betont, die häufig die Robbenfängerschiffe segneten, ehe sie Richtung Treibeis ausliefen.[7]

Bereits kurz nach der Ankunft in der Pension Decker telefonierte Hunter mit Rod Marining, der in Vancouver geblieben war, um als Mediensprecher von Greenpeace zu agieren. Marining hatte eine wichtige Neuigkeit: Die kanadische Regierung hatte gerade einen Kabinettsbefehl verabschiedet, der das Einsprühen von Robben verbot. Ein Kabinettsbefehl ist eine Vorschrift oder ein Gesetz des Kabinetts, das nicht vom Parlament gebilligt werden muss. Etwas melodramatisch machte Hunter seiner Verzweiflung Luft und erklärte, Greenpeace habe »die totalitäre Ader von Ottawa unterschätzt«.[8] Diese Entwicklung setzte den Problemen, die Greenpeace wegen der Zusätze zum Robbenschutzgesetz hatte, die Krone auf. Diese verboten allen, die keine Beziehung zur Robbenjagd hatten, eine Robbenherde unter 600 Meter zu überfliegen oder mit einem Hubschrauber dichter als 800 Meter neben einer Robbe zu landen. Diese Regulierungen dienten offenbar dazu, Proteste von Gruppen wie dem IFAW und Greenpeace zu verhindern. Offiziell erklärte die Regierung, die Einschränkungen seien nötig, damit die Gebär- und Säugezeit der Robben nicht durch Menschen gestört würde. Hunter stellte jedenfalls sarkastisch fest, das Gesetz besage schlicht: »Du darfst keine Robbe stören, es sei denn, du willst sie töten.« Und George Orwell selbst, fuhr er fort, »hätte keinen besseren Titel für ein Gesetz erfinden können, das auf die Tötung eines Tiers abzielt«.[9]

Da die Chancen eindeutig gegen Greenpeace standen, entschied sich Hunter für einen schnellen Taktikwechsel. Die Bundesregierung würde ihre Haltung in absehbarer Zeit sicher nicht ändern, aber wenn Hunter seine Karten richtig ausspielte, könnte man vielleicht die Landleute am Ort überreden, ihre Opposition aufzugeben und Greenpeace bei einigen Anliegen zu unterstützen. Während die anderen auf ihre Zimmer gingen, traf sich Hunter kurz privat mit Roy Pilgrim. Die wütende Menge hatte bei Hunter den Eindruck hinterlassen, dass die Landleute – die Kurzzeit-Swiler, die nicht zu den Crews der großen Robbenfängerschiffe gehörten – besonders erbost über den Greenpeace-Plan waren, die Robben mit Farbe einzusprühen. Außerdem war schnell klar geworden, dass sie die überwiegend norwegischen Unternehmen, die das Geschäft mit den Robbenfellen dominierten, nicht besonders schätzten. Hunter wusste genau, dass die Landleute, verglichen mit den überwiegend norwegischen Schiffen, nur relativ wenige Robben erlegten. Da gab es eine Chance, dachte er sich, um eine Koalition mit ihnen gegen die reichen und meist ausländischen Unternehmen zu schmieden.

Das im Hinterkopf, schlug er Pilgrim einen Deal vor: Greenpeace würde auf das Einsprühen der Robbenpelze verzichten, wenn Pilgrim ihm versprechen könne, dass niemand die Hubschrauber behindern würde. Außerdem würde Greenpeace die einheimischen Robbenjäger unbehelligt lassen, wenn Pilgrim erlaube, dass Hunter Ortsansässige für die Greenpeace-Sache anwerben könne. Der Protest würde sich dann auf die Fabrikschiffe beschränken. Aus Hunters Sicht war das ein vorteilhafter Kompromiss. Der Einsatz von Sprühfarbe war jetzt illegal und hätte nur dazu geführt, dass die Aktivisten schon am ersten Tag der Jagd verhaftet worden wären. Außerdem war es immer die Absicht von Greenpeace gewesen, die Aktivitäten vorrangig gegen die Fabrikschiffe und nicht gegen die Einheimischen zu richten. Das weiter gesteckte Ziel war es, die kanadische Regierung dazu zu bringen, die Hoheitsgewässer von gegenwärtig zwölf Meilen auf das vom internationalen Seerecht erlaubte Maximum von 200 Meilen auszuweiten. Diese Abmachung würde, so hoffte Hunter, es Greenpeace ermöglichen, »Ottawa auszuspielen und eine Allianz zwischen Arbeitern und Naturschützern zu schaffen, die alle verblüffen« würde. Zu diesem Zeitpunkt war das kleine Fischerdorf voll mit Vertretern einflussreicher Medien, darunter NBC und die *Washington Post* aus den USA, der *Stern* aus Deutschland, die Nachrichtenagentur Gamma aus Frankreich sowie alle größeren kanadischen Zeitungen und Fernsehsender. Pilgrim wollte seine Leute nicht wieder als wütende Barbaren dargestellt sehen, die edle Robbenretter zusammenschlugen. Hunter und er schüttelten sich die Hand und beschlossen, die Vereinbarung anzunehmen, die Hunter vorgeschlagen hatte.[10]

Die örtlichen Medien waren überhaupt nicht beeindruckt von Hunters scheinbarem Kompromiss. Der Kolumnist Wick Collins vom *Evening Telegram* in St. John's erklärte, das sei »nichts weiter als ein taktischer Rückzug angesichts des entschiedenen Widerstands energischer Einwohner von St. Anthony«. Sobald diese »Publicity-Geier« wieder »sicher auf dem kanadischen Festland« seien, würden sie »ihre Verbalattacken auf neufundländische Robbenjäger wieder aufnehmen«.[11] Paul Watson und seine Gruppe handverlesener Unterstützer waren ebenfalls alles andere als glücklich. Watson war absolut dagegen, das Einsprühen aufzugeben, aber Moore und Hunter beharrten darauf, dass dies die einzige Möglichkeit sei, eine erfolgreiche Kampagne durchzuziehen. Bei der Versammlung versuchten Moore und Watson, in ökologischer und ökonomischer Argumentation darzulegen, warum Greenpeace gegen die Jagd sei, ernteten aber nur Zwischenrufe und Buhs vom rowdyhaften Publikum. Dann ging Hunter ans Mikrophon und spielte sein Ass aus: »Aus Respekt vor den ernsten ökonomischen Nöten der Menschen in Neufundland wird die Greenpeace Foundation ihre Pläne, Robbenjunge mit grüner Farbe einzusprühen, fallen lassen ... stattdessen wird Greenpeace hinaus an die Front gehen, hinaus zu den Eisbrechern, insbesondere zu den norwegischen, die in internationalen Gewässern operieren, und unsre Leiber zwischen diese Robbenjäger und die Robben werfen.« Hunters Rede wurde mit heftigem Beifall und Jubel aufgenommen, da die meisten sie als Kapitulation interpretierten.[12]

Greenpeace musste sich also keine Sorgen mehr machen, dass einheimische Swiler die Hubschrauber am Start Richtung weit entfernter Eisschollen hindern würden. Aber Hunter vor allem musste einen Preis dafür zahlen. Am nächsten Tag berichteten Zeitungen in ganz Kanada, Greenpeace habe vor, die Sprühaktion aufzugeben und eine Allianz mit einheimischen Robbenjägern einzugehen.[13] In Vancouver wurden Marining und andere mit Anrufen verärgerter Spender bombardiert, die ihr Geld zurück verlangten und Greenpeace Verrat vorwarfen. In der neu gebildeten Greenpeace-Gruppe von Toronto zerstampfte man alle Greenpeace-Buttons unter dem Absatz und schickte sie an Hunter persönlich nach St. Anthony. Trotzdem blieb Hunter optimistisch: »Mit ein wenig Glück, solange wir die Helis hinaus aufs Eis bekamen, würde sich das legen, und wenn alles perfekt laufen würde, könnten wir sogar mit einem neuen Rezept daraus hervorgehen, Umweltschützer und die Einheimischen in Neufundland gegen die Regierung und die Pelzbarone zusammenzuschmieden, die Robben wie Robbenjäger seit Jahrhunderten ausbeuten.«[14]

Die Greenpeace-Strategie, die von Anfang an nicht allzu klar war, änderte sich im Verlauf der Kampagne ständig. Zuerst wollten Watson, Walrus und die Neuzugänge, die sie für Greenpeace gewonnen hatten, einen Tierrechte-Kurs fahren, so viel Robben wie möglich retten und die Abschaffung der Jagd überhaupt fordern. Hunter sympathisierte zwar mit diesem Kurs, war aber pragmatisch genug, um zu erkennen, dass man sich damit zu viele Feinde schaffen würde. Es war schwierig genug, mit dem Gesetz zum Schutz der Robben umzugehen. Wenn auch noch wütende Einheimische die Hubschrauber am Start hindern würden, bliebe die Kampagne so gut wie wirkungslos. Auch wenn das bei Greenpeace niemand zugeben wollte, die Landleute von St. Anthony hatten die Organisation dazu gezwungen, einen erheblichen Kompromiss einzugehen. Statt nach der Abschaffung der Jagd zu schreien, billigte Greenpeace jetzt offiziell das Recht der Einheimischen auf die Jagd, während die überwiegend norwegischen Fabrikschiffe, die draußen operierten, verdammt wurden. Tierrechte und Tiefenökologie mussten, zumindest zeitweilig, hinter einer eher pragmatischen und traditionellen Form des Naturschutzes zurückstehen.[15]

Am zweiten Tag in St. Anthony musste sich Greenpeace dem demütigenden Ritual unterziehen, vor den Kameras der versammelten Medien Roy Pilgrim und einer Swiler-Gruppe die umgebauten Feuerlöscher voll grüner Farbe auszuhändigen. Danach zogen sich die Greenpeacer in ihre Pension zurück, um die weitere Strategie zu beraten. Um möglichst unabhängig zu sein, wollte man ein Basislager auf dem unbewohnten Belle Island, rund 30 Meilen nördlich von St. Anthony, einrichten. Treibstofffässer, Zelte und Vorräte sollten auf die Insel gebracht werden, und eine Gruppe Aktivisten sollte als »Gegengeiseln« dort bleiben, falls die Regierung versuchen würde, die Hubschrauber in St. Anthony festzuhalten. Fast augenblicklich trat da ein größeres Problem auf. Der örtliche Ölhändler weigerte sich, ihnen Treibstoff zu verkaufen. Beamte des kanadischen Fischereiministeriums hatten ihm hohe Strafen und möglicherweise Gefängnis angedroht, wenn er Greenpeace Treibstoff verkaufen würde. Glücklicherweise befand sich im Greenpeace-Tross ein erstklassiger Anwalt aus Vancouver namens Marvin Storrow. Storrow rief sofort bei der örtlichen Dienststelle der kanadischen Bundespolizei an und erklärte, Greenpeace werde offiziell Klage gegen die Fischereibeamten wegen versuchter Erpressung einreichen. Binnen einer Stunde konnte Greenpeace seinen Treibstoff kaufen.[16]

Am 12. März flog die erste Gruppe Aktivisten nach Belle Island und baute an zwei bitterkalten Tagen das Lager auf. Die Temperatur fiel auf minus 35 Grad, und ein schwerer Sturm heulte über die Insel. Weil die dünnen Zelte wenig Schutz boten, verkroch sich die Crew die meiste Zeit in die Schlafsäcke. Bärte froren ein, und jedes Stück Haut, das ungeschützt war, wurde sofort vom eisigen Wind verbrannt. Am Morgen des 15. März stiegen Moore, Watson, Walrus und Jet Johnson in einen der Hubschrauber und flogen Richtung Treibeis. Binnen 20 Minuten entdeckten sie zwei norwegische Schiffe, die sich den Weg durch das Eis brachen. Aus 750 Meter Höhe konnte der Greenpeace-»Aktionstrupp« Streifen von Robbenblut auf der blendend weißen Fläche ausmachen. Manche Streifen wiesen Unterbrechungen auf: An diesen Stellen war die Eisscholle umgeschlagen, so dass die unberührte Unterseite sichtbar wurde. Als sie heruntergingen, konnten sie Swiler erkennen, die Bündel aus Fellen zu den Schiffen zogen, wo diese von Kränen an Bord gehievt wurden. Die Greenpeacer sprangen aus dem Hubschrauber und sahen zum ersten Mal Sattelrobbenbabys. Für Watson waren sie »unbeschreiblich hübsch. Rundliche kleine Bündel weichen wei-

Paul Watson trägt ein Sattelrobbenjunges auf den Armen. Neufundland, März 1976.

ßen Fells, ihre runden, pechschwarzen Augen glitzerten in Tränen. Sie weinten und klangen genau wie menschliche Kinder in Not.«[17] Watson, Walrus und Jet Johnson stürmten sofort über das Eis und nahmen Kurs auf die nächsten Robbenjäger. Moore folgte ihnen als Kameramann. Johnson war der Erste, der die Strategie der gewaltfreien direkten Protestaktion auf dem Eis in die Tat umsetzte. Ein Swiler setzte gerade dazu an, ein weiteres Robbenbaby zu erschlagen. Johnson stieß ihn zur Seite und warf sich auf das Robbenjunge, drückte dessen Flossen auf das Eis und schützte es vor dem erhobenen Hakapik des Jägers. Das war, so Hunter, »die erste Robbe, die je auf diese Weise vom liebevollen Leib eines menschlichen Wesens beschirmt wurde«. Walrus heftete sich einem anderen Swiler an die Fersen, folgte ihm überall auf dem Eis und blockte ihn jedes Mal ab, wenn er ein Junges entdeckte. Der wütende und deutlich verdatterte Swiler trat bald den Rückzug auf das Schiff an. Moore filmte so viel wie möglich von der Aktion und nahm auch grausam jämmerliche Bilder von Robbenmüttern auf, die die gehäuteten Überreste ihres Nachwuchses anstupsten.[18]

Watson warf sich gleichfalls über Robben. Schon bald sah er sich von zwei Inspektoren des Fischereiministeriums verfolgt, die verlangten, er solle damit aufhören, die Jagd zu behindern. Der Swiler, Watson und die Beamten führten eine bizarre Polonaise auf, als sie von Robbe zu Robbe über das Eis schlurften. Als Watson dichter an das Schiff herankam, sah er, dass die Eisblöcke, die der Eisbrecher mit seinem mit Stahl verstärkten Bug hochwirbelte, viele Robbenjunge zerquetschen. Er entdeckte ein Junges, das dem Schiff im Weg war, rannte über das Eis, beugte sich herunter und hob das erstaunlich schwere Tier mit einiger Mühe auf. Die Robbe biss Watson in die Wange, ehe sie sich in ihr Schicksal fügte und sich aus der unmittelbaren Gefahrenzone tragen ließ. Für Watson war das ein entscheidender Moment: »Ich sah hinunter in die ebenholzschwarzen Augen, die mich mit solch einer Unschuld spöttisch anblickten, dass ich in Tränen ausbrach … Jetzt war ich persönlich betroffen und protestierte nicht bloß aus Prinzip. Ich hatte dieser bestimmten Robbe das Leben gerettet, hielt sie in meinen Armen, spürte ihren warmen Körper an meinem.«[19] Solche Momente im Leben eines Greenpeacers waren es, in denen alle abstrakten Vorstellungen von Tierrechten, Ökologie und Naturschutz dahinschwanden und von einer Woge aus Emotion und Instinkt pur vollständig begraben wurden. Solche intuitiven Erfahrungen und die damit einhergehende Leidenschaftlichkeit, die sie nach sich zogen, waren etwas Neues bei der Umweltbewegung. Ganz sicher waren das Emotionen, die das durchschnittliche Mitglied des Sierra Clubs oder ein Aktivist von Friends of the Earth wohl niemals erleben würden.

Während Moore und Watson von Eisscholle zu Eisscholle hüpften, war Hunter in St. Anthony geblieben, um die Kampagne zu koordinieren und mit den Medien zu verhandeln. Als schwierigste Aufgabe erwies sich, Plätze in den Hubschraubern zuzuteilen. Viele Journalisten wollten unbedingt aufs Eis, um den allseits erwarteten Zusammenstoß zwischen Greenpeace und den Robbenjägern zu filmen, aber die Plätze waren begrenzt und der Treibstoff teuer. Hunter beschloss, einige Journalisten hinauszufliegen, aber auf deren eigene Kosten. Die meisten stimmten dem zu, aber ein empörtes NBC-Team weigerte sich und behauptete, damit würde seine Objektivität gefährdet. Als Hunter sich weigerte, von dieser Finanzierungsprozedur abzurücken, stürmte der Produzent mit den Worten »In New York bist du tot, Junge« davon. Auch mehrere Greenpeacer waren verstimmt, dass sie keine Tour aufs Eis bekamen.[20]

Am nächsten Tag wütete ein fürchterlicher Schneesturm über Neufundland – den Einheimischen zufolge der schlimmste seit zehn Jahren –, und alles kam zum Stillstand, auch die Robbenjagd. Zwei Tage saßen eine Gruppe Greenpeace-Aktivisten, darunter Watson, Johnson, Eileen Chivers sowie Ron Precious, und ein französischer Fotograf auf Belle Island fest und mussten den eisig kalten Blizzard in ihren Schlafsäcken im Zelt durchstehen. Aufgrund eines Versehens hatten sie nicht genug zu essen dabei, und der Sprit für die Kocher war aufgebraucht. Um sich warm zu halten und das wenige restliche Essen zuzubereiten, behalfen sie sich mit Hubschraubertreibstoff, der in großen Fässern etwa einen halben Kilometer vom Camp entfernt lagerte. Trotz des heulenden Sturms und des blind machenden Schneetreibens gelang es ihnen irgendwie, Treibstoff aus einem der Fässer in die kleinen Kocher zu füllen. Da sich Flugzeugtreibstoff nun überhaupt nicht für Camping-Kocher eignet, konnten sie ihn nur mit Hilfe eines kleinen Feuers aus Zeitungsfetzen anzünden, auf das sie den kompletten Kocher stellten und in sicherer Entfernung warteten, bis er sich mit einer kleinen Explosion entzündet hatte. Das Feuer geriet mehrmals außer Kontrolle und setzte Teile des Zelts in Flammen. Einmal fing sogar Jet Johnsons treibstoffgetränkter Überlebensanzug Feuer. Als sie schließlich gerettet wurden, husteten sie wegen der inhalierten Treibstoffdämpfe schwarzen Schleim und zeigten Symptome von Lagerkoller.[21]

Das I Ging war zwar auf dem Eis nicht so aussagekräftig wie auf dem Pazifik, wurde aber trotzdem herangezogen, wenn es die Situation verlangte. Sobald der Sturm sich gelegt hatte, nahm Hunter seinen Platz in einem der Helikopter ein und ließ sich erstmals zu den Eisschollen bringen. Seine I-Ging-Befragung hatte ergeben, er würde »auf den Schwanz des Tigers treten«. Hunter hatte das auf die Robbenjäger und die kanadische Regierung bezogen. Doch als er auf dem Eis gelandet war, meinte er, der Tiger wäre »die Natur selbst, bereit, uns mit einem Lidschlag auszulöschen, wenn wir auch nur einen Fehler machten«. Der erste Anblick eines Sattelrobbenbabys löste eine Art Ehrfurcht bei ihm aus, ähnlich wie sie Watson und andere Greenpeacer empfunden hatten. Mit seinem weichen, schneeweißen Fell und den unendlich tiefen schwarzen Augen erschien es Hunter als »das Geschöpf, das Gott bei der Schöpfung wohl am meisten geliebt hatte«.[22]

Nach den Befehlen, die Watson herausbellte, sprangen die Greenpeacer von Eisscholle zu Eisscholle und hielten nach Robbenjägern Ausschau, denen sie sich in den Weg stellen konnten. Auch wenn Hunter versucht hatte, ein Bündnis mit den einheimischen Jägern zu schließen und ihre Position bei der Robbenjagd zu verstehen, war es ihm doch nicht möglich, seine Geringschätzung und sein Überlegenheitsgefühl ihnen gegenüber abzulegen. Eileen Chivers war höchstwahrscheinlich die erste Frau hier auf dem Eis, überlegte Hunter, »an diesem Ort, wo die Männer von Neufundland seit Jahrhunderten hinausgehen, um zu Erwachsenen zu werden, indem sie das schönste neugeborene Wesen töten, das sie je gesehen haben«. Für Hunter war dies ein Ereignis von historischer Bedeutung, der Moment, in dem »eine Frau des 20. Jahrhunderts sich zwischen einem Mann, der mit einem primitiven Totschläger bewaffnet ist, und einem Tier, dass jung sterben soll, erhebt …« So, wie es Greenpeace bei der Konfrontation mit den sowjetischen Walfängern schwergefallen war, die Rhetorik des Kalten Kriegs zu vermeiden, hatte man jetzt Probleme, das bei der Mittelschicht vorherrschende Vorurteil abzulegen, die Swiler seien »Primitive« und »Wilde«.[23]

Zum Höhepunkt der Protestaktion und den Bildern, die am längsten im Gedächtnis blieben, kam es später an diesem Tag, als Hunter und Watson beschlossen, ein Robbenjägerschiff zu blockieren. Während Moore, Precious und Chechik die Aktion filmten und fotografierten, stellten sie sich dem Eisbrecher mit dem Rücken zum Bug in den Weg, um ihn zu zwingen, entweder sein Vordringen abzubrechen oder sie über den Haufen zu fahren. Es war ein Ereignis, das von einer merkwürdigen Ambivalenz gekennzeichnet war: Einerseits war die Gefahr äußerst real, eine Mutprobe wie die, mit einem Zodiac vor ein Walfangschiff zu fahren, wo die kleinste Fehleinschätzung fatal sein konnte. Andererseits verlieh die Anwesenheit von drei Kameramännern, die Fragen riefen und Anweisungen gaben, dem Ganzen den Charakter eines Filmsets. In gewisser Weise erlebte man hier die perfekte Metapher für den Proteststil von Greenpeace: gleichermaßen künstlich wie real, spontan, doch nach Drehbuch. Moores Fotos zeigen einen Hunter, der breitbeinig dasteht, entschlossen nach vorn starrt und den rechten Arm zum etwas nervöser wirkenden Watson ausstreckt, der ihn zum revolutionären Handschlag packt. In Chechiks Film von dem Ereignis wirkt Hunter wie eine Statue, er schaut entschlossen nach vorn und reagiert nicht auf den Eisbrecher, während Watson, der eigentlich den Ruf hatte, besonders mutig zu sein, nervös über seine Schulter schaut. Hunter gab zu, dass er heftig zitterte, aber er konnte seine Angst zurückdrängen, indem er sich »so stark wie möglich auf das Klare Licht, eine Meditationstechnik tibetischer Buddhisten, konzentrierte«. Als das Schiff, die *Arctic Endeavour*, das erste Mal auf Hunter und Watson zuhielt, rief ihnen ein Matrose zu: »Bewegt euch lieber, Jungs, der alte Herr denkt nicht zweimal drüber nach, ob er euch ins Eis rammen soll!« Hunter schrie zurück: »Sag dem alten Bastard, er kann uns mal. Wir bewegen uns nicht.« Der Kapitän nahm Hunters Herausforderung an und brachte den riesigen Eisbrecher nach vorne. Hunter beschrieb das Ereignis in seinem bekannt lebendigen Stil:

> Jeder hörte es herankommen. Alle fühlten es herankommen. Das Vibrieren der Dieselmotoren zerriss die Luft und ließ selbst durch die dicken Arktisstiefel hindurch unsere Fußsohlen kribbeln. Das Eis zitterte, brach, wurde zerstoßen und zerschlagen. Klobige Eisblöcke wurden hochgeworfen, stachen in die Luft wie dicke, stumpfe Breitschwerter. Wie dunkle Blitze schoss zerbrechendes Eis unter dem Stahlbug weg, als der sich über uns auftürmte. Wir standen da mit leicht gebeugtem Kopf, wie vor einer Guillotine. Von weit oben an Deck hörten wir jemanden schreien: »Anhalten, Käptn! Anhalten! Die blöden Ärsche rühren sich nicht!«[24]

Als das Schiff knirschend stoppte, sprang Chechik vor und hielt Hunter ein Mikrophon vors Gesicht: »Kannst du uns beschreiben, was du da machst, Bob?« Hunter, der offensichtlich irritiert war, dass Chechik die Symbolträchtigkeit dieses Moments nicht begriffen hatte, antwortete: »Ich stehe vor einem Schiff, Michael. Wir reden darüber später.« Vom Schiffsdeck überhäuften die Matrosen die Greenpeacer mit obszönen Schimpfwörtern, was dazu führte, dass Moore explodierte. »Ihr würdet einen Menschen umbringen, ihr Ficker!«, brüllte er wütend. »Ihr würdet einen Menschen umbringen, oder?« Ein paar Augenblicke lang setzte das Schiff zurück. Es schien, als hätten Hunter und Watson gewonnen. Doch rasch wurde klar, dass der Kapitän das nur machte, um mehr Schwung holen zu können. Diesmal griff die *Arctic Endeavour* Hunter und

Paul Watson und Bob Hunter stellen sich einem Robbenfängerschiff in den Weg. Neufundland, März 1976.

Watson mit der ganzen Kraft ihrer mächtigen Diesel an und das in voller Absicht, sie wie Insekten zu zerquetschen. »Das ist eine lausige Art zu sterben«, kommentierte Watson grimmig. »*Schau einfach nicht nach hinten, Paul*«, befahl Hunter. Das Eis hob und bog sich unter ihren Füßen. Ein Eisklotz von der Größe eines Autos brach knapp links von Hunter heraus. Trotz der Gefahr, schrieb Hunter später, hätte er sich in seinem Leben »nie stärker und sicherer gefühlt. Das Schiff kam *nicht* an uns vorbei. Unser *Wille* konnte es stoppen.« Als es schien, dass der Eisbrecher zu viel Schwung hatte, um zu stoppen, kam ein Schrei von Deck: »Stopp, Käptn! Stopp! Die rühren sich *immer* noch nicht!« Der Kapitän warf die Maschinen auf volle Kraft zurück und brachte das Schiff knapp hinter Hunter und Watson zum Halten, die weiterhin bewegungslos dort standen.

Das war ein klassischer Medienmoment. Eine Szene, die auf den Fernsehschirmen und in den Printmedien nahezu auf der ganzen Welt zu sehen war. Es war dies auch, wie Hunter dann berichtete, eine Episode, die seinen Glauben bestärkte, dass sie an etwas beteiligt waren, das er – mit der Unschuld der Ära vor dem New Yorker 11. September 2001 – gern als Dschihad bezeichnete: »In den letzten paar Sekunden, ehe das Schiff stoppte und das Krachen des Eises klang, als würde ein Backenzahn von der Größe eines Bergs mitten in meinem Kopf zerbersten, verspürte ich Wut, die wie eine Lötflamme aufloderte. Es war gerechter Zorn. Begleitet von absoluter Überzeugung und ekstatischem, jubelndem Gefühl von Kraft.« Später erzählte ein Journalist, der sich an Bord der *Arctic Endeavour* befunden hatte, dass die Schiffscrew versuchte, sich den Zwischenfall als Sieg schönzureden: dass es ihnen gelungen sei, die Publicity-Geier von Greenpeace in Angst und Schrecken zu versetzen. Aber diese Bemühungen wirkten gezwungen und halbherzig, so der Journalist. In Wahrheit spürte die Mannschaft, so berichtete er, dass ihnen damals die Initiative aus der Hand geschlagen worden war.[25]

Während der Jagd 1976 sendete CBC in seinem populären Programm *Fifth Estate* eine detaillierte Fernsehdokumentation über die Antiatomwaffen- und Antiwalfang-Kampagnen von Greenpeace, in der Hunter und seine Crew gefeiert wurden. Dieser Film bewirkte bei einigen wenigen Einheimischen zähneknirschenden Respekt vor Greenpeace. Im Dorf Raleigh beispielsweise, so Hunter, unterschrieben 70 Leute eine Petition und erklärten sich bereit, mit Greenpeace gegen die Fabrikschiffe zu Felde zu ziehen. Und Roy Pilgrims jüngerer Bruder Doug ging sogar so weit – vielleicht aufgrund eines schlummernden Bruderzwistes –, in St. Anthony eine Greenpeace-Ortsgruppe zu gründen. Allerdings war der kein langes Leben beschieden. Kaum waren Greenpeace und die Medienvertreter abgezogen, wurde der jüngere Pilgrim, so berichtet Hunter, von seinem Bruder enterbt, von seiner Frau verlassen und von einigen einheimischen Männern zusammengeschlagen. Sowieso waren Doug Pilgrim und die sympathisierenden Dorfbewohner eindeutig in der Minderheit, und zwar in einer winzigen, wie sich leicht feststellen lässt, wenn man die Berichte in neufundländischen Zeitungen im März 1976 durchsieht. Das *Evening Telegram* aus St. John's etwa bezeichnete die CBC-Dokumentation als »die raffinierteste Propaganda, die je zu sehen war«, und meinte, die Gastgeberin des Programms, die bekannte Moderatorin und spätere kanadische Generalgouverneurin Adrienne Clarkson verdiene »einen Orden für eine derart saubere Verdrehung der Wahrheit«. Greenpeace und Brian Davies, so wetterte das *Telegram*, wären in eine »Propagandaschlacht um die Robbenjagd« verwickelt, bei der »Lügen, Betrug, schiefe Darstellungen, Unterdrückung der Wahrheit und der geschickte Einsatz von Halbwahrheiten« an der Tagesordnung wären.[26] Solche Beschimpfungen herrschten auf den Kommentar- und Leserbriefseiten der größeren Zeitungen in Neufundland vor, und selbst Berichte waren mit gegen die Protestler gerichteten Sarkasmen gespickt.[27]

Trotz all seiner Anstrengungen ließ sich Hunters Vision einer Koalition zwischen Arbeitern und Naturschützern nicht verwirklichen. Die internationalen Medien waren gekommen, um einer Konfrontation auf dem Eis zuzusehen. An einer Geschichte über eine Graswurzelkampagne zur Bildung einer Allianz von Greenpeace und Einheimischen waren sie nicht sonderlich interessiert. Zur erfolgreichen Bildung solch einer Allianz wäre es auch nötig gewesen, dass Hunter oder jemand mit ähnlichem Verhandlungsgeschick länger als nur ein paar Wochen vor Ort gewesen wäre. Ebenfalls zum Scheitern der Koalition trug der Widerstand von Schlüsselfiguren wie Watson bei, für den weiterhin alle Robbenjäger die Feinde von Greenpeace waren. Und schließlich hatte Hunter selbst nicht ganz begriffen, wie tief verwurzelt die Robbenjagd in dieser Kultur war.[28] Egal, wie abstoßend die Robbenjagd dem Rest der Welt erscheinen mochte, für die Neufundländer gehörte sie zum Lebensstil, war ein geschätzter Teil ihrer Kultur, den sie nicht ohne heftigen Widerstand aufgeben würden. Dem außenstehenden Beobachter schien es, als würden die Swiler in ihrer Naivität alles tun, um ihren Status als ausgebeutete Unterschicht beizubehalten – als billige, brutalisierte Arbeitssklaven, die sich leicht von europäischen Pelzbaronen manipulieren ließen. Doch was immer die tieferen Gründe für ihr Festhalten an der Robbenjagd waren, dies war nichts, was einfach mit einem 14-tägigen Hagel von Gedankenbomben zu ändern war.[29]

Die erste Greenpeace-Kampagne zur Rettung der Robben erzielte nur ein bescheidenes Presseecho in den Vereinigten Staaten.[30] Vielleicht war die Drohung des NBC-Produzenten, sie würden »in New York tot« sein, doch nicht nur so dahingesagt. In Europa allerdings zeigten die Medien erhebliches Interesse an der Angelegenheit, und der kanadischen Presse war sie sogar Schlagzeilen auf den Titelseiten wert. Doch auch wenn Greenpeace keine Schwierigkeiten hatte, in seiner Heimat ein Medienecho zu bekommen, auf die Art und Weise wie der Protest dargestellt wurde, hatte man keinen Einfluss. Trotz Hunters Anstrengungen, einige der eher sentimentalen, emotionalen und anthropomorphisierenden Aspekte der Kampagne herunterzuspielen, zeichneten die Medien primär das Bild von Greenpeace als Organisation, die streng auf Tierrechte abzielte und in der Frage der Jagd eine extreme Position einnahm.[31] Das gab vielleicht die Ansicht vieler Greenpeace-Mitglieder wieder, entsprach aber nicht dem Image wissenschaftlicher Glaubwürdigkeit und der Kompromissbereitschaft gegenüber den Einheimischen, das Hunter vermitteln wollte. Watson hingegen hatte der Kompromiss von Hunter und Moore desillusioniert: »Im Grunde haben sie uns hintergangen. Ich wollte nichts davon wissen, die Sprühaktion aufzugeben und Robbenjägern entgegenzukommen … Ich habe nicht begriffen, wohin uns ein Treffen mit diesen Leuten führen sollte. Am Ende führte es uns nirgendwo hin.«[32] Watson behauptete dann weiter, Greenpeace hätte die Einfärbe-Pläne für sich behalten sollen, statt sie der ganzen Welt zu verkünden und so der Regierung die Chance zu geben, sie zu kontern. Trotz seiner kompromisslosen Haltung räumte Watson ein, dass der dosierte Gebrauch von Naturschützer-Rhetorik hilfreich gewesen sei, da Fischer und Robbenjäger »normalerweise positiv darauf reagieren« würden. Seine eigene Rhetorik blieb jedoch hoch emotional, indem er die Sattelrobbenjungen ständig als »Babys« bezeichnete, die »nicht vom menschlichen Gegenstück zu unterscheiden« seien.[33]

Trotz vieler düsterer und sensationsheischender Pressedarstellungen im In- und Ausland blieb die kanadische Regierung fest bei ihrer Unterstützung der Robbenjagd. In einem Brief an Greenpeace schrieb Premierminister Pierre Trudeau, eine sorgfältig kontrollierte Jagd sei »nötig für die angemessene Hege der Robbenherden und der Fischbestände im Atlantik«. Da die Robben sehr viel Fisch fräßen, fuhr er fort, würde ein ungehindertes Anwachsen ihrer Population die Fischbestände, die Grundlage der kanadischen Meeresökonomie seien, beträchtlich verringern.[34] Diese Logik ignorierte gewöhnlich den Umstand, dass früher die Robben- *und* die Fischbestände viel größer waren, was darauf hinweist, dass die Robben als Sündenböcke für schlecht regulierten Fischfang herhalten sollten. Und sie verbargen die Tatsache, dass Kanada kurz zuvor ein Übereinkommen mit Norwegen abgeschlossen hatte, das norwegischen Fischfängern erlaubte, in kanadischen Gewässern »überschüssige Mengen« an Lodde, dem Hauptnahrungsmittel der Sattelrobbe, abzufischen.[35] Trotz des Einsatzes von Hunter und Watson war die lokale wie die kommerzielle Robbenjagd weit davon entfernt, abgeschafft zu werden. Greenpeace standen anscheinend noch viele Jahre auf den Eisschollen bevor.

*

Mitte 1976 machte sich Bobbi Hunter allmählich Sorgen, ihr neuer Ehemann könnte unter dem Stress bei der Führung von Greenpeace zusammenbrechen. Zu diesem Zeitpunkt kam eine Anfrage von David McTaggart, ob Hunter für ein paar Monate zu ihm nach Großbritannien kommen könne, um ihm beim Schreiben eines Buches über seinen Kraftakt gegen die Franzosen zu helfen. Hunter sträubte sich zunächst, weil er nicht wollte, dass andere dachten, er laufe vor den Schulden davon, denen sich die Organisation gegenübersah. Doch McTaggarts Überredungsgeschick und Bobbis Drängen brachten ihn schließlich dazu, sich für die letzten Monate des Jahres 1976 in ein kleines Dorf in Wales zurückzuziehen und Paul Spong das Amt des Präsidenten zu überlassen. Hunter benötigte diese Auszeit ganz dringend, aber er sollte sie auch bereuen.[36]

Während Hunters Abwesenheit begann Watson, für 1977 eine weit radikalere und kompromisslosere Kampagne gegen die Robbenjagd als jene im Jahr zuvor zu planen. Er schäumte immer noch vor Empörung wegen der, wie er es sah, Kaperung seiner Kampagne durch Hunter und Moore und bestand darauf, dass Greenpeace diesmal seine Taktiken nicht im Voraus bekannt geben würde. Und er würde keine Allianz mit den einheimischen Jägern eingehen. Die waren seiner Meinung nach im Wesentlichen dafür verantwortlich, dass 1976 die Zahl der getöteten Robben um rund 40 000 über der von der Regierung festgelegten Quote lag. Eine Allianz zwischen Greenpeace und den Landleuten sei moralisch verwerflich und taktisch naiv, beharrte er. Sie würde es den Robbenjägern ermöglichen, sich als Ausbeutungsopfer statt als Täter bei dem Gemetzel darzustellen. Jede Verbindung mit ihnen würde die Reinheit von Greenpeace zerstören.[37] In einem Artikel in den *Greenpeace Chronicles* skizzierte er seinen schärferen Kurs:

> Als Naturschützer, als Umweltschützer können wir den Fortgang dieser Jagd nicht zulassen. Die gesamte Jagd muss aus kommerziellem Interesse wie dem der Einheimischen sofort und komplett gestoppt werden. Die Robben können keinerlei weiteren Missbrauch vertragen ... Die Greenpeace-Position ... ist, dass wir absolut gegen das Töten von Robben durch Kanadier, Norweger, Dänen und andere sind. Wir sind gegen die kanadisch-norwegische Robbenfangindustrie. Wir sind gegen das Töten von Robben durch kanadische Landleute. Wir sind gegen das kanadische Fischereiministerium und gegen den Fischereiminister, weil sie das Leben und künftige Überleben der Sattelrobben und der Klappmützen nicht gewährleisten. Wir sind für eine Welt, in der weder Robben noch Wale gejagt werden.[38]

Um zu unterstreichen, wie ernst es ihm damit war, sagte Watson der Presse: »Ich verspreche, dass eine beträchtliche Zahl von Robbenjungen gerettet werden wird – oder meine Mitstreiter und ich werden bei dem Versuch umkommen.«[39]

Watson war klar, dass er Hunters Autorität untergraben und Greenpeace überreden musste, die pragmatischere und versöhnlichere Taktik aus dem Vorjahr aufzugeben, um solch eine Kampagne durchführen zu können. Er besuchte die verschiedenen Greenpeace-Büros in Kanada und den USA, warb neue Mitglieder für seine Sache und überredete sie, seine kompromisslose Taktik zu übernehmen. Er erhöhte auch die Spannung zwischen Vancouver und den verschiedenen Ortsgruppen, indem er andeutete, deren Autonomie sei gefährdet, weil Vancouver imperialistische Pläne hege, eine internationale Organisation zu etablieren, mit Vancouver an deren Spitze. Besonders empfindlich reagierte die neue Gruppe in Hawaii auf solche Gedanken, und Watson nutzte das dortige Misstrauen aus. Er stellte sich, wie er das sah, »in Sachen Selbstbestimmung auf die Seite von Greenpeace Hawaii«. Auch wenn Watson das kaum zugab, war es seinem Umfeld klar, dass er hoffte, Hunter als Präsident von Greenpeace ersetzen zu können, um dann den Freiraum zu haben, die Organisation zu einer radikaleren und kompromissloseren Gangart zu bringen.[40]

Gleichzeitig machte sich auch Patrick Moore Gedanken darüber, ob Hunter noch der geeignete Mann sei, um Greenpeace zu führen. Moore konnte nicht darüber hinwegsehen, dass Hunter nervlich »nur noch ein Wrack war. Er hatte Nervenzusammenbrüche, übergab sich mehrfach am Tag und handelte inkompetent, weil er ausgebrannt war. Er hatte keine Energie und keine geistige

Gesundheit mehr. Er brauchte einfach ein Jahr Pause.«[41] Hunter räumte ein, dass dies im Wesentlichen stimmte: »Ich habe zu viel getrunken und geraucht, ich war zu gestresst und konnte mein Essen nicht bei mir behalten. Ich war ausgebrannt, daran besteht kein Zweifel.« Er gab auch zu, dass er in seinem Eifer, die Sache von Greenpeace weiterzubringen, manchmal unüberlegte Dinge sagte wie: »Ich scheiße drauf, von wem ich Geld bekomme! Ich nehme es von Kinderschändern oder auch von der CIA. Ich versuche nur, Wale zu retten.« Später erklärte Hunter auch, sein Führungsstil sei »vielleicht angemessen gewesen für eine kleine Bande an der Grenze zur Kriminalität, aber absolut unpassend für ein winziges multinationales Unternehmen, das um seine Existenz kämpfte«.[42] Daher überraschte es nicht, dass Hunters nicht so loyale Offiziere in die offene Revolte gegen ihn übergegangen waren, als er nach zwei Monaten Landleben in Wales zurückkehrte. Bei der Vorstandssitzung im Januar 1977 kandidierte Moore »zum Wohl der Organisation« gegen Hunter. Unterstützt wurde er von Watson, der ihn zwar immer noch verachtete, ihn aber als Trittbrett für seinen eigenen Aufstieg betrachtete. Hunter war jedoch nicht bereit, seinen Posten kampflos aufzugeben. Er erzwang eine Wahl, aus der er mit einer Stimme Vorsprung – knapper ging es wirklich nicht – als Sieger hervorging. Er hatte jetzt die zweifelhafte Ehre, die Organisation in einer Zeit zu führen, in der ihre Spaltung und Fraktionierung offener zutage trat als je zuvor in ihrer kurzen Geschichte.[43]

Ebenfalls im Januar 1977 verabschiedete die kanadische Regierung ein Gesetz, für das Greenpeace seit zwei Jahren gekämpft hatte: Man erweiterte die kanadischen Hoheitsgewässer von zwölf auf 200 Meilen. Gleichzeitig wurde jedoch die Fangquote für Sattelrobben von 127 000 auf 170 000 angehoben. Falls die kanadische Regierung der Meinung war, der Protest hätte seinen Höhepunkt im Jahr zuvor erreicht und die Medien seien nicht mehr an der Frage interessiert, hatte sie sich böse verrechnet. Die Greenpeace-Kampagne 1976 hatte die Aufmerksamkeit eines wohlhabenden Schweizer Tierrechte-Aktivisten namens Franz Weber erregt, der beschloss, seine erstaunlichen PR-Fähigkeiten und sein beträchtliches Vermögen für den Kampf gegen die Robbenjagd einzusetzen. Zusammen mit seiner Frau hatte er ein Spieltier in Gestalt eines Robbenjungen entworfen und in Massenproduktion gegeben. Das Spieltier verkaufte sich außerordentlich gut in Europa und erbrachte erhebliche Gelder, Aufmerksamkeit und Sympathie für die Robben. Um die Jagd zu beenden, machte Weber der kanadischen Regierung und den Menschen von Neufundland einen kühnen Vorschlag: Er würde, versprach Weber, wenn sie die Robbenjagd aufgäben, die Jäger mit 400 000 Dollar für den Einkommensverlust in dieser Saison entschädigen. Außerdem würde er eine Kunstpelzfabrik in der Region bauen lassen, die ihnen alternative Arbeitsplätze geben würde, sowie eine Tourismusinitiative fördern, die Hundeschlittenfahrten aufs Eis zur Robbenbeobachtung anbieten würde. Der Fischereiminister Roméo LeBlanc lehnte dieses Angebot natürlich ab. Nach einem Treffen mit Weber folgerte LeBlanc, der millionenschwere Aktivist handele zwar wohl in gutem Glauben, sei aber »offenkundig schlecht informiert«. Der tatsächliche Wertzufluss durch die Jagd läge weit höher, behauptete der Minister, als Webers schäbiges Ausgleichsangebot. Das veranlasste Weber zu der Ankündigung, er werde eine Million Dollar ausgeben, um 600 Reporter aus aller Welt zur Robbenjagd zu fliegen.[44]

Neben der Aussicht auf einen radikaleren und weniger vorhersagbaren Protest von Greenpeace und Webers Drohung, das Eis mit Journalisten zu überfluten, bereitete der Regierung auch noch ein Briefbombardement aus den USA Sorgen. In den ersten drei Monaten des Jahres 1977 erreichten die kanadische Botschaft in Washington 53 000 Briefe erzürnter Amerikaner, die gegen die Jagd protestierten. Um das Ganze noch schlimmer zu machen, brachte der demokratische Kongressabgeordnete Leo Ryan aus Kalifornien eine Resolution ein, die »an das Gewissen der kanadischen Regierung appellierte«, der »barbarischen« Praxis ein Ende zu machen.[45] Im US-Kongress wie im Senat wurde der Antrag einstimmig angenommen. Das kanadische Parlament blieb jedoch ungerührt und wies die Resolutionen als »schlecht informiert« zurück.[46] Um das Elend der kanadischen Regierung zu komplettieren, stimmte auch die amerikanische Presse in den Chor der Robbenjagdgegner ein. Beispielsweise warf der *Christian Science Monitor* der Regierung in einem Kommentar, der gut eine Pressemeldung von Greenpeace hätte sein können, vor, »die Rolle der Sattelrobbe im Ökosystem zu ignorieren, um Wählerstimmen in den Provinzen am Meer zu ergattern«. Es wäre »extrem unnatürlich«, fuhr der *Monitor* fort, der weiblichen Sattelrobbe zehn Tage nach der Geburt den Nachwuchs wegzunehmen und den Pelz für absolut unwesentliche Zwecke zu verwenden … Wir schließen uns Greenpeace bei der Forderung an, dass die kanadische Regierung zumindest ein sechsjähriges Moratorium veranlasst.«[47]

Um dem Zorn verärgerter Neufundländer zu entgehen, beschloss Watson, den Greenpeace-Protest 1977 in das Fischerdorf Blanc Sablon in Quebec zu verlegen. Und er brachte eine erheblich größere Mannschaft, zusätzliche Ausrüstung und mehr Vorräte mit. Die Liste der meist jungen Aktivisten spiegelte die zunehmende internationale Expansion von Greenpeace wider. Neben Fastveteranen wie Jet Johnson und Gary Zimmerman waren da Margaret Tilbury, die treibende Kraft hinter dem Greenpeace-Büro in Portland, Oregon, und Ingrid Lustig von der neuen Seattle-Gruppe. Allan Thornton, ursprünglich aus Vancouver, und Susi Newborn, eine junge Aktivistin von Friends auf the Earth, kamen aus London, wo sie zusammen mit David McTaggart am Aufbau des britischen Greenpeace-Büros arbeiteten. Des Weiteren waren noch drei Frauen aus Norwegen und mehrere Kanadier aus den zahlreichen Ortsgruppen dabei, die überall im Land entstanden waren. Abgerundet wurde die Mannschaft durch ein Filmteam, einen Anwalt, verschiedene Techniker und mehrere Journalisten, darunter Bob Cummings von der ursprünglichen Amchitka-Kampagne, der Hunters Position als Medienkoordinator einnahm. Um Watsons Impulsivität zu zügeln, drückte Hunter ihm Patrick Moore auf – ein Schachzug, der kaum anders denn als Racheakt für die Rolle, die die beiden Männer bei dem versuchten Coup gespielt hatten, zu interpretieren ist.[48]

Die kanadische Bundespolizei (Royal Canadian Mounted Police, RCMP) war im Vorjahr nicht auf die Proteste vorbereitet gewesen, 1977 ging man kein Risiko ein. Ein Schriftwechsel zwischen der örtlichen RCMP und verschiedenen Büros in Ottawa weist darauf hin, dass die Polizei genau wusste, mit wie vielen Greenpeace-Protestlern zu rechnen war, wo sie untergebracht waren und welche Ausrüstung man angemietet hatte. Wahrscheinlich wären Watson und andere einigermaßen gekränkt gewesen, wenn sie gewusst hätten, dass die Polizei Greenpeace als weniger bedrohlich als den IFAW einschätzte. »Anders als Greenpeace«, schrieb ein Beamter, »lebt [Davies] von Auseinandersetzungen mit Ordnungskräften und hält sie gleichzeitig auf Film fest, um sie seinen Geldgebern in den USA zu zeigen.« Greenpeace hingegen würde »keinen Widerstand leisten« und wäre »nur an Publicity interessiert«.[49] Watson jedenfalls sollte der RCMP bald Grund genug geben, ihre Meinung zu revidieren.

Der größere Maßstab, den die Sattelrobbenkampagne des Jahres 1977 aufwies, schien auch einen ähnlichen Zuwachs an Missverständnissen und Missgeschicken mit sich zu bringen. Kurz nachdem Watson und seine Mannschaft in Blanc Sablon angekommen waren, wurde das winzige Dorf von rund 45 europäischen Journalisten überschwemmt, die Franz Weber nach Kanada eingeflogen hatte. Das waren zwar weit weniger als die angedrohten 600, aber angesichts des Mangels an Unterkünften und des Umstands, dass Weber nur drei Hubschrauber beibringen konnte, war jedermann froh darüber. Verstimmte Journalisten, die eigene Suiten erwartet hatten, mussten sich die Zimmer mit einem halben Dutzend Kollegen teilen. Derweil war Brian Davies in St. Anthony eingetroffen, wo rund 80 RCMP-Beamte nötig waren, um ihn vor den wütenden Neufundländern zu schützen, die ihn empfingen. Die Einheimischen waren erbost über die Kosten und den Aufwand an Leuten, um Protestler zu »schützen«. Wo »ist der Schutz für die Jäger und die Schiffseigner«, schrie der *Western Star* auf, »die einem legalen Beruf nachgehen wollen? ... Kämen Neufundländer nach British Columbia ... um ein Gewerbe lahmzulegen, säßen sie alsbald alle im Gefängnis.«[50] Watsons Entscheidung, die Basis der Kampagne auf die Quebecer Seite des Sankt-Lorenz-Golfs zu verlegen, erwies sich logistisch betrachtet nicht nur als Segen. Es war zwar einfacher für die Greenpeacer, ihre Aktionen ohne die ständigen Proteste wütender Neufundländer durchzuziehen, aber die meisten Medien aus Kanada und den Vereinigten Staaten waren nach St. Anthony gegangen. Daher hatte Greenpeace ein großes Presseecho in Europa, aber in Nordamerika, wo die meisten seiner Mitglieder lebten, sah es nicht so gut aus.[51]

Die Politik von Greenpeace hinsichtlich der Jagd blieb verworren und uneinheitlich. Watsons strikte Forderung nach Abschaffung – die die Medien und das breite Publikum für die Haltung von Greenpeace hielten – unterschied sich nur wenig von dem Tierrechte-Kurs von Brian Davies. Doch trotz der offensichtlich gleichen Ziele fiel den beiden Gruppen die Zusammenarbeit schwer. Moira Farrow, eine Reporterin der *Vancouver Sun*, die grundsätzlich mit Greenpeace sympathisierte, stellte eine Spannung zwischen den Gruppen hinsichtlich Stil wie Handlungsweisen fest. Davies zog es vor, als Einzelkämpfer aufzutreten, der das Medieninteresse allein durch seine Gegenwart und die Inszenierung ziemlich greller Showeffekte erzielte, wie etwa den Aufmarsch fotogener Stewardessen auf dem Eis. Ob absichtlich oder nicht, mit einem solchen Vorgehen begab sich der IFAW in Sachen Medienecho und Veranschaulichung der Hauptbotschaft über die Jagd in direkte Konkurrenz zu Greenpeace. Das Ergebnis war, dass die Medien die beiden Organisationen des Öfteren verwechselten.[52] Verschlimmert wurde das Durcheinander durch die Versuche einiger Greenpeacer, sich von Brian Davies zu distanzieren. Zwei Greenpeace-Aktivisten aus Winnipeg beispielsweise betonten, dass ihre Organisation viel Mühe aufwende, um sich vom sentimentalen Anthropomorphismus des IFAW abzusetzen: »Wir sagen nicht, dass uns das Herz blutet. Uns geht es mehr um die mögliche Ausrottung der Sattelrobbe und die Tatsache, dass die Jagd sinnlos ist.«[53]

Um die Angelegenheit noch komplizierter zu machen, wurde die Jagd 1977 durch die Anwesenheit der berühmten französischen Schauspielerin Brigitte Bardot, dem Sexsymbol schlechthin, gekrönt. Bardot widmete einen großen Teil ihrer freien Zeit Aktionen für Tierrechte in Europa, und Franz Weber hatte sie überreden können, ihre beträchtliche Prominenz für die Sattelrobbe einzusetzen. Wie Hunter anmerkte, kam dank Bardots Anwesenheit auch noch die letzte der Boulevardzutaten hinzu: »Ehe sie kam, bestand die Robbenjagd-›Geschichte‹ nur aus Blut und Tod, aber nun hatte sie Blut, Tod und *Sex*.«[54] Die eifersüchtige und überwiegend männliche Medienschar in Blanc Sablon behandelte Bardot mit einer Mischung aus Schmeichelei und Spott, schwänzelte einerseits um sie herum und stieß sich andererseits gegenseitig in die Rippen und lachte ihr ins Gesicht. Bei einer vollbesetzten Pressekonferenz wurde sie gefragt, ob sie den Journalisten ein gerade getötetes Robbenjunges präsentieren würde. Sie holte daraufhin eine Plastiktüte mit einem Robbenkadaver hervor. »Sie fragen mich, ob ich mir das Massaker anschaue, als ginge es um eine Premiere am Lido«, notierte Bardot in ihrem Tagebuch. Die Sache nicht besser machte sie, als sie den versammelten Berichterstattern, zu denen jetzt auch viele kanadische Journalisten gehörten, erzählte: »In Europa werden Sie kanadische Meuchelmörder genannt.« Aufgrund verschiedener logistischer Probleme hatten Bardot und ihre Begleitung Schwierigkeiten, einen Hubschrauber zu bekommen, der sie aufs Eis bringen sollte, wo das alles entscheidende Bild gemacht werden sollte, wie die schöne Schauspielerin ein Robbenjunges umarmte und ihm mit echter Mutterliebe in die Augen blickte. Patrick Moore, der freimütig einräumte, dass er von Bardots Charme hingerissen war, schlug vor,

Greenpeace sollte ihr einen Flug in einem Hubschrauber der Organisation anbieten, was Greenpeace mit der Schauspielerin in Verbindung bringen und den Vorteil der Medienscheinwerfer verschaffen würde, die jede ihrer Bewegungen verfolgten.[55]

Moores Vorschlag löste eine stürmische Debatte bei Greenpeace aus. Bob Cummings meinte, ein derart billiges taktisches Manöver sei unter der Würde von Greenpeace. Watson stimmte dem zu. Viele Frauen im Team waren auch wütend, weil sie fanden, die Anwesenheit von Bardot würde ihren eigenen noblen und seriösen Protest in den Schmutz ziehen und sei zudem ein Schlag ins Gesicht des Feminismus. Der Presse gegenüber äußerten sie sich höhnisch über Bardots Angst, eine tote Robbe sehen zu müssen, und dass sie sich offenbar mehr Sorgen darum machen würde, wie sie auf dem Eis auf die Toilette gehen könne, als um die Robben.[56] Mit Hunters Unterstützung siegte jedoch Moore, und Greenpeace flog Bardot mit einem seiner Hubschrauber auf Belle Island. Am nächsten Tag zierte die Titelseite der *Vancouver Sun* die Schlagzeile: »›Tapferes‹ Greenpeace wärmt eisige Brigitte«, und ähnliche Geschichten erschienen auf der ganzen Welt.[57] Trotz der eher verächtlichen Haltung von Watson und den Frauen im Team hatte Bardot nach ihrer kurzen Tour aufs Eis nur Lob für Greenpeace übrig. »Ich bewundere sie. Welcher Mut und welche Hingabe … Das sind großartige Leute. *Vivent* Greenpeace!«[58] Greenpeace verzeichnete nun zwar endlich ein gewisses Presseecho in Nordamerika und nicht nur in Europa, aber die Show sprach auch jedem hochherzigen Versuch Hohn, sich auf ökologische und nicht auf emotionale Angelegenheiten zu konzentrieren. Zugleich zerstörte sie alle noch bei Hunter vorhandenen Hoffnungen auf eine Koalition zwischen Greenpeace und den einheimischen Jägern. Calvin Coish schrieb dazu: »Den Menschen in dieser Weltregion erschien die Vorstellung, Brigitte Bardot bei der Robbenjagd zu begegnen, undenkbar, als Beleidigung, nahezu lächerlich.«[59]

Die Situation auf den Eisschollen erwies sich für die Swiler wie für die Protestler als schwieriger und gefährlicher als gewöhnlich. Höhere Temperaturen und eine schwere See hatten das Packeis zu einem riesigen, zusammenhanglosen Puzzle auseinanderbrechen lassen. Kleine Eisschollen, die dünner als sonst waren, zersplitterten, wurden durch die Dünung wieder zusammengeschoben und mahlten aufeinander wie gigantische missgebildete Backenzähne. Wer auf dem Eis war, musste von Scholle zu Scholle springen und riskierte, ins eisige Wasser zu fallen oder zwischen Treibeisblöcken zermalmt zu werden. Ähnlich wie im Jahr zuvor blieben die Greenpeacer nicht zusammen, um eine wohlformierte »Protestfront« zu bilden, sondern schwärmten über die Eisschollen aus, und jeder heftete sich wie ein lästiger Hofnarr an die Fersen eines Swilers. Wahrscheinlich war es unausweichlich, dass es Watson war, der den Protest auf eine neue Ebene der Konfrontation hob. Als er und der Greenpeace-Anwalt Peter Ballem zu einem Robbenjäger kamen, der ein gerade frisch getötetes Tier häutete, schlich sich Watson hinter ihn, packte dessen Hakapik und warf ihn ins Wasser. Es stellte sich heraus, dass der Hakapik schwimmen konnte, und während der verärgerte Swiler ihn herausfischte, nahm Watson das Robbenfell und warf nun dieses ins Wasser. Ballem warnte Watson, so etwas könne ihm nach dem Strafgesetzbuch als Diebstahl ausgelegt werden. Doch Watson fand diese juristischen Spitzfindigkeiten absurd im Vergleich zu den Verbrechen der Swiler. Als Ballem den Swiler fragen wollte, ob er aus Norwegen oder aus Neufundland käme, deutete Watson, so berichtete Ballem, auf das Etikett, das noch auf der Sonnenbrille des Mannes klebte, und rief höhnisch: »Hallo, siehst du nicht, dass das ein Newfie ist? Nur ein Newfie lässt den Aufkleber auf seiner Sonnenbrille drauf.«[60]

Anschließend ging Watson zur *Martin Karlsen*, einem Schiff, das in der Nähe festgemacht hatte, um Bündel mit Robbenfellen aufzunehmen. Die Robbenjäger banden die Felle zusammen und befestigten sie an einem Stahlseil, damit sie per Winsch an Bord gehievt werden konnten. Watson schritt hinüber zu dem Bündel, zog ein Paar Handschellen hervor, das an seinem Gürtel hing, und kettete sich an die Winschleine. Das würde den Mann an der Winsch daran hindern, weitere Felle an Bord zu holen, solange die Mannschaft es nicht geschafft hatte, Watsons Handschellen zu öffnen. Doch wie der sowjetische Harpunier 1975 wollte auch der Mann an der Winsch auf der *Martin Karlsen* sich nicht durch solch ein Ärgernis aufhalten lassen. Hier ist Watsons Version, was als Nächstes passierte:

> Mein Herz bleibt beinahe stehen, als ich den ersten Zug verspüre. Das Drahtseil ist straff. Die zwei Dutzend Robbenjäger auf dem Schiff klatschen Beifall und spornen den Mann an der Wisch an. Ich werde von den Beinen gehauen und über das Eis gezogen. Das scharfe Eis schlitzt meinen Parka und meine Hose auf. Plötzlich ist unter mir kein festes Eis mehr. Ich werde durch einen dicken Matsch aus Eis und Wasser gezerrt. Ich spüre, wie das Seil nach oben zieht, mein Körper kommt aus dem Wasser und knallt seitlich gegen den Stahlrumpf. Drei Meter über das Wasser geht es hoch. Das Seil hält an, wird schlaff, und ich falle runter ins Wasser. Bis zur Taille bin ich im Wasser, als das Seil mit einem Ruck wieder straff wird. Sofort werde ich wieder nach oben gezogen. Wieder wird das Seil schlaff, und ich falle ins Wasser, diesmal tauche ich bis zum Hals ein. Erneut werde ich hochgezogen, erneut falle ich ins Wasser. Ich bin die Maus, die am Seil hängt, ein Spielzeug. Beim vierten Hochziehen hält mein Gürtel nicht mehr durch, er reißt, und ich falle zwei Meter tief in das eisige Nordatlantikwasser. Der Schock lähmt mich. Ich kann meine Beine nicht mehr bewegen, die Arme sind taub, in meiner Brust brennt es wie Feuer.[61]

Anders als Hunter verachtete Watson das I Ging und alles Mystische ganz prinzipiell. Doch den New-Age-Anhängern dürfte es so erschienen sein, als hätte Watson unter einem schlechten Karma zu leiden. 1975 war Fred Eastons Kamera wider alle Wahrscheinlichkeit genau im richtigen Moment zum Leben erwacht, um festzuhalten, wie die Harpune über einen Greenpeace-Zodiac flog und im Rücken eines Pottwals einschlug. Diesmal, als Watson unter der Winsch baumelte, stand Easton fluchend auf dem Eis und versuchte fieberhaft, einen neuen Film einzulegen. Erst als Watson bereits sicher auf der Jacke von Peter Ballem lag und tropfnass und zitternd auf die Robbenjäger auf dem Schiff einschrie, gelang es Easton, mit dem Filmen zu beginnen. Als wäre das schmerzhafte und demütigende Eintauchen in Eiswasser nicht schon schlimm genug gewesen, blieb Watson noch nicht einmal die Befriedigung, eine Gedankenbombe gezündet zu haben. Während der nächsten halben Stunde verlor er immer wieder das Bewusstsein. Derweil versuchten Ballem und Allan Thornton, den Kapitän des Schiffs davon zu überzeugen, dass sich Watson in Lebensgefahr befände, trockene Kleidung und medizinische Versorgung bräuchte. Ein wenig mitleidiger Beamter des Fischereiministeriums erschien am Ort des Geschehens und beharrte trotz der Proteste von Greenpeace darauf, dass er keine Befugnis habe, dem Kapitän zu befehlen, Watson an Bord zu nehmen. Doch schließlich gab der Kapitän nach, und Watson wurde auf eine Trage geschnallt. Selbst als sie ihn an Bord hievte, versuchte die Mannschaft, Watson ein letztes Mal unterzutauchen. Nur die Gurte der Trage verhinderten, dass Watson wieder in das eisige Wasser fiel. Kaum an Bord, so berichtet Watson, packte ihn ein Matrose bei den Haaren und schrie ihm ins Ohr: »Hier hast du einen hübschen Happen Robbenfett, Junge!« Dann stieß er ihn mit dem Gesicht in einen Haufen blutiger Robbenreste. Immer noch festgeschnallt, wurde Watson mit der Trage durch das Blut und die Fettreste der Robben über das Deck gezerrt, während wütende Swiler mit ihren schweren Stiefeln nach ihm traten. Dann wurde er in eine Offizierskabine gebracht, wo ihn der Kapitän zusammenstauchte, ihn als Nervensäge bezeichnete und sagte: »Fahr zur Hölle.«[62]

Abgesehen von Watsons Missgeschick verliefen die Proteste im Wesentlichen ähnlich wie im Jahr zuvor. Greenpeacer schützten die Robben mit ihren Körpern, während Fotografen die Aktion mit der Kamera festhielten. Einmal versuchten zwei Aktivisten Hunters und Watsons Blockade des Eisbrechers zu wiederholen. Doch statt sich mit dem Rücken zum Schiff zu stellen, blickten sie es an und verschafften so dem Kapitän einen psychologischen Vorteil. Diesmal stoppte das Schiff nicht, und die Aktivisten waren gezwungen, im letzten Moment zur Seite zu springen. Außer anlässlich des Besuchs von Brigitte Bardot war von Greenpeace in den nordamerikanischen Medien wenig zu finden. Statt Bilder von Greenpeace-Aktivisten in den Abendnachrichten gezeigt zu bekommen, sahen die Menschen, die für die Kampagne gegen die Robbenjagd gespendet hatten, nur Aufnahmen wütender Einheimischer, die sich Brian Davies in den Weg stellten.[63] Andererseits gab es dank der vielen Dutzend Journalisten, die Franz Weber eingeflogen hatte, in Europa ein beträchtliches Medienecho für Greenpeace. In einer Zeit, in der McTaggart und andere sich bemühten, verschiedene europäische Greenpeace-Büros aufzubauen, erwies sich diese Publicity als extrem hilfreich.

Die Robbenkampagne 1977 war der Anfang vom Ende von Paul Watsons Zugehörigkeit zu Greenpeace. In einer vernichtenden Kritik an der Protestaktion bezeichnete Moore Watson als »Lügner und Dieb«, mit dem er »nie wieder zusammenarbeiten« würde. Watson sei ein Außenseiter, den man nicht unter Kontrolle halten könne, so Moore. Wenn man an ihm festhielte, würde sich Greenpeace bald in Aktionen verwickelt sehen, die die vom Quäkertum inspirierten Werte und die Gewaltfreiheit missachteten. Watson habe »wieder und wieder gezeigt, dass er Gewalt provoziert«. Moore fuhr fort: »Für mich bedeutet Pazifismus nicht, auszuloten, wie nahe man der Gewalt kommen kann, ohne der Erste zu sein, der umschlägt, sondern zu schauen, wie fern man ihr bleiben kann.« Auch über Watsons Führungsqualitäten äußerte sich Moore kritisch: »Paul rannte weit vor dem Rest und ließ sie allein den Weg zu den Schiffen finden. Er versuchte nicht, die anderen in den Protest einzubinden, und vollführte seine dramatischste Aktion, als keine Kameras dabei waren.« Nach seinem Zusammenstoß mit der Mannschaft des Robbenfängerschiffs kümmerte sich Watson überhaupt nicht mehr um das Basislager auf Belle Island und blieb stattdessen mehrere Tage in seinem Hotelzimmer, wo er sich von einer der Norwegerinnen aus der Mannschaft trösten ließ. »Ja, er hatte ein paar blaue Flecke abbekommen, aber Führer sind schon mit viel größeren Verletzungen als die bei Paul wieder in Aktion getreten.« Aus Moores Brief wird auch deutlich, dass ihn die Respektlosigkeit, mit der ihm Watson und einige seiner Anhänger begegneten, zutiefst verletzt hatte. So hatten sie ihm wiederholt gesagt, er gehöre nicht zur Expedition und man wünschte, er wäre nicht anwesend. »Wenn Mitglied dieser Organisation zu sein bedeutet, dass man sich Beschimpfungen flegelhafter Kids gefallen lassen muss, die glauben, sie seien meine Vorgesetzten, dann werde ich irgendwann austreten.« Die Geschichte habe gezeigt, so warnte Moore, dass Rebellen wie Watson »nicht automatisch verschwinden«, sondern man müsse sich »direkt mit ihnen auseinandersetzen«.[64]

Auch Hunter hatte genug von Watson, dessen Verhalten nach der Robbenkampagne er unverantwortlich und spalterisch fand. Die Kampagne hätte doppelt so viel gekostet wie geplant, legte Hunter dar, »doch statt auf seinem Posten zu bleiben und die Rechnungen zu bezahlen, begab sich Watson nach Hawaii, um den Öko-Helden zu spielen und zu versuchen, auf ein Greenpeace-Schiff zu kommen, das von Honolulu auslief.« Überall wo er hinkam, hätte Watson, so Hunter, »gegen das Heimatbüro in Vancouver gestänkert und versucht, eine eigene Machtbasis aufzubauen, die ihm uneingeschränkte Autorität verschaffen« sollte.[65] Zudem hatte seine Provokation auf dem Eis das sowieso prekäre Ersuchen von Greenpeace um Steuerfreiheit in den USA gefährdet.[66] Am 7. Juni 1977 beschloss der Vorstand, zu dem Hunter, Weyler, Marining, Moore und Carlie Trueman gehörten, Watson unter Berufung auf »seinen Mangel an Gruppendisziplin, spalterische Tendenzen und wiederholte Aussagen, die nicht autorisiert und berechenbar waren«, zu bitten, vom Greenpeace-Vorstand zurückzutreten. Watson weigerte sich und zwang Hunter, einen Antrag auf seine Entlassung zu stellen. Der Antrag ging mit einer Gegenstimme durch: Nur Watson votierte dagegen.[67] Watson selbst fand die ganze Episode absurd: »Ich habe sie ausgelacht. Ich sagte, wenn ich noch einmal in der gleichen Situation wäre, würde ich genau das Gleiche tun [i. e. den Hakapik des Robbenjägers ins Wasser werfen].«[68] Die Energie von Greenpeace, schrieb er, schien sich jetzt mehr darauf zu richten, »kleine Kästchen und Schaubilder auszutüfteln und einen internationalen Komplex vieler Greenpeaces zu schaffen, der von einem Superhauptquartier in Vancouver aus kontrolliert werden sollte. Daher hatte ich den Eindruck, Greenpeace wendete so viel Zeit für Organisation und Spendeneinwerbung auf, dass die Anstrengungen zur Rettung unseres Planeten ins Hintertreffen geraten würden.«[69]

Watsons Ausschluss zeigte nicht nur einige fundamentale persönliche Konflikte auf, sondern stand auch dafür, dass Greenpeace extreme Protestformen ablehnte. Wäre es Watson gelungen, die Kontrolle über die Organisation zu erlangen, die er ganz offensichtlich anstrebte, hätte Greenpeace zweifellos einen ganz anderen Weg eingeschlagen. Ein Blick auf Watsons Werdegang nach seiner Greenpeace-Zeit lässt erahnen, wohin der Weg wahrscheinlich geführt hätte. Bald nach seinem Ausschluss formierte Watson zusammen mit Walrus und Jet Johnson Earthforce »eine Crew erfahrener Umweltschützer, die sich der Lösung brenzliger Probleme des Planeten durch direkte Aktion verschrieben hat«. Wie Greenpeace versicherte Earthforce, gewaltfrei vorzugehen. Doch es war klar, dass Watsons Vorstellung von Gewaltfreiheit von dem Quäker-Ideal abwich, das Gründerpersönlichkeiten wie Irving Stowe bei Greenpeace eingebracht hatten: »Unsere Gewaltfreiheit ist nicht pazifistisch, sondern aggressiv und blockierend. Wenn uns mit Gewalt begegnet wird, können wir diese Form aus moralischen Gründen nicht mehr aufrechterhalten. Wenn der Versuch gemacht wird, uns zu verletzen, zu bedrohen oder zu beseitigen, haben wir immer unseren Mann gestanden [sic!].«[70]

Die erste und, wie sich herausstellen sollte, einzige Kampagne von Earthforce war dem Schutz afrikanischer Elefanten vor der Ausrottung durch Wilderer gewidmet. Watson flog mit einer kleinen Mannschaft nach Kenia, wo sie Zeugen eines Schusswechsels zwischen bestens bewaffneten Wilderern und lokalen Wildhütern wurden, bei dem zwei Männer starben. Sie dokumentierten die illegale Tötung von Elefanten und leiteten ihren Bericht an interessierte Mitglieder des US-Kongresses weiter. Kurz danach musste Earthforce wegen Geldmangels aufgeben. 1978 konnte Watson den bekannten Autor und Tierrechte-Aktivisten Cleveland Amory überreden, eine Robbenschutzkampagne zu finanzieren. Mit Geldern von Amory und der in Großbritannien beheimateten Royal Society for the Prevention of Cruelty to Animals kaufte Watson ein altes Fischerboot, benannte es um in *Sea Shepherd* und machte sich im März 1979 auf den Weg zum Treibeis. In einer Aktion, die die Robbenjäger wie die Vertreter des Fischereiministeriums überraschte, schwärmten Watson und seine Mannschaft im Schutz der Dunkelheit aufs Eis und sprühten Hunderte von Robbenbabys mit nicht abwaschbarer roter Farbe ein. Als wütende Beamte des Fischereiministeriums zusammen mit Beamten der RCMP versuchten, seiner habhaft zu werden, floh Watson über das Eis und sprang schließlich auf eine kleine Scholle in einer Wasserrinne. Er widersetzte sich weiter der Verhaftung, indem er mit einem Stock gegen die Beamten vorging. Als ein Hubschrauber über ihm schwebte, drohte er, seinen Stock zwischen die sirrenden Rotorblätter zu schleudern. Schließlich wurde er festgesetzt, allerdings nicht, ohne seinen Gegnern vorher zu einem eisigen Bad im Meer verholfen zu haben.[71]

Im Juli 1979 machte sich Watson auf die Suche nach der *Sierra*, einem berüchtigten illegalen Walfänger, der sich seit Jahren über IWC-Regulierungen hinweggesetzt und jeden Wal getötet hatte, den er aufspüren konnte. Nachdem er den Bug der *Sea Shepherd* mit Beton verstärkte hatte, fuhr Watson in der Absicht, die *Sierra* ein und für alle Mal aus dem Verkehr zu ziehen, hinaus auf den Nordatlantik. Er entdeckte das Schiff schließlich vor der Küste von Portugal und rammte die *Sea Shepherd* in voller Fahrt nicht nur einmal, sondern zweimal in die Seite der *Sierra*. Die ungläubige und verängstigte *Sierra*-Crew schaffte es, das schwer beschädigte Schiff zurück in den Hafen zu bringen. Dort wurde es von Grund auf repariert, nur, um einige Wochen später mit einer Haftmine in die Luft gesprengt zu werden.[72] Diese und ähnliche Aktionen trugen bei zur Legende von Captain Watson, dem furchtlosen und äußerst gefürchteten Öko-Ritter. Und sie führten zur Gründung der radikalen Umweltorganisation Sea Shepherd Conservation Society – ein trügerisch harmloser Name für eine Organisation, die sich bis zum heutigen Tag mit Aktionen hervortut, die an der Grenze zwischen gewaltfreier direkter Aktion und Öko-Terrorismus angesiedelt sind.[73]

Zum Ausschluss von Watson kam 1977 als weitere einschneidende Veränderung bei der Organisation Hunters Rücktritt als Präsident und Vorstandsvorsitzender. Neben den gesundheitlichen Problemen und dem bitteren Nachgeschmack, den der Versuch von Moore und Watson, ihn abzusetzen, hinterlassen hatte, stellte Hunter plötzlich fest, dass seine Leidenschaft für Greenpeace einer alle Kräfte lähmenden Apathie gewichen war: »Die Energie der Menschen in meinem Umfeld erschien mir abstoßend, beschämend, dumm … Ich betrachtete … meine alten Freunde und Kameraden und stellte fest, dass ich ihnen eigentlich nichts mehr zu sagen hatte.«[74] Hunter hatte auch Schwierigkeiten, sich mit einem Teil des demografischen Wandels auseinanderzusetzen, der in der Organisation stattfand und insbesondere dem Engagement in Sachen Sattelrobben zuzuschreiben war:

Jetzt waren eine Menge Tierrechte-Leute bei uns, die nicht ins Gewicht gefallen waren, als wir noch primär Atomwaffengegner waren. Jetzt waren da Leute, die in ihrer Sache fanatisch und leidenschaftlich waren und damit gleichzeitig andere auf die

Palme brachten. Sie attackierten Fleischesser. Das hieß, da waren solche Leute, die an der Macht beteiligt sein wollten und neues ideologisches Gepäck mitbrachten, das berücksichtigt werden musste. Alle Anstrengungen, die du unternommen hast, um Allianzen und überparteiliche Zusammenkünfte zu erzielen, weder links noch rechts zu sein, waren so … ich war ja darauf eingestellt, alle diese politischen Trennungen möglichst zu überbrücken, aber ich hatte mir nicht genau klargemacht, wie sehr die Hardcore-Tierrechtler Jäger, Fischer etc. wirklich hassen – und diese sie. Damit hatten wir ein anderes Niveau an versteckter Wut, die fast instinktiv war und zwischen den Leuten stand. Und im Hinblick auf eine Medienkampagne macht das die Dinge wirklich schwierig.[75]

Der Vorstoß von Greenpeace auf das Treibeis im Sankt-Lorenz-Golf brachte der Robbenschutzbewegung Auftrieb und erwies sich als Wendepunkt für die Organisation selbst. Auch wenn die Kampagne nicht immer nach Plan verlief, die Taktik der direkten Aktion – die dramatische Bilder auf dem Eis versprach – lenkte wieder die Aufmerksamkeit auf die Jagd und zwang die kanadische Regierung wie die Robbenjäger, ihr Tun zu rechtfertigen und verschiedene Schutzmaßnahmen in Kraft zu setzen. Diese wurden allerdings von Gruppen wie Greenpeace als völlig unzureichend eingeschätzt. Die Kampagne sollte noch fast ein Jahrzehnt laufen, jedoch verlagerte sich der Schwerpunkt in den späteren Jahren weg von den Eisschollen und hin auf den europäischen Pelzmarkt. Der Höhepunkt war 1983, als die Europäische Gemeinschaft einen Boykott aller Sattelrobbenprodukte verkündete.[76]

Für viele Neufundländer war die Bewegung gegen die Robbenjagd einzig ein »Protestgeschäft«, das zu lukrativ war, als dass es, trotz der nicht zu übersehenden Lächerlichkeit und Scheinheiligkeit von IFAW und Greenpeace, aufgegeben werden konnte. In Zeitungsberichten wurde Brian Davies häufig als Jetsetter dargestellt, der mangelhaftes Wissen und Mitgefühl der Öffentlichkeit listig in einen steten Geldstrom zu seiner eigenen Bereicherung umgemünzt hatte. Laut Jeremiah Allen, einem Politikwissenschaftler der University of Lethbridge in Alberta, ähnelten Gruppen wie Greenpeace eher herkömmlichen Unternehmen oder Bürokratien, deren Hauptmotiv »der Fortbestand der Firma, nicht das Ende der Robbenjagd im Atlantik war«. In einem solchen Szenarium sei der »Firma« am besten gedient, wenn die Jagd fortbestehe, nicht mit ihrer Beendigung, denn diese würde die Gruppe ihrer Daseinsberechtigung berauben.[77] Auch wenn das Wohlergehen der Organisation sicher eine Rolle bei den Entscheidungsfindungen von Greenpeace spielte, macht sich Allen doch starker Übertreibung schuldig. Auf die Gegner der Sklaverei angewendet hieße dies, dass eine Fortführung der Sklaverei den Abolitionisten des 19. Jahrhundert am besten gedient hätte und sie ihre Aktionen mit diesem Gedanken im Hinterkopf geplant hätten. Eine derartige Analyse lässt die missionarische Inbrunst, die für radikale Protestgruppen charakteristisch ist, außer Acht und reduziert menschliche Leidenschaft und Hingabe – mit all ihren Makeln und Inkonsequenzen –

auf bloße Variablen ökonomischer Gleichungen. Und sie ignoriert auch die unzähligen kulturellen und ideologischen Einflüsse – von holistischem Denken über Quäkertum bis zu Tierrechten –, die die Greenpeace-Aktionen prägten.

Trotz aller Versuche, die Hunter unternahm, konnte Greenpeace die Feindseligkeit der Neufundländer nicht abbauen. Der Einfluss der Tierrechtler bei Greenpeace, die darauf bestanden, dass die Robbenjagd abgeschafft wurde, auf der einen Seite und die Unversöhnlichkeit der Robbenjäger und der kanadischen Regierung auf der anderen bedeuteten, dass es zwischen ihnen nur wenig Gemeinsamkeit gab. Trotzdem kann man mit Fug und Recht sagen, dass Gruppen wie Greenpeace, indem sie die Angelegenheit ins Scheinwerferlicht der Medien brachten, dazu verholfen haben, eine Jägerei mit mehr Nachhaltigkeit zu praktizieren.[78] Während dies für Tierrechte-Aktivisten kaum ein Trost ist, können es jene, die einen eher pragmatischen und ökologischen Zugang zu Umweltproblemen haben, zumindest als Teilerfolg betrachten. Sicher, jedes Jahr wurden weiterhin Hunderttausende von Robben mit dem Hakapik getötet, doch die Art selbst erwies sich als nicht unmittelbar gefährdet, so dass frühere Behauptungen, die Sattelrobbe stünden vor der Ausrottung, im Rückblick doch als übertrieben erscheinen. Aber für Leute wie Bob Hunter und Paul Watson war das kaum ein Grund zu feiern. Für sie war es niederschmetternde Realität, dass auch nach über zwei Jahrzehnten, in denen Gedankenbomben gezündet worden waren, für einen substantiellen Teil der Bevölkerung Sattelrobben weiterhin bloß »natürliche Ressourcen« waren.[79]

11. Kapitel

Das Paradox der Macht: die Geburt von Greenpeace International

Als Faustregel gilt, dass sich Werte und Kultur einer Institution in ihrer Struktur und ihrer Arbeitsweise widerspiegeln. Die starre Hierarchie und die strikte Befehlsstruktur in den meisten Armeen etwa reflektieren die Disziplin, den Gehorsam und den uneingeschränkten Respekt Vorgesetzten gegenüber, die das Militär seinen Rekruten einimpft. Ganz anders orientieren sich Institutionen, deren Angehörige sich zu sozialer Gerechtigkeit, Graswurzelaktivismus und Egalitarismus bekennen – so wie verschiedene Grüne Parteien überall auf der Welt –, häufig in Richtung hin zu Konsens bei Entscheidungen und zu einer Struktur, die so demokratisch und hierarchiearm wie möglich ist. In dieser Hinsicht bestand für Greenpeace ein gewisses Dilemma: Die meisten Mitglieder waren den Werten der Gegenkultur verpflichtet, die so viele aus ihrer Generation beeinflusst hatten. Die institutionalisierte Kultur und Struktur einer Armee, eines Unternehmens, einer staatlichen Verwaltung oder selbst einer herkömmlichen Naturschutzorganisation hätten sich mit ihren Werten gerieben, die eher in Richtung Egalitarismus, Willensfreiheit und Anarchismus gingen und weniger zu Respekt vor Autorität und Wertschätzung von Hierarchien tendierten. Könnte man sich Öko-Hippies wie Bob Hunter und Rod Marining in den Sitzungs- und Geschäftsräumen der Audubon Society oder des Sierra Clubs arbeitend vorstellen, wo an der traditionellen Etikette der Unternehmensführung festgehalten wird?

Dem Philosophen Jürgen Habermas zufolge hängt die Fähigkeit einer Gesellschaft, zu lernen und auf Veränderungen zu reagieren, von ihrer Fähigkeit ab, alternative Weltsichten zu schaffen. Unterstützt wird das von dem Vermögen, der allgemeinen Kultur neue Vorstellungen und Sichtweisen zu vermitteln, was dazu führt, dass gesellschaftliche und politische Institutionen die Veränderungen aufnehmen, die innerhalb der Gesellschaft und der Welt insgesamt vorgehen. Wenn Gesellschaften angemessen auf ökologische Probleme reagieren wollen, müssen sie, so Habermas, eine robuste Zivilgesellschaft – also jene gesellschaftliche Ebene, die oberhalb des Individuums und unterhalb des Staates angesiedelt ist – entwickeln, in der Umweltprobleme zuerst von Bürgern wahrgenommen und benannt werden, dann von repräsentativen Einrichtungen der Zivilgesellschaft genau reflektiert und effizient dargestellt werden und schließlich vom politischen System befriedigend behandelt werden.[1] Wenn die Institutionen der Zivilgesellschaft – vor allem die vielen gemeinnützigen Organisationen, Wohltätigkeitseinrichtungen und Vereine – eine offene Kommunikation zwischen der Alltagswelt der Bürger, die Habermas »Lebenswelt« nennt, und der Öffentlichkeit gewährleisten will, müssen sie demokratisch und offen sein. Habermas folgert daraus, dass Organisationen der Zivilgesellschaft, wenn sie ihre Funktion als Vermittler der Kommunikation zwischen »Lebenswelt« und staatlicher Sphäre angemessen nachkommen wollen, »in ihrem inneren Aufbau ebenso wie im Verkehr mit dem Staat und untereinander auf Öffentlichkeit« festgelegt sein müssen.[2]

Ende der 1970er Jahre hatte Greenpeace bereits mehrere Stadien des organisatorischen Wachstums hinter sich gebracht, die sich in der inneren Struktur und im Entscheidungsfindungsprozess der Gruppe zu verschiedenen Zeitpunkten widerspiegelten. Der Kurs hin auf Konsens, der für das Don't Make a Wave Committee charakteristisch war, machte rasch einer kurzen Periode der Einzelherrschaft unter Ben Metcalfe Platz. Mitte der 1970er, als Hunter die Kontrolle erlangte, kehrte Greenpeace wieder zu einem eher auf Konsens ausgerichteten Ansatz zurück. In dieser Beziehung befand man sich in Übereinstimmung mit dem allgemeinen Trend bei selbstbewusst radikalen gesellschaftlichen Bewegungen des Jahrzehnts. Mit den Worten des früheren Führers der Students for a Democratic Society (SDS), Todd Gitlin: »Ab den frühen 1970ern lehnten Aktivisten jegliche Autorität strikt ab, sogar die eigene. Vertikale Autorität hatte einen unguten Beigeschmack von Kolonialismus, Patriarchat, bösen weißen Männern, die stumme Lakaien herumkommandierten. In den Kreisen linker Aktivisten waren Oberschichten aller Art die unmoralischen Entsprechungen *des* Establishments.« Statt organisierter Hierarchien und Fraktionen entwickelten die Aktivisten »Affinity Groups« und »Arbeitsgruppen« im Rahmen einer fast fanatischen Hinwendung zum Egalitarismus.[3]

Als die Kampagnen gegen den Walfang und die Robbenjagd Ende der 1970er immer komplexer wurden und ein größeres Maß an Planung, Flexibilität und Geheimhaltung erforderten, wurde das Konsensprinzip schnell durch eine Entscheidungsstruktur von oben nach unten ersetzt, und Leute wie Hunter, Patrick Moore und Paul Spong übten eine eher traditionelle Form von Führungsmacht aus. In dieser Zeit expandierte Greenpeace auch in Nordamerika, Europa, Australien und Neuseeland. Da die meisten dieser Gruppen nur lose mit dem »Hauptquartier« in Vancouver verbunden waren, bestand die Tendenz, eigene interne Kulturen zu entwickeln. In der großen Mehrzahl neigten sie zu linken und libertären Strukturen, die, wie der Politikwissenschaftler Herbert Kitschelt schreibt, »ein uraltes Element der Demokratietheorie [beschwören], das eine Organisation mit kollektiver Entscheidungsfindung verlangt und wahlweise als klassische, populistische, basisdemokratische oder direkte Demokratie bezeichnet wird und im Gegensatz zu einer demokratischen Praxis in heutigen Demokratien stehen, die als realistische, liberale, elitäre, republikanische oder repräsentative Demokratie betrachtet werden«.[4] Verständlicherweise reagierten solche Gruppen nicht sonderlich positiv auf Versuche der Zentralisierung, Professionalisierung und anderer Entwicklungen, die eine mehr hierarchische Struktur fördern konnten. Doch die Richtung, in die sich die Kampagnen von Greenpeace entwickelten, sowie der immer stärkere Wunsch von Vancouver, ein größeres Maß an Kontrolle über die internationale Organisation zu erlangen, bedeutete, dass die verschiedenen Greenpeace-Gruppen vor genau solch einem Szenario standen. Es ist daher eine besondere Ironie, dass ein Mann, der Unternehmenshierarchie und Professionalisierung verkörperte, derjenige sein sollte, der diese unzufriedenen Gruppen gegen die, wie sie empfanden, machtgierige und autoritäre Hippie-Bande in Vancouver vertreten sollte.

Als Bob Hunter 1975 als Präsident von Greenpeace antrat, war er natürlich argwöhnisch gegenüber jenem autoritären Kurs, dem Ben Metcalfe in seiner kurzen Amtszeit gefolgt war. Doch die Monate unstrukturierter Treffen und Entscheidungsprozesse nach dem Konsensprinzip, die der ersten Walkampagne vorausgegangen waren, hatten dem basisdemokratischen Modell ein wenig den Glanz genommen. Diese Struktur der Partizipation auf breiter Basis hatte zwar jedem ein Stimmrecht verliehen und damit Bereitschaft und Kreativität gefördert, aber sie hatte auch zu endlosen, kräftezehrenden Treffen und bürokratischer Ineffizienz geführt. Zudem zog sie Figuren an, die selbst nach den toleranten Hippie-Standards von Greenpeace als verrückt zu gelten hatten. Die Kampagne zur Rettung der Wale 1975 hatte sich zwar auf eine gute Portion dessen, was nur als schieres Glück bezeichnet werden kann, verlassen, aber auch eine große Menge an detaillierter Planung und Organisation sowie ein Ausmaß an Geheimhaltung und versteckter Auskundschaftung erfordert, die einer Armee würdig gewesen wären. Hunter erkannte, dass Greenpeace, wenn man künftig ähnliche Kampagnen durchführen wollte, nicht länger diesem unbekümmerten Drauflos-Kurs vertrauen konnte, mit dem man bislang durchgekommen war. Paradoxerweise erschien daher das Geschirr der herkömmlichen Nonprofit-Organisation – Satzung, Führungskraft, Vorstand, umsichtige Finanzplanung – immer mehr als positive Befreiung. Kurz, die Anforderungen und Zwänge, die das Betreiben eines Vereins wie Greenpeace mit sich brachte, zumindest in der Form, zu der es sich nach Hunters Vorstellung entwickeln sollte, verlangten ein höheres Maß an Professionalisierung.[5]

Ende März 1976, als die Robbenschutzgruppe nach Vancouver zurückkam, waren Spong, Korotva und andere, die nicht in Neufundland gewesen waren, bereits fieberhaft dabei, die Antiwalfang-Fahrt 1976 vorzubereiten. Diesmal wollte Greenpeace unbedingt mit der sowjetischen Flotte Schritt halten können. Obwohl jeder in der Organisation eine Schwäche für John Cormack und seinen tapferen kleinen Heilbuttfänger hatte, war klar, dass sie ein größeres und schnelleres Schiff haben mussten, wenn sie die Walfänger ernsthaft bedrängen wollten. Nach einer weltweiten Suche fand Korotva in Seattle einen ausgemusterten kanadischen Minensucher namens *James Bay*. Ironischerweise war er baugleich mit dem Schiff, das 1972 die *Vega* gerammt hatte, und hatte demselben Flottenteil angehört wie die *Edgewater Fortune*, die 1971 als *Greenpeace Too* gedient hatte. Die *James Bay* war zwar im Kern intakt, aber es mussten noch viele Arbeiten durchgeführt werden, bis sie hochseetüchtig war. Statt 50 000 Dollar Chartergebühr zu bezahlen, die sich die klamme Organisation nicht leisten konnte, arbeitete Greenpeace einen komplizierten Vertrag mit dem amerikanischen Schiffsbesitzer aus, in dem vereinbart wurde, dass man Arbeit im Wert von 50 000 Dollar in das Schiff stecken würde. Die *James Bay* verursachte Greenpeace immer wieder Kopfschmerzen, die schlimmsten, als es um die Frage ging, wo man sie registrieren lassen sollte. Für eine Registrierung in den USA oder Kanada war die bestandene Dampfschiff-Inspektion Voraussetzung, eine rigorose Untersuchung der gesamten Ausrüstung. Da würde das Schiff mit hoher Wahrscheinlichkeit durchfallen. Die einzig praktikable und finanzierbare Lösung war ironischerweise die, zu der auch leckende Öltanker und Piraten-Walfänger oft griffen – die Registrierung in Panama.[6]

Zur Crew von 1976 gehörten die meisten Veteranen des Vorjahrs und auch neue Mitglieder, von denen viele aus den neuen Greenpeace-Zweigstellen in Nordamerika kamen. Außerdem waren Rod Marining, Paul Spong und Bobbi Hunter an Bord. Kapitän der *James Bay* war George Korotva, der erste Maat Patrick Moore. Auf dem Weg nach Süden legte das Schiff zum Auftanken in Portland, Oregon, an. Das Ausmaß der Sympathie und des Wohlwollens in der Stadt, die den Ruf hatte, eine der umweltbewusstesten der USA zu sein, war erstaunlich. Der Stadtrat verzichtete auf Liegegebühren. Die Feuerwehr versorgte sie mit Wasser. Der frühere republikanische Gouverneur Tom McCall, der in seiner Amtszeit ein breites Spektrum an Umweltschutzmaßnahmen eingeführt hatte, überreichte der Crew eine Flagge von Oregon. Kooperativen schenkten Lebensmittel, Musiker veranstalteten Benefizkonzerte, und ein örtlicher Pilot bot Aufklärungsflüge über dem Meer an. Nach den Mühen in Neufundland brachten die Tage in Portland eitel Freude und Inspiration.[7]

Am 1. Juli begegnete das Schiff vor dem kalifornischen Mendocino einer Herde von Rundkopfdelfinen. Das war eine Gelegenheit, jene in der Mannschaft zu inspirieren, die noch nie Kontakt zu Cetacea gehabt hatten, und die anderen daran zu erinnern, worum es bei der Mission eigentlich ging. Binnen Minuten war Hunter im Wasser zwischen den großen Delfinen – von denen einige die Größe kleiner Schwertwale hatten –, und er und mehrere von den anderen tollten eine halbe Stunde lang fröhlich im kalten Nordpazifik herum. Einer der jungen Delfine war ein Albino, der, so Hunter, »sicher mindestens so selten war wie seinerzeit Moby Dick«. Für Hunter war dies ein weiterer auf seiner wachsenden Liste übersinnlicher Cetacea-Momente: »Als ich dort dicht unter der Oberfläche trieb, von Angesicht zu Angesicht mit diesem weißen Delfinkind, das bereits größer als ich war, dazu seine beiden Bewacher mit

Rod Marining, David Garrick (alias Walrus Oakenbough), Melville Gregory, Bob Hunter und Peter Fruchtman (ein Mitglied von Greenpeace USA) bereiten an Bord der *James Bay* die Walschutz-Kampagne 1976 vor.

den funkelnden Augen, da gab es nur Faszination. Keiner von uns hatte die geringste Absicht, den anderen zu verletzen, und die Existenz des Himmels auf Erden erschien überhaupt nicht wie eine Vision oder Phantasie oder ein Ideal oder Traum. Sie *war* Wirklichkeit.« Die Begegnung mit den Delfinen schuf bei der Mannschaft eine Atmosphäre des Überschwangs und gleichzeitig der stillen Einkehr. Für die meisten war das Erlebnis ein direkter Beweis für einen »Geist in den Wassern«: Es bestätigte die Existenz von Wesen, die mindestens so intelligent und möglicherweise weit bewusster als Menschen waren. Und Hunter erklärte emphatisch: Die Delfine »waren *Personen*. Fremdartige Personen. Andere Sprache, andere Welt, anderer Körper, anderer Geist. Aber *Personen*, verdammt! PERSONEN!« Die Erfahrung trug zu dem alles durchwirkendem Gefühl bei, dass sie sich, wie Hunter es gern formulierte, in einem Dschihad befanden – in einem Heiligen Krieg gegen die Walfänger.

Wir waren in einer Weise vereint, wie Religionen und Revolutionen manchmal vereint sein können, wenigstens bevor sie in eine Machtposition gelangen. Das war rein. Etwas, das wenige andere erlebt haben. Einen Tag lang gab es da im Juli 1976 im Nordpazifik eine Schiffsladung von uns, die erkannten, welche Freude die Kontakte zwischen den Arten bringen kann – das *wahre Gefühl* davon. Ich denke, wir waren Pioniere, überwanden unsere Furcht und ließen uns ganz und gar in eine vollkommen neue Umwelt sinken, nicht nur eine physische Umwelt, sondern auch eine psychische, wahrnehmbare, emotionale und experimentelle Umwelt.[8]

Bald nach der Ankunft im letzten Anlaufhafen auf dem Festland – San Francisco – wurde die Stimmung auf der *James Bay* schlecht. Zuerst wimmelte es auf dem Schiff von eifrigen Freiwilligen vom engagierten Greenpeace-Büro in San Francisco, Vertretern der Öffentlichkeit und gelegentlich Berühmtheiten. Grateful Dead gaben ein Benefizkonzert in Union Square, in dessen Verlauf Mel Gregory sich so hinreißen ließ, dass er sich komplett auszog und verhaftet wurde. Da das Geld knapp war, beschloss Hunter, keine Kaution für ihn zu stellen, sondern ihn über Nacht im Gefängnis zu lassen. Vor allem die finanzielle Situation war immer wieder ein größerer Streitpunkt. Greenpeace hatte einfach nicht genug Geld, um die Expedition durchzuführen, und musste unterwegs immer wieder Spenden sammeln. Das bedeutete, dass man ständig sympathisierende Künstler, Politiker und betuchte Naturschützer anbetteln musste. Für Hunter bedeutete es zudem, pragmatische Entscheidungen fürs Geschäft treffen zu müssen, die nicht alle Mitglieder der Organisation mittragen wollten. Die umstrittenste betraf den Filmvertrag vom Vorjahr. Amy Ephron von Artists Entertainment Complex kam erneut nach San Francisco, um den Vertrag auszuhandeln, der Greenpeace wiederum spaltete. Hunter und Moore führten die Pro-Vertrag-Fraktion an, während Watson, Walrus und mehrere der Neulinge darauf beharrten, das sei ein Ausverkauf und die Aufgabe der Unabhängigkeit von Greenpeace. Diese Kabbelei hielt fast zwei Wochen lang an, bis Greenpeace genug Geld beisammen hatte, um die nächste Etappe der Fahrt zu bezahlen. Am Ende dieser Zeit fühlten sich fast alle an Bord und viele im San-Francisco-Büro abgespannt und deprimiert. Hunter hatte einen seiner regelmäßigen Zusammenbrüche und dachte an Selbstmord.[9]

Doch wie so oft wirkte das offene Meer als Tonikum, und die Stimmung hob sich bald dank dessen belebender Kraft. Hunter entdeckte bei sich die Tugenden wieder, die ihm bei der Mannschaft so viel Respekt und Zuneigung verschafften: seinen Witz und seinen selbstironischen Humor sowie seine Fähigkeit zu führen und Befehle zu geben, ohne dabei Überlegenheit auszustrahlen – eine lebenswichtige Eigenschaft in einer Gruppe von Menschen, die nicht gerade bereit waren, Autoritätspersonen Vertrauen zu schenken. Er schritt mit einer Toilettenbürste am Gürtel übers Deck – teilte sich selbst die unangenehmste und mit dem niedrigsten Status behaftete Aufgabe zu. Außerdem gab er täglich eine Bordzeitung heraus, in der Gerüchte und Klatsch über die Vorgänge auf dem Schiff witzig übertrieben dargestellt wurden.[10]

Neben dem größeren und schnelleren Schiff gab es noch mehrere weitere Faktoren, die die Kampagne 1976 von ihrer Vorgängerin unterschieden. Einer

Patrick Moore und Amy Ephron 1976 in San Francisco bei den Verhandlungen über einen Filmvertrag (der Zuschauer ist nicht bekannt).

war, dass Leute wie Rod Marining, Bobbi Hunter, Eileen Chivers und andere Mitglieder des inneren Zirkels von Greenpeace mit an Bord waren, während die Büroarbeit in Vancouver Volontären überlassen worden war. Einer von ihnen war John Frizell, ein junger Absolvent der University of British Columbia, der Biochemie studiert hatte. Als die *James Bay* einem toten Riesenkalmar begegnete, schrieb Hunter einen Artikel, in dem er erklärte, solch ein Fund sei ein Anzeichen für einen starken Rückgang der Pottwale, was wiederum zu einer Zunahme bei den Kalmaren geführt hätte, der Hauptnahrungsquelle der Pottwale. Hunter spekulierte, die Kalmarpopulationen würden, wenn sie nicht mehr durch den Pottwal in Grenzen gehalten würden, immer größer und zahlreicher werden, was möglicherweise verheerende Auswirkungen auf die Meeresökologie hätte. Frizell fand jedoch, dieser Geschichte mangele es an wissenschaftlicher Glaubwürdigkeit, und weigerte sich, sie an die Presse weiterzugeben.[11]

Eine weitere wichtige Entwicklung war, dass Greenpeace dank einer Kombination aus Bitten und Vorwänden große Meeresgebiete aus der Luft nach den sowjetischen und japanischen Walfängerflotten absuchen konnte. So gaben sich etwa Rex Weyler und Fred Easton als freiberufliche Journalisten aus, um in den Genuss der kostenlosen wöchentlichen Militärflüge von Honolulu nach Midway Island zu kommen. Andere konnten mehrere hawaiianische Privatpiloten dazu überreden, Erkundungsflüge mit ihnen zu unternehmen. Und ein Greenpeacer schaffte es sogar, einige Marinepiloten zu bequatschen, ihn auf einen Überwachungsflug in großer Höhe mitzunehmen. Dass keiner dieser Flüge ein Ergebnis hatte, deuteten sie positiv: Den Flotten sei die Anwesenheit von Greenpeace bekannt, und sie hielten sich deshalb von Hawaii fern, verschonten also die Wale in diesem Gebiet. Diese Sicht der Dinge bekam zusätzliche Glaubwürdigkeit, als die hawaiianische Presse berichtete, der US-Botschafter in Japan habe den japanischen Walfängern geraten, die Region zu meiden, wenn sie einer vielleicht peinlichen Konfrontation aus dem Wege gehen wollten.[12]

Wie bei der Kampagne von 1975 konnte die Crew der *James Bay* leicht in »Mechaniker« und »Mystiker« eingeteilt werden. Diesmal hatten die Mechaniker wirksamere Geräte, auf die sie bauen konnten, während die Mystiker weiterhin ihre Zuflucht beim I Ging suchten. Die erste Sichtung der sowjetischen Flotte war dann jedoch Balsam für die Herzen der Mystiker. Ehe die Leute auf der *James Bay* Pottwale ausmachen konnten, sahen sie in der Ferne ein sowjetisches Harpunenboot, das direkt auf sie zuhielt. Erst als das Boot näher kam, merkten sie, dass es eine Walschule verfolgte, die, wie im letzten Jahr, anscheinend unbeirrt Kurs auf ihre Retter nahm. Die Neuen in der Mannschaft hatten die Geschichte aus dem letzten Jahr öfter gehört, aber viele waren skeptisch geblieben. Doch der Anblick von einem Dutzend Pottwalen, die gehetzt in Richtung *James Bay* schwammen, um in Sicherheit zu kommen, überzeugte die meisten, dass diese Episode keine Übertreibung gewesen war.

Das nächste Problem war es nun, zu entscheiden, wer in die Zodiacs durfte. Die Emotionen kochten hoch. Die meisten aus der Crew wollten sich unbedingt zwischen die Harpune und die Wale begeben. Hunter musste seine Rangstellung ins Feld führen, um einen Zodiac zu bekommen, in dem er Bobbi und Spong mitnahm. In Minutenschnelle wiederholte er seine Protesttaktik vom Vorjahr und zischte mit dem Zodiac geschickt zwischen dem Harpunenboot und der Walschule herum. Anders als früher weigerte sich der Harpunier diesmal zu schießen. Solange sich die Zodiacs zwischen der Harpune und der flüchtenden Schule befanden, waren die Wale offenbar in Sicherheit. Die Entscheidung des Harpuniers, nicht zu schießen, war vielleicht Monate zuvor gefallen, spekulierte Hunter später, »vielleicht auf Kremlebene«. Was immer der Grund war, die Greenpeacer triumphierten. Ihre Aktionen hatten jetzt greifbare Ergebnisse. Auch wenn das vielleicht nur vorübergehend war, sie retteten jedenfalls das Leben wirklicher Wale. Und zwar nicht, indem sie an einem Konferenztisch saßen und für eine Reduzierung der Tötungen plädierten, sondern mit ihrer körperlichen Präsenz, so, wie sie im Winter zuvor Sattelrobben gerettet hatten. Doch im Gegensatz zu den Robbenjungen, die leicht zu erschlagen waren, sobald ihre Beschützer gezwungen waren, zu weichen, hatten die Wale die Chance zum Entkommen auf Dauer.[13]

Diesmal gab es kein spektakuläres Foto von einer Harpune, die über ein Zodiac fliegt und einen fliehenden Wal trifft, aber die Bilder waren trotzdem dra-

Der Blick von einen Greenpeace-Zodiac: Pottwale werden von einem Harpunenschiff zur *Dalniy Vostok* gebracht, Juli 1976.

Paul Watson und Bobbi Hunter nähern sich einem Walfänger, Juli 1976.

matisch, nicht zuletzt, weil die Kameraleute mehr Erfahrung hatten und bessere Ausrüstung besaßen. Die vielleicht sensationellste Szene zeigt, wie Watson seinen Zodiac auf den Rücken eines toten Wals katapultierte, der gerade die Helling am Heck der *Dalniy Vostok* hinaufgezogen wurde. Einen Moment wippte der Zodiac gefährlich auf dem Walrücken, und es sah so aus, als würde er mit hinauf in die Innereien des großen Fabrikschiffs gezerrt, ehe er zurück ins blutige Meer darunter rutschte.[14]

Ein weiterer Höhepunkt der Fahrt und einer ihrer ergreifendsten Momente war, als eine Schule Pottwale – wobei Spong der festen Überzeugung war, dass es sich um dieselbe Herde handelte, die Greenpeace zuvor gerettet hatte – eine Stunde lang neben der *James Bay* herschwamm, dann stoppte und zuließ, dass das Schiff mitten zwischen ihnen hindurchglitt. Die Wale »begrüßten uns«, beteuerte Hunter. »Das war eine bewusste und absichtliche Aktion ihrerseits.« Ohne Frage ist es erstaunlich, dass die Wale einem Schiff folgten, das in Größe und Form stark den Harpunenschiffen ähnelte, vor denen sie so oft fliehen mussten. Dem Ereignis folgte ein heftiger Regenschauer, an dessen Ende der nun schon obligatorische Regenbogen am Himmel aufschien. Das Verhalten der Wale veranlasste Hunter und andere an Bord, über John Lillys Erklärungen nachzudenken, warum nur so wenig Wale jemals gegen ihre menschlichen Jäger vorgegangen waren. Lilly behauptet, dass Wesen mit größeren Gehirnen die Reflexe des niederen Gehirns besser unter Kontrolle hätten, insbesondere die, die Wut und Angriffsmechanismen auslösen. Das Gehirn des Pottwals sei sechsmal so groß wie das des Menschen und könne deshalb die niederen Triebe des Wals besser in Schach halten. Ironischerweise bedeutete dieses »überlegene« Gehirn, so spekulierte Hunter, dass Wale »hilflos vor einem Lebewesen mit kleinerem Gehirn sind, das kaum erst begonnen hat, davon zu *träumen*, seinen Trieb zu kontrollieren, der auf Mord, Ausbeutung und Herrschaft aus ist«. Es ist klar, so ereiferte sich Hunter, »dass auch inmitten der Kriege und unzähligen Katastrophen, die Menschen einander antun, der wahre Schrecken und die Tragödie des Jahrhunderts nicht in der Unmenschlichkeit des Menschen seinen Artgenossen gegenüber zu suchen ist, egal wie groß das Ausmaß ist, sondern in der blinden Liquidierung von Lebewesen durch den Menschen, die uns so weit voraus sind, dass wir nur hoffen können – eines Tages –, die Friedfertigkeit zu erlangen, die sie schon seit langem erreicht haben«.[15]

Medial war die Kampagne 1976 wieder ein großer Erfolg. Fotos von den Protestaktionen wurden in ganz Nordamerika im Fernsehen gezeigt, und illustrierte Berichte erschienen in zahllosen Zeitungen und Zeitschriften. Selbst das zum Establishment gehörende *Wall Street Journal* widmete Greenpeace eine längere und positive Würdigung auf der Titelseite und betonte, dass die Organisation von allen Gruppen, die gegen den Walfang protestierten, diejenige sei, »die das stärkste Aufsehen erregt und die Anstrengungen, die pro Jahr 200 Millionen Dollar umsetzende Walfangindustrie an die Kandare zu nehmen, am ef-

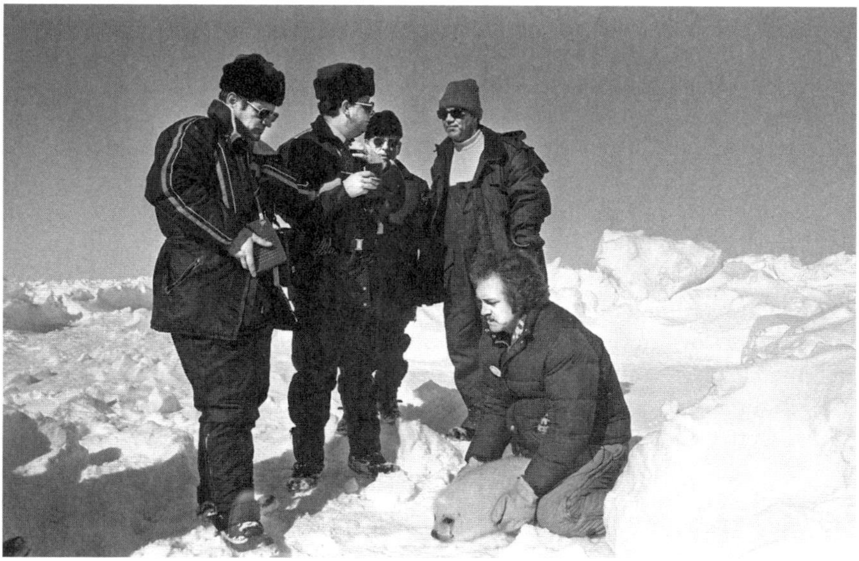

Patrick Moore fleht um das Leben eines Sattelrobbenjungen. Treibeis vor Labrador, März 1978.

Moores Flehen bleibt erfolglos. Er wird wegen Verstoßes gegen das Robbenschutzgesetz verhaftet und die Robbe wird getötet.

fizientesten publik macht«.[16] Es besteht kaum Zweifel, dass die Aktionen dazu beitrugen, den Walfang zumindest in Nordamerika zu einer der wichtigsten Umweltangelegenheiten der Dekade zu machen. Außerdem führte der Charakter dieses Protests dazu, dass, wer an den Fahrten teilnahm, fast immer mit der missionarischen Inbrunst zurückkehrte, noch mehr Wale retten zu müssen. Es überrascht nicht, dass es genau diese Leute bei Greenpeace waren, die am härtesten arbeiteten, nicht allein für die Walschutzkampagne, sondern auch, um das Wachstum und die Verbreitung der Organisation insgesamt zu fördern.

Trotz des Erfolgs der Kampagne waren die japanischen und sowjetischen Interessen am Walfang immer noch mächtig genug, um die IWC davon abzuhalten, ein Moratorium zu erklären. Hunter blieb zwar nach außen hin positiv, aber in seinem Innern wuchsen Zweifel an der Effektivität der Greenpeace-Anstrengungen. Einerseits, so rechnete er aus, hatte Greenpeace sicherlich über tausend Wale gerettet, indem man die sowjetischen Schiffe aus einigen ihrer beliebtesten Fanggebiete vertrieben hatte. Andererseits blieben die Fangquoten der IWC so hoch wie eh und je. »Vielleicht war Passivismus«, grübelte Hunter düster, »ein Haufen Scheiße«:

> [Vielleicht war es Zeit], ein bisschen Sprengstoff zu kaufen und die Bastarde zu versenken. Dieses »Zeugnis ablegen« musste irgendwann mal zu einem Ende kommen. Ich hatte Zeugnis abgelegt bis zum Erbrechen, bis meine Seele krank wurde, doch nichts auf der Welt hatte sich wirklich geändert. Gandhis Kurs mag für Indien angemessen gewesen sein, aber hatte Indien dann nicht seine eigene Atombombe gezündet und damit Satyagraha, der Philosophie, die das Wort Feind nicht kennt, Hohn gesprochen? Ein Abgrund an Zweifeln und Verwirrung tat sich vor uns allen auf … Diese Aktionen, einen Walfänger oder einen Robbenjäger zwei Minuten hier aufzuhalten und zwei Minuten dort, waren so weit entfernt von der Lösung, die wir wollten, dass es uns in der unglaublich deprimierenden Phase nach der Rückkehr der *James Bay* vorkam, als wäre alles, was wir getan hatten, nicht viel mehr als eine Umleitung gewesen. Vielleicht war es Zeit, zu den Waffen zu greifen.[17]

Hunters Worte waren prophetischer, als er sich vorstellte. Allerdings sollte es dann Watson sein, der bald frustriert aufgeben und einen Kurs verfolgen würde, der stärker auf Gewalt setzte. Kein Wunder, dass Hunter angesichts dieser neuen Verzweiflung ob der Möglichkeiten von Greenpeace, die Welt zu verändern, sein Amt als Präsident nach der Robbenkampagne im April 1977 aufgab. Auch wenn er der Gruppe weiter viel Zeit widmete und nach wie vor zum inneren Zirkel in Vancouver gehörte, hatte sein Einfluss auf die Organisation den Zenit überschritten.

Es bestand nie ein Zweifel, dass Patrick Moore Hunters Nachfolger würde. Dies war ein Amtsantritt, den die meisten im inneren Zirkel eher verdrossen als etwas Unvermeidbares und nicht mit freudiger Erwartung betrachteten. Neben Hunter und Marining war Moore das einzige Mitglied, das noch vom

Don't Make a Wave Committee übrig war, und es war klar, dass er in der Hackordnung über Marining stand. Moore war kenntnisreich, beredt und sehr intelligent, hatte also auf dem Papier die richtigen Voraussetzungen für den Job. Außerdem verschaffte ihm sein Doktorgrad in Ökologie zusätzliches Ansehen, zumindest bei den Medien und in der breiten Öffentlichkeit. Doch sein Auftreten hatte etwas, an dem sich insbesondere die jungen und selbstbewussteren radikalen Mitglieder rieben. Manche fanden, Moore zeige ein gewisses Überlegenheitsgehabe, das oft als herablassend und gelegentlich auch als selbstherrlich ankam. In einer traditionellen Organisation, etwa einem Wirtschaftsunternehmen oder in der staatlichen Verwaltung, hätten diese Merkmale wohl nicht gegen ihn gesprochen, sondern vielleicht sogar als Tugenden gegolten. Aber solch eine Organisation war Greenpeace nicht. Ende der 1970er war Greenpeace, wie Hunter anschaulich schreibt, »eine wilde, wüste Mischung von alten und jungen Menschen, hartnäckigen, pragmatischen Technikern und visionären Tierfanatikern, Aussteigern, Naturschützern, Aktionssüchtigen, traditionellen Quäkertypen und ein paar Geschäftsleuten mit kalten Augen«. Die Mehrzahl dieser Leute entstammte der Post-LSD-Generation, wie Hunter sie bezeichnete: Sie waren »aus dem unübersehbaren Trümmerhaufen der psychedelischen Revolution« hervorgegangen. Dies waren keine Leute, die positiv auf Moores ziemlich traditionelle und im Vergleich zu Hunter ganz des Charisma entbehrende Autorität reagieren würden.[18]

Doch ungeachtet aller Führungs- und Wachstumsprobleme, denen sich die Organisation Ende der 1970er gegenübersah, ist kaum zu bezweifeln, dass Greenpeace mit der Strategie der direkten Aktion und der Medienorientierung sowie dank immer raffinierterer Lobbyarbeit eine größere Rolle zukommt: sowohl bei dem Walfangmoratorium, das 1982 endlich beschlossen wurde, als auch beim Boykott aller Sattelrobbenprodukte durch die Europäische Gemeinschaft 1983.[19] Es ist wichtig, sich vor Augen zu führen, dass der Protest gegen Walfang und Robbenjagd die »Schlagzeilen-Kampagnen« einer Organisation waren, die Ende der 1970er Jahre weltweit an unzähligen Umweltaktionen beteiligt war, von denen viele nur regional oder lokal stattfanden. Zu dieser Zeit waren zahllose kleine Greenpeace-Gruppen in Nordamerika entstanden, manche mit der Unterstützung von Vancouver, andere unabhängig davon. Protokolle vom landesweiten Treffen von Greenpeace USA 1979 listen buchstäblich Dutzende von Kampagnen auf, die von den verschiedenen Gruppen im ganzen Land durchgeführt wurden. Die Oregon-Gruppe etwa unterstützte innovative Planungsgesetze zur Landnutzung und protestierte gegen die Verwendung von Tellereisen als Tierfallen. Die Gruppe in Denver war Teil einer Koalition gegen die Atomwaffenfabrik Rocky Flats in Colorado.[20] Das Büro in Chicago führte eine Kampagne durch, mit der die Menschen auf die immer schlechtere Wasserqualität in den Großen Seen aufmerksam gemacht werden sollten. Greenpeace Los Angeles protestierte gegen Ölförderung im Meer, Luftverschmutzung und die Zerstörung von Küstenhabitaten, um Bauland zu gewinnen. In Hawaii waren Aktivisten daran beteiligt, publik zu machen, dass Thunfischfänger unabsichtlich Tausende von Delfinen töteten.[21]

Die verschiedenen kanadischen Büros führten ähnliche Aktionen durch. Im Juni 1977 drang beispielsweise die Toronto-Gruppe in das Atomkraftwerk Douglas Point in Ontario ein und hinterließ Aufkleber an den Türen sicherheitsrelevanter Bereiche. Der Nacht-und-Nebel-»Überfall« sollte zeigen, wie stark solche Einrichtungen durch Sabotage oder Terroristenangriffe gefährdet waren. Dieselbe Gruppe organisierte 1979 eine wagemutige Antiatomkraft-Aktion in Darlington, Ontario, wo das größte Kernkraftwerk der Welt entstehen sollte. Mit Jet Johnson als Piloten drangen fünf Leute, darunter John Bennett und Dan McDermott vom Toronto-Büro, Bob Cummings aus Vancouver und ein früherer israelischer Kommandoangehöriger, per Fallschirm in das abgeriegelte Gelände ein, wo sie ein Greenpeace-Transparent aufhängen konnten, ehe sie verhaftet wurden.[22]

Zwischen den Aktionen gegen Walfang und Robbenjagd schaffte es die Vancouver-Gruppe auch, einige wirkungsstarke lokale Kampagnen zu veranstalten. Im Sommer 1977 organisierte etwa Patrick Moore den Protest gegen Pläne der Provinzregierung, im Fraser River Canyon Insektizide zu versprühen, um einen Befall mit *Choristoneura occidentalis*, einer Schmetterlingsart, deren Raupen Nadelwälder schädigt, zu bekämpfen. Kräftig unterstützt von der Holzverarbeitungsindustrie von British Columbia sowie Union Carbide und Chevron, den Unternehmen, die das Insektizid lieferten, beharrte die Regierung darauf, die Sprühaktion sei nötig, um einen wertvollen Holzbestand vor irreparablen Schäden zu bewahren. Moore, der seinen Doktortitel in Waldökologie erworben hatte, führte aus, dass bei der Sprühaktion nicht nur die Raupen getötet würden, sondern alle Insekten in dem Wald, so dass die Auswirkungen letztlich die gesamte Nahrungskette betreffen würden. Als Greenpeace und lokale Protestler ankündigten, den Wald zu besetzen, um die Sprühaktion zu verhindern, engagierte die Regierung Sicherheitskräfte von Pinkerton, um den Umkreis abzuriegeln, und erklärte, jeder, der versuchen würde, den Wald zu betreten, würde verhaftet und ins Gefängnis gesteckt. Um an den Pinkerton-Leuten vorbeizukommen, nahm Greenpeace Verbindung zu einem örtlichen Indianerstamm auf, dessen Reservat an den Wald grenzte. Der gestattete, sein Gebiet als »Basislager« zu nutzen, von dem aus eine »Invasion« erfolgen sollte. Solche militärischen Metaphern waren angemessen, denn Moore plante, die Protestler mit Truppentransportern aus dem Zweiten Weltkrieg zum Waldrand zu bringen. In letzter Minute machte die Regierung einen Rückzug und sagte die Sprühaktion ab.[23]

In London hatte derweil die Greenpeace-UK-Gruppe unter der Führung von Allan Thornton und dem vagabundierenden David McTaggart einen alten Fischtrawler namens *Sir William Hardy* gekauft, der in *Rainbow Warrior* um-

Europäische Greenpeace-Aktivisten versuchen, ein britisches Schiff an der Verklappung von Atommüll zu hindern. Nordatlantik, 1978.

benannt wurde.[24] Auch wenn McTaggart immer noch verstimmt war, weil sich Greenpeace geweigert hatte, seine Prozesskosten gegen die Franzosen komplett zu übernehmen, war sein Interesse an der Organisation bestehen geblieben. Viele radikale junge Umweltschützer in Großbritannien und auf dem Kontinent sahen in ihm den kommenden Mann von Greenpeace in Europa. Diese Position gefiel McTaggart: Er hatte die Aura des Greenpeace-Veteranen, konnte aber relativ frei Greenpeace-Ableger in Europa nach seinen Wünschen aufbauen. So half er Ende der 1970er, neue Büros in Paris, London und Amsterdam einzurichten.[25]

1978 führte McTaggart eine klassische Antiwalfang-Kampagne mit Zodiacs und Kamerateams in Island an, die sich gegen die an Land stationierten Walfänger richtete, die von Reykjavík aus operierten.[26] Später im Jahr protestierte dieselbe Crew, darunter enthusiastische junge Mitglieder der flügge werdenden Gruppen in Paris und Amsterdam, erfolgreich gegen den Plan der britischen Regierung, etwa 6000 Kegelrobben von den Küsten der nördlich von Schottland gelegenen Orkney-Inseln zu entfernen.[27] Sie setzten auch Zodiacs ein, um gegen die Verklappung von Atommüll im Nordatlantik zu protestieren, die die britische Regierung veranlasst hatte. Mit einer Reihe wagemutiger und spektakulärer Kunststücke manövrierten die Greenpeacer ihre Schlauchboote längsseits des Transportschiffs *Gem* und schoben ihre Leiber direkt zwischen die großen Fässer mit radioaktivem Abfall und das Meer. Während die *Gem* mit voller Kraft weiterfuhr, setzten Matrosen Hochdruck-Feuerwehrschläuche als Wasserwerfer gegen die Protestler ein. Mehrere Fässer wurden nur Zentimeter neben den Zodiacs ins Wasser geworfen, und eines stürzte tatsächlich auf den Bug eines Schlauchboots, brachte es zum Durchkentern und verletzte einen der Aktivisten.[28]

Die »Schlagzeilen-Aktionen« von Greenpeace hatten die Organisation bis Ende der 1970er zu der radikalen Umweltgruppe gemacht, die weltweit am meisten in den Medien vertreten war. Für viele wurde der Begriff »Greenpeace« zum Synonym für gewaltfreie direkte Aktion für die Umwelt, und in den demokratischen Industrienationen gab es kaum jemanden, der nicht von den Kampagnen der Organisation gegen Walfang und Robbenjagd gehört hatte. Es war eine in jeder Hinsicht ungeheure Leistung der kleinen Schar von Aktivisten aus Vancouver. Doch die zunehmende Größe der Kampagnen – mehr Teilnehmer, größere Schiffe, bessere Ausrüstung – bedeutete, dass es immer schwieriger für die Vancouver-Gruppe wurde, die sich vervielfachenden Schulden zu begleichen. Dank des finanziellen Geschicks des Greenpeace-Buchhalters Bill Gannon und des guten alten schieren Glücks war man irgendwie in der Lage gewesen, die Gelder für die Kampagnen zusammenzukratzen. Doch es wurde immer mühsamer. Beispielsweise nahm Greenpeace Vancouver 1977 insgesamt 373 000 Dollar ein, aber die Ausgaben betrugen 483 000 Dollar, was die Gruppe zwang, immer höhere Summen bei der Bank zu leihen. Dies führte zu Schulden in Höhe von insgesamt 174 000 Dollar.[29] In Kanada hatte die Kontroverse wegen der Robbenkampagne zu erheblichen Ausfällen bei dem Grundstock an Spenden geführt. Nahezu jeder unterstützte die Walschutzkampagnen, doch eine erhebliche Anzahl Kanadier hatte sich von den Argumenten der Regierung für die Robbenjagd überzeugen lassen und war entweder ambivalent oder ganz gegen die harte Greenpeace-Linie gegen die Jäger. Das hatte zur Folge, dass 1978 die Robbenkampagne schon fast vollständig von den Büros in San Francisco und Portland finanziert wurde. Dieser Trend setzte sich bei den »Schlagzeilen-Aktionen« in den nächsten Jahren fort.[30] Es war nur eine Frage der Zeit, bis diejenigen Gruppen, die die meisten Gelder eintrieben, eine angemessene Rolle bei den Entscheidungsfindungen und bei der Führung der Organisation beanspruchen würden.

In der Rückschau wird klar, dass die Probleme der Greenpeace Foundation in Vancouver Ende der 1970er Jahre ihren Ursprung in zwei Ereignissen hatten, die nach der ersten Walkampagne eintraten. Das erste war ideologischer Natur, das zweite bestand in einem technischen Versehen. Verwurzelt in der Gegenkultur, im Quäkertum und in der Neuen Linken, tendierte man bei Greenpeace natürlich zu einem Organisationsmodell, das locker strukturiert und nicht hierarchisch war und basisdemokratische Entscheidungsprozesse bevorzugte. Die beste Möglichkeit, die rapide Ausweitung von Greenpeace – und die Bewusstseinsrevolution, die sie hoffentlich auslösen würde – zu fördern, war für Hunter daher, dazu zu ermuntern, dass überall neue Gruppen aus dem Boden schossen. Diese Philosophie fasst Hunter mit »Lasst tausend Greenpeaces blühen« zusammen. Solange alle neuen Gruppen sich dem Markenzeichen der gewaltfreien direkten Aktion unterordneten, konnten sie ihr eigenes Ding machen. Sie konnten eigene lokale Kampagnen durchführen, ihre eigenen Spenden einwerben und, falls sie wollten, sich an den »Schlagzeilen-Kampagnen« beteiligen, die von Vancouver aus veranstaltet wurden. Hunter zog es vor, Probleme dann abzubiegen, wenn sie auftraten, und nicht mit einer rigiden Struktur die Freiheit und Kreativität der Leute abzuwürgen. Den Anstoß zu solch einem dezentralisierten Modell hatte Hunter von dem berühmten Beatnik-Dichter Allen Ginsberg bekommen. Hunter hatte Ginsberg, eines seiner literarischen Idole, nach der ersten Walschutzfahrt in San Francisco getroffen und ihn um Rat gefragt, wie man am besten mit Macht umginge. Ginsberg hatte daraufhin gesagt: »Lass sie los, bevor sie in deinen Händen gefriert.«[31]

Dichter sind nun nicht unbedingt die besten politischen Strategen. Ende 1976 merkte die Vancouver-Gruppe allmählich, dass ihr Laisser-faire-Ansatz bei der Expansion mehr Chaos verursachte, als gut war. Deshalb änderte man die Satzung der Foundation, um ihr wieder mehr Befugnisse zu geben und mehr Ordnungssinn zu etablieren. Die Greenpeace-Zweige, hieß es in der neuen Satzung, hätten keine Befugnisse und Verantwortlichkeiten, die über die von Vancouver hinausgingen. Alle Aussagen zu ihrer Politik, die die Zweigstellen veröffentlichen wollten, mussten von nun an erst die Zustimmung des Vorstands in Vancouver haben. Und als Hauptfunktion der Zweigstellen wurde »das Unterstützen der Gesellschaft durch Einwerben von Geldern, Verbreiten von Verlautbarungen zur Politik und in anderer Weise, die in Übereinstimmung zwischen der jeweiligen Gruppe und [Vancouver] festgelegt werden wird« definiert.[32] Hunter sollte jedoch bald herausfinden, dass es sehr schwer ist, Macht, die man einmal aus der Hand gegeben hat, zurückzuerlangen.

Die zweite Angelegenheit, die Hunter und seinen Genossen in Vancouver Probleme bereiten sollte, war ein technisches Detail bei der Einrichtung des Büros San Francisco. Das neue Büro sollte Gary Zimmerman leiten, der amerikanische Ingenieur, der bei der ersten Walfahrt der *Phyllis Cormack* mit an Bord gewesen war. Um sicherzustellen, dass alle juristischen Voraussetzungen für eine Steuerbefreiung des Büros erfüllt wären, wurde der Rechtsanwalt David Tussman hinzugezogen. Tussman war der Sohn des Berkeley-Philosophieprofessors Joseph Tussman, dessen Werk über die Rolle des Bürgers in der Demokratie – *Obligation and the Body Politic* – von vielen in der Vancouver-Gruppe bewundert wurde. Sein Sohn David war frustriert, weil er keine medienträchtige Karriere gemacht hatte, und langweilte sich als Assistent in einer Anwaltskanzlei. Deshalb trat er Greenpeace bei, um seinem Leben zu mehr Abwechslung und Sinn zu verhelfen.[33] Tussman beschäftigte sich mit der Steuerfrage und kam zu dem Schluss, am leichtesten könnte Greenpeace San Francisco – oder die Greenpeace Foundation of America, wie sie bald hieß – die Steuerbefreiung erlangen, wenn man als separate, aber nicht eingetragene juristische Person firmierte, die Vancouver angeschlossen war, aber nicht unmittelbar von Vancouver geleitet wurde. Diese Strategie führte zwar dazu, dass Greenpeace in den USA von der Steuer befreit war, aber sie bedeutete auch, dass die San-Francisco-Gruppe rein rechtlich nicht der Kontrolle ihrer kanadischen Mutterorganisation unterstand. Diese Angelegenheit sollte zu einem erbitterten Streit zwischen den beiden Gruppen führen.[34]

Die Gruppe in Vancouver ähnelte 1976 Bob Hunters Meinung nach einem »Volksstamm«: »Wir waren zwei Dutzend, deren Leben sich so sehr verflochten hatten … Wir teilten uns die Klamotten und das Essen, schmissen zusammen für Feten und wie im größeren Familienverband üblich, kabbelten wir uns untereinander, lästerten übereinander, fragten uns wechselseitig um Rat und betrachteten uns schließlich als Brüder und Schwestern.«[35] Die »Stamm«-Analogie hätte auch auf viele andere Gruppen gepasst. In Seattle etwa teilten sich die rund ein Dutzend Kernmitglieder ein großes Haus, während die Leute in Paris und London letztlich auch ständig zusammen lebten, wohnten, reisten und Kampagnen durchführten.[36] 1978 stellte Greenpeace also einen lockeren Verband von Stämmen dar, von denen jeder seine eigenen Ältesten, seine eigene interne Kultur und seine eigenen Vorstellungen hatte, was Greenpeace sei oder was es werden sollte. Unter den Vancouver-Leuten bestand dabei kein Zweifel, dass ihrer Gruppe die Führungsposition zukam. Schließlich waren sie ja die ursprünglichen »Rainbow Warriors«. Doch mit dem Anwachsen von Stärke und Selbstbewusstsein bei den anderen Stämmen waren diese auch immer weniger bereit, sich den Ältesten in British Columbia unterzuordnen.

Als nominelle Dachorganisation aller Gruppen in den Vereinigten Staaten wurde die in San Francisco beheimatete Greenpeace Foundation of America schnell zum größten und komplexesten Stamm. Vancouver hatte San Francisco, im Gegensatz zu den anderen Gruppen in den USA und Kanada, speziell als Unterstützungsgruppe ins Leben gerufen, die unter der Kontrolle von Vancouver bleiben sollte. Greenpeace San Francisco war in drei Ebenen gegliedert, die willkürlich im Zuge der Ausbreitung entstanden waren, nicht als Resultat einer groß angelegten Strategie. An der Spitze standen die »Führungskräfte«, eine Gruppe von Profis wie Tussman, Zimmerman und Bob Taunt, ein bestens vernetzter Politikfunktionär, der für Greenpeace den Kontakt zu wichtigen politischen Persönlichkeiten herstellte, etwa zum kalifornischen Kongressabgeordneten Leo Ryan. Die meisten »Führungskräfte« hatten studiert und waren in den Dreißigern. Diese Gruppe, die in einem historischen Gebäude in Fort Mason arbeitete, das zur Golden Gate Recreation Area gehörte, entwickelte die meisten Strategien und traf alle wichtigen Entscheidungen. Sie sahen sich als hochqualifizierte professionelle Umweltschützer und zahlten sich Gehälter, die sie als im Einklang mit ihren Qualifikationen und Positionen betrachteten – eine Tatsache, die erhebliche Kritik von Seiten der Basismitglieder nach sich zog. Die mittlere Stufe der Organisation befand sich in einem Büro in der Second Street und bestand aus einigen Verwaltungsleuten und vielen Freiwilligen. Diese Sektion war für die Planung und Durchführung der meisten lokalen Spendenveranstaltungen zuständig, darunter Tombolas, Verkauf von Fanartikeln und Marathonläufe, und koordinierte den Werbefeldzug in der Stadt. Die dritte Ebene bestand aus einer gemischten Schar von Hippies, Obdachlosen und Radikalen, die in der klapprigen *Ohana Kai* – dem Schiff, das bei den Greenpeace-Walkampagnen 1977 und 1978 im Einsatz gewesen war – herumhingen oder gleich dort wohnten. Diese Gruppe veranstaltete Führungen und öffentliche Ökologie-Gespräche und gab Mahlzeiten an die Umweltschützer und Obdachlose aus, die hier regelmäßig anzutreffen waren. Die *Ohana-Kai*-Gruppe, die von den »Führungskräften« beschimpft und als Außenseiter abgetan wurde, sah sich selbst, und nicht die gepflegten Fort-Mason-Profis, als Verkörperung des wahren Greenpeace-Geists.[37]

Anders als die meisten anderen Greenpeace-Stämme, die regelmäßig Umweltkampagnen in ihren Regionen veranstalteten, beschränkte sich die San-Francisco-Gruppe fast ausschließlich auf das Einwerben von Geldern und auf PR-Arbeit für die Wal- und Robbenkampagnen, worin sie weit erfolgreicher als jede andere Greenpeace-Gruppe in Nordamerika war. Neben den verschiedenen Tombolas, Marathonläufen und Werbefeldzügen, die auf den Spendenmarkt der Bay Area abzielten, entwickelte das Büro in San Francisco zusammen mit Parker & Dodd, einer Agentur für Fundraising, die auf fortschrittliche Themen spezialisiert war, auch ein bemerkenswert erfolgreiches, landesweites Programm für die Briefwerbung. Sein Adressenpool war riesig und galt als bestens auf die Zielgruppe ausgerichtet. Deshalb kam es dazu, dass der Wahlkampfleiter des kalifornischen Gouverneurs Jerry Brown Greenpeace die Liste abkaufen wollte.[38] Angesichts ihres finanziellen Potentials war es nur eine Frage der Zeit, wann die Mitglieder des Büros in San Francisco es leid wären, Befehle von ihren klammen Herren in Vancouver entgegenzunehmen.

Neben der Gruppe von San Francisco ragte die von Seattle in den USA heraus. Doch im Gegensatz zu San Francisco hatte der Seattle-Stamm schon bald den Ruf, eine Schar von dem Konsensprinzip folgenden, Birkenstocksandalen tragenden und Vollkornmüsli essenden Graswurzelaktivisten zu sein. Sie führte viele Kampagnen in der Region Seattle durch, darunter Protestaktionen gegen Firmen in Tacoma, die die Luft verschmutzten, und das Aussprühen von Pestiziden entlang lokaler Wasserwege. Und sie bildete Allianzen mit anderen Organisationen, um gegen den Trident-Atomraketen- und U-Boot-Stützpunkt in Bangor, Washington, zu protestieren. Der Seattle-Stamm war zwar gern bereit, mit Greenpeace-Büros in ganz Nordamerika zu kooperieren, aber auf irgendwelche Ersuchen, die sich wie »Befehle« anhörten, reagierte man höchst empfindlich, egal, ob sie aus Vancouver oder aus San Francisco kamen. Ein Seattle-Mitglied erklärte der San-Francisco-Gruppe: »Wir bemühen uns, dass das Gefühl von Teilhabe bei jedem einzelnen unserer Mitglieder und Freiwilligen so stark wie möglich ist. Irgendwelche Bestimmungen zu diktieren, ohne angemessen Rücksprache zu nehmen, kann Greenpeace bloß um möglicherweise wertvolle menschliche Ressourcen bringen.« Die Verpflichtung zur Basisdemokratie ging sogar so weit, dass buchstäblich jeder von der Straße hereinkommen, am Treffen teilnehmen und bei Entscheidungen mitstimmen konnte.[39]

Die übrigen rund dreißig Greenpeace-Stämme in Nordamerika waren irgendwo zwischen den Elite-Führungskräften in San Francisco und den Graswurzelaktivisten in Seattle einzuordnen. Der Boston-Gruppe etwa haftete der Ruf zähen Pragmatismus an.[40] Und der Verein in Toronto hatte einige der spektakulärsten und wagemutigsten Kampagnen vorzuweisen, etwa per Fallschirm in Atomkraftwerke einzudringen. Der Hawaii-Stamm rühmte sich, seine Insel zum »heute am stärksten von Greenpeace bestimmten Ort der Welt« gemacht zu haben. Laut ihrem Leiter Don White hatte die hawaiianische Gruppe »Unterrichtseinheiten für die örtlichen Schulen erstellt, zu bedeutenden Fragen Stellung genommen, Sitze in wissenschaftlichen Kommissionen erobert, Demonstrationen veranstaltet, die Gesetzgebung beeinflusst und die Medien mit den Taten und Zielen von Greenpeace gefüttert«. Dabei bezahlten sie sich »buchstäblich keinerlei Gehälter« und setzten sogar ihre privaten Ersparnisse ein, um verschiedene Kampagnen mitzufinanzieren. Solche Opfer, so White, machten Hawaii zu »einer *wahren* Greenpeace-Gruppe«.[41] Wie die *Ohana-Kai*-Schar war auch der Hawaii-Stamm der Meinung, Mäßigkeit und Askese seien unabdingbare Charakteristika für echte Greenpeace-Aktivisten. Für die Profis in San Francisco war das bloß frömmelnder Unsinn. Man müsste sein Privatleben nicht vollständig opfern, um ein erfolgreicher Kämpfer für die Umwelt zu sein.[42]

In Europa war David McTaggart mittlerweile zur Überzeugung gelangt, dass die Kernidee von Greenpeace – eine internationale Organisation, die sich gewaltfreier direkter Aktion verschrieben hat und an keine politische Partei oder Ideologie gebunden ist – erhebliches Potential barg, wenn die Leitung aus nüchternen Profis statt aus Hippies bestand. Mit anderen Worten, wenn *er* an der Pinne stünde, könnte man vielleicht eine wirklich internationale Organisation schaffen, die die Meinung der Welt tatsächlich beeinflussen konnte. Auch wenn McTaggart nicht die gleiche Terminologie benutzte, ging es ihm eindeutig darum, eine Organisation zu schaffen, die sich an der »globalen Bürgerpolitik« beteiligen konnte, um es mit dem Begriff des Politologen Paul Wapner zu formulieren.[43] Mit Hilfe von Rémi Parmentier, einem radikalen Studenten, der kaum dem Teenager-Alter entwachsen war, rief McTaggart ein Greenpeace-Büro in Paris ins Leben, für das verschiedene Aktivisten von Les Amis de la Terre rekrutiert wurden, die verärgert über die zunehmenden Verbindungen dieser Organisation zu linken Parteien Frankreichs waren. Es dauerte nicht lange, und McTaggart hatte die meisten dieser Neulinge davon überzeugt, dass er Greenpeace gegründet hätte und die Vancouver-Hippies ein Haufen inkompetenter Narren wären, die die Organisation zerstören würden, um deren Etablierung er so hart gekämpft hatte.[44]

Ungefähr zur gleichen Zeit beschloss eine Gruppe von Friends-of-the-Earth-Aktivisten (FOE) in London, die sich an dem ihrer Meinung immer mehr in Richtung Mainstream gehenden Kurs ihrer Organisation störten, ein Büro in Großbritannien einzurichten. Zufällig war auch Allan Thornton aus Vancouver, der an der Robbenkampagne beteiligt gewesen war, gerade mit der Absicht nach London gekommen, ebenso ein Büro dort ins Leben zu rufen. Durch einen weiteren dieser erstaunlichen Greenpeace-Zufälle antwortete Thornton auf die »Mitbewohner gesucht«-Anzeige, die die FOE-Aktivistin Susi Newborn in die Zeitung gesetzt hatte.[45] Der nächste Schritt war, dass sie McTaggart und Parmentier nach London einluden und die Gruppe offiziell ein Londoner Greenpeace-Büro gründete. Zu ihrer Überraschung fanden sie bald heraus, dass es noch eine Greenpeace-Gruppe gab, die seit 1971 in der Stadt (allerdings kaum) aktiv war. Das war die Anarchistengruppe, die Kontakte zu *Peace News* hatte und die Lyle Thurston 1972 getroffen hatte. Sie nannte sich Greenpeace London, hatte Verbindungen zu verschiedenen marxistischen und anarchistischen Organisationen und war genau die Art von Randgruppe, die einen utopischen Radikalismus vertrat, den McTaggart auf den Tod nicht ausstehen konnte.[46] Newborn, die der Gruppe nicht ganz so ablehnend gegenüberstand, war unangenehm berührt von McTaggarts ziemlich imperialistischem Gebaren. McTaggart beharrte darauf, das seien Betrüger, die bloß Publicity erlangen wollten, indem sie sich den Namen Greenpeace aneigneten. Ehe die Angelegenheit diskutiert werden konnte, hatte McTaggart Greenpeace UK bereits eintragen lassen. Selbst wenn sie das gewollt hätten, wären die Anarchisten aus finanziellen Gründen nicht in der Lage gewesen, dagegen gerichtlich vorzugehen, und so existieren die beiden Gruppen bis heute nebeneinander.[47]

Bis Ende 1977 hatte die UK-Gruppe das Schiff gekauft, das zur *Rainbow Warrior* werden sollte, während McTaggart, Thornton und Parmentier überlegten, Greenpeace Europe ins Leben zu rufen, vorgesehen als ein lockerer Bund autonomer Greenpeace-Gruppen vom gesamten europäischen Kontinent. Kurz danach wurde, ebenfalls mit McTaggarts Hilfe, ein holländisches Greenpeace-Büro eröffnet, und die Kampagnen gegen den Walfang in Island, die Robbenjagd auf den Orkneys und die Verklappung von Atommüll im Atlantik begannen. Binnen eines Jahres war der Name Greenpeace in Westeuropa überall geläufig, und neue Gruppen in Westdeutschland und in Skandinavien wurden flügge. Die meisten europäischen Mitglieder waren in den Zwanzigern und hatten im Gegensatz zu vielen ihrer Pendants in Vancouver wenig übrig für die Anschauungen und Rituale der Gegenkultur – etwas, was erheblich dazu beitrug, dass McTaggart die europäischen Aktivisten höher schätzte als seine kanadischen Landsleute. Vom Organisatorischen her ähnelten sich die Gruppen stark, und Parmentiers Charakterisierung der Europäer war nicht viel anders als Hunters Darstellung der Gruppe in Vancouver: »Wir waren wie ein kleiner Stamm, waren die ganze Zeit zusammen, arbeiteten zusammen, reisten zusammen in den billigsten Nachtzügen, teilten uns Sofas, Musik, Bierdosen und Joints. Wie eine aufstrebende Rockband auf Tournee. Zum Stammesleben gehören Stammeskriege. Das konnten blutige, heftige Auseinandersetzungen sein – auf politische Korrektheit gaben wir einen Scheiß. Wir waren schneller und freier als andere in der Umweltbewegung. Aber wir mussten auch einen grundlegenden Preis zahlen: Wir waren Sektierer, nicht sonderlich transparent und sehr ehrgeizig.«[48]

McTaggart war aber nicht der Einzige, der die Vision von einem straffer organisierten, professionellen internationalen Verein hatte. Ende 1977 waren Bob Hunter, Patrick Moore und andere vom Vancouver-Stamm zu der Einsicht gekommen, dass es nötig sei, formalere Bindungen zwischen den verschiedenen Organisationen herzustellen und auch eine Befehlskette zu entwickeln, die mehr Effizienz bei Entscheidungsprozessen ermöglichen würde. In diesem Sinne schrieb Moore, der Hunter inzwischen als Präsident nachgefolgt war, einen Brief an die verstreuten Gruppen in Nordamerika, der den Titel »Greenpeace: Wohin führt unser Weg?« trug:

> Wir sehen uns einem Problem gegenüber, das seit dem ersten Zusammenschluss von Höhlenmenschen die besten Philosophen und Politiker beschäftigt. Einfach ausgedrückt geht es darum: Wie können wir die Einheit und den Zusammenhalt als eine Organisation erreichen und gleichzeitig die Autonomie des Individuums und der Gruppe gewährleisten, die für Kreativität und Initiative unabdingbar sind? Irgendwie müssen wir gleichzeitig zentral und dezentral sein … Bei der gegenwärtigen Struktur ist weiteres Wachstum nicht ohne weiteres Durcheinander möglich. Es besteht die dringende Notwendigkeit der Organisierung.[49]

Moore schlug verschiedene Organisationsmodelle vor, darunter die von General Motors, den Vereinten Nationen, der PLO und des Sierra Clubs. Doch besonders beeindruckt war er von einer Struktur, die auf dem Modell eines Ökosystems beruhte. Diversität in Ökosystemen führe »im Allgemeinen zu Stabilität«, betonte er und benutzte damit ein ökologisches Argument, das viele mittlerweile für überholt halten. Das spräche zwar für eine dezentrale Struktur, aber man dürfe keinesfalls vergessen, dass »jede Art ihre genau definierte Nische oder Funktion hat, die sie bewahren muss, damit diese Stabilität erhalten bleibt ... Wir müssen an jenen Funktionen festhalten und wir müssen die Fähigkeit demonstrieren, sie auszuüben.[50]

Um die Diskussion dieser Fragen zu vertiefen und mit dem ultimativen Ziel, eine arbeitsfähige internationale Struktur zu formen, organisierte die Vancouver-Gruppe eine Tagung, zu der die über die ganze Welt verteilten verschiedenen Stämme eingeladen wurden. Sie fand an mehreren Tagen im Januar 1978 auf dem Campus der University of British Columbia statt. Da die Gruppen in Australien und Neuseeland erklärten, dass sie es sich nicht leisten könnten, Delegierte zu schicken, und ein sich vorsichtig zurückhaltender McTaggart – der Repräsentant von Greenpeace Europe – nur an einem Tag teilnahm, war es de facto ein nordamerikanisches und nicht so sehr ein internationales Treffen. Allerdings gab es in den USA und Kanada bei Weitem die meisten Greenpeace-Gruppen und Unterstützer, und man war sich auch einig, dass das Ergebnis für alle Greenpeace-Büros bindend sein sollte. Von Anfang an war klar, dass es Vancouver und San Francisco schwerfallen würde, sich auf ein Modell für eine internationale Organisation zu einigen. Jedes Mal, wenn die Vancouver-Delegierten eine Struktur vorschlugen, die auch nur ansatzweise nach Zentralisierung roch, warfen die Delegierten aus San Francisco und ihre Unterstützer aus verschiedenen anderen Zweigstellen die Frage auf, ob ein solches Modell angemessen für eine Graswurzelorganisation wie Greenpeace sei. Da Bob Taunt und David Tussman – die »Eliteleute« aus San Francisco, die am ehesten mit Vancouver gestimmt hätten – dem Beratungsausschuss angehörten, der die Tagung organisiert hatte, durften sie nicht als Delegierte fungieren. Ihre Plätze hatten eher basisdemokratisch orientierte Mitglieder aus dem Büro in der Second Street eingenommen, die sowohl Vancouver als auch den Fort-Mason-Leuten mit Misstrauen begegneten. Der heftigste Zusammenstoß bei der Tagung erfolgte jedoch innerhalb der Vancouver-Gruppe selbst, nämlich zwischen der alten Garde Hunter, Moore, Marining und Spong auf der einen Seite und John Frizell, dem Vertreter der Graswurzelfraktion von Vancouver, auf der anderen.[51]

Frizell war 1976 Mitglied der Vancouver-Gruppe geworden und hatte während der zweiten Antiwalfang-Fahrt als Verbindungsmann zu den Medien fungiert. Der kluge und ehrgeizige Absolvent der Naturwissenschaftlichen Fakultät der UBC wurde rasch zum Vertreter der unzufriedeneren basisdemokratischen Elemente in Vancouver, die ihn in den Vorstand der Greenpeace Foundation wählten. Während der gesamten Tagung zog Frizell immer wieder die Intentionen seiner Vancouver-Genossen in Zweifel und deutete an, dass sie bloß nach der Macht greifen und versuchen wollten, die Graswurzel-Mitglieder vom Entscheidungsprozess auszuschließen. Als beispielsweise Patrick Moore beantragte, einen Greenpeace-International-Vorstand zu schaffen, der »die Geschäfte von Greenpeace International führen« sollte, »indem er die Taktiken und Ziele umsetzt, die die internationale Generalversammlung festlegt«, war Frizell sofort mit einer extremen Interpretation bei der Hand. Das impliziere, behauptete er, »dass der internationale Vorstand absolut alle Geschäfte der Mitglieder übernimmt«. Nach drei Tagen Diskussion einigten sich die Delegierten doch darauf, einen internationale Vorstand zu wählen, blieben aber schon wieder bei der Frage stecken, ob das einzelne Büro maximal ein oder zwei Sitze im internationalen Vorstand beanspruchen könne. Schließlich wurde beschlossen, dass der internationale Vorstand sieben Mitglieder haben sollte und kein Büro mehr als zwei Vertreter stellen dürfe und diese zudem nicht Mitglied eines anderen Greenpeace-Vorstands sein dürften, solange sie dem internationalen Vorstand angehörten.[52]

Der letzte Maßnahme der Tagung war, diesen neuen siebenköpfigen internationalen Vorstand zu wählen. Nach elf Wahlgängen hatten die Delegierten nach wie vor nur sechs Mitglieder beisammen: Moore und Frizell aus Vancouver, Taunt und Tussman aus San Francisco und je einen Delegierten aus den Büros in Victoria und Hawaii. Auch vier weitere Wahlgänge erbrachten kein siebtes Mitglied. Um die festgefahrene Situation aufzubrechen, bot Hunter an, seinen Sitz im Vorstand von Vancouver aufzugeben und als Sonderdelegierter für den letzten internationalen Platz zu kandidieren. Auf die Vorhaltung, das würde Vancouver drei Sitze im internationalen Vorstand verschaffen, entgegnete Moore, Frizell käme zwar aus Vancouver, hätte aber nicht die Unterstützung der restlichen Vancouver-Delegation, sondern sei von anderen gewählt worden. Mit der Wahl von Hunter, so Moore weiter, würde dem erfahrensten und charismatischsten Mitglied von Greenpeace die Ehre erwiesen und zugleich sichergestellt, dass das stärkte Greenpeace-Büro gut im Vorstand vertreten sei. Doch diese Meinung bedeutete den jüngeren Delegierten wenig, die die Rolle, die Hunter in der Geschichte der Organisation gespielt hatte, nicht voll würdigten. Sie bezweifelten weiterhin Hunters Recht zu kandidieren und verhinderten einen weiteren Wahlgang, bei dem er vielleicht gewählt worden wäre. In einem letzten verzweifelten Vorstoß beschloss die alte Vancouver-Garde, John Frizell von ihrer Delegation auszuschließen. Daraufhin verzichtete eine Delegierte aus Portland auf ihren Sitz, damit Frizell ihren Platz einnehmen konnte. Frizell war vielleicht nicht beliebt bei der alten Garde von Vancouver, aber bei den neueren und jüngeren Mitgliedern, von denen viele wenig auf die Hippie-Ältesten gaben, hatte er Rückhalt.[53]

Vancouver brachte es also weder fertig, Hunter in den internationalen Vorstand zu bringen, noch Frizell daraus zu entfernen. Schließlich platzte Hunter der Kragen. Er baute sich wie ein verärgerter Stammeshäuptling vor der Gruppe auf und brachte seine Empörung wegen ihrer, wie er fand, Blockadehaltung und ihres mangelnden Respekts vor den Gründern aus Vancouver zum Ausdruck. »Vor acht Jahren«, begann er, »hat Vancouver diese Reise begonnen.

Ein paar Leute haben verdammt hart gearbeitet … Im Vancouver-Vorstand sitzen fünf Leute, die seit acht Jahren bei Greenpeace dabei sind, und Vancouver ist jetzt gut in der Lage, Entscheidungen zu treffen.« Seit Jahren hätte Vancouver Allen Ginsbergs Rat – »die Macht loszulassen, ehe sie in deinen Händen gefriert« – in Opposition »zur gesamten etablierten Machtstruktur des Unternehmens« befolgt. Nun, fuhr er fort, hätten sie »die Macht so weit losgelassen, dass [die Vancouver-Gruppe] mit ausgestreckten Beinen auf dem Rücken liegt. Nun ist es so weit, dass Leute, die erst seit einem Monat bei Greenpeace sind, Frizell in den internationalen Vorstand gewählt haben, weil er bei den Unzufriedenen Anklang findet.« Das bedeute, schloss er: »Vancouver hat keine andere Wahl als auszusteigen.«[54] Damit endete die Tagung mit der bitteren und ironischen Pointe, dass die Vancouver-Delegation das Treffen verließ, das sie selbst einberufen hatte.

Zur Strafe für sein umstürzlerisches Verhalten wurde Frizell aus dem Vancouver-Vorstand ausgeschlossen. Doch in San Francisco tauchte er schon bald wieder auf, wo ihn die Graswurzelfraktion wie einen Helden betrachtete, der es gewagt hatte, Tyrannen wie Moore und Hunter die Stirn zu bieten. Er wurde alsbald in den San-Francisco-Vorstand gewählt, während Taunt, der als enger Freund von Moore und als loyaler Vancouver-Gefolgsmann galt, immer mehr an den Rand gedrängt wurde. Ab diesem Punkt wurden die Beziehungen zwischen Vancouver und San Francisco von Mal zu Mal schlechter. Einmal rief Bill Gannon, der Schatzmeister von Vancouver, in San Francisco an und bat, für die Vorbereitung eines Kampagnenstarts 5000 Dollar nach Seattle zu überweisen. Als San Francisco Ausflüchte machte, änderte Gannon seinen Ton und gab eine Anweisung: Er sei der Schatzmeister der Greenpeace Foundation, und die San-Francisco-Gruppe sei dieser untergeordnet. Wenn er verlange, dass San Francisco Geld nach Seattle überweise, dann hätten sie dem besser nachzukommen. Doch sie weigerten sich nach wie vor und sagten Gannon, sie würden die Frage bei der nächsten Vorstandssitzung zur Sprache bringen und sich dann wieder bei ihm melden.[55]

Und als Patrick Moore wegen Behinderung der Robbenjagd 1978 verhaftet wurde, lehnte es das Büro in San Francisco ab, für seine Anwaltskosten aufzukommen. Das veranlasste Moore, nach San Francisco zu fliegen, um die immer aufmüpfigeren Amerikaner zur Raison zu bringen. Gleich zu Beginn des Treffens versuchte Moore, den Ernst der Lage zu vermitteln, und bat alle inständig, sich nicht »völlig mit Drogen und Alkohol zuzuknallen«, den es gäbe »komplexe Fragen zu behandeln«. Und um sich bei einigen der selbsternannten Radikalen einzuschmeicheln, strich er anschließend seine eigenen radikalen Meriten heraus: »Mir geht es unbedingt darum, dass Greenpeace wirklich revolutionär bleibt. Ich bin mit Jerry Rubin in den Fakultätsclub der University of B.C. marschiert und habe denen den Whiskey weggetrunken. Ich habe Wehrdienstverweigerer und Deserteure beherbergt. Ich habe einen radikalen Background.

Ich will nicht, dass sich Revisionismus oder Liberalismus bei Greenpeace einschleicht. Wir müssen auf friedlichem Weg den harten Kurs beibehalten.« Nun artikulierte er einen sorgfältig ausgearbeiteten Plan zum Zusammenschluss der verschiedenen Greenpeace-Büros. Doch die Radikalen blieben skeptisch und versuchten kaum, ihre Abneigung gegenüber Moore und dem Unternehmensethos, für das er ihrer Meinung nach stand, zu verbergen. In Moore wuchs die Frustration angesichts ihrer Einwände, die meist nichts weiter als phrasenhafte Forderungen waren, etwa, Greenpeace müsse »rein« und »demokratisch« bleiben. Am Ende des Treffens brach er in Wutschreie aus.[56]

Um die Kontrolle über Greenpeace wiederzuerlangen, verfasste die Vancouver-Gruppe ein Papier mit dem Titel »Erklärung und Satzung«. Es handelte sich um einen Vertrag, der genau auflistete, welche Verpflichtungen jede Zweigstelle gegenüber dem Vancouver-Büro hatte, um den Namen Greenpeace führen zu dürfen. Ab Mitte 1978 mussten alle neuen Greenpeace-Filialen diesen Vertrag unterschreiben. Vancouver versuchte auch, mit unterschiedlichem Erfolg, alle bestehenden nordamerikanischen Gruppen zur Unterschrift zu zwingen. Doch solange sich San Francisco weigerte, blieben Vancouvers Möglichkeiten, die Zweigvereine zu kontrollieren, bestenfalls Stückwerk. Schließlich unternahm Hunter einen letzten Aussöhnungsversuch und hielt eine Rede vor den versammelten Mitarbeitern und Freiwilligen im Second-Street-Büro. Mit der ihm eigenen Eloquenz legte er dar, wie er von Anfang an bei Greenpeace mitgemacht habe, und wie viel Zeit seines Lebens er dafür geopfert hatte, um die Organisation mit aufzubauen. Vancouver habe kein Interesse daran, San Francisco zu kontrollieren, so versicherte er, sondern versuche lediglich, eine funktionierende internationale Struktur zu schaffen, die eine größere Effizienz und eine besser koordinierte Wachstumsstrategie möglichen machen würde. Hunters Worte stießen auf verständnislose Blicke. Für die Leute in diesem Publikum, von denen die meisten noch nicht einmal ein Jahr bei Greenpeace waren, stand Frizell und nicht Hunter für den wahren Geist von Greenpeace.[57]

Im Mai 1979 hatten die Veteranen aus Vancouver die Hoffnung, San Francisco wieder auf Linie zu bringen, nahezu aufgegeben. Nachdem ihr Anwalt Peter Ballem einen letzten erfolglosen Versuch gemacht hatte, San Francisco zum Unterschreiben der »Erklärung und Satzung« zu bewegen, reichten sie beim US-Bundesgericht Klage wegen Verletzung des Markenrechts ein. San Franciscos Anwalt David Tussman sah es als »unvermeidlich« an, »dass das Recht an dem Namen Greenpeace in Nordamerika [bei Vancouver] landen« werde.[58] Doch die Graswurzelfraktion, die Bob Taunt immer als »Flegel« bezeichnete, hatte die Mehrheit im Vorstand und war nicht bereit, den Imperialisten aus Kanada kampflos nachzugeben. Beide Seiten engagierten Anwälte, um sich auf einen Rechtsstreit einzulassen, der mit Sicherheit langwierig, teuer und ruinös geworden wäre.

Als McTaggart in Europa von dem Rechtsstreit hörte, bestieg er sofort ein Flugzeug nach San Francisco. Wenn Vancouver den Prozess gewinnen würde, was zu erwarten war, dann würde man sich anschließend, daran zweifelte McTaggart nicht, den jungen Greenpeace-Gruppen in Europa zuwenden. Angesichts seines gespannten Verhältnisses zu Vancouver war McTaggart nicht bereit, tatenlos zuzusehen, wie sie die Kontrolle über die aufstrebenden europäischen Büros erlangen würden. Die Amerikaner und Europäer müssten, so erklärte er dem Vorstand in San Francisco, »einstimmig auftreten, um zu kämpfen und auf ein demokratisches Greenpeace U. S. hinzuarbeiten«. Er schlug vor, dass die Amerikaner Vancouver ein Angebot machen sollten: Dafür, dass San Francisco die beträchtlichen Schulden von Vancouver begleichen würde, sollte Vancouver die Rechte an dem Namen »Greenpeace« außerhalb von Kanada abtreten. Tussman entgegnete, dass Vancouver niemals die Namensrechte abtreten werde und sein ultimatives Ziel sei die Versöhnung und nicht, die Schlacht auszufechten. Doch McTaggart beharrte weiter darauf, dass sie den Kampf aufnehmen sollten: »Kanada kann hier keine Urheberrechte am Namen beanspruchen, die ihnen das Recht geben, andere Büros zu verklagen.« Tussman war nicht überzeugt, aber McTaggart schaffte es, die Entschlossenheit von Frizell und mehreren anderen Vorstandsmitgliedern zu stärken. Sie entschieden sich dafür, bis zum bitteren Ende gegen Vancouver zu kämpfen.[59]

Nachdem er das erreicht hatte, weshalb er nach San Francisco gekommen war, flog McTaggart nach Vancouver. Dort vereinbarte er auf der Stelle ein Treffen mit Hunter, dem einzigen Vorstandsmitglied in Vancouver, das er respektierte. Patrick Moore dagegen, darauf beharrte McTaggart, würde Greenpeace in den Ruin treiben. Er berichtete auch, dass das reiche Büro in San Francisco so lange gegen Vancouver kämpfen würde, bis es seine Unabhängigkeit durchgesetzt hätte. Allerdings erwähnte er nicht, dass er maßgeblich zu dieser Entschlossenheit beigetragen hatte. Könnte Hunter denn nicht Moore und den Rest des Vorstands überreden, die Klage fallen zu lassen? Hunter antwortete, er sei zwar grundsätzlich der gleichen Meinung wie Moore, aber er könne vielleicht erreichen, dass dieser seinen Hetzton etwas mäßigen würde, um eine bessere Grundlage für einen möglichen Kompromiss zu schaffen. Doch Moore war nicht nach Kompromiss zumute. Als Hunter versuchte, ihn dazu zu überreden, mögliche Kompromissoptionen zu prüfen, fühlte sich Moore vom Greenpeace-Elder-Statesman gemaßregelt. In einem Alkohol-induzierten Wutausbruch schlenderte er Hunter entgegen, er sei ein »abgehalfterter« Umweltschützer, dessen Tage in der Führung von Greenpeace wahrlich vorüber seien. Er solle sich aus der Angelegenheit raushalten und Moore tun lassen, was er für richtig halte. Hunter war zutiefst verletzt durch den Ausbruch seines alten Gefährten und begann zu überlegen, ob McTaggart nicht doch recht haben könnte. Vielleicht war Moore machtgierig und unberechenbar. Vielleicht war es Zeit, dass sich der Vancouver-Stamm an die Botschaft erinnerte, die er einst von den Kwakiutl bekommen hatte. Es war der gleiche Rat, den ihnen auch Fritz Perls gegeben hätte: ihre Egos loszulassen und es einer neuen Generation zu überlassen, Greenpeace in die 1980er Jahre zu führen.[60]

Ein paar Tage später organisierte McTaggart ein Treffen mit dem Vancouver-Vorstand und dessen Anwälten. Mit Unterstützung von Hunter schilderte McTaggart seine Vision der Zukunft von Greenpeace. Vancouver müsse die Klage fallen lassen, beharrte er, und seine Exklusivrechte am Namen Greenpeace außerhalb von Kanada aufgeben. Im Gegenzug würde eine neu gegründete Organisation namens Greenpeace International die Schulden von Vancouver begleichen. Nachdem Moore begriffen hatte, dass Hunter und andere Vorstandsmitglieder McTaggarts Plan unterstützten, gab er schließlich nach. McTaggarts Vorschlag, das war Moore klar, unterschied sich nicht so sehr von dem, was er selbst im Kopf gehabt hatte. Der einzige Unterschied – und der war freilich signifikant – war, dass Moore eindeutig nicht an der Pinne von McTaggarts neuer Organisation stehen würde. Bemerkenswerterweise hatte McTaggart nicht nur in wenigen Tagen ein Problem gelöst, das unlösbar schien, sondern auch erreicht, dass ihm die Gründer von Greenpeace de facto ihre Organisation übergaben.[61]

Mit der Kapitulationserklärung von Vancouver in der Hand flog McTaggart triumphierend zurück nach San Francisco, wo er wie ein Held empfangen wurde. Die verschiedenen amerikanischen Filialen waren so erleichtert und dankbar, dass der Prozess vermieden worden war, dass es, so McTaggart selbst, »eine einfache Sache [war], die ungefähr zwanzig amerikanischen Büros zu Greenpeace USA zusammenzufassen. Irgendjemand legt eine Karte auf den Tisch, und ich zeichne neun verschiedene Regionen ein. Das war's auch schon.«[62] Für McTaggart war das Ganze so etwas wie die Geschäftemacherei, die er während seiner Zeit in der Baubranche allwöchentlich abgespult hatte. Trotz der mit Händen zur greifenden Erleichterung diesseits und jenseits des 49. Breitengrades blieben einige ältere, nicht so leicht zu beeindruckende Greenpeacer skeptisch hinsichtlich der Ziele und der Methoden von McTaggart. Tussman zum Beispiel hatte »gemischte Gefühle McTaggart gegenüber. Er war so gar nicht der Typ verrückter Hippie-Umweltschützer, passte in keine Kategorie, machte seine eigenen Regeln und bog sich die Wirklichkeit zurecht. Ich fand ihn manipulativ und gefährlich.« Doch Tussman räumte auch ein: »Wenn er seine tiefblauen Augen auf dich heftete, war es unmöglich, sich seinem Charme und der Kraft seiner Persönlichkeit nicht unterwerfen zu wollen. Er war der geborene Führer, die Menschen folgten ihm ohne das Gefühl zu haben, geführt zu werden. Er hatte eine straffe Organisation in Europa aufgebaut, die sich auf laufende Umweltkampagnen konzentrierte, und Probleme vermieden, wie sie Vancouver hatte. Er war kein Intellektueller oder großer Denker, sondern einfach ein praktisches Genie, das Wunder bewirken konnte. Genau der Führer, den Greenpeace dringend benötigte.«[63]

David McTaggart stellt Vorschläge für mögliche Kampagnen der neugegründeten Organisation Greenpeace International vor. Amsterdam, November 1979.

Einige Monate später lud McTaggart Greenpeace-Delegierte aus aller Welt zu einem Treffen in Amsterdam ein. Bei diesem Treffen willigte Greenpeace Europe ein, sich in »Greenpeace Council« umzubenennen, und bot den anderen an, dieser neuen Organisation beizutreten. Greenpeace USA und Greenpeace Canada wurden sofort als Mitglieder aufgenommen, mussten aber dabei die Satzung von Greenpeace Europe akzeptieren. Alle Ländergruppen unterzeichneten das Greenpeace-Council-Abkommen, traten damit ihre Rechte an dem Namen »Greenpeace« ab und wurden im Gegenzug zu stimmberechtigten Mitgliedern im Council. Quasi über Nacht waren die verschiedenen Greenpeace-Stämme zu einer europäisch dominierten internationalen Organisation mit großer Verwaltung, einer hierarchischen, zentralen Struktur und einem Hauptquartier in Amsterdam verschmolzen worden. Da überrascht es nicht, dass David McTaggart zum ersten Vorsitzenden der neuen internationalen Greenpeace-Organisation gewählt wurde. John Frizell, vormals Sprachrohr der Dissidenten, sollte für die nächste Dekade die rechte Hand von McTaggart sein.[64]

Eigentlich war McTaggarts Greenpeace nicht so viel anders als die Organisation, die Moore, Hunter und andere Stammesälteste in Vancouver aufzubauen versucht hatten. Träume von einer Bewusstseinsrevolution waren schon eine ganze Weile den praktischen Erfordernissen des organisatorischen Managements untergeordnet gewesen. Neben den persönlichen Konflikten und Machtkämpfen waren es jedoch noch verschiedene strukturelle Faktoren, die die organisatorische Entwicklung von Greenpeace hin zu Professionalisierung, Zentralisierung und Hierarchie und weg von Basisdemokratie und Konsens forcierten. Der Proteststil der direkten Aktion hängt ganz an kleinen Gruppen von Leuten, die gefährliche Schaunummern in Szene setzen. Im Gegensatz zu Massenbewegungen, die versuchen, durch öffentliche Kundgebungen und Demonstrationen möglichst viele Teilnehmer zu mobilisieren, konnte Greenpeace realistischerweise nie erwarten, große Menschenmengen auf die Eisschollen vor Neufundland oder in die Walfanggebiete im Nordpazifik zu holen und einzusetzen. Zudem bedeutete die Notwendigkeit von Planung, Disziplin und Geheimhaltung, dass es schwierig gewesen wäre, viele Leute in den Entscheidungsprozess einzubeziehen, ohne Gefahr zu laufen, vom Gegner infiltriert zu werden. So überrascht es nicht, dass die »Massen«, die Greenpeace unterstützten, de facto »Scheckbuch-Mitglieder« waren. Viele bewunderten die hingebungsvolle Aktivität von Greenpeace, aber nur ganz wenige erlebten je die emotionalen Höhen und Tiefen, wenn man sich Harpunen und Hakapiks entgegenwirft. Ein Scheckbuch-Mitglied von Greenpeace zu sein, bleibt bestenfalls immer nur ein Abenteuer aus zweiter Hand.

Greenpeace war daher nie die Idealversion einer demokratischen und partizipatorischen Graswurzelbewegung. Während Soziologen Gruppen wie Greenpeace gern als Vehikel für die Verbreitung der Zivilgesellschaft und der partizipatorischen Demokratie sehen, betrachten die Organisationen selbst dies nicht unbedingt als ihre oberste Priorität.[65] Zudem zieht eine Professionalisierung nicht notwendigerweise einen »Ausverkauf« nach sich, wie die Politologen David Meyer und Sidney Tarrow feststellten. Die Kernmitglieder von Bürgerbewegungsorganisationen können höchst professionell sein und nach wie vor die Ideologie der Spontaneität umsetzen und temporäre Koalitionen nichtprofessioneller Unterstützer im Rahmen ihrer Kampagnen mobilisieren.[66] Während das Ziel der Bewusstseinsrevolution nie erreicht wurde – jedenfalls nicht in dem Maß, das sich Hunter und seine Kollegen erhofften –, besteht wenig Zweifel, dass McTaggarts professionelle, hierarchische Organisation einen wertvollen Beitrag auf dem Feld der globalen Bürgerpolitik geleistet hat.

Schluss

Zur ersten Versammlung von Greenpeace International kamen Delegierte aus den Vereinigten Staaten, Kanada, Großbritannien, Frankreich, den Niederlanden, Neuseeland, Australien und Dänemark. Die kanadischen Repräsentanten – Moore, Hunter, Weyler und Bill Gannon – beobachteten die Verhandlungen mit einer Mischung aus Stolz und schmerzlichem Bedauern. Die Organisation, die sie aufgebaut hatten, befand sich nun in den Händen von McTaggart und einer Gruppe tatkräftiger, hoch motivierter und äußerst engagierter Aktivisten aus aller Welt. Dennoch: McTaggarts Organisation fehlte nach Meinung der Vancouver-Gruppe etwas von dem ursprünglichen Greenpeace-Geist, vor allem die große Vision, wie sie Hunter anfangs entworfen hatte. Nach dem Treffen hockten die vier Vancouver-Leute in einer verrauchten Amsterdamer Bierkneipe zusammen, um über das Schicksal von Greenpeace zu reden.

Für Hunter war dies ein bittersüßer Moment. »Wir sind geklont worden … Tatsache ist, dass ich jetzt absolut überflüssig bin. Sie brauchen uns nicht und sie wollen uns nicht in der Nähe haben … Sie haben das besser zusammengekriegt, als wir das je gekonnt hätten. Das müssen wir zugeben – wir haben zu viel gewollt.« Auch wenn Hunter anerkannte, dass Greenpeace unter McTaggart wahrscheinlich mehr »zusammen« war als unter seiner Leitung, war er doch traurig zu sehen, dass seine ursprüngliche Vision ausradiert worden war, um einer professionellen, gut gemanagten internationalen NGO Platz zu machen. »Ich habe noch keine neue Bewegung gesehen. Ich habe nichts über die nächste globale Bewusstseinsveränderung gehört.« Außerdem, fuhr er fort, säßen »nicht allzu viele Ökologen am Tisch«. Natürlich waren die Leute bei dem Treffen engagierte Umweltschützer, die ein oder zwei Sachen über Ökologie wussten, aber sie schienen sie nicht in der Weise zu ihrer eigenen Sache zu machen, wie Hunter das tat – als »säkulare Religion«, deren Gebote und Denkweisen die künftigen Handlungen der Menschen beeinflussen sollten. Es fehlte ihnen, mit anderen Worten, an gegenkulturellem Geist, der so viele Aktionen von Greenpeace in den 1970ern beseelt hatte. »Wie viele Leute rannten dann aus solchen Sitzungen, um das I Ging zu befragen?«, wollte Hunter von seinen Kollegen wissen. »Die würden uns für Idioten halten, wenn sie das wüssten.«[1]

Niemand bei Greenpeace hielt Hunter für einen Idioten, aber einige hielten ihn sicher für exzentrisch. Seine Vision für Greenpeace wurzelte in einer Gegenkultur der Sechziger, die verschiedenen Formen holistischen Gedankenguts tief verschworen war und sich weigerte, die reduktionistische Sichtweise anzuerkennen, die Welt sei bloß die Summe der physikalischen und chemischen

Prozesse, die auf ihr ablaufen. Das steht im Gegensatz zu den cartesianischen Kategorien, die die Welt in *res cogitans* (denkende Substanz) und *res extensa* (ausgedehnte Sache) aufteilen – ein Dualismus, der Natur als Instrument oder Ressource für den Menschen begreift, die er nach Belieben nutzen und analysieren kann. Die Gegner des cartesianischen Dualismus waren zahlreich und sehr unterschiedlich: Manche sprachen im nüchternen und distanzierten Stil der Wissenschaft, während andere in voll entfaltetem Mystizismus Zuflucht suchten. Die meisten, darunter auch Hunter und seine Greenpeace-Schar, waren irgendwo dazwischen anzusiedeln. Mit seiner fundierten und manchmal apokalyptischen Betonung der Bewusstseinsveränderung stellte sich Hunter allerdings in jene Tradition, die sich weigert, Bewusstsein als etwas zu betrachten, das exklusiv dem menschlichen Geist vorbehalten ist.

David McTaggart hatte für nichts von dem allen etwas übrig. Ebenso wenig die jüngeren Aktivisten, die jetzt die Staffel von den Hippies aus Vancouver übernahmen. Leute wie Steve Sawyer, John Frizell und Rémi Parmentier hielten nichts vom I Ging. Die Mythologie der Cree war toll, um Solidarität mit den Ureinwohnern zu bekunden, aber das hieß noch lange nicht, dass Greenpeace buchstäblich die Verkörperung der »Regenbogenkrieger« sein musste. Für McTaggart und seine Truppen war Greenpeace weniger ein Vehikel für Bewusstseinsveränderung als ein Werkzeug für politische Überzeugung. Viele neue Führungskräfte hingen einer holistisch-ökologischen Weltsicht an, aber von jenem kulturellen Holismus, den Hunter und seine Freunde vertraten, hielten sie sich eher fern. Gedankenbomben anzubringen konnte rasch zum Zynismus verkommen, wenn es des Hunter'schen Idealismus beraubt war. Deutlich wird das in den Worten von Don White von Greenpeace Hawaii: »Die Graswurzel-Gegenkultur liebt uns, wir sind der Auswuchs ihrer Träume«, psalmodierte er unbekümmert. Doch wenn das die einzige Kundschaft wäre, die Greenpeace beeinflussen könnte, dann wären alle Anstrengungen nur Zeitverschwendung. Weit wichtiger wäre, so White, die »Große schweigende Mittelschicht« zu erreichen, »den schlafenden Riesen mit dem aktiven IQ von etwa 15 und der Gier nach Status, Energie, Sex, Nahrung und Komfort … Wenn man diesen Riesen an der richtigen Stelle packt, schlägt er um sich, damit er weiterschlafen kann. Und das ist unser Geschäft; zu erreichen, dass die Öffentlichkeit von Sachen angekotzt ist. Für uns selbst genommen sind wir absolut impotent.«[2]

Binnen weniger Monate nach dem Treffen in Amsterdam bekam McTaggarts Greenpeace International eine ausgeklügelte Managementstruktur, deren verschiedene Zweige für Recht, Administration, Finanzen und Kommunikation über die ganze Welt verteilt waren. Es sollte nicht lange dauern, bis diese Büros mit Profis für Personalverwaltung, Marketing und Buchführung besetzt waren. Nach kurzer Zeit wies die Struktur der Organisation eine bemerkenswerte Ähnlichkeit mit jener der Mainstream-Umweltorganisationen auf, von denen sich Greenpeace Anfang der 1970er absetzen wollte. Der Staffelstab radikalen

Umweltschutzes war bald an Gruppen wie Earth First!, Sea Shepherd und Rainforest Action Network weitergereicht. Trotz dieser Annäherung an den Mainstream konnte Greenpeace aber einige der Fallstricke umgehen, die anderen Organisationen zusetzten. Beispielsweise hat Greenpeace anders als die meisten größeren US-Umweltgruppen nie Gelder von Unternehmen, politischen Parteien, Gewerkschaften oder großen Unternehmensstiftungen wie etwa der Ford Foundation angenommen. Zudem haben sich die Führungskräfte des amerikanischen Zweigs nie dazu verführen lassen, hohe Positionen in den verschiedenen Regulierungsbehörden anzunehmen. Dadurch war sichergestellt, dass Greenpeace so gut wie nie Teil des sogenannten »Drehtürsystems« war, in dem prominente Führungsfiguren zwischen Regierung, Industrie und NGOs hin und her pendeln und Führer anderer Umweltgruppen zwingt, ihre Forderungen zurückzuschrauben, damit sie den Anforderungen konsensorientierter Politik entsprechen.[3] Doch es gibt andere Methoden von Greenpeace, die es in die politische Mitte rücken. Da sich die Finanzierung im Wesentlichen aus Einzelspenden speist, kann man es sich beispielsweise nicht leisten, große Teile der Öffentlichkeit vor den Kopf zu stoßen, indem man Aktionen durchführt, die als zu radikal oder als zu dicht an etablierten politischen Gruppierungen wahrgenommen werden könnten.

In allen 1980er Jahren blieb Greenpeace USA der größte Zweig von Greenpeace International und trug auch den Löwenanteil zum internationalen Budget bei. Die politische Macht der Organisation residierte zwar in Europa, aber es gab kaum Versuche, die Autonomie der US-amerikanischen Büros einzuschränken, solange sie weiterhin erfolgreich Spenden einwarben. Das führte dazu, dass sich Greenpeace USA an der Bewegung für Umweltgerechtigkeit beteiligte und eng mit Menschenrechtsorganisationen und Gewerkschaften zusammenarbeitete. Irving Stowes Herz hätte frohlockt, wenn er das noch hätte erleben können. Das Ergebnis war, dass Greenpeace am progressiveren Ende des Umweltspektrums zu finden war. Diese Position entsprach den Wertvorstellungen der meisten Mitarbeiter und Freiwilligen. In Ländern wie Deutschland und den Niederlanden avancierte Greenpeace jedoch schnell zur dominierenden Umweltgruppe. Daher überrascht es nicht, dass die Organisation hier der politischen Mitte verhaftet blieb und aufmerksam solche Kampagnen vermied, die sie offen mit politischen Parteien, Lobby-Gruppen oder Gewerkschaften in Verbindung bringen konnten. Verständlicherweise wuchs bei manchen Europäern daher die Besorgnis, in welche Richtung die amerikanischen Brüder die Organisation steuern würden, denn sie fanden, dass die engen Bindungen des US-amerikanischen Büros an Gewerkschaften und Menschenrechtsorganisationen – von denen viele lautstark die Partei der Demokraten unterstützten – das Image von Greenpeace International als parteipolitisch neutraler Organisation beschädigten.

Anfang der 1990er Jahre machte Greenpeace USA jedoch – wie die Umweltbewegung in den USA überhaupt – eine schwierige Zeit durch und musste eine Bürgschaft von mehreren Millionen durch das Büro in Amsterdam in Anspruch nehmen. Jetzt hatten die Europäer die finanzielle Macht, die ihrem politischen Einfluss entsprach. Der deutsche Ökonom Thilo Bode, ein Pragmatiker und der neue Führer von Greenpeace International, war immer der Meinung gewesen, das Engagement von Greenpeace USA für die Bewegung für Umweltgerechtigkeit sei unpassend. Greenpeace sollte dabei bleiben, wofür es berühmt war – Kampagnen zu Fragen von globaler Bedeutung und spektakulären Protestaktionen –, statt sich an lokalen Graswurzelaktionen zu beteiligen. Greenpeace USA war also gezwungen, in die sicheren Mainstream-Gefilde der Umweltbewegung zurückzukehren – ein Zug, der viele amerikanische Aktivisten schwer enttäuschte.[4]

Ungeachtet solcher Probleme blieb Greenpeace eine erfolgreiche Organisation mit erheblichem politischen Einfluss. Unternehmen und Regierungen mussten bei ihren Aktivitäten nicht selten mit einem Greenpeace-»Schlag« rechnen, was Greenpeace wiederum befähigte, eine ökologische Sensibilität bei der Politik »anzustacheln«. Allerdings erreichte die Organisation nie die Höhen, die Hunter vor Augen hatte: »Sie ist groß, aber nicht groß genug«, lamentierte er. Greenpeace wurde nie zum höchsten Apostel einer säkularen, auf Ökologie basierenden Religion.[5] Und es entwickelte sich auch nicht zu der basisdemokratischen, partizipatorischen Organisation, die Irving Stowe so gerne aufgebaut hätte. Verschiedene Charakteristika des Stils und der Taktiken von Greenpeace – etwa die Unvereinbarkeit von direkter Aktion und Massenbeteiligung – standen der Entwicklung zu einer solchen Bewegung entgegen. Gruppierungen wie die Clamshell Alliance und die Abalone Alliance, ihr Gegenstück an der Westküste, waren im Gegensatz dazu Bewegungen, die sich Protestaktionen in Sachen Umweltschutz verschrieben, etwa Demonstrationen vor Atomkraftwerken oder »Invasionen« von Atomanlagen, und gleichzeitig ihre intensiv progressive Politik in ihre Organisationsstruktur übernahmen. Anders als Greenpeace blieb die Clamshell Alliance dezentralisiert, hierarchielos, partizipatorisch und auf Konsensfindung ausgerichtet. Sie engagierte sich für das, was die Historikerin Barbara Epstein als »präfigurative Politik« bezeichnet: den Versuch, ihre Vision einer ökologisch nachhaltigen und egalitären Gesellschaft nicht nur durch Rhetorik und Protest zu vermitteln, sondern auch durch ihre Lebensweise.[6]

Bestimmte Elemente bei Greenpeace haben vielleicht gewollt, dass die Organisation diese Richtung einschlug – besonders Leute wie Walrus Oakenbough und Rod Marining –, doch ihr Einfluss überstieg nie den von Hunter, Moore, Metcalfe und McTaggart. In mehr oder weniger großem Maß hatten Letztere akzeptiert, dass der Modus operandi von Greenpeace als Nebenprodukt Hierarchie und Professionalität erfordert. Paul Watson, ein anderer Graswurzeladvokat, der sich in der Folge höchst kritisch hinsichtlich der, wie er empfand, »Unternehmensstruktur« von Greenpeace äußerte, hat es aber trotzdem nicht geschafft, seiner eigenen Organisation, der Sea Shepherd Conservation

Society, eine dezentrale Struktur zu verleihen. Auch wenn Sea Shepherd zweifellos sehr viel kleiner als Greenpeace ist, war die charismatische Führung von »Captain« Watson so entscheidend für die Aktionen und die Spendeneinwerbung, dass man sich die Organisation ohne ihn kaum vorstellen konnte. Allerdings muss man auch hier aufpassen, keinen falschen Purismus zu oktroyieren: Weder Greenpeace noch Sea Shepherd sind notwendigerweise der Ansicht, man müsse einem Gebot folgen, Organisationsstrukturen zu entwickeln, die eine ferne, ideale Zukunftsgesellschaft widerspiegeln. Die Clamshell Alliance hat zwar einen erheblichen Schritt in diese Richtung geschafft, aber das war nur möglich, indem sie auf den politischen Einfluss verzichtet hat, den Gruppen wie Greenpeace erworben haben.

Hätten sich die Dinge anders entwickeln können? McTaggarts Übernahme war schließlich ein rein opportunistischer Akt und nur möglich aufgrund einer Reihe besonderer Ereignisse, bei denen McTaggart selbst kaum eine Rolle spielte. Hätte die Klage von Vancouver gegen San Francisco ohne McTaggarts Intervention ihren Gang genommen, hätte Vancouver höchstwahrscheinlich gewonnen und San Francisco gezwungen, sich entweder dem Willen von Patrick Moore zu beugen oder auszuscheren und eine neue Organisation mit anderem Namen zu gründen. Letzteres erscheint angesichts des Umstands, dass das dortige Wachstum ganz auf dem Namen Greenpeace und dem damit verbundenen Image basierte, sehr unwahrscheinlich. Also gilt das Szenario, dass Vancouver seine »Erklärung und Satzung« allen Greenpeace-Gruppen auf der Welt aufgezwungen hätte. Doch ist man ehrlich, dann unterschied sich der Kurs der Vancouver-Gruppe Ende der 1970er wohl wenig von der Richtung, in die McTaggart schließlich die Organisation geführt hat. Hunters Macht war am Schwinden und Moore hatte sich nie dem gegenkulturellen Idealismus verschrieben. Daher hätte sich Greenpeace auch ohne McTaggarts Opportunismus wahrscheinlich im Wesentlichen genauso entwickelt, allerdings mit einem Hauptquartier an der Westküste im Norden von Amerika und nicht in Nordwesteuropa.

Was ist dann das Vermächtnis von Greenpeace? Die kanadische Umweltjournalistin Alanna Mitchell sagt, das sei »die Gedankenbombe, die nicht verschwindet«. Und das meint sie nicht als Kompliment:

> Die Gedankenbomben, die Greenpeace geworfen hat, sind mächtig bis zur Unauslöschlichkeit. Statt starke Bilder für Umweltzerstörung zu sein, wurden sie zum Abbild der Umweltbewegung selbst. Auch nach über dreißig Jahren wird Umweltschutz mit Vorstellungen wie links, Hippies gegen Establishment, Alphamänner, pubertär, intuitiv verbunden. Also eine verdächtig religiöse Berufung.[7]

Mitchell macht Hunter und Genossen nicht dafür verantwortlich. Sie konnten, meint sie, die Konsequenzen ihrer Aktionen nicht vorhersehen und taten nur ihr Bestes, um Atomwaffentests zu stoppen und Wale zu retten. Doch jetzt würden wir in einer Zeit leben, fährt sie fort, in der es »beim Umweltschutz um Beweise, nicht um Gedankenbomben« ginge.[8] Dadurch, dass die dramatischen und weltweit veröffentlichten Protestaktionen von Greenpeace zur Synekdoche für die Umweltbegegnung überhaupt geworden sind, wurde der breitere Anklang von Umweltschutz eingeschränkt. Viele Menschen, selbst jene, die die gleiche Sache unterstützen, fühlen sich angesichts des radikalen Greenpeace-Kurses unwohl. Niemand etwa wollte entschiedener Wale schützen als Joan McIntyre, die Gründerin von Project Jonah. Doch das machohafte, konfrontative Gebaren von Greenpeace passte ihr nicht. Gleiches gilt zweifellos für viele Leute, die instinktiv vor radikalen Protestformen mit militärischen Untertönen zurückschrecken.

Bei der Einschätzung der McLuhan'schen Komponente des Vermächtnisses von Greenpeace geht Mitchells Kritik sicher nicht fehl, aber das Maß, in dem das allgemeine Bild von der Umweltbewegung mit den konfrontativen Protestaktionen von Greenpeace verschmolzen sei, übertreibt sie wohl. Die »sanfte Subversion« einer Rachel Carson und die nüchterne Didaktik eines Al Gore haben das Image der Umweltbewegung im selben Maße geformt.[9] Zudem ignoriert Mitchell, indem sie sich nur auf Gedankenbomben konzentriert, die Tatsache, dass Greenpeace immer mehr als nur ein Kunststück auf Lager hatte. Man denke nur an die Aufklärungsaktionen auf der Rückfahrt von Amchitka, an die Bemühungen, Bündnisse mit Arbeitern oder indigenen Völkern zu schmieden, und die wissenschaftlichen Studien, die Bohlen und andere in Auftrag gaben. Solche nicht auf Konfrontation abzielende, konstruktive Strategien erlangten in den folgenden Jahrzehnten zunehmend an Bedeutung. Zum Beispiel beteiligte sich Greenpeace Deutschland Anfang der 1990er an den Entwicklungskosten einer umweltfreundlicheren Kühlschranktechnik.[10] Und Greenpeace-Schiffe liegen häufig in den Häfen rund um die Welt, empfangen Besucher an Bord und führen Aufklärungskampagnen zu verschiedenen Umweltfragen durch. Hinzu kommt, dass Greenpeace weiterhin wissenschaftliche Berichte in Auftrag gibt und damit Wissenschaftlern, deren Arbeit Industrie und Regierungen politisch vielleicht nicht schmecken würde, ein wichtiges öffentliches Forum bietet.

Das bedeutet, dass die Gedankenbombe immer weniger ein Mittel der ersten Wahl ist. Es ist sogar so, dass Gedankenbomben immer weniger eingesetzt werden mussten, je bekannter Greenpeace für diese Taktik wurde. Ab Mitte der 1980er Jahre wussten Regierungen und Unternehmen überall auf der Welt, dass man jederzeit mit einer spektakulären Protestaktion rechnen musste, sobald Greenpeace verkündet hatte, dass man sich mit einer bestimmten Angelegenheit beschäftige. Somit ist die Furcht vor einer potentiellen Gedankenbombe eine fast genauso wirksame Waffe wie die Bombe selbst. Das hat zur Folge, dass Greenpeace erst einmal weniger konfrontative Formen der Überredung einsetzen kann und Gedankenbomben – die unterm Strich teuer, gefährlich und schwer zu organisieren sind – erst als letztes Mittel wählen muss. Auch wenn

Gedankenbomben nach wie vor die Taktik mit dem größten Medienecho sind, nehmen sie doch weit weniger Zeit und Mittel der Organisation in Anspruch, als man glaubt.

Eine viel kontroversere und polemischere Kritik an Greenpeace stammt ausgerechnet von Patrick Moore. Anders als die anderen Kernmitglieder der Vancouver-Gruppe hatte sich Moore aus tiefster Überzeugung McTaggarts neuem Greenpeace International verschrieben. Folglich wurde er Leiter von Greenpeace Canada und einer von fünf Direktoren von Greenpeace International. Allerdings fanden McTaggart und einige Neulinge unter den Aktivisten Moore schrecklich wichtigtuerisch und arrogant. Aber seine ungeheure Erfahrung und seine wissenschaftliche Glaubwürdigkeit machten ihn zu einem wertvollen Aktivposten, so dass er bis Mitte der 1980er eine Schlüsselstellung in der Organisation innehatte. Moore seinerseits hegte immer ein ziemliches Misstrauen gegen McTaggart. Zudem wuchs in ihm die Überzeugung heran, dass einige jüngere Aktivisten eher an einer marxistischen Revolution interessiert seien als an Umweltfragen: »Ich erinnere mich, dass ich 1985 das Büro in Toronto besuchte und mich wunderte, wie viele der neu Rekrutierten in Unterstützung der Sandinisten Armeeanzüge und rote Barette trugen.«[11]

Während Moore McTaggarts politische Fähigkeiten zähneknirschend bewunderte, frustrierte ihn der Mangel an wissenschaftlicher Bildung bei ihm immer mehr. Laut Moore bedeutete dies, dass radikale und doktrinäre Wissenschaftler McTaggart leicht beeinflussen konnten. Daher habe es zahllose unbedachte Greenpeace-Kampagnen gegeben, die einer wissenschaftlichen Prüfung nicht standhielten; etwa der Widerstand gegen Fischfarmen und unrealistisch unflexible Haltungen zum Gebrauch verschiedener chemischer Substanzen wie Chlor. Mitte der 1980er war Moore das »Abgleiten in Voodoo-Wissenschaft« bei Greenpeace leid.[12] Die anderen Direktoren und viele Aktivisten und Wissenschaftler der Organisation waren hingegen verärgert über Moores ständige Kritik. So wurde seine Position als Direktor von Greenpeace International immer prekärer. Seine Verbitterung bei seinem Abgang erklärt vielleicht, warum er in den letzten gut 25 Jahren zu den schärfsten und unnachsichtigsten Kritikern von Greenpeace gehörte – eine Rolle, die viele Frontorganisationen der Industrie und Think Tanks der freien Marktwirtschaft begeistert unterstützten.[13]

Moores Kritik ist als Teil einer sorgfältig ausgefeilten Lebensgeschichte zu verstehen, die in seiner Reifung zum »vernünftigen Umweltschützer« gipfelt. Dies erlaubt ihm, in sich beide Aspekte zu verkörpern: In seiner ungestümen Jugend mussten Umweltschützer, die bevorstehende ökologische Krise vor Augen, Alarm schlagen. Darin war Greenpeace während der 1970er Jahre hervorragend. Doch ab den 1980ern »stimmte ein Großteil der Öffentlichkeit, zumindest in den westlichen Demokratien, mit uns überein, dass wir auf die Umwelt bei allem, was wir tun, mehr Rücksicht nehmen sollten. Wenn dir darin die Mehrheit der Menschen zustimmt, ist es ja wohl an der Zeit, damit aufzuhören, ihnen auf den Kopf zu hauen, und sich stattdessen mit ihnen an einen Tisch zu setzen, um nach Lösungen für unsere Umweltprobleme zu suchen.«[14] Auf diese Weise konnte Moore den Stolz auf seine Leistungen bei Greenpeace aufrechterhalten und gleichzeitig die Kampagnen der Organisation nach seinem Weggang heftig kritisieren.

Gelegentlich trifft der Vorwurf schlampiger – im Gegensatz zu bloß kontroverser – Wissenschaftlichkeit für Greenpeace durchaus zu, etwa bei der Kampagne gegen die Robbenjagd Ende der 1970er Jahre und manchmal auch danach. Beispielsweise wandte sich Greenpeace 1995 gegen die Pläne von Shell, eine ausrangierte Ölplattform in der Nordsee zu versenken. Mit einer umfassenden und höchst erfolgreichen Gedankenbomben-Kampagne wurde Shell gezwungen, die Plattform zurück an Land zu schleppen und sie dort zu demontieren und zu recyceln. In seinem Eifer, Shell zu verdammen, übertrieb Greenpeace bei der Ölmenge, die sich noch in der Bohrinsel befand, und schlug auch die Warnungen von industriefernen Wissenschaftlern in den Wind, die erklärten, Versenken sei das sicherste Verfahren.[15] Trotzdem bleibt Moores Versuch, die Wissenschaft als Knüppel einzusetzen, um die Glaubwürdigkeit von Greenpeace niederzumachen, überwiegend eine Übung in Polemik. In gewissem Maß werden Wissenschaftler immer durch Ideologie und Politik beeinflusst. Greenpeace – und das gilt auch für Moore – kann allenfalls vorgeworfen werden, die wissenschaftlichen Untersuchungen herangezogen zu haben, die den eigenen Zwecken am besten dienen. Indem er beständig den Begriff »junk science« (Schrottwissenschaft) verwendet, stellt sich Moore bloß in eine Reihe mit von der Industrie gefütterten Anti-Umweltschützer-Bluthunden wie Steve Milloy, ein Kommentator bei Fox News und Betreiber der Website junkscience.com.

Abschließend sei gesagt, dass in einem Weltsystem, das vorrangig auf die Eigeninteressen von Nationalstaaten und Wirtschaftsunternehmen ausgerichtet ist, die globale Bürgerpolitik von Greenpeace – die »Anstachelung« ökologischer Sensibilität durch gewaltfreie direkte Aktion – vielleicht das bedeutendste Vermächtnis der Organisation darstellt. Zudem ist die Förderung dieser ökologischen Sensibilität, die tief in einem holistischen Weltbild wurzelt, das, was realistischerweise Hunters »Bewusstseinsrevolution« am nächsten kommt. Dieses Engagement für eine dynamische Form eines transnationalen Aktivismus und eine holistische ökologische Weltsicht spiegelt auch die verschiedenen gesellschaftlichen und intellektuellen Bewegungen wider, die die Greenpeace-Gründer auf sich vereinigen: Pazifismus, gewaltfreie Aktion, holistische Ökologie, McLuhan'sche Medientheorie und gegenkultureller Idealismus. Wale werden in den Weltmeeren immer noch mit Harpunen gejagt, aber die, die sie abschießen, müssen jederzeit damit rechnen, sich der Verachtung einer breiten Öffentlichkeit preiszugeben, die eine wirkungsvolle Gedankenbombe von Greenpeace aufgeschreckt hat. Gleiches lässt sich von zahllosen anderen Handlungsweisen sagen, die die Umwelt bedrohen. Welche Unzulänglichkeiten Greenpeace auch aufweisen mag, diese Vereinigung hat eine neue und wirkmächtige Methode geschaffen, sich mächtigen Institutionen, die sich an der Umwelt vergreifen wollen, in den Weg zu stellen. Das ist ein Vermächtnis, das Irving und Dorothy Stowe, Jim und Marie Bohlen, Ben Metcalfe, David McTaggart, Bob Hunter und eines Tages sogar Patrick Moore und Paul Watson in Frieden ruhen lässt.

Die Anfänge von Greenpeace Deutschland

Mit Beginn der 1980er Jahre war David McTaggarts neues Greenpeace International in Nordamerika schließlich gut etabliert und auch in Europa auf dem Vormarsch. Zweigstellen in England, Frankreich und den Niederlanden zogen neue Mitglieder an und organisierten aufregende Kampagnen gegen Atommüllverklappung, die chemische Industrie und die Walfängerei. Alles schön und gut. Doch diesen drei Ländern waren auch Grenzen auferlegt. Die Niederlande waren zwar sehr reich und hatten eine starke Umweltschutzkultur, waren aber zu klein, um viel bares Geld in die Truhen von Greenpeace zu bringen. Großbritannien war zwar viel größer, besaß aber auch bereits gut etablierte Umweltorganisationen, etwa die Friends of the Earth. Entsprechend stark war die Konkurrenz beim Spendeneinwerben. Frankreich mit seiner tonangebenden Pro-Atom-Haltung und einer relativ anämischen Umweltschutzkultur war für eine größere Ausbreitung von Greenpeace ein eher unfruchtbarer Boden. Kein Wunder, dass McTaggart gespannt nach Westdeutschland blickte: Als wohlhabende, bevölkerungsreiche Demokratie mit verbreitetem und wachsendem Ökologiebewusstsein war die Bundesrepublik Neuland, das einer ambitionierten globalen Umweltorganisation eine Fülle an Möglichkeiten eröffnete.

Die Gründung von Greenpeace Deutschland war eine komplizierte Angelegenheit. In der Geschichte wimmelt es von couragierten Charakteren, Intrigen und Liebschaften, aber auch Verwirrung, interne Kämpfe und Dolchstöße fehlen nicht. Das Ganze vollzog sich vor einem komplexen politischen Hintergrund, zu dem die Bürgerinitiativen (BIs) der 1970er, die Macht und der Einfluss der chemischen und der Atomindustrie, die Rolle staatlicher Regulierungseinrichtungen und der Aufstieg der Partei Die Grünen gehörten. Starke Egos und emotionale Schwächen sorgten für weitere Komplikationen. Mit anderen Worten: In groben Zügen erinnert diese Geschichte stark an die Gründung von Ur-Greenpeace zehn Jahre zuvor.

Greenpeace war in Deutschland vor 1980 nicht unbekannt. Anfang der 1970er, als sich die Organisation noch im fluktuierenden Stadium zwischen Sozialbewegung und NGO befand, hatte eine Gruppe von Atomwaffengegnern in Bonn den Namen angenommen.[1] Doch Ende der 1970er waren solche Ad-hoc-Formationen selten geworden. Sowohl Vancouver als auch McTaggarts aufstrebende europäische Büros arbeiteten hart daran, dass alle neuen Greenpeace-Gruppen offiziell Teil der wachsenden internationalen Organisation waren und vertraglich wie der Gesinnung nach Mitglieder wurden. Die erste westdeutsche Gruppe, die diesen Status erlangte, also das erste Greenpeace-Büro in der Bundesrepublik, befand sich nicht in Hamburg, West-Berlin oder Frankfurt, sondern in Bielefeld. Ein Ort, von dem man das nicht unbedingt erwartet hätte. Und sehr zum Ärger der Bielefelder Gründer war der Stadt der Status als Greenpeace-Hauptstadt von Deutschland nur kurze Zeit beschieden – was, wenig überraschend, im Wesentlichen McTaggarts politischem Scharfsinn und skrupellosem Opportunismus zu verdanken war.

Wie der Name nahelegt, war William Parkinson kein gebürtiger Deutscher. Er war in England geboren, besaß die britische Staatsbürgerschaft und war nach Bielefeld gekommen, um als Lehrer beim internationalen Sprachen-Netzwerk Inlingua zu arbeiten. Parkinson kannte die Greenpeace-Kampagnen gegen Walfang und Robbenjagd gut und beschloss, eine lokale Unterstützergruppe zu gründen, die er Verein zur Rettung und Erhaltung der Wale und Robben nannte. Er nahm auch bald Kontakt mit McTaggart auf, der ihn 1979 in Bielefeld besuchte. McTaggart war nicht begeistert von der Vorstellung, das erste deutsche Büro in einer Provinzstadt zu haben, aber Parkinsons Begeisterung und Kompetenz – und zweifellos seine englische Muttersprache – überzeugten ihn schließlich. Jedenfalls war McTaggart der Meinung, dass es leicht sein würde, die Organisation zu gegebener Zeit in eine größere Stadt zu verlegen. Wichtiger war ihm, so bald wie möglich ein deutsches Büro aus dem Boden zu stampfen – eines, das von ihm eingerichtet und kontrolliert wurde und nicht von den Hippies in Vancouver.[2]

Das erste offizielle deutsche Mitglied war Gerhard Dunkel, ein 25-jähriger ehemaliger Soldat der Bundesmarine. Er hatte 1978 bei einem Landaufenthalt in Halifax, Nova Scotia, erstmals von Greenpeace gehört. Nach Beendigung seines Wehrdiensts lebte er wieder bei seinen Eltern in der ostwestfälischen Kleinstadt Vlotho und besuchte von dort aus das Westfalen-Kolleg in Bielefeld. Vlotho, am Westufer der Weser gelegen, beheimatete wie in den 1970ern viele Städte in der Bundesrepublik eine aktive Bürgerinitiative, den Arbeitskreis Umweltschutz Vlotho.[3] Im Dezember 1979 schrieb Dunkel an das Greenpeace-Büro Vancouver, drückte seine Zustimmung aus und bot Greenpeace jede ihm mögliche Hilfe an. Er erklärte auch, dass seine Organisation Teil einer breit verzweigten Koalition von Bürgerinitiativen war, deren Schirm der Bundesverband Bürgerinitiativen Umweltschutz (BBU) war. Patrick Moore hieß Dunkel bei der Organisation willkommen, drückte aber zugleich seine Sorge aus, dass »Umweltgruppen in Deutschland von politischen Angelegenheiten in einer Weise beeinflusst [würden], die der Umweltbewegung nicht gut« täte. Solange Dunkels Arbeitskreis nicht »in einem Rechts-gegen-links-Konflikt verwickelt« wäre, könne man sicher kooperieren. Moore forderte Dunkel auch auf, sich mit David McTaggart in Verbindung zu setzen, was Dunkel umgehend tat. McTaggart wiederum schlug vor, Dunkel solle Kontakt zu Parkinson aufnehmen.[4]

Ende November 1979 schickte Dunkel einen Brief an Parkinsons Gruppe und teilte ihr mit, dass er in Kürze David McTaggart in Amsterdam treffen werde, um ein deutsches Greenpeace-Büro einzurichten. Er forderte alle auf, die Interesse an einem deutschen Greenpeace-Netzwerk hätten, sich bei ihm zu melden, warnte aber zugleich, dass McTaggart und Moore eine Schwierigkeit in der Frage sähen, »ob es [in Deutschland] überhaupt eine reine, unpolitische Umweltbewegung gibt, oder ob sämtliche Gruppen mit ökologischer Zielsetzung sich politisch festgelegt haben«. Greenpeace, warnte er, »legt sich politisch nicht fest«.[5] Das Treffen mit McTaggart im Januar 1980 in Amsterdam verlief positiv, und im März war das Büro in Bielefeld unter der Leitung von Dunkel und Parkinson eröffnet und verschickte Briefe mit dem offiziellen Briefkopf Greenpeace Deutschland. Durch den BBU konnten sie sich mit einer großen Zahl von Umweltaktivisten im ganzen Land in Verbindung setzen und sie einladen, bei den Greenpeace-Aktionen mitzumachen und Geld an das Büro zu spenden. Und für den Fall, dass irgendeine andere Gruppe in Frage stellen würde, dass sie die offiziellen Repräsentanten von Greenpeace in Deutschland seien, erklärte Dunkel nachdrücklich: »ES GIBT NUR EIN GREENPEACE-BÜRO IN DEUTSCHLAND UND DAS IST HIER!«[6]

Die spektakuläre gewaltfreie Praxis der direkten Aktion von Greenpeace war für die deutschen Umweltschützer neu und viele waren darauf erpicht, sie ebenfalls anzuwenden. Was vielen nicht so behagte, waren das strikte Festhalten der Organisation an politischer Neutralität – wenigstens in Hinblick auf Parteien – und ihre zentralisierte, hierarchische, unternehmensähnliche Struktur, bei der wenige Leute alle wichtigen Entscheidungen trafen. Dieser Vorbehalt war daraus zu verstehen, dass Greenpeace in Deutschland auf eine Aktivistenszene stieß, die seit über einem Jahrzehnt von basisdemokratischen Bürgerinitiativen geformt worden war. Diese BIs waren Ende der 1960er Jahre entstanden, um sich bei lokalen Umweltangelegenheiten, insbesondere gegen Atomkraftwerke und Umweltverschmutzung durch Chemie, zu engagieren. Ironischerweise ermutigte die Bundesregierung diesen Aktivismus – eine Haltung, die Bundeskanzler Willy Brandt 1969 in seiner Regierungserklärung mit dem Satz »Wir wollen mehr Demokratie wagen« in eine weitberühmte Formulierung fasste.

Brandts Aufforderung wurde begeisterter – und kritischer – aufgenommen, als er sich vielleicht vorgestellt hatte. In den 1970ern verwendeten zahllose außerparlamentarische Gruppierungen – die gelegentlich aus einer beunruhigenden Mischung aus reformorientierten Mittelschichtbürgern und Linksradikalen bestanden – viel Energie darauf, die verschiedenen Behörden zu bekämpfen, die eigentlich die Kommunen vor Umweltschäden schützen sollten, aber häufig mit großen Unternehmen und der Bundesregierung alliiert waren. Hinzu kam, dass kommunale Regierungen, die vom Steueraufkommen der Unternehmen vor Ort profitierten, deren Produktionsmethoden und Entsorgungspraktiken verständlicherweise ungern kritisch prüften. Nach Meinung vieler Linker in den BIs existierte der Kapitalismus nur dank seiner Allianz mit dem Staat weiter. So gesehen verkörperten Chemie- und Atomindustrie den geschmähten Staatsmonopolkapitalismus. Daher war Umweltschutz in der Bundesrepublik unauflöslich mit einer antibürokratischen Politik verbunden, die auf einer breit angelegten demokratischen Partizipation und konsensuellen Entscheidungsprozessen basierte.[7] Dies war eine Form von Politik, die sich die junge Partei Die Grünen zu eigen machen sollte, Greenpeace aber im Großen und Ganzen als unrealistisch für seine Zwecke verworfen hatte.

Viele BIs waren eigens gegründet worden, um gegen die Luftverschmutzung durch die chemische Industrie in Deutschland vorzugehen. Riesige multinationale Konzerne wie Bayer und Hoechst hatten erheblich zum deutschen Wirtschaftswunder beigetragen, aber in den 1970ern wurde immer klarer, dass ihre Profite und ihre vielen Arbeitsplätze in Gestalt von erheblicher Luft- und Wasserschmutzung und Bodenkontamination auf Kosten der Umwelt gingen. Verdeutlicht wurde das Problem durch die Seveso-Katastrophe 1976, als durch den Austritt des hochgiftigen Karzinogens TCDD in einem Tochterunternehmen des Schweizer Multis Hoffmann-LaRoche ein Gebiet nördlich von Mailand verseucht wurde. TCDD ist ein Dioxin, das als Nebenprodukt unter anderem bei der Herstellung von Agent Orange anfällt, dem verheerenden Entlaubungsmittel, das im Vietnamkrieg angewendet wurde. Der Bestseller *Seveso ist überall* von Egmont Koch und Fritz Vahrenholt, der 1978 erschien, alarmierte die Deutschen noch mehr. Koch und Vahrenholt legten darin dar, dass die Risiken durch chemische Stoffe größer wären als durch Atomkraft und deshalb mindestens das gleiche Maß an Regulierung und Aufsicht nötig wären. Stattdessen war es aber so, dass diese der chemischen Industrie weitgehend selbst überlassen waren. Alle Versuche von Kontrollbehörden, die Emissionsverordnungen zu verschärfen, stießen auf die Klage, dies würde die freie Marktwirtschaft behindern und Arbeitsplätze kosten. Das Ergebnis war, dass Beamte, deren Aufgabe es war, sicherzustellen, dass Chemieunternehmen die Emissionsauflagen einhielten, häufig vor den Vergehen die Augen verschlossen.[8] So schafften es etwa Beamte der hessischen Umweltbehörde, die mit Hoechst, dem in Hessen angesiedelten Chemieriesen, sympathisierten, Umweltauflagen so zu verwässern, dass sie sich rühmen konnten, die Zusage dem Unternehmen gegenüber eingehalten zu haben.[9] Im Oktober 1979 warnte Dr. Günter Hartkopf, der für Umweltschutz zuständige Staatsekretär im Bundesinnenministerium, dass die »Zeitbombe der chemischen Verseuchung« die ökologische Gesundheit Deutschlands bedrohe.[10]

Ein gutes Beispiel für solch eine tickende Zeitbombe ist Titandioxid (TD), eine chemische Substanz, die wegen ihrer Bleichwirkung in vielen Alltagsprodukten von Zahnpasta bis zu Waschmitteln Verwendung findet. Unglücklicherweise fallen bei jeder Tonne TD, die in einer Chemiefabrik produziert wird, acht Tonnen Dünnsäure an, die mit Schwermetallen wie Cadmium, Chrom, Zink und Kupfer belastet ist.[11] 1969 errichtete Kronos Titan, der deutsche Hauptproduzent von TD, nach dem Werk in Leverkusen eine zweite Fabrik in Nordenham an der Weser. Der Anlage wurde vom Bundesverkehrsministerium in glühenden Worten bescheinigt, ein besonders umweltfreundliches Abfallentsorgungssystem zu haben, das Meerestieren nicht signifikant schade und auch keine Gefährdung für die Fischerei darstellen würde. Das Verfahren, das rückblickend nicht sonderlich beeindruckend erscheint, bestand darin, den Abfall im Verhältnis 1:750 mit Meerwasser zu verdünnen, auf ein Schiff zu pumpen und dann vor der Westküste von Helgoland in die Nordsee zu verklappen.[12] Der Chemiekonzern Bayer, der auch TD herstellte, benutzte dieselbe Entsorgungsmethode. Mitte der 1970er Jahre klagten Fischer jedoch zunehmend über kranke und missgebildete Fische, die einen immer größeren Anteil ihres sowieso zurückgegangenen Fangs ausmachten. Es dauerte nicht lange, bis eine Verbindung zwischen den kranken Fischen und den kilometerlangen Schlieren gelben Chemieabfalls hergestellt wurde, der tagtäglich von Kronos Titan und Bayer in die Nordsee gekippt wurde.[13]

Im Mai 1980 inszenierten niederländische und französische Greenpeace-Aktivisten eine Protestaktion gegen Bayer und Kronos Titan in Rotterdam. Mit dabei war Gerhard Dunkel aus Bielefeld, für den es die erste direkte Aktion war. Drei Tage lang blockierte die *Rainbow Warrior* zwei Schiffe, die auf dem Weg von Leverkusen zur Verklappungsstelle bei Helgoland waren. Die Aktion stieß bei vielen Holländern, darunter dem Bürgermeister von Rotterdam, auf Zustimmung und Unterstützung, rückte die Praktiken der Industrie – die ja durchaus legal waren – ins Scheinwerferlicht der Medien und setzte eine Debatte zum Thema in Gang. Eine andere holländische Umweltgruppe reichte vor einem niederländischen Gericht Klage gegen Bayer ein, was dazu führte, dass der Vorstandsvorsitzende von Bayer ein Telegramm an Bundeskanzler Helmut Schmidt schickte und um deutsche Intervention bat, damit die 4000 Arbeitsplätze erhalten blieben, die verloren gehen würden, so der Vorsitzende, wenn das niederländische Gericht gegen Bayer entschiede (was es schließlich auch nicht tat).[14]

Die Aktion in Rotterdam inspirierte zahllose BIs und Aktivisten in ganz Deutschland, von denen viele seit Jahren gegen die Verklappungspraktiken der chemischen Industrie protestierten. Unter jenen, die zu Schlüsselfiguren in der Anfangsgeschichte von Greenpeace Deutschland wurden, war ein Paar aus Hamburg: Harald Zindler und Monika Griefahn. Zindler, ein muskulöser Elektrotechniker mit buschigem Schnäuzer, war in Hamburg geboren und aufgewachsen und in den 1970ern an zahllosen Umwelt- und Anti-Atom-Protesten beteiligt gewesen. Hamburg und das Gebiet an der Unterelbe erlebten in dieser Zeit eine heftige industrielle Expansion. Der Hamburger Hafen sollte vergrößert werden, um die neuen Containerschiffe aufnehmen zu können, die für die Zukunft des globalen Handels standen. Gleichzeitig sollte das Gebiet an der Unterelbe, das Politiker und Ökonomen, die sich für die industrielle Erschließung einsetzten, als »Kalabrien des Nordens« bezeichneten, »ein zweites Ruhrgebiet«

werden, eine dichte Industrieregion mit mehreren Atomkraftwerken, Ölraffinerien und Chemiefabriken.[15] Zindler stand mit zahlreichen BIs des Gebiets sowie einigen Fischern vor Ort in Kontakt und war zur Überzeugung gelangt, dass die Elbe und die Nordsee durch fahrlässige Industrie-Entwicklung und unzureichende Regulierung immer schneller zerstört wurden.[16]

Griefahn, eine begabte, willensstarke, attraktive junge Frau aus Mülheim an der Ruhr, war nach Hamburg gezogen, um ihr Studium fortzusetzen und mit Zindler zusammenzuleben, der sie in die lokale Aktivistenszene einführte. Durch ihre verschiedenen BI-Kontakte lernten Zindler und Griefahn 1980 William Parkinson und Gerhard Dunkel kennen, die sie ermutigten, eine Greenpeace-Aktion gegen Kronos Titan in Nordenham, in der Nähe der Wesermündung, zu veranstalten. Ursprünglich war die Aktion für August 1980 geplant, aber die *Rainbow Warrior* war, mit Dunkel an Bord, wegen einer Kampagne gegen spanische Walfänger in Spanien beschlagnahmt worden. Also musste die Aktion verschoben werden. Zudem beschlossen Zindler und Griefahn, nachdem sie erfahren hatten, dass auch andere Gruppen direkte Aktionen gegen Bayer und Kronos Titan planten, ihre Pläne zu koordinieren und gleichzeitig Aktionen auf Rhein, Weser und Elbe zu starten.[17]

Zu den BIs, die Greenpeace für die Planung des Protests gegen die Chemieindustrie beitraten, der am 13. Oktober stattfinden sollte, gehörten auch der Arbeitskreis Chemische Industrie aus Köln, die Leverkusener Bürgerinitiative gegen Umweltgefährdung, die Aktionsgemeinschaft »Rettet den Rhein«, die Bürgerinitiative Umweltschutz Unterelbe, der Arbeitskreis Umweltschutz Brunsbüttel und der Fischverein Altenwerder, der von dem stämmigen und offenherzigen örtlichen Fischer Heinz Oestmann angeführt wurde. Zudem wurde die Aktion vom BBU unterstützt, was bedeutete, dass BIs aus der ganzen Bundesrepublik dahinterstanden.

Der 13. Oktober war ein typischer kalter, nebliger Herbsttag in Norddeutschland. Noch vor Tagesanbruch ließ die in Hamburg beheimatete neue Greenpeace-Gruppe von Zindler und Griefahn, unterstützt von BI-Gruppen aus Nordenham und Bremerhaven, ein Schlauchboot bei Nordenham auf der Weser zu Wasser, und kaum war die Dämmerung angebrochen, ketteten sie sich mit aufblasbaren Rettungsinseln an Bug und Ruder eines Verklappungsschiffs von Kronos Titan. Die glänzende Idee, Rettungsinseln einzusetzen, war von Zindler gekommen. Solche kleinen runden Rettungsboote sind komplett abgedeckt, so dass verlassene Schiffbrüchige auf dem Meer geschützt sind. Den Protestlern ermöglichte dies, mehrere Tage an dem Schiff angekettet zu bleiben, was die Aktion zu einem Medienereignis machte, das fast eine Woche dauerte und eine größere Debatte über die chemische Verunreinigung deutscher Wasserstraßen nach sich zog.

In Leverkusen führte der Kölner Arbeitskreis Chemische Industrie zusammen mit mehreren lokalen BIs eine ähnliche Aktion gegen Kronos Titan sowie

Bayer durch, während Heinz Oestmann und eine Gruppe einheimischer Fischer in Brunsbüttel an der Unterelbe eine Tonne krebszerfressenen Fischs vor dem Chemiewerk Bayer abluden. Ähnlich verfuhr eine andere Protestgruppe in Hamburg, die mehrere Schubkarrenladungen kranken Fischs auf die Eingangstreppe des Deutschen Hydrographischen Instituts kippte, eine der Einrichtungen, die für die Regulierung der Abfallentsorgung der chemischen Industrie zuständig waren.[18] Das Medienecho auf das Ereignis war groß und in den meisten Fällen positiv hinsichtlich Greenpeace und den BI-Aktivisten. *Der Spiegel* schrieb: »Doch die Greenpeace-Aktionen machten medienweit bekannt, was bislang vornehmlich unter Meereskundlern, betroffenen Fischern und engagierten Naturschützern zur Debatte stand: dass Schadstoffe aus Kommunen und Betrieben den Lebensraum an und vor der Norddeutschen Küste immer stärker belasten ... dass menschlicher Dreck die Nordsee in Not gebracht hat.«[19]

Die Greenpeace-Aktion in Nordenham – und die von Greenpeace inspirierten BI-Aktionen andernorts – schafften, was keine BI oder Umweltorganisation in Deutschland in über zehnjähriger Arbeit erreicht hatte: Sie führte zu einer eindrucksvollen gewaltfreien Konfrontation, die geeignet war, das Interesse der Medien auf sich zu ziehen, und ein komplexes ökologisches Problem in einer simplen Gut-vs.-Böse-Story bündelte, der Industrie und Regierung kaum etwas entgegensetzen konnten. Nahezu über Nacht war Greenpeace nicht mehr die unbekannte ausländische Umweltorganisation, von der nur einige gut informierte Aktivisten etwas gehört hatten, sondern ein Name, der in der Bundesrepublik in aller Munde war. David McTaggart war wirklich beeindruckt von der Leidenschaft und Kompetenz dieser neuen Aktivisten, insbesondere von Zindler und Griefahn aus Hamburg und der Gruppe aus Köln. Und da diese Städte beide an großen Flüssen lagen, auf denen man leicht in die Nordsee gelangte, waren sie als möglicher Greenpeace-Hauptstandort weit attraktiver als Bielefeld. Allerdings war McTaggart im ganzen Jahr zuvor hauptsächlich damit beschäftigt gewesen, Greenpeace International zu schaffen und sicherzustellen, dass die Nordamerikaner und die Europäer so nahtlos wie möglich eingebunden wurden, dass Ereignisse in Deutschland, auch wenn sie aufregend und voller Potential waren, erst an zweiter Stelle standen. Daher diktierte es die Zweckmäßigkeit, dass er selbst dann, als er sich für die Aussicht auf ein Hamburger Hauptquartier von Greenpeace Deutschland unter der Leitung von Zindler und Griefahn zu interessieren begann, an der Bielefelder Gruppe festhielt. Deshalb unterschrieb er am 18. November 1980 den Brief, mit dem die Registrierung von Greenpeace Deutschland beim Amtsgericht Bielefeld beantragt werden sollte. Die anderen Unterzeichner – und Vorstandsmitglieder – waren Alan Pickaver, ein Mikrobiologe, der für McTaggart bei Greenpeace International in Amsterdam arbeitete, Patrick Girard, ein französischer Student, der zum Greenpeace-France-Büro gehörte, sowie Parkinson und Dunkel.[20]

Greenpeace Deutschland war jetzt zwar ein eingetragener Verein, aber noch kein Mitglied von Greenpeace International. Deshalb hatte es auch keine Stimme im internationalen Vorstand. Allerdings war es nur eine Frage der Zeit, bis der deutsche Zweig diesen Status erreichte. In der Zwischenzeit war es McTaggart wichtig, sicherzustellen, dass die richtigen Leute Greenpeace Deutschland leiteten. Auch wenn McTaggarts Kenntnis der Umweltpolitik in Deutschland ziemlich begrenzt war, wusste er doch genug, um zu merken, dass die Kultur der deutschen Umweltschützer, vor allem die Orientierung an Basisdemokratie, jener von Greenpeace International entgegenstand. McTaggart war nicht gegen BIs an sich, er fand nur, dass Greenpeace als unabhängiger Elitekader von Aktivisten operieren müsse. Die einzige Massenbeteiligung, die sich McTaggart wünschte, war das massenhafte Spenden von D-Mark.

Zindler und Griefahn kristallisierten sich schnell als das richtige Team für den Job heraus. Beide waren Mitglieder von BIs und der örtlichen GAL gewesen, beide waren die langen Debatten und Diskussionen leid – den »politischen Scheiß«, wie es Zindler nannte –, die das Festhalten an basisdemokratischen Prinzipien mit sich brachte.[21] Weiter in McTaggarts Gunst stiegen sie dank Hans Guyt, einem Mitglied von Greenpeace Nederland, der Ratgeber und Überwacher der Blockade am 13. Oktober gewesen war. Guyt war sehr beeindruckt von Zindler und Griefahn und gab das an McTaggart weiter. Irgendwann Anfang 1981 beschlossen deshalb McTaggart und andere hochrangige Mitglieder von Greenpeace International, dass Hamburg zum Hauptquartier von Greenpeace Deutschland erklärt werden sollte. Seinem Wesen entsprechend hielt McTaggart es nicht für nötig, seinen Entschluss dem bestehenden Greenpeace Deutschland in Bielefeld mitzuteilen. Im Dezember 1980 war William Parkinson erkrankt, so dass Dunkel allein im Bielefelder Büro arbeiten und die verschiedenen Kontakte koordinieren musste, die in den vorangegangenen Monaten geknüpft worden waren. Dunkel beschrieb die Ereignisse Anfang 1981 folgendermaßen:

> Ende Januar 1981 stellte sich heraus, dass David McTaggart und einige andere (ohne William oder mich zu informieren!) die Verlegung des Büros und des Sitzes von Greenpeace-Deutschland nach Hamburg beschlossen hatten. Diese Entscheidung war ohne jede Rücksprache mit den Bielefelder Aktivisten getroffen worden, die bestürzt und ratlos mit ansehen mussten, wie Unterlagen und sämtliches Material plötzlich nach Hamburg abtransportiert wurden. Die Kränkung wirkte unter den Beteiligten in Bielefeld und Umgebung lange nach und führte zu einer rapiden Abnahme der Aktivität.[22]

Das Bielefelder Büro wurde Ende März geschlossen. Dunkel, Parkinson und zahllose andere, die sich hintergangen fühlten, spürten verständlicherweise wenig Neigung, für das neue Hamburger Büro zu arbeiten. Erst viele Jahre später fand Dunkel heraus, dass er und Parkinson trotz des Orts- und Führungswechsels bis Ende 1981 offiziell Vorstandsmitglieder von Greenpeace Deutschland geblieben waren. Wahrscheinlich war dies hauptsächlich einer Mischung aus Chaos und Nachlässigkeit zuzuschreiben. Doch die beiden wären rechtlich für die Aktionen von Greenpeace Deutschland verantwortlich gewesen – und auch für alle gerichtlichen Folgen –, obwohl sie vom Alltagsgeschäft der neuen Organisation entbunden waren.

In der Zwischenzeit fragte McTaggart bei Griefahn an, ob sie bereit wäre, für das gleiche Gehalt für Greenpeace zu arbeiten, das sie bei ihrem derzeitigen Arbeitgeber, dem CVJM Hamburg, bekam. Direkt im Anschluss an die Blockade hatte Griefahn von ihrem CVJM-Büro aus für Greenpeace gearbeitet. Das befand sich in einer prächtigen Villa an der Alster, in der Nähe des berühmten Hotel Atlantic, und war ein beeindruckender Ort für Myriaden von Journalisten, die zu Griefahn kamen, um mehr über Greenpeace zu erfahren. Da Hamburg der größte Medienstandort der Bundesrepublik war, verwundert es nicht, dass Greenpeace Deutschland schon sehr früh mit der Stadt assoziiert wurde. Neben Griefahn wurde auch Zindler eingestellt. Er bekam einen Teilzeitvertrag. McTaggart bekam mit beiden mehr als genug für sein Geld: Beide Aktivisten machten Überstunden und arbeiteten auch am Wochenende, um das neue Büro in Gang zu bringen, ein Netzwerk von Kontaktgruppen in ganz Westdeutschland zu etablieren und mit der Planung neuer Kampagnen zu beginnen.[23]

Das deutsche Büro befand sich jetzt zwar in den Händen von Leuten, die mit der Sichtweise von McTaggart und Greenpeace International übereinstimmten, doch die Debatte über Prinzipien der Basisdemokratie innerhalb von Greenpeace Deutschland ließ nicht lange auf sich warten. Da die meisten neuen Freiwilligen und Kontaktgruppenmitglieder aus BIs kamen, hatten sie sich ebendiesen Prinzipien verschrieben. Im Gegensatz zu McTaggart, Griefahn und Zindler waren sie nicht der Meinung, der Kampagnenstil von Greenpeace sei grundsätzlich unvereinbar mit einer eher egalitären Struktur und konsensorientierten Entscheidungsprozessen. Daher kamen fast umgehend Spannungen auf, die zu einer tiefen Spaltung führen sollten. Auf der einen Seite stand ein kleiner Kader mit Griefahn und Zindler an der Spitze und auf der anderen eine große Zahl Freiwilliger und Unterstützer, angeführt von einer Gruppe Unzufriedener innerhalb der Hamburger Büros.

Trotz dieser wachsenden Spannungen konnte das in Hamburg residierende Greenpeace Deutschland einige beeindruckende Kampagnen durchziehen, besonders gegen Umweltverschmutzung durch Chemiewerke im Hamburger Raum. Die Elbe, aus dem Südosten kommend, erreicht die zweitgrößte Stadt Deutschlands, verzweigt in einem komplexen Netz von Kanälen, Nebenarmen, Überschwemmungsgebieten und Marschen. 1980 war dies ein Gebiet mit vielfacher Nutzung. Hafenanlagen, Industrieunternehmen, Landwirtschaft und Naturschutzgebiete lagen teilweise beängstigend nahe nebeneinander. Hinsichtlich Umweltverschmutzung den größten Anlass zur Sorge gab in der Region damals ein Chemiewerk der Firma Boehringer, dem in Ingelheim ansässigen, multinationalen Unternehmen, das die drittgrößte Pharmaziegesellschaft in Deutschland war.[24] Seit den 1950er Jahren hatte das Unternehmen seine Abfälle, darunter das hochtoxische Hexachlorcyclohexan (HCH) und TCDD, in die Kanäle und Marschen der Umgebung entsorgt. Ende der 1970er wurde zunehmend klar, dass diese Kontaminierung ihren Preis forderte. 1979 gab es ein großes Fischsterben in einem der Kanäle, in die Boehringer mit HCH belastete Abfälle leitete. Den Bauern in der Nähe wurde verboten, ihr kontaminiertes Gemüse zu verkaufen, und einige berichteten von merkwürdigen Missbildungen und Todesfällen bei den Tieren. Außerdem wurde festgestellt, dass sich der HCH-Level bei Boehringer-Arbeitern binnen sechs Monaten verdoppelt hatte und der Schlamm in den Kanälen in Moorfleet bis zu 5 Prozent HCH enthielt.[25]

Verschiedene BIs hatten seit vielen Jahren gegen Boehringer protestiert, und obwohl die Medien über die Probleme berichtet hatten, zögerten die Politiker der von der SPD regierten Hansestadt offenbar, zu viel Druck auf die Firma auszuüben, weil man fürchtete, Boehringer würde das Werk schließen und anderswo neu errichten – was den Verlust mehrerer hundert Arbeitsplätze bedeutet hätte. Zindler und Griefahn waren gleichfalls schon einige Jahre in der Frage aktiv und beschlossen, dass eine Greenpeace-Gedankenbombe gerade das Richtige wäre, um der Kampagne Auftrieb zu geben. Bei einem Greenpeace-Treffen in Paris verkündete Zindler, er plane, zusammen mit einem anderen Aktivisten auf einen der Boehringer-Schornsteine zu klettern, ein Greenpeace-Banner zu entrollen und das Gelände so lange wie möglich zu besetzen. Zindler berichtete, dass mehrere Leute anfingen zu lachen, als er seinen Plan beschrieb, aber wahrscheinlich geschah das eher, weil dies etwas Neues war, und nicht, weil sie es für Blödsinn hielten. Doch Zindler war von vornherein entschlossen, die Aktion durchzuführen. Also begannen er, Griefahn und einige andere mit den Vorbereitungen.[26]

Am 24. Juni 1981 fuhren Zindler und sein Kletterpartner, ein arbeitsloser Maler namens Peter Krichel, in einem Kleinlaster auf das Boehringer-Gelände. Sie gaben an, dies sei ein Lieferwagen der Firma »Friedemann Grün«, woraufhin sie anstandslos hereingelassen wurden. Drinnen legten sie Schutzanzüge und Gasmasken an, dann kletterten sie auf den hohen Schornstein und entrollten ihr Banner, das das Greenpeace-Logo und eine Cree-Prophezeiung trug: »Erst wenn der letzte Baum gefällt, der letzte Fluss vergiftet und der letzte Fisch gefangen ist, werdet ihr merken, dass man Geld nicht essen kann.«

Umhüllt von giftigen Dämpfen, die der Schlot ausspuckte, klammerten sich Zindler und Krichel 26 Stunden lang an die Metallsprossen außen am Schornstein. Von unten machten Fotografen Dutzende von Aufnahmen. Einer der nicht abzusehenden Vorteile dieser Aktion war, dass die langen, schmalen Fotos von dem Schornstein bequem zusammen mit einem Artikel in eine Zeitungsspalte passten. Falls andere Greenpeacer bei der Vorstellung des Plans über Zindler gelacht hatten, dann taten sie das jetzt bestimmt nicht mehr. In der Folge wurde das Besetzen von Schornsteinen rund um die Welt zu einer regelmäßigen Greenpeace-Aktion. Und das breite Medienecho brachte der Anti-Boehringer-Bewegung erheblichen Auftrieb. Die Politiker begannen, die Sache ernst zu nehmen. Drei Jahre später, nach weiteren intensiven Kampagnen von BIs und der GAL, musste das Werk schließen. Laut der Zeitung *Die Welt* war dies das erste Mal, dass in der Bundesrepublik einer Firma wegen Umweltproblemen die Schließung verordnet wurde.[27]

Vier Monate nach der Besetzung von Boehringer organisierten Zindler, Griefahn und andere Aktivisten eine weitere Aktion gegen die Dünnsäureverklappung von Kronos Titan in der Nordsee. Greenpeace Nederland hatte kurz zuvor ein 30 Jahre altes holländisches Marineschiff gekauft, es aufpoliert und *Sirius* genannt. Am 13. Oktober 1981 folgte die *Sirius* dem Kronos-Titan-Schiff hinaus auf die Nordsee. Dort sprangen mehrere Aktivisten, die Schwimmwesten trugen und mit Leinen verbunden waren, ins Wasser und bildeten zusammen mit weiteren Aktivisten in Schlauchbooten eine Menschenkette vor dem Verklappungsschiff. Zindler gehörte zu den Leuten im Wasser, während Griefahn am Funkgerät saß und versuchte, den Kapitän der *Kronos Titan* zur Umkehr zu bewegen, ehe er einen Protestler verletzt oder umgebracht hätte. Das Gespräch dauerte eine ganze Weile, wobei der verärgerte Kapitän Griefahn beschimpfte und sie mehrfach als »alte Kuh«, »Xanthippe« oder Kommunistin bezeichnete, während Kameraleute und Fotografen das Geschehen aufzeichneten. Schließlich war das Schiff gezwungen, mit seiner Giftfracht nach Nordenham zurückzukehren.[28]

Der Zwischenfall mit dem Kapitän der *Kronos Titan* war für Griefahn relativ nebensächlich, gemessen an Auseinandersetzungen, die sie mit Mitgliedern von Greenpeace Deutschland hatte. Die Spannungen zwischen Leuten wie Griefahn und Zindler, für die Greenpeace eine straff strukturierte, hierarchische Organisation war, und jenen, die meinten, Umweltschutz sei unlösbar mit Basisdemokratie verbunden, bestanden, seit das Greenpeace-Büro von Bielefeld nach Hamburg verlegt worden war. Griefahn hatte solche Probleme vorhergesehen und neue Greenpeace-Mitglieder gewarnt, dass die Organisation weder eine Sozialbewegung noch eine BI sei. Und ebenso wenig wäre sie der Aktivistenarm der GAL. Deshalb hielt sie Leute davon ab, spontan Greenpeace-Kontaktstellen einzurichten. Es sei wichtig, dass es nur ein Greenpeace gäbe, das weltweit mit nur einer Stimme spräche. Um das zu erreichen, seien bestimmte Regeln, Verfahren und Hierarchien unvermeidlich. Wer für Greenpeace arbeiten wolle, könne dies nicht gleichzeitig für eine politische Partei tun, und ohne die Erlaubnis von Hamburg dürften weder Greenpeace-Flaggen eingesetzt noch Pressemitteilungen herausgegeben werden. Jeder/jede sollte sein/ihr Möglichstes für die Umwelt tun, betonte sie, aber nicht alles könne unter dem Greenpeace-Banner geschehen.[29]

Harald Zindler (links) und Peter Krichel (rechts) bei der Greenpeace-Aktion gegen die Hamburger Chemiefabrik Boehringer. Hamburg, Juni 1981.

Trotz Griefahns maßvollen Tons und ihrer plausiblen Argumente rieben sich viele Mitglieder in Hamburg und anderswo an der Hierarchievorstellung und zweifellos auch daran, dass ihr »Chef« eine willensstarke junge Frau war. Mitte 1982 steuerte die Angelegenheit auf einen kritischen Punkt zu. Die Kontaktstellen in Bremen, Münster, Kiel und Tübingen warfen Griefahn, die sowohl Vorstandsmitglied als auch Geschäftsführerin war, vor, sie habe zu viel Macht und würde die unfair und wahllos einsetzen. Greenpeace Deutschland möge ja beim Spendeneinwerben erfolgreich sein, warnten sie, aber für den langfristigen Erfolg der Organisation sei nicht Geld, sondern »Glaubwürdigkeit« entscheidend. Wenn die Medien von Greenpeace einmal genug hätten, welche Unterstützung würde dann noch bleiben? Doch nur die von Freiwilligen. Und deren Unterstützung, so betonten die Kritiker, würde wegen Griefahns selbstherrlichen Füh-

Greenpeace-Aktivisten protestieren gegen die Hamburger Chemiefabrik Boehringer und halten den Schornstein 26 Stunden lang besetzt. Hamburg, Juni 1981.

rungsstils und des Fehlens von Abstimmungen und Entscheidungen gemeinsam mit der Basis bröckeln.[30]

Verschärft wurden die Spannungen mit der Ankunft von Imre Kerner, einem medienbekannten Chemie-Kampagnen-Macher, im Juli 1982. In den 1970er Jahren hatte der promovierte Chemiker, der 1956 aus seiner Heimat Ungarn geflohen war, bei Sandoz in Basel gearbeitet. Nachdem entdeckt worden war, dass das Sandoz-Werk in New Jersey Produkte herstellte, die mit polychlorierten Biphenylen (PCB) kontaminiert waren, hatte Kerner von seinem Chef den Auftrag bekommen, herauszufinden, ob im Werk Basel die gleichen Probleme bestünden. PCB ist ein schwer flüchtiger organischer Schadstoff, der 1979 vom US-Kongress und 2001 durch die Stockholmer Konvention weltweit verboten wurde. Kerners Untersuchung kam zu dem Ergebnis, dass Basel dieselben Probleme hatte. Doch als er versuchte, seine Firma zu einer Änderung beim Produktionsprozess zu überreden, stieß er auf Widerstand. Seine Kollegen fürchteten um ihre Karrieren, und das Management wollte nicht in ein profitables Geschäft eingreifen. Kerner wollte sich damit nicht zufriedengeben und musste gehen. Daraufhin verlegte er sich auf die Untersuchung der Umweltverbrechen der chemischen Industrie. Nach zwei Jahren beim deutschen Umweltbundesamt nahm er eine Stelle bei Greenpeace an. Dort wurde die Gewinnung eines so prominenten Wissenschaftlers und Aktivisten als Bestätigung dafür gesehen, welchen Rang und welche Wirkung die Organisation in der deutschen Umweltbewegung beanspruchen konnte.[31]

Doch tatsächlich verschärfte Kerners Antritt in Hamburg nur die Spannungen zwischen der Basis und der Führungsgruppe um Griefahn und Zindler. Laut Kerners Analyse war das Hauptproblem von Unternehmen wie Sandoz eine rigide hierarchische und autoritäre Struktur, die sowohl Kreativität erstickte als auch Meinungsunterschiede vertuschte. Greenpeace wies seiner Meinung nach eine ähnliche Struktur auf. Kerner, der eine mindestens ebenso starke Persönlichkeit wie Griefahn und zudem 15 Jahre älter war, bestand darauf, dass sich dies für eine Umweltorganisation überhaupt nicht gehörte. Mit dieser Auffassung wurde er sofort zum Stimmführer der desillusionierten Basis, stritt sich ständig mit Griefahn und verlangte, dass sich die Organisation ändern müsse. Laut Griefahn äußerte Kerner seine heftige Kritik häufig in einem aggressiven Ton. Einmal, als Zindler auf der *Sirius* an einer Aktion beteiligt war, blockierte Kerner das Funkgerät des Schiffs, »um Harald aus der Aktion rauszuholen. Er sollte zurück ins Büro kommen, um über Strukturen zu reden!« Und Gerhard Wallmeyer, den Finanzchef von Greenpeace Deutschland, ein guter Freund von Griefahn und Zindler, bedrohte Kerner auch körperlich. Daher sah Griefahn keinen anderen Ausweg, als ihn nicht einmal zwei Monate nach seinem Antritt rauszuwerfen.[32]

Doch Kerner ging nicht einfach so ohne weiteres. Er griff Griefahns Führungsstil und die hierarchischen Strukturen von Greenpeace weiter an, was ihm Sympathie und Unterstützung der Unzufriedenen einbrachte. Der Streit wurde publik, als Kerner und andere die Presse informierten. Größere Zeitungen und Magazine wie *Die Zeit* und *Der Spiegel* untersuchten den Ärger bei Greenpeace Deutschland in längeren Artikeln. Besonders interessiert an dem Konflikt war die linke *Tageszeitung*, die im Umfeld verschiedener Sozialbewegungen der 1970er entstanden war. Sie widmete ihm viele Seiten und räumte beiden Parteien viel Platz ein. Kerner wolle, so erklärte Griefahn der *taz*, eindeutig »selbst die Hose anhaben«, und sein Verhalten im Büro sei nicht hinzunehmen. Kerner wiederum verklagte Greenpeace beim Arbeitsgericht.[33]

Die Angelegenheit beherrschte auch die Vorstandssitzung von Greenpeace Deutschland im August 1982. McTaggart hörte sich Griefahns wie Kerners Version der Geschichte an. Dabei forderte Kerner, Greenpeace solle einen neuen

Vorstand wählen, der größer und repräsentativer sei. Statt drei Vertreter von Greenpeace International und zwei Angehörigen der Führung von Greenpeace Deutschland, wie das seinerzeit der Fall war, wollte Kerner zwei Leute von International, zwei aus dem Hamburger Büro, drei prominente Außenstehende sowie drei Büromitarbeiter im Vorstand haben. Er schlug auch vor, dass bei wichtigen Kampagnen und Führungsproblemen alle Mitarbeiter und Mitglieder darüber abstimmen könnten, wobei eine Zweidrittelmehrheit gelten sollte. Die Geschäftsführung dürfe nur dann ein Veto gegen diese Entscheidungen einlegen, wenn sie den Richtlinien des Vorstands von Greenpeace International zuwiderliefen. Dass McTaggart nicht das geringste Interesse an einem derart komplizierten und möglicherweise zu Chaos führenden Entscheidungsprozess hatte, überrascht nicht. Er hatte seine Entscheidung in Wahrheit schon vor der Sitzung getroffen und hörte Kerner und den anderen nur zu, um sie zu besänftigen. Dabei konnte er seine Ungeduld kaum verbergen.

Jedenfalls haben Monika und ihr Team hervorragende Arbeit beim Aufbau von Greenpeace Deutschland geleistet, und nun soll sie abgewählt werden, weil es da ein paar Leute gibt, die meinen, die Organisation sei nicht basisdemokratisch genug und würde zu professionell. Ich sehe das anders, aber ich muss zuhören. Die Sitzung in Hamburg dauert sechs Stunden. Die Verfechter der Basisdemokratie bestehen darauf, dass alles auf Deutsch verhandelt wird, also brauche ich für jedes Wort einen Dolmetscher. Ich starre aus dem Fenster eines dieser langen, sterilen Sitzungsräume und denke, dass die Elbe, die draußen vorbeifließt, wesentlich schneller ist.[34]

Das vorhersehbare Ergebnis der Sitzung war, dass sich McTaggart und die anderen Vertreter des Vorstands von Greenpeace International hinter Griefahn stellten, die erneut zur Geschäftsführerin bestellt wurde. Außerdem wählte man einen neuen fünfköpfigen Vorstand, der aus Iring Fetscher, dem prominenten Professor für Politikwissenschaft und Sozialphilosophie an der Universität Frankfurt, Patrick Moore sowie zwei Mitgliedern von Greenpeace France und einem von Greenpeace UK bestand.[35]

Auch wenn die Spannungen zwischen der Griefahn- und der Kerner-Fraktion weiter bestanden, war die Schlacht nach dieser Sitzung offiziell vorbei. Und man kann eigentlich davon ausgehen, dass die Basis nie eine Chance hatte, sie zu gewinnen, wenn man sich die Greenpeace-Geschichte anschaut. Die Vancouver-Hippies, die selbst ideologisch einer Basisdemokratie nahestanden, hatten dieses Ideal bereits viele Jahre zuvor aufgegeben. Für eine Organisation, die eine sorgfältige, manchmal geheime Planung und schnelle, flexible Entscheidungen verlangte, seien Professionalisierung und eine hierarchische Struktur unerlässlich. So jedenfalls ihre Schlussfolgerung. Und mit McTaggarts Vorherrschaft war natürlich die Festlegung auf ein professionelles Modell weiter gefestigt worden. Allmählich akzeptierten Kerner und die anderen Dissidenten die Tatsache, dass es ihnen nie jemals gelingen würde, eine von der Bürgerinitiativbewegung inspirierte, grüne Politik deutschen Stils bei Greenpeace zu etablieren. Die Kontaktstelle Bremen verlieh dieser verlorenen Hoffnung Ausdruck – und versetzte gleichzeitig Griefahn einen letzten Hieb –, indem sie einen schwarzen Sarg mit einem indianischen Motiv und dem Greenpeace-Logo von einer Kirche bis an das Weserufer trugen. Außerdem gründeten sie eine neue Gruppe, von der sie hofften, den Proteststil von Greenpeace mit der Politik und Struktur einer BI verbinden zu können. Hätten sie Burson-Marsteller, die weltweit agierende PR-Firma, konsultiert, deren Inanspruchnahme durch Greenpeace sie kritisierten, hätten sie vielleicht einen überzeugenderen Namen als »Robin Wood« gefunden.[36]

Ende 1982, nachdem man den Streitpunkt Strukturierung mehr oder weniger hinter sich gelassen hatte, begann für Greenpeace Deutschland eine Zeit rasanten Wachstums und beeindruckender Kampagnen. Anfang 1982 hatte die Organisation 3000 zahlende Unterstützer, am Jahresende lag ihre Zahl bei 8000. Und für das folgende Jahr rechnete Griefahn mit einem Anstieg auf 12 000.[37] Eine Unterstützerin war Grünen-Star Petra Kelly, die Greenpeace bewunderte: »Sie zeigen uns Auswege aus der Ohnmacht.«[38] Und bis 1986 hatte sich gezeigt, dass David McTaggarts ursprünglicher Optimismus hinsichtlich Greenpeace Deutschland – und sein relativer Pessimismus hinsichtlich Greenpeace France – gerechtfertigt waren: »Greenpeace zählt in Frankreich weniger als 6000 Mitglieder, in der Bundesrepublik fast 80 000.«[39]

Das rasche Wachstum bei Mitgliedern wie beim Spendenaufkommen bedeutete, dass Greenpeace alle möglichen neuen Kampagnen planen und auch in Ausrüstung und Personal investieren konnte, um anspruchsvollere Aktionen durchzuziehen. Bereits 1982 hatten Griefahn und Zindler den Plan, ein kleines Schiff zu kaufen, das – ausgerüstet mit einem Chemielabor – über die nordeuropäischen Flüsse und an den Küsten entlangtuckern und die Inhaltsstoffe von Abwässern analysieren sollte, die die Schwerindustrie einleitete. 1984 konnte man dann, dank eines Benefizkonzerts von Udo Lindenberg und Marius Müller-Westernhagen, für 120 000 DM ein 24 Jahre altes Feuerlöschschiff kaufen, das in *Beluga* umgetauft wurde. Es enthielt »eine selbstinstallierte, technisch hochwertige Bootsausstattung«, von der, so *Der Spiegel*, »amtliche Umweltschützer nur träumen«.[40] Und 1985 waren die Kampagnen von Greenpeace Deutschland zu einem solchen Schrecknis für Chemieunternehmen geworden, dass eine führende Industriezeitschrift des Landes die Notwendigkeit sah, den Managern Hilfestellung anzubieten, wie sie reagieren sollten, »Wenn Greenpeace kommt«.[41]

Angesichts der Maxime von Greenpeace Deutschland, überparteilich zu sein und bei einem möglichst großen Teil der Bevölkerung Anklang zu finden, konnten die Kampagnen gegen die chemische Industrie manchmal problematisch sein. Die Zahl der Industriebosse war relativ klein, und keine noch so massive PR würden sie je in den Augen der Öffentlichkeit sympathisch erscheinen lassen. Doch die deutsche chemische Industrie bot mehr als einer halben Million Arbeitern Lohn und Brot. Und deshalb war es ein Grund zur Sorge, als die Gewerkschaft, die IG Chemie, begann, von »radikalen Umweltschützern« zu sprechen, die die Arbeitsplätze ihrer Mitglieder gefährdeten.[42] Unter diesem Aspekt boten die Kampagnen gegen das Abschlachten von Wildtieren – insbesondere Wale und Robben – einen gewissen Ausgleich für solche Kritik und sorgten dafür, dass der Organisation Leute weiterhin gewogen blieben, die, wie es Griefahn formulierte, »von anderen Greenpeace-Kampagnen vielleicht nicht so leicht angezogen würden«.[43] Manche Kritiker haben das als zynisches Ausnutzen der Attraktivität interpretiert, die große, von Charisma umgebene Säugetiere auf die breite Masse ausüben. Doch diese Sicht simplifiziert zu stark. Es ist absolut möglich, dass sich Menschen einer Sache ehrlich verschrieben haben und sie gleichzeitig für pragmatischere Zwecke instrumentalisieren.

Neben der Verseuchung durch Chemieabfälle waren im ersten Jahrzehnt von Greenpeace Deutschland Atomwaffen und Atomkraft das Thema großer Kampagnen. Wieder musste Greenpeace vorsichtig auftreten, denn der Anti-Atom-Protest war in der Bundesrepublik fest mit der politischen Linken und manchmal auch radikalen Gruppen verbunden, deren Anspruch auf Gewaltfreiheit zweifelhaft war. Griefahn und Zindler waren der Meinung, Greenpeace Deutschland könnte verhindern, der radikalen Linken zugeordnet zu werden, indem man »Protestaktionen immer in Ost und West« durchführte.[44] Im August 1983 wurde dieser Grundsatz in die Praxis umgesetzt, als Greenpeace mit einem Heißluftballon von West-Berlin nach Ost-Berlin flog und dort landete. Gesteuert wurde der Ballon von Gerd Leipold, einem früheren wissenschaftlichen Mitarbeiter am Max-Planck-Institut für Meteorologie in Hamburg, und John Sprange von Greenpeace UK. Leipold zufolge, der sich lange Jahre als Aktivist einsetzen und Leiter sowohl von Greenpeace Deutschland als auch Greenpeace International werden sollte, war »Berlin … der einzige Platz der Welt, an dem wir gleichzeitig gegen die Atomtests von vier Atommächten demonstrieren konnten«.[45]

Zusätzlich zu ihrer Arbeit bei Greenpeace International spielte Griefahn auch eine führende Rolle 1989 bei der Einrichtung eines Greenpeace-Büros in der Sowjetunion. Die Greenpeace-Kampagnen gegen die UdSSR reichten zurück bis zum Beginn der Proteste gegen den Walfang Mitte der 1970er. Eine Gruppe nordamerikanischer Greenpeacer schaffte es 1983, mit der *Rainbow Warrior* bei einer sowjetischen Walfangstation in Sibirien anzulegen. Ihr Ziel war, zu beweisen, dass die Station Lorino, von der die Sowjets behaupteten, sie sei eine Firma der einheimischen Inuit und deshalb nach den Richtlinien der IWC erlaubt, in Wahrheit ein Industrieunternehmen war, das billiges Futter für sibirische Pelzfarmen produzieren sollte. Mehrere Aktivisten drangen in die Walfangstation ein und verteilten Anti-Walfang-Broschüren an die Arbeiter, ehe sie verhaftet wurden. Die sowjetischen Behörden verständigten umgehend das US-Außenministerium, und nach einer kurzen Zeit in Gewahrsam, während der man sie gut behandelte, wurden die Gefangenen wieder freigelassen.[46]

Im Rahmen von Gorbatschows Perestroika-Politik wurden ab Mitte der 1980er die Beschränkungen gelockert, denen Aktivisten und Sozialbewegungen in der Sowjetunion unterworfen waren. McTaggart war überzeugt, dass Greenpeace das ausnutzen, sich in Moskau etablieren und dabei auch dazu beitragen könnte, die Umweltbewegung im sowjetisch dominierten Block zu initiieren. Ende der 1980er, als die Sowjetunion langsam auseinanderfiel, war McTaggart über vierzig Mal in Moskau. Dank seiner Freundschaft mit Jewgeni Welichow, dem stellvertretenden Direktor der Sowjetischen Akademie der Wissenschaften, bekam er Zugang zu einflussreichen Mitgliedern der Regierung Gorbatschow und sogar zu Gorbatschow selbst. 1988 gaben ihm die Behörden grünes Licht. Daraufhin organisierte er ein Rockkonzert in Moskau, bei dem einige der bekanntesten Musiker des Westens auftraten, beispielsweise U2 und Bryan Adams. Der Erlös des Konzerts und eines zugehörigen Albums wurde für die Einrichtung des Greenpeace-Büros in Moskau verwendet.[47]

Die Person, die McTaggart mit dem Aufbau des neuen sowjetischen Büros betraute, war Monika Griefahn. Das war allerdings ein bisschen kompliziert, weil Griefahn 1988 ihr erstes Kind bekommen hatte, dessen Vater aber nicht Zindler war. 1986 hatte sie Michael Braungart geheiratet, einen Chemiker, der bei mehreren Kampagnen mit Zindler zusammengearbeitet hatte, ehe er merkte, dass er sich in dessen Freundin verliebt hatte. Obwohl ihm diese Entwicklung zu schaffen machte, ließ es Zindler nicht zu, dass sie seine Arbeit beeinflusste, und pflegte weiterhin ein gutes Arbeitsverhältnis zu Griefahn. Im März 1989 ging Griefahn auf Bitten von McTaggart mit ihrem kleinen Sohn für neun Monate nach Moskau. Mit Welichow und der Hilfe von McTaggart begann sie, ein Büro zu organisieren, in der gesamten UdSSR eine Reihe von Kontakten aufzubauen und Mitglieder zu gewinnen. In diesem Sommer stellte Greenpeace mit einer Feier in Leningrad der Welt stolz seine neue sowjetische Sektion vor. Höhepunkt war der Besuch der neuen *Rainbow Warrior*, die sich auf ihrer Jungfernfahrt befand. Bezahlt worden war das eindrucksvolle Schiff mit Geldern aus der Millionen-Dollar-Abfindung, die die französische Regierung geleistet hatte, nachdem ihre Agenten die ursprüngliche *Rainbow Warrior* 1985 im Hafen von Auckland in die Luft gesprengt hatten. Als das Schiff in Leningrad einlief, war der Journalist Jürgen Streich mit an Bord. Fünf Jahre zuvor war er Zeuge einer Greenpeace-Aktion in der DDR gewesen, bei der die *Sirius*

von Kriegsschiffen unfreundlich empfangen worden war. Nun lief ich mit der *Rainbow Warrior* in den Hafen von Leningrad ein, wurden die Regenbogen-Kämpfer von den sowjetischen Behörden anständig behandelt, von den Medien mit Neugier erwartet und von vielen Bürgern Leningrads besucht. Die Perestroika wirkte.[48]

Der Vorsitzende von Greenpeace UdSSR, Alexej Jablokov, und Monika Griefahn vor der *Rainbow Warrior II*. Leningrad, Juli 1989.

Leider steht diese freundliche – oder zumindest nicht feindselige – Haltung der sowjetischen Behörden damals in starkem Gegensatz zu dem, was im Herbst 2013 im postsowjetischen Russland abläuft. Russische Behörden haben 30 Greenpeace-Aktivisten verhaftet, weil sie gegen eine Bohrinsel in der Arktis protestiert haben. Die Bohrinsel gehört Gazprom, dem überwiegend in Staatsbesitz befindlichen Ölförderkoloss, und den Aktivisten wurde Piraterie vorgeworfen. Das hätte eine Gefängnisstrafe von bis zu 15 Jahren bedeuten können. Kumi Naidoo, der Geschäftsführer von Greenpeace International, hat dies als schlimmsten »Anschlag« auf Greenpeace seit dem französischen Angriff 1985 auf die *Rainbow Warrior* bezeichnet.[49] Dies ist wahrlich nicht das erste Mal, dass sich Greenpeace-Aktivisten einer gefährlichen Gegenreaktion ausgesetzt sehen. Die Bedrohung ist immer dann besonders groß, wenn es um Sicherheitseinrichtungen oder strategische Interessen mächtiger Staaten geht – und gewiss nicht nur solcher, in denen autoritäre Regime herrschen. Beispielsweise wurden im Juli 2001 Greenpeace-Aktivisten verhaftet, weil sie im Rahmen der Kampagne gegen den sogenannten »Star Wars«-Raketenabwehrschirm widerrechtlich die Vandenberg Air Force Base in Kalifornien betreten haben. 17 Protestler wurden eines Verbrechens der Klasse D angeklagt, was für jeden bis zu sechs Jahren Gefängnis hätte bedeuten können. Letztlich wurde die Anklage auf »Vergehen« heruntergestuft, aber im Gegenzug musste Greenpeace zusagen, jegliche Form zivilen Ungehorsams gegenüber Militäreinrichtungen einzustellen, die an dem »Star Wars«-Programm beteiligt waren.[50] Es ist zu vermuten, dass die »Arctic 30« in Russland ein ähnlicher Verlauf erwartet. Doch solange solche Situationen in der Schwebe bleiben, muss man immer fürchten, dass diesmal eine Regierung ihre Drohung wahrmacht und wirklich eine größere Strafe gegen Greenpeace verhängt. Auf alle Fälle ist die Angelegenheit geeignet, uns daran zu erinnern, dass wir, egal, was wir vom Greenpeace-Standpunkt halten, den Mut der Aktivisten und das Ausmaß an Risiko, dem sie sich regelmäßig aussetzen, nicht unterschätzen dürfen.

In allen 1980er Jahren bildeten Griefahn, Zindler, Wallmeyer und Leipold die Kerngruppe von Greenpeace Deutschland und hatten zudem wichtige Positionen bei Greenpeace International inne. 1990 konnte der deutsche Zweig dann rund 400 000 Mitglieder vorweisen, die 25 Millionen DM beitrugen, so dass über 80 Stellen in Hamburg und anderswo finanziert werden konnten. Und Anfang der 1990er hatte Greenpeace Deutschland die USA als größte und reichste Sektion der Greenpeace-Familie überholt. Zindler und Wallmeyer blieben über 30 Jahre bei der Organisation. Leipold war 1990 gegangen, kehrte 2001 aber als Geschäftsführer von Greenpeace International zurück. Diese Position hatte er bis 2009 inne. Monika Griefahn nutzte ihre Medienprominenz für eine erfolgreiche politische Karriere, zuerst als Umweltministerin in Gerhard Schröders SPD-Regierung in Niedersachsen (1990–1998) und dann als Bundestagsabgeordnete der SPD (1998–2009).

Insgesamt betrachtet, stellt das erste Jahrzehnt von Greenpeace Deutschland eine bemerkenswerte Erfolgsgeschichte dar. Trotz der anfänglichen Reibereien mit der Kultur der Bürgerinitiativen, die die westdeutsche Umweltschutzbewegung bestimmte hatte, führten Griefahn und Zindler – mit gewisser Hilfe von McTaggart und anderen internationalen Greenpeacern – Greenpeace rasch in die vorderste Reihe der deutschen Umweltbewegung. Und auch wenn McTaggarts Entschluss, eine deutsche Zweigstelle zu eröffnen, ursprünglich vielleicht nur von der Aussicht auf Millionen von D-Mark bestimmt worden war, wurde doch rasch klar, dass die deutschen Aktivisten zu den engagiertesten, fähigsten und am besten organisierten Mitgliedern der Greenpeace-Familie gehörten. Ihre optisch so eindrucksvollen Kampagnen machten sie zu Lieblingen der Medien und vermittelten das gute Gefühl, dass da jemand existiert, der Industrie und staatliche Kontrollbehörden dazu bringt, auf dem Pfad der Tugend zu bleiben. Und ihre Kampagnen erbrachten wahrlich handfeste Ergebnisse: So musste etwa Boehringer sein Werk in Hamburg 1984 schließen, und die Hersteller von Titandioxid willigten ein, die Dünnsäureverklappung zum Ende des Jahrzehnts einzustellen. Auch wenn es schwierig ist, genau zu bestimmen, in welchem Maß diese Erfolge Greenpeace oder anderen Gruppen zu verdanken waren, etwa den BIs, die auf nachhaltigere, aber nicht so medienwirksame Weise dafür gearbeitet hatten, lässt sich doch schlecht sagen, dass die medienwirksamen Protestaktionen von Greenpeace Deutschland keine entscheidende Rolle spielten. Mehr noch: Die bloße Existenz von Greenpeace – und die nachhaltige Bedrohung, die die Organisation für Umweltsünder darstellt – hat zweifellos erheblich zu den Verbesserungen des Umweltschutzes in den letzten drei Jahrzehnten beigetragen. Egal, welchen politischen Standpunkt man einnimmt, diese Leistung verdient alle Anerkennung.

Anmerkungen

Einleitung

1 Robert Hunter, Warriors of the Rainbow: A Chronicle of the Greenpeace Movement. New York 1979, 131.
2 U.S. Congress, House, Committee on Merchant Marine and Fisheries, Subcommittee on Fisheries and Wildlife Conservation Hearings, Marine Mammals, 91st Cong., 1st sess. (9., 13., 17. und 23. September 1971), 65–66.
3 *Der Spiegel* bezeichnete Greenpeace tatsächlich einmal als »McDonald's der Umweltszene«. Siehe den gleichnamigen Artikel in: *Der Spiegel* 38/1991, 87. Eine Liste der Länder, in denen Greenpeace derzeit vertreten ist, findet sich unter: http://www.greenpeace.de/ueber_uns/greenpeace_ist_international/ (aufgerufen am 18.6.2013).

1. Kapitel: Den Mächtigen die Wahrheit ins Gesicht sagen

1 Denis Bell, Story of the Greenpeace-Makers, in: Vancouver Province, 5.3.1977, 5.
2 Stowe hieß ursprünglich Irving Strasmich. Er änderte den Namen erst, als seine Familie in den 1960er Jahren nach Neuseeland zog. Um der Einheitlichkeit willen und um Verwirrungen zu vermeiden, bezeichne ich ihn und seine Frau Dorothy durchgängig mit dem angenommenen Namen.
3 Interviews des Autors mit Bob Hunter (Toronto, 24.7.2000) und Dorothy Stowe (Vancouver, 11.4.2000).
4 Stowe-Interview.
5 Ebd.
6 Joseph Kip Kosek, Richard Gregg, Mohandas Gandhi, and the Strategy of Nonviolence, in: Journal of American History 91, März 2005, 1318–1348.
7 Michael J. Yavenditti, The American People and the Use of Atomic Bombs on Japan: The 1940s, in: Historian 36, Februar 1974, 224–225; Paul Boyer, By the Bomb's Early Light: American Thought and Culture at the Dawn of the Atomic Age. New York 1985, 182–185.
8 Lawrence S. Wittner, Rebels Against War: The American Peace Movement, 1933–1983. Philadelphia 1984, 246.
9 Zitiert in Roger C. Peace III, A Just and Lasting Peace: The U.S. Peace Movement from the Cold War to Desert Storm. Chicago 1991, 27.
10 Albert Bigelow, The Voyage of the *Golden Rule*: An Experiment with Truth. Garden City, NY 1959, 24.
11 Ebd., 112 u. passim.
12 Ebd., 117, 149, 162.
13 Earle Reynolds, The Forbidden Voyage. New York 1961, 28.
14 Ebd., 24, 65.
15 Wittner, Rebels Against War, 262; Robert Cooney, Helen Michalowski, Power of the People: Active Nonviolence in the United States. Philadelphia 1987, 140–141; Charles DeBenedetti, Peace Reform in American History. Bloomington, London 1980, 161.

16 Robert A. Divine, Blowing on the Wind: The Nuclear Test Ban Debate, 1954–1960. New York 1978, 262–280.
17 Stowe-Interview.
18 Ebd.
19 Ebd.
20 Ebd.
21 Myrna Kostash, Long Way from Home: The Story of the Sixties Generation in Canada. Toronto 1980, 42–43.
22 Stowe-Interview.
23 Interview mit Jim Bohlen am 20.4.2000 auf Denman Island, British Columbia.
24 Jim Bohlen, Making Waves: The Origins and Future of Greenpeace. Montreal 2001, 4–8.
25 Bohlen-Interview.
26 Ebd. Die Gästehütte, in der mich die Bohlens während meines Besuchs freundlicherweise unterbrachten, war ebenfalls eine geodätische Kuppel. Ich habe gut darin geschlafen.
27 Bohlen, Making Waves, 16.
28 Ebd., 17.
29 Bohlen-Interview.
30 Bohlen, Making Waves, 18.
31 Ralph H. Lutts, Chemical Fallout: Rachel Carson's *Silent Spring*, Radioactive Fallout, and the Environmental Movement, in: Environmental Review 9 (Herbst 1985), 210–225; Michael Egan, Barry Commoner and The Science of Survival: The Remaking of American Environmentalism. Cambridge, MA 2007.
32 Bohlen-Interview.
33 Bohlen, Making Waves, 21.
34 Bohlen-Interview.
35 Ebd.
36 Ebd.
37 Kostash, Long Way from Home, 42.
38 Brian D. Palmer, Canada's 1960s: The Ironies of Identity in a Rebellious Era. Toronto 2009, 270–273.
39 Ebd., 43–49; Interviews mit Bohlen und Stowe.

2. Kapitel: Die Feinde der Anarchie

1 Bohlen-Interview.
2 Korrespondenz des Autors mit Simmons, August 2001.
3 Bohlen, Making Waves, 25; Bohlen-Interview.
4 Bohlen, Making Waves, 25; Bohlen-Interview.
5 Stowe an William E. Graham, Stadtplanungsleiter von Vancouver, (1.8.1970), Bd. 2, Ordner 7, Greenpeace Foundations Fonds, Vancouver City Archive (künftig als GPF zitiert); Interview mit Dorothy Stowe.
6 Petition von United For Survival, abgedruckt im *Georgia Straight*, 26.03.1969. Hervorhebung im Original.
7 Viveca Ohm, »Greenpeace«, *Northword*, Juli 1971, 36.
8 *Daily Colonist*, 28.2.1971; Interviews mit Hunter und Bohlen.
9 Stowe, »Greenpeace is Beautiful«, *Georgia Straight*, 23.–30.9.1970.
10 Stowe, »Greenpeace is Beautiful«, *Georgia Straight*, 15.–22.7.1970 (Hervorhebung im Original).
11 Stowe, »Greenpeace is Beautiful«, *Georgia Straight*, 23.–30.9.1970, 12.–19.8.1970, 9.–16.9.1970, 16.–23.9.1970; Interview mit Stowe im *Georgia Straight*, 11.–18.11.1971.

12 Theodore Roszak, Gedanken über die technokratische Gesellschaft und die Opposition der Jugend. Düsseldorf, Wien 1971; Charles Reich, Die Welt wird jung: Der gewaltlose Aufstand der neuen Generation. Wien u. a. 1971.
13 Hunter-Interview.
14 Ebd.; Joan Ruddock, CND Scrapbook. London 1987, 22–30.
15 Hunter, Erebus. Toronto 1968. Hunter arbeitete nach seinem Highschool-Abschluss tatsächlich in einem Schlachthof. Auf diese Weise wollte er »Lebenserfahrungen« sammeln, die er literarisch verwerten konnte.
16 Hunter-Interview.
17 Ebd.
18 Ebd.; Frederick S. Perls, Gestalt-Therapie in Aktion. Stuttgart 1974.
19 Robert Hunter, The Enemies of Anarchy. Toronto 1970, 96.
20 Ebd., 214.
21 Robert Hunter, The Storming of the Mind. Toronto 1971, 16, 42; s. auch Herbert Marcuse, Der eindimensionale Mensch. Studien zur Ideologie der fortgeschrittenen Industriegesellschaft. Neuwied 1967.
22 Hunter, Storming of the Mind, 111–112.
23 Ebd., 124, 117.
24 Ebd., 183, 181.
25 Paul Shepard, Introduction: Ecology and Man – a Viewpoint, in: Paul Shepard, Daniel McKinley (Hrsg.), The Subversive Science: Essays Toward an Ecology of Man. New York 1969.
26 *Vancouver Sun*, undatierter Ausschnitt, GPF 6(2).
27 Fred Turner, From Counterculture to Cyberculture: Stewart Brand, the Whole Earth Network, and the Rise of Digital Utopism. Chicago 2006, 5; Andrew G. Kirk, Counterculture Green: The Whole Earth Catalog and American Environmentalism. Lawrence 2007.
28 Hunter, Storming of the Mind, 221; Enemies of Anarchy, 216–217.
29 Hunter, Storming of the Mind, 221, 216–218.

3. Kapitel: Die kanadische Feuerprobe

1 Kostash, Long Way from Home, 121–123.
2 Bericht des Special Committee of Council Regarding Hippie Situation, 10.10.1967, Mayor's Office Fonds, 45-B-5 (10); Hank Vogel an den Bürgermeister, 29.6.1970, Mayor's Office Fonds, 45-E-1(34).
3 Zitiert nach: David Farber, Chicago '68. Chicago 1988, 10–11, 20. Großbuchstaben im Original.
4 Farber, Chicago '68, 14–15. S. auch Hoffmans Autobiografie, Soon to Be a Major Motion Picture. Auch wenn Hunter in seinen Büchern zur Bewusstseinsrevolution der Yippie-»Philosophie« wenig Raum widmet, räumte er doch ein, dass Rubin und Hoffman einen beträchtlichen Einfluss auf ihn wie auf andere Gegenkultur-Aktivisten in Vancouver hatten. Interview des Autors mit Hunter.
5 Eine Zusammenfassung findet sich in der Studentenzeitung *Ubyssey* vom 22.10.1968. Bob Hunter war unter den Teilnehmern. Hunter-Interview; Interview des Autors mit Rod Marining, North Vancouver, 16.4.2000.
6 Marining-Interview.
7 Kostash, Long Way from Home, 134–135.
8 Interview mit Paul Watson, Friday Harbor, Washington, 12.5.2000.
9 Interview mit Dan McLeod, Vancouver, 10.4.2000.

10 Mehr über SAVE findet sich im *Georgia Straight*, 1.–7.7.1970, 14. Das Zitat stammt aus der Ausgabe 25.3–1.4.1970, 3.
11 Marining-Interview; Interview mit Ben Metcalfe, Shawnigan Lake, Vancouver Island, 9.5.2000.
12 Metcalfe-Interview.
13 Ebd., Metcalfes Artikel über seine LSD-Erfahrung erschien am 2.9.1959 in der *Vancouver Province*. S. auch Jay Stevens, Storming Heaven: LSD and the American Dream. New York 1987, 175–176.
14 Metcalfe-Interview. Ein Foto eines dieser Plakate ist abgedruckt in: Rex Weyler, Greenpeace: How a Group of Ecologists, Journalists, and Visionaries Changed the World. Vancouver 2004, 186.
15 Metcalfe, »The Great MacBean«, 12.1.1970. Transkription nach Privatunterlagen von Metcalfe.
16 Zitiert nach: Phyllis Webb, Protest in Paradise, MaClean's, Juni 1973, 38.
17 Interview mit Patrick Moore, Vancouver, 14.4.2000.
18 Moore-Interview. Das Zitat stammt aus: Patrick Moore, Confessions of a Greenpeace Dropout: The Making of a Sensible Environmentalist. Vancouver 2010, 43.
19 *Georgia Straight*, 21.–28.6.1970, 9.
20 *Time*, 15.8.1969. Im Internet unter http://www.time.com/time/magazine/article/0,9171, 901238-2,00.html (aufgerufen am 16.8.11); Moore-Interview.
21 Patrick Albert Moore, The Administration of Pollution Control, 65; Moore-Interview; Moore, Confessions, 43–45. Der Begriff »subversive Wissenschaft« wurde von dem Ökologen Paul Shepard geprägt.
22 Hunter, *Vancouver Sun*, 24.9.1969.
23 Paul Jacobs, The Coming Atomic Blast in Alaska, *New York Review*, 22.7.1971, 34–35.
24 *Vancouver Sun*, Editorial, 3.10.1969.
25 Hunter, Warriors, 6.
26 *Ubyssey*, 3.10.1969, 1.
27 Interviews mit Bohlen und Stowe.
28 Stephen Fox, John Muir and His Legacy: The American Conservation Movement. Boston 1981, 321–322; Hunter-Interview.
29 Hunter, Warriors, 7; Bohlen, Making Waves, 28; Bohlen-Interview.
30 Bohlen-Interview; *Vancouver Sun*, 9.2.1970.
31 Hunter, Warriors, 7–8; Bohlen, Making Waves, 30–31; Interviews mit Bohlen und Stowe.
32 Zitiert nach: *Vancouver Express*, 12.3.1970.
33 GPF, 1 (7); *Vancouver Sun*, 23.6.1971; Barrett an Bohlen, GPF, 2 (10).
34 Kay Macpherson, Meg Sears, The Voice of Women: A History, in: Gwen Matheson (Hrsg.), Women in the Canadian Mosaic. Toronto 1976.
35 Lille d'Easum, Is Amchitka our Affair?, 5. März 1970, 5. Ein Exemplar befindet sich in der Bibliothek der UBC.
36 Stowe-Interview.
37 Interviews mit Bohlen und Stowe; Bohlen, Making Waves, 31–32; Stowe, »Greenpeace is Beautiful«, *Georgia Straight*, 22.–29.12.1970, 17. Großbuchstaben im Original.
38 Earle Reynolds, Irradiation and Human Evolution, Human Biology 32, Februar 1960, 89–108; Interviews mit Stowe und Bohlen.
39 Berichtet im *Daily Colonist* von Victoria, 19.3.1970.
40 Bohlen, Making Waves, 32–33; Hunter, Warriors, 12–13.
41 Der Botschafter wird zitiert nach: d'Easum, Is Amchitka our Affair?, 4; Henry Lawless an Stowe, 6.10.69, GPF, 1 (9); Department of National Revenue an Thorsteinsen, Mitchell, & Little, 3.1.1971, GPF, 1 (7).
42 Davis an Coté, 19.5.1971, GPF, 2 (10).

43 *Vancouver Sun*, 3.6.1971.
44 Davis an Coté, 24.6.1971, GPF, 2 (10); Hunter, Warriors, 16; Bohlen, Making Waves, 39.
45 Bohlen-Interview.
46 Hunter an Bohlen, 15.3.1971, GPF, 2 (10).
47 Interviews mit Bohlen, Watson und Marining.

4. Kapitel: Don't Make a Wave

1 Hunter, Warriors, 18–19; Bohlen, Making Waves, 40–41.
2 *Vancouver Sun*, 21.7.1971.
3 *New York Times*, 31.8.1971, 15; Paul Jacobs, The Coming Atomic Blast in Amchitka, New York Review, 22.7.1971, 35.
4 Editorial der *New York Times*, 2.8.1971.
5 *Time* (kanadische Ausgabe), 15.11.1971.
6 Zitiert nach: *New York Times*, 30.5.1971.
7 Robert J. Bazell, Nuclear Tests: Big Amchitka Shot Target of Mounting Opposition, Science 172 (3989), 18.6.1971, 1219.
8 Congressional Record – Senate, Planned Nuclear Bomb Tests in Alaska this Year, V.117 (92–91), 4.6.1971, 18093. Dramatische Videoaufnahmen und Fotos von den Tsunami-Schäden in Crescent City findet man unter: http://www.youtube.com/watch?v=8pitAGl z5x0 (aufgerufen am 4.11.11).
9 Planned Nuclear Bomb Tests, 18091.
10 Jacobs, The Coming Atomic Blast in Amchitka, 34.
11 Bazell, Nuclear Tests, 1221; Planned Nuclear Bomb Tests, 18091.
12 Planned Nuclear Bomb Tests, 18086.
13 Ebd., 18091.
14 Ebd., 18090.
15 Bohlen-Interview; Planned Nuclear Bomb Tests, 18091.
16 *Vancouver Sun*, 5.2.1970.
17 *Georgia Straight*, 11.–18.11.1971, 12–13.
18 *Wall Street Journal*, 24.6.1971.
19 GPF, 2 (9).
20 Keziere, A Critical Look.
21 Bohlen-Interview.
22 Hunter-Interview.
23 Metcalfe-Interview.
24 Interviews mit Moore, Metcalfe und Hunter; E-Mail-Korrespondenz mit Fineberg.
25 Hunter, Warriors, 27; Metcalfe-Interview.
26 Kostash, Long Way from Home, 65–67.
27 Hunter, Warriors, 20.
28 Ebd., 23; Bohlen, Making Waves, 46.
29 Bohlen, Making Waves, 48.
30 William Willoya, Vinson Brown, Im Zeichen des Regenbogens. Träume und Visionen des Indianischen Volkes. Oberhain 1974.
31 http://www.synaptic.bc.ca/ejournal/muhisind.htm (aufgerufen am 10.9.11).
32 Robert Hunter, Red Blood: One (Mostly) White Guy's Encounters with the Native World. San Francisco 1999, 37.
33 Ebd., 38.
34 Hunter, Storming of the Mind, 93 (Anmerkung 28). Bei seinem Interview mit mir insistierte Hunter, die Geschichte über den Hackbrettbauer würde in allen Einzelheiten stimmen.

35 Aldo Leopold, Sand County Almanac. New York 1970 (Erstausgabe 1948), 138. (Dt.: Am Anfang war die Erde. Plädoyer zur Umweltethik. München 1992. In dieser Ausgabe ist der zitierte Essay nicht enthalten.)
36 Willoya, Brown, Regenbogen, 5, 17.
37 Ebd., 17–18, 96.
38 Robert Keziere, Robert Hunter, Greenpeace. Toronto 1972, 23.
39 Hunter, Warriors, 19.
40 Keziere, Hunter, Greenpeace, 22.
41 Hunter, Warriors, 29; Hunter-Interview.
42 Keziere, Hunter, Greenpeace, 40.
43 Hunter, Warriors, 44.
44 Simmons-Korrespondenz; Hunter, Warriors, 49.
45 Keziere, Hunter, Greenpeace, 41–42.
46 Bohlen, Making Waves, 58–59; Metcalfe-Interview.
47 *Time* (kanadische Ausgabe), 25.10.1971, 14; *Georgia Straight*, 11.–18.11.1971, 3; Bohlen, Making Waves, 58; Hunter, Warriors, 68.
48 Hunter, Warriors, 97.
49 *New York Times*, 6.10.1971, 50.
50 Hunter, Warriors, 71; Interviews mit Moore, Metcalfe und Bohlen.
51 Zitiert nach: Hunter, Warriors, 71; Metcalfe-Interview.
52 Bohlen, Making Waves, 59; Bohlen-Interview.
53 Hunter, Warriors, 61; *Vancouver Sun*, 16.10.1971.
54 Hunter, Warriors, 71; Hunter-Interview.
55 Hunter, Warriors, 73–74. Kursiva im Original. Interviews mit Hunter, Bohlen und Metcalfe.
56 Hunter, Warriors, 71.
57 Ebd., 75; Interviews mit Hunter und Metcalfe.
58 *Vancouver Sun*, 23.10.1971.
59 Wittner, Rebels Against War, 263.
60 Bohlen-Interview.
61 Interviews mit Marining, Bohlen und Hunter; Bohlen, Making Waves, 61; Hunter, Warriors, 79–80.
62 Hunter, Warriors, 80–81; Bohlen, Making Waves, 60; Interviews mit Hunter, Marining und Bohlen.
63 *FID (Fight Ignorance: Dissent)*, Vol. 1 (7), in: GPF 2 (2).
64 *Island Times*, 22.10.1971, Ausschnitt in: GPF 7 (8).
65 Hunter, Warriors, 91.
66 Hunter, Red Blood, 40.
67 Hunter, Warriors, 91. Hunter beschloss, aus Eyes of Fire, deren Stamm nicht genannt wurde, eine Cree zu machen, nachdem er 1976 einen Cree-Indianer kennengelernt hatte, der ihm erzählte, dass der Mythos der Warriors of the Rainbow Teil seiner Kultur sei. S. Hunter, Red Blood, 42–44.
68 *Vancouver Province*, 23.10.1971.
69 Stowe-Interview.
70 Stowe an Air Canada, 22.10.1971; Air Canada an Stowe, 12.11.1971, GPF, 3 (2).
71 Hunter, Warriors, 97, 102.
72 *Vancouver Province*, 31.12.1971.
73 Hunter, Warriors, 98.
74 Bohlen, Making Waves, 65–66; Hunter, Warriors, 95.
75 Hunter, Warriors, 94; Interviews mit Hunter, Bohlen und Metcalfe.
76 Hunter, Warriors, 114; Hunter-Interview. Bohlen vermied es, allzu kritisch über Irving zu

reden. Vermutlich geschah dies aufgrund der engen Freundschaft von ihm und Marie mit Dorothy Stowe. Metcalfe hingegen bekräftigte Hunters Version weitgehend.
77 *New York Times*, 5.11.1971, 20; 6.11.1971, 1.
78 *New York Times*, 7.11.1971, 1.
79 Ebd.; Hunter, Warriors, 110–111.
80 Ebd., 111.
81 *New York Times*, 7.11.1971, 46.
82 *New York Times*, 8.11.1971, 1.
83 *Chicago Tribune*, 7.11.1971, 1.
84 *Kansas City Star*, 7.11.1971, 1.
85 Ebd.
86 Hunters Kolumne, *Vancouver Sun*, 9.10.1971.
87 Ole Holsti, Brief an den Chefredakteur, *Vancouver Sun*, 15.12.1971.
88 Bohlen an Holsti, GPF, 2 (10).
89 Keziere, Hunter, Greenpeace, 17.
90 Interviews mit Bohlen, Hunter und Metcalfe.
91 Bohlen, Redenotizen, GPF 3 (7).
92 Hunter, *Vancouver Sun*, 25.10.1971.
93 Sean D. Cassidy, Mind Bombs and Whale Songs: Greenpeace and the News. Dissertation Universty of Oregon 1992, 81–82.
94 S. zum Beispiel Michael Brown, John May, Die Greenpeace Story. Hamburg, Remseck 1991, 15.
95 Hunter, Warriors, 113; Bohlen, Making Waves, 69. Bei meinen Interviews mit Bohlen und Hunter brachten beide zum Ausdruck, dass diese Sichtweise den historischen Tatsachen entsprach.
96 Zitiert nach: *Vancouver Sun*, 8.11.1971; Metcalfe-Interview.
97 *Vancouver Sun*, 19.5.1971.
98 Gene Schrader, Atomic Doubletalk: A Review of Matters withheld from the Public by the Atomic Energy Commission, in: The Center Magazine, Januar/Februar 1971, 43.
99 »Between Ourselves«, für CBC Radio verfasst von Ben Metcalfe und produziert von Bill Terry. Tonbandkassette GPF, Band 9.
100 Hunter-Interview.
101 Metcalfe-Interview.
102 Bohlen-Interview.
103 *Georgia Straight*, 11.–18.11.1971, 12.
104 Interviews mit Hunter, Bohlen und Metcalfe.
105 Interviews mit Bohlen und Hunter.

5. Kapitel: Kein Protestler im herkömmlichen Sinn

1 David S. Meyer, Sidney Tarrow, A Movement Society, in: David S. Meyer, Sidney Tarrow (Hrsg.), The Social Movement Society: Contentious Politics for a New Century. Lanham 1998, 19.
2 Interviews mit Bohlen und Hunter.
3 Für eine ausführliche Darstellung des Bombenanschlags auf die *Rainbow Warrior* s. Sunday Times Insight Team, Rainbow Warrior: The French Attempt to Sink Greenpeace. London 1986.
4 *The Citizen* (ein Lokalblatt für North und West Vancouver), 19.1.1972; Metcalfe-Interview.
5 Metcalfe-Interview.
6 Hunter-Kolumne, *Vancouver Sun*, 14.1.1972.

7 Hunter, Warriors, 114.
8 Metcalfe-Interview.
9 Miriam Kahn, Tahiti Beyond the Postcard: Power, Place, and Everyday Life. Seattle 2011.
10 Zitiert nach: Stuart Firth, Nuclear Playground. Honolulu 1987, 11.
11 Stephen Henningham, France and the South Pacific: A Contemporary History. Sydney 1992, 165–167; Firth, Nuclear Playground, 109.
12 *Force de frappe* ist die landläufige Bezeichnung für die französische Atomstreitmacht. S. auch Charles G. Cogan, From the Fall of France to the *Force de Frappe*: The Remaking of French Military Power, 1940–1962, in: Talbot C. Imlay, Monica Duffy Toft (Hrsg.), The Fog of Peace and War Planning: Military Strategic Planning Under Uncertainty. New York 2006.
13 Bent Danielsson, Marie-Thérèse Danielsson, Poisoned Reign: French Nuclear Colonialism in the Pacific. Ringwood, Australien 1986, 56.
14 Ebd., 73.
15 Ebd., 102–103.
16 Firth, Nuclear Playground, 97; Danielsson, Poisoned Reign, 169, 176.
17 Tony Chafer, Politics and the Perception of Risk: A Study of the Anti-Nuclear Movements in Britain and France, in: West European Politics 8 (1), 1985, 13–14.
18 Ebd., 14–17; Michael Bess, The Light-Green Society: Ecology and Technological Modernity in France, 1960–2000. Chicago 2003, 30–31.
19 Metcalfe-Interview.
20 Ebd.
21 *Vancouver Sun*, 1.4.1972.
22 Metcalfe-Interview.
23 Ebd.
24 Interviews mit Hunter und Bohlen.
25 Metcalfe-Interview.
26 Ebd.
27 *New Zealand Herald*, 4.4.1972, 1.
28 Firth, Nuclear Playground, 97.
29 David McTaggart, Outrage!: The Ordeal of *Greenpeace III*. Vancouver 1973, 2, 17.
30 Beispiele dafür sind: Leslie Spencer, Jan Bollwerk, Richard C. Morais, The Not So Peaceful World of Greenpeace, in: *Forbes*, 11.11.1991, sowie ein ziemlich hysterischer Bericht im *Wiener Magazin* (Juni 1991). McTaggart wurde in beiden vorgeworfen, CIA-Agent zu sein, dessen Auftrag es wäre, die aufkommende Bewegung grüner Aktivisten unter US-Kontrolle zu bringen. Und der dänische Dokumentarfilm *The Man in the Rainbow* (Nordiskfilm, 1992) porträtiert McTaggart als zwielichtigen, manipulativen Charakter, der Greenpeace wie ein privates Öko-Lehen leitete. McTaggart seinerseits erklärte, der Film sei von Wise Use, der amerikanischen Anti-Umwelt-Lobby, gesponsort worden, um ihn und Greenpeace zu diskreditieren, und erreichte einen Gerichtsbeschluss, der verbot, den Film außerhalb von Skandinavien zu senden. McTaggart war zwar bekannt für seine Paranoia, aber an diesen Vorwürfen scheint etwas Wahres zu sein. Der Film entstand in enger Zusammenarbeit mit Magnus Gudmundsson, einem dänischen Journalisten, der Greenpeace heftig kritisierte, und hatte für den »Experten-Kommentar« Ron Arnold hinzugezogen, bekannt als Anti-Umweltschützer und Führungspersonlichkeit von Wise Use. Gespräch mit McTaggart, in Paciano, Italien, im Oktober 1999.
31 David McTaggart, Helen Slinger, Rainbow Warrior: Ein Leben gegen alle Regeln. München 2001, 21–23.
32 Ebd., 32–33.
33 Ebd., 29–30, 36; Moore-Interview.
34 McTaggart, Slinger, Rainbow Warrior, 38, 42–45.

35 Ebd., 61; Nachruf auf McTaggart von Bruce Orvis und Roma Orvis in der Zeitung *Alpine Enterprise*, 11.4.2001.
36 McTaggart, Slinger, Rainbow Warrior, 61–62.
37 Ebd., 63–65.
38 David McTaggart, Robert Hunter, Unternehmen Greenpeace: Fahrt in den Atompilz. Frankfurt a. M. 1981, 73–74.
39 McTaggart, Slinger, Rainbow Warrior, 66–67.
40 Ebd., 68.
41 Ebd. 68–70.
42 McTaggart, Outrage!, 12.
43 Ebd., 75–76.
44 Ebd., 77; Gespräch mit McTaggart.
45 McTaggart, Outrage!, 3.
46 Ebd., 2–3.
47 Ebd., 3.
48 McTaggart, Hunter, Unternehmen Greenpeace, 10.
49 Ebd., 11.
50 McTaggart, Slinger, Rainbow Warrior, 80–81; Gespräch mit McTaggart.
51 McTaggart, Outrage!, 4; Michael Szabo, Making Waves: The Greenpeace New Zealand Story. Auckland 1991, 6.
52 Szabo, Making Waves, 13.
53 Zitiert nach: Elsie Locke, Peace People: A History of Peace Activities in New Zealand. Christchurch, Melbourne 1992, 286.
54 Szabo, Making Waves, 5.
55 McTaggart, Outrage!, 5; Metcalfe-Interview.
56 Metcalfe-Interview.
57 McTaggart, Outrage!, 5–6.
58 McTaggart, Hunter, Unternehmen Greenpeace, 31.
59 McTaggart, Outrage!, 7; Metcalfe-Interview.
60 Telefon-Interview mit Nigel Ingram, 14.5.2002; McTaggart, Outrage!, 7.
61 McTaggart, Outrage!, 16–17.
62 Ebd., 18.
63 *New Zealand Herald*, 26.4.1972, 3; McTaggart, Hunter, Unternehmen Greenpeace, 37–39.
64 McTaggart, Outrage!, 33. Dies war alles Teil »des plötzlichen Interesses von Zoll- und Seeamtsbeamten an der *Greenpeace III*«, wie der *New Zealand Herald* berichtete (28.4.1972, 3).
65 McTaggart, Outrage!, 32–33.
66 Ingram-Interview; McTaggart, Outrage!, 23–24.
67 Bess, Light-Green Society, 267.

6. Kapitel: Mururoa, mon amour

1 McTaggart, Outrage!, 37.
2 Metcalfe-Interview.
3 McTaggart, Hunter, Unternehmen Greenpeace, 54–56; Ingram-Interview.
4 Metcalfe-Interview.
5 *Sunday Times* (New Zealand), 14.5.1972.
6 Ingram-Interview; McTaggart, Outrage!, 56.
7 Ebd., 57; McTaggart, Hunter, Unternehmen Greenpeace, 61; Interviews mit Ingram und Metcalfe.

8 Brief von Grant Davidson an Metcalfe, 5.9.1972, persönlicher Ordner von Metcalfe. Der Vorwurf, Greenpeace stünde in Verbindung mit Kommunisten, war letztlich grundlos, gewann aber zweifellos Nahrung durch Irving Stowes publizistisch gut abgedeckte Reise nach China in diesem Jahr. Er gehörte zu einer Delegation kanadischer Bürger, die an einem Kulturaustausch zwischen beiden Ländern interessiert waren. Die glühenden Berichte, die Stowe nach seiner Rückkehr schrieb, dürften den Eindruck in den Augen Konservativer wie den McTaggarts nur noch zementiert haben. Interviews mit Stowe, Hunter und Bohlen.
9 McTaggart, Hunter, Unternehmen Greenpeace, 61.
10 McTaggart, Outrage!, 61.
11 Metcalfe-Interview.
12 *New Zealand Herald*, 8.4.1972, 1.
13 Ebd., 16.4.1972; Metcalfe-Interview.
14 *Vancouver Sun*, 23.5.1972.
15 Interviews mit Metcalfe und Moore.
16 Interviews mit Bohlen und Moore.
17 Hunter-Interview.
18 *Vancouver Sun*, 20.6.1972; Marining-Interview; Hunter, Warriors, 116.
19 *New Zealand Herald*, 1.6.1972, 3.
20 Interviews mit Metcalfe und Moore.
21 John McCormick, Reclaiming Paradise: The Global Environmental Movement. Bloomington 1989, 88.
22 Ebd., 97–100.
23 *New Zealand Herald*, 15.6.1972, 1; McCormick, Reclaiming Paradise, 100; Interviews mit Marining und Hunter.
24 *Vancouver Sun*, 7.7.1972.
25 McTaggart schrieb, Haddleton hätte an einem Tropenfieber gelitten und sich nicht gesund genug für die Fortsetzung der Fahrt gefühlt (Outrage!, 61–62). Ingram erinnerte sich jedoch, Haddleton hätte nicht zur Crew gepasst und sich von McTaggarts Persönlichkeit überrollt gefühlt. Ingram-Interview.
26 McTaggart, Hunter, Unternehmen Greenpeace, 65–66.
27 McTaggart, Outrage!, 80.
28 Ebd., 81–92.
29 *Guardian* (U. K.), 29.6.1972; *New Zealand Herald*, 29.6.1972.
30 McTaggart, Outrage!, 149.
31 McTaggart, Hunter, Unternehmen Greenpeace, 167.
32 Ebd., 68; McTaggart, Outrage!, 156.
33 McTaggart, Outrage!, 174–178; Ingram-Interview.
34 McTaggart, Outrage!, 181.
35 In dieser Form wurde die Geschichte auch vom *New Zealand Herald* (6.7.1972, 1) berichtet.
36 McTaggart, Hunter, Unternehmen Greenpeace, 197.
37 Ebd., 211–213.
38 Davidson an Metcalfe, 5.9.1972, persönlicher Ordner von Metcalfe.
39 S. die oben zitierten Artikel in *Forbes* und *Wiener Magazin*. In dem Dokumentarfilm *The Man in the Rainbow* sagt Metcalfe ziemlich melodramatisch, er fühle sich wie ein »Dr. Frankenstein«, der McTaggart in die Umweltbewegung gebracht und dann die Kontrolle über ihn verloren habe.
40 McTaggart, Hunter, Unternehmen Greenpeace, 213–214; Metcalfe-Interview.
41 Interviews mit Metcalfe, Stowe und Bohlen.
42 McTaggart, Slinger, Rainbow Warrior, 119.

43 McTaggart, Hunter, Unternehmen Greenpeace, 216.
44 Francis Auburn an McTaggart, 28.9.1972. Nachdruck in McTaggart, Outrage!, 255.
45 Sharp an McTaggart, 19.10.1972. Nachdruck in McTaggart, Outrage!, 257. Die detaillierte Korrespondenz zwischen McTaggart und der kanadischen Regierung findet sich dort in Anhang D.
46 McTaggart, Hunter, Unternehmen Greenpeace, 219–220; Gespräch mit McTaggart.
47 McTaggart, Hunter, Unternehmen Greenpeace, 226–230.
48 Zitiert nach: Firth, Nuclear Playground, 98.
49 Zitiert nach: Locke, Peace People, 298.
50 Ebd., 299.
51 McTaggart, Outrage!, 215.
52 *Vancouver Sun*, 13.2.1973; Interviews mit Marining und Watson.
53 Zitiert in Brian Fortune, Media Mellows Greenpeace, in: *Terminal City Express*, 23.2.1973, 5.
54 Ebd. Squamish ist eine Kleinstadt nördlich von Vancouver.
55 *Vancouver Sun*, 24.8.1973; Hunter-Interview; Gespräch mit McTaggart.
56 *Vancouver Sun*, 10.6.1973.
57 Hunter, Warriors, 117; McTaggart, Hunter, Unternehmen Greenpeace, 240.
58 Trudeau an McTaggart, 4.6.1973, abgedruckt in McTaggart, Outrage!, 274–275, und in der *Vancouver Sun*, 9.6.1973.
59 McTaggart, Hunter, Unternehmen Greenpeace, 241.
60 Ingram-Interview.
61 *Vancouver Sun*, 11.7.1973.
62 *Peace News*, 8.6.1973.
63 *Times* (London), 2.6.1973.
64 *Vancouver Sun*, 11.7.1973.
65 *Guardian*, 3.2.1973.
66 McTaggart, Outrage!, 211; Ingram-Interview.
67 McTaggart, Hunter, Unternehmen Greenpeace, 247.
68 McTaggart, Slinger, Rainbow Warrior, 120.
69 Ebd., 121–122; Ingram hatte nie von diesen Gerüchten gehört und war überrascht, als ich sie bei unserem Interview erwähnte.
70 McTaggarts Darstellungen, wie er auf die Enterung reagierte, sind unterschiedlich. In seinen Büchern gibt er an, er habe den französischen Kommandotrupp bloß daran hindern wollen, an Bord zu gelangen (Outrage!, 225; Unternehmen Greenpeace, 272). Doch der *Vancouver Sun* (18.8.1973) sagte McTaggart, er habe »so hart gekämpft wie er nur konnte«, habe die Entertruppe mit Tritten und Schlägen traktiert. »Sie sind in internationalen Gewässern über mein Eigentum hergefallen, also habe ich natürlich gekämpft, um es zu verteidigen.« Ingram befand sich unter Deck, um ein Notsignal abzusetzen, und sah den Zwischenfall nicht. Und die Fotos sind an diesem Punkt nicht eindeutig. Die Crew hatte zwar über Gewaltfreiheit gesprochen, und man war sich grundsätzlich einig, dass sie die beste Protestmethode sei, aber sie hatte keinerlei Erfahrung mit den Techniken gewaltfreien Widerstands, für die man normalerweise erhebliches Training und viel Praxis braucht, um sie effektiv einzusetzen. Ingram-Interview.
71 McTaggart, Hunter, Unternehmen Greenpeace, 272–273.
72 Ebd., 275–276.
73 Ebd., 284–288; Ingram-Interview.
74 *Vancouver Sun*, 20.8.1973.
75 Ingram-Interview.
76 10.9.1973. Die Fotos sind abgedruckt in: Outrage!, 230–234; Unternehmen Greenpeace, 289, 291.
77 *Vancouver Sun*, 26.9.1973.

78 McTaggart, Hunter, Unternehmen Greenpeace, 290–291; Ingram-Interview.
79 *Vancouver Province*, 12.12.1973.
80 Noch im August 1973 hatte der für die bewaffneten Streitkräfte zuständige französische Minister erklärt: Frankreich »denkt nicht daran, die oberirdischen Tests zu stoppen«. Zitiert nach: *Vancouver Sun*, 31.8.1973.
81 *Vancouver Sun*, 14.11.1973.
82 Paul Wapner, Environmental Activism and World Civic Politics. Albany 1996, 4.
83 Ebd., 14–15, 65. Eine ähnliche Analyse bietet: Thomas Princen, Matthias Finger, Environmental NGOs and World Politics: Linking the Local and the Global. New York 1994.
84 Interviews mit Ingram, Bohlen und Hunter.
85 McTaggart, Slinger, Rainbow Warrior, 135.
86 McTaggart, Hunter, Unternehmen Greenpeace, 304–305.
87 Gespräch mit McTaggart.
88 Bohlen-Interview.
89 Hunter-Interview; Hunter, Warriors, 124.

7. Kapitel: Armlose Buddhas gegen fleischfressende Nazis

1 Hunter-Interview.
2 Hunter, Warriors, 124.
3 Ebd.
4 *Peace News*, 5.5.1973).
5 D. Graham Burnett, The Sounding of the Whale: Science and Cetaceans in the Twentieth Century. Chicago 2012, 668.
6 Lilly erzählt die Geschichten über den Isolationstank in zahlreichen autobiografischen Schriften. S. zum Beispiel: Das tiefe Selbst, Basel 1988; und John C. Lilly, E. J. Gold, Tanks for the Memories: Flotation Tank Talks, Nevada City 1996.
7 Burnett, Sounding of the Whale, 570–571; John Lilly, Ein Gefühl von Beklommenheit, in: Joan MacIntyre (Hrsg.), Der Geist in den Wassern: Ein Buch zu Ehren des Bewußtseins der Wale und Delphine. Frankfurt a. M. 1982, 71–77.
8 John C. Lilly, Man and Dolphin. New York 1961, 7.
9 Burnett, Sounding of the Whale, 640.
10 Ebd., 615–618.
11 Ebd., 611.
12 Ebd.
13 Das Zitat stammt aus Howes Forschungsnotizen und ist wiedergegeben in: John C. Lilly, Ein Delphin lernt Englisch: Möglichkeiten der Verständigung zwischen menschlicher und außermenschlicher Intelligenz. Reinbek b. Hamburg 1971, 287–288.
14 Lilly, Ein Delphin lernt Englisch, 67–68; Burnett, Sounding of the Whale, 622.
15 Ebd., 640.
16 Eine spannende Darstellung zum Einfluss des Esalen-Instituts auf Gegenkultur und New Age findet sich in: Jeffrey J. Kripal, Esalen: America and the Religion of No Religion. Chicago 2007.
17 Roger S. Payne, Scott McVay, Songs of the Humpback Whales, In: Science 173, 13.8.1971, 585–591. David Rothenberg, Thousand Mile Song: Whale Music in a Sea of Sound. New York 2008, 1. Kapitel. Bob Hunter erinnerte sich an einen seiner Vorträge über Wale, bei dem er das Licht ausschaltete und Paynes Aufnahmen vorspielte. Als er das Licht wieder einschaltete, weinte die Hälfte des Publikums (allerdings räumte er auch ein, dass die Hälfte davon wahrscheinlich bekifft war). Hunter-Interview.

18 Karl-Erik Fichtelius, Sverre Sjölander, Smarter than Man? Intelligence in Whales, Dolphins, and Humans. New York 1972, 36, 40. Hervorhebung im Original.
19 Ebd., 144–145.
20 Interview mit Paul Spong am 16.4.2000 in Vancouver; Rex Weyler, Song of the Whale. Garden City, NY 1986, 6. Spongs Dissertation, 1966 an der UCLA vorgelegt, trägt den Titel »Cortical Evoked Responses and Attention in Man«.
21 Interview mit Linda Gannon (Spongs erster Frau) am 2.5.2000 in Vancouver.
22 Spong-Interview.
23 Steve Moore, The I Ching in Time and Space, in: Edward A. Hacker, Steve Moore, Lorraine Patsco (Hrsg.), I Ching: An Annotated Bibliography. New York 2002; Diana ffarington (sic!) Hook, The I Ching and Mankind. London 1975; Wayne McEvilly, Synchronicity and the I Ching, in: Philosophy East and West 18, Juli 1968, 137–149.
24 Ken Kesey, The I Ching, in: The Realist 89, März–April 1971 (Anhang *Whole Earth Catalog*), 11. http://www.ep.tc/realist/89/11.html (aufgerufen am 1.10.2011).
25 Turner, From Counterculture to Cyberculture, 93.
26 Spong-Interview; Weyler, Song of the Whale, 3–6.
27 Paul Spong, Einleitung, in: Robert Hunter, Rex Weyler, Rettet die Wale: Die Fahrten von Greenpeace. Frankfurt a. M., Berlin 1994, 8.
28 Paul Spong, Don White, Cetacean Research at the Vancouver Public Aquarium, 1967–1969, Technical Report #2, Sommer 1969: UBC Division of Neurological Sciences, Cetacean Research Laboratory, 5–8; Weyler, Song of the Whale, 13–19.
29 Ebd., 23–24.
30 Spong, Einleitung, 10.
31 Spong, White, Cetacean Research, 38–39.
32 Murray Newman, Notizen für die Memoiren, Murray Newman Fonds, Add MSS #1287, Ordner 3, 619-A-4, 1969.
33 Weyler, Song of the Whale, 50–51; Richard Wilhelm, I Ging, Kapitel 48, Projekt Gutenberg-DE.
34 Weyler, Song of the Whale, 52.
35 Ebd., 52–53.
36 Ebd., 53–54.
37 Newman, Notizen für die Memoiren.
38 *Vancouver Sun*, undatierter Ausschnitt (1969), Murray Newman Fonds, Ordner 3, 619-A-4.
39 *Georgia Straight*, 26.6.–2.7.1969, 9–10.
40 Weyler, Song of the Whale, 62–77.
41 Ebd., 118.
42 Spong-Interview.
43 Ebd.
44 Richard Ellis, Mensch und Wal: Die Geschichte eines ungleichen Kampfes. München 1993, 375–377.
45 J. N. Tønnessen, A. O. Johnsen, The History of Modern Whaling. London, Canberra 1982, 674.
46 Weyler, Song of the Whale, 127–129.
47 Spong-Interview.
48 Weyler, Song of the Whale, 135–136; Spong-Interview; Hunter-Interview.
49 Weyler, Song of the Whale, 136–137. Hervorhebungen im Original. Weyler rekonstruierte das Gespräch nach Interviews mit Spong und Hunter sowie den Notizen der beiden.
50 Ebd., 137–138.
51 Ebd., 138–139.
52 Interviews mit Hunter und Spong; Weyler, Song of the Whale, 139–140.
53 Bohlen-Interview.

54 *Georgia Straight*, 9.–16.12.1970.
55 Interviews mit Hunter und Marining.
56 Hunter, Warriors, 125.
57 Ebd., 124–125.
58 Interviews mit Hunter und Spong; Weyler, Song of the Whale, 141.
59 Ebd., 140.
60 Ebd., 141–142.
61 Hunter, Warriors, 127.
62 Interviews mit Spong und Hunter; Hunter, Warriors, 127; Weyler, Song of the Whale, 139.
63 Hunter, Warriors, 129.
64 Ebd., 130.
65 Ebd., 131. Hervorhebung im Original.
66 Ebd.
67 Ebd., 143; Interviews mit Hunter, Bohlen, Spong und Marining.
68 Hunter, Warriors, 137, 125.
69 Spong-Interview.
70 Hunter, Warriors, 132–136; Weyler, Song of the Whale, 145–147; Spong-Interview.
71 Interviews mit Bohlen und Hunter; Hunter, Warriors, 142–143.
72 Peter Hayes, France Bombs Mururoa, India Bombs India, in: Not Man Apart (Publikation von Friends of the Earth), Juni 1974.
73 Hunter, Warriors, 143; Weyler, Greenpeace, 245–247. Heimann schrieb, wie McTaggart und zahllose andere in Verbindung mit Greenpeace, ein Buch über seine Fahrt: Knocking on Heaven's Door (Melbourne 1979). Heimann lebt heute in Australien und ist ein bekannter Cartoonist und Kinderbuchautor.
74 Bohlen-Interview.
75 Dorothy-Stowe-Interview.
76 Hunter, Warriors, 149.
77 John Sutphen, Kommunikation über das körperliche Befinden bei Cetaceen, in: Joan McIntyre (Hrsg.), Der Geist in den Wassern: Ein Buch zu Ehren des Bewußtseins der Wale und Delphine. Frankfurt a.M. 1982, 141–142.
78 Der Geist in den Wassern, 8.
79 Ebd., 94–95. Hervorhebungen im Original.
80 Ebd., 224.

8. Kapitel: Stoppt Kapitän Ahab!

1 Hunter, Warriors, 146–148. Hervorhebungen im Original.
2 Moore-Interview; Hunter, Warriors, 150.
3 Arne Næss, The Shallow and the Deep, Long-Range Ecology Movements: A Summary, in: Inquiry 16, Frühjahr 1973, 95–100; Hunter, Warriors, 132.
4 Hunter, Warriors, 169.
5 Weyler-Interview.
6 Hunter, Warriors, 150; Interviews mit Hunter, Weyler und Marining.
7 Hunter, Warriors, 150–151; Weyler, Song of the Whale, 150–151.
8 Ebd., 151–152.
9 Hunter, Warriors, 158.
10 Ebd., 156–157; Hunter-Interview.
11 *Vancouver Sun*, 26.4.1975; Hunter, Warriors, 154–156.
12 Spong-Interview; Weyler, Song of the Whale, 152–153; Hunter, Warriors, 159–160.
13 Spong-Interview; Weyler, Song of the Whale, 153–155; Hunter, Warriors, 160–163.

14 *Vancouver Sun*, 15.3.1975.
15 Hunter, Warriors, 178. Hervorhebung im Original.
16 Rex Weyler, persönliches Logbuch, Teil # 11, persönliche Unterlagen von Weyler; Interviews mit Marining, Hunter und Weyler; Hunter, Warriors, 165, 173.
17 Interviews mit Marining, Hunter, Moore und Weyler; Hunter, Warriors, 170–182.
18 Weyler, Logbuch, Teil # 11.
19 Interviews mit Hunter und Watson; Hunter, Warriors, 175–177.
20 Hunter, The Politics of Evolution (unveröffentlichter Essay, 1974), 26; s. auch: Fritjof Capra, Das Tao der Physik: Die Konvergenz von westlicher Wissenschaft und östlicher Philosophie. München 1984.
21 Interviews mit Hunter, Weyler und Moore.
22 Hunter, Warriors, 194–195.
23 Weyler, Logbuch, Teil # 11.
24 Interviews mit Weyler und Watson.
25 Weyler, Logbuch, Teil # 11. Hervorhebung im Original.
26 Hunter, Warriors, 184.
27 Weyler, Logbuch, Teil # 11. Hervorhebung im Original.
28 Hunter, Warriors, 190, 196.
29 Ebd., 206; Wilhelm, I Ging, Kapitel 20.
30 Spong-Interview; Weyler, Song of the Whale, 157–164.
31 Interviews mit Weyler, Moore und Hunter; Hunter, Warriors, 210.
32 Ebd., 211–212.
33 Ebd., 215.
34 Seine Zeit im Schlachthof beschreibt Hunter in *Erebus*, 6–8.
35 Moore-Interview.
36 Zitiert nach: Hunter, Warriors, 217.
37 Ebd., 217–218.
38 Ebd., 220.
39 Interviews mit Watson, Wyler, Hunter und Moore; Hunter, Warriors, 220–221.
40 Interviews mit Hunter und Watson; Hunter, Warriors, 223.
41 Weyler, Logbuch, Teil # 11.
42 Hunter-Interview; Hunter, Warriors, 225–226.
43 Ebd., 225; der Film ist in der Dokumentation *Ecology in Action* (Greenpeace Communications/Northern Lights Films, 1985) zu sehen.
44 Interviews mit Hunter, Weyler und Moore; Hunter, Warriors, 226–227.
45 Ebd., 229.
46 Roderick Nash legt diesen Vergleich zwischen Abolitionisten und Tierschutz-Aktivisten dar in: The Rights of Nature: A History of Environmental Ethics. Madison 1989, 213.
47 Hunter, Warriors, 229. Hervorhebung im Original.
48 Weyler, Logbuch, Teil # 11.
49 Hunter, Warriors, 229.
50 Spong-Interview; Weyler, Song of the Whale, 169–170.
51 Cassidy, Mind Bombs, 117.
52 *San Francisco Chronicle*, 2.7.1975.
53 Charles Flowers, Between the Harpoon and the Whale, in: *New York Times Magazine*, 24.8.1975; Weyler, Song of the Whale, 170; Hunter, Warriors, 231–232. In einem Brief an Hunter vermittelte Farley Mowat das wahrscheinlich weitverbreitete Erstaunen über den Erfolg der Kampagne: »Ich muss freimütig zugeben, dass ich euren Plänen, als ich davon erfuhr, keine Erfolgschance eingeräumt habe. Nun, ich habe mich geirrt. Glücklicherweise geirrt, möchte ich hinzufügen.« Mowat an Hunter, 14.10.1975. Ordner 1, Box 1, R4377, Greenpeace Fonds, Archives Canada.

54 Cassidy, Mind Bombs, 135–140.
55 Rex Weyler, Portfolio, in: The BC Photographer, Herbst 1975, 16–32, 16.
56 Zitiert nach: *New York Times Magazine*, 24.8.1975, 14.
57 S. beispielsweise Hunter, Storming of the Mind, 216.
58 Weyler, Song of the Whale, 170; Hunter, Warriors, 233–234.
59 Hunter-Interview; Warriors, 232–233. Hervorhebung im Original.
60 Ebd., 234–235.
61 Mehr zu diesem Konzept des Straßentheaters findet sich in: Steven Durland, Witness: The Guerrilla Theater of Greenpeace, in: High Performance 40 (1987), 30–35.
62 S. beispielsweise Hunter, Taking on the Goliaths of Doom, in: *Greenpeace Chronicles* 1 (1), Herbst 1975, 5.
63 *Greenpeace Chronicles* 1 (1), Herbst 1975. Großbuchstaben im Original.

9. Kapitel: Auf dünnem Eis

1 22.7.1975.
2 Strong an die Greenpeace Foundation, 14.8.1975, persönliche Unterlagen von Patrick Moore.
3 *Greenpeace Chronicles*, 1 (1) Herbst 1975, 2.
4 Ebd., Großbuchstaben im Original.
5 Ebd., 6, 3, 7.
6 Ebd., 3.
7 Ebd.
8 Meine Darstellung der Sattelrobbe beruht auf folgenden Quellen: David M. Lavigne, Harp Seal: *Pagophilus groenlandicus*, in: William F. Perrin, Bernd G. Würsig, J.G.M. Thewissen (Hrsg.), Encyclopedia of Marine Mammals, New York 2008; K. Ronald, J.L. Dougan, The Ice Lover: Biology of the Harp Seal (*Phoca groenlandica*), in: Science 215, 19.2.1982, 928–933; Briton Cooper Busch, The War against the Seals: A History of the North American Seal Fishery. Kingston, Montreal 1985, 42–44; Janice Scott Henke, Seal Wars!: An American Viewpoint. St. John's 1985, Kap. II.
9 Die Zahl der Geburten variiert zwischen 250000 und 400000 pro Jahr. S. Busch, War against the Seals, 43.
10 In einem Bericht des Abgeordnetenhauses von Neufundland hieß es 1913: »Nur wenige der jungen Männer aus der Kolonie waren nicht ›auf dem Eis‹. Eine solche Expedition gilt als Mannbarkeitsritual.« Zitiert nach: Busch, War against the Seals, 57.
11 Cassie Brown, Death on the Ice: The Great Newfoundland Sealing Disaster of 1914. Toronto 1972.
12 Zitiert nach: Farley Mowat, David Blackwood, Wake of the Great Sealers. Toronto 1973, 91.
13 Busch, War against the Seals, 246–247.
14 D.E. Sergeant, Harp Seals and the Sealing Industry, in: Canadian Audubon 25, 1963, 34; E. Calvin Coish, Season of the Seal: The International Storm over Canada's Seal Hunt. St. John's 1979, 72.
15 Damals beschränkte sich der kanadische Einflussbereich auf eine Zone von zwölf Meilen vor der Küste. Die heutige 200-Meilen-Zone gilt seit 1977. S. Busch, War against the Seals, 248.
16 Auch wenn das Erschlagen und Ausbluten so brutal und blutrünstig aussieht, scheinen doch die meisten Biologen übereinzustimmen, dass diese Methode die humanste und effizienteste ist, um die Jungen ins Jenseits zu befördern. Durch den ersten Schlag wird die Robbe normalerweise bewusstlos, der zweite tötet sie. Die Zuckungen danach sind einfach Reflexe, die bei Bewusstlosigkeit oder erfolgtem Hirntod auftreten. Einen hilf-

reichen Überblick (allerdings aus der Perspektive der Jagdbefürworter) bietet Henke, Seal Wars!, Kap. IV.

17 Coish, Season of the Seal, 74; Henke, Seal Wars!, 68–72.
18 Coish, Season of the Seal, 74.
19 Canadian Audubon, November/Dezember 1964, 75.
20 Brian Davies, Savage Luxury: The Slaughter of Baby Seals. New York 1971, 17–21.
21 Hunter-Interview.
22 Interviews mit Watson und Spong.
23 Hunter, Warriors, 253–255; Interview mit Al Johnson am 18.5.2000 in Vancouver.
24 Pressemitteilung von Greenpeace, 1976 (genaues Datum nicht bekannt), persönliche Unterlagen von Rex Weyler.
25 Hunter, Warriors, 250.
26 Greenpeace, Save the Seals Expedition, Serienbrief zur Spendengewinnung, Anfang 1976, persönliche Unterlagen von Patrick Moore.
27 *Evening Telegram*, St. John's, 12.3.1976; Hunter, Warriors, 251.
28 Ebd., 252.

10. Kapitel: Blut, Tod und Sex

1 George Wenzel, Animal Rights, Human Rights: Ecology, Economy and Ideology in the Canadian Arctic. Toronto 1991, 47.
2 Watson-Interview; Hunter, Warriors, 253–255.
3 Hunter, Warriors, 257–259; Interviews mit Watson, Hunter und Moore.
4 Hunter, Warriors, 258–259; Hunter-Interview.
5 Zitiert nach: Hunter, Warriors, 260. Kursiva im Original.
6 Coish, Season of the Seal, 127.
7 Ebd., 179–180.
8 Hunter, Warriors, 260–261.
9 Ebd., 286–287.
10 Ebd., 261–263.
11 *Evening Telegram*, 13.3.1976, 13.
12 Watson-Interview; Hunter, Warriors, 264.
13 Beispielsweise *Montreal Star*, 10.3.1976.
14 Hunter, Warriors, 263.
15 Interviews mit Watson, Hunter und Moore.
16 Hunter, Warriors, 268–270.
17 Paul Watson mit Warren Rogers, Sea Shepherd: My Fight for Whales and Seals. New York 1982, 92. Die Augen von Sattelrobben sind ständig mit Tränen überzogen, um sie vor dem Salzwasser zu schützen. Im Gegensatz zu Landsäugetieren haben sie keine Kanäle, die die Tränen abführen. Deshalb sieht es aus, als würden sie ständig weinen. S. David M. Lavigne, Harp Seal, 543–544.
18 Hunter, Warriors, 279–280; Interviews mit Johnson, Watson und Moore. Manche Biologen bezeichnen es als Vermenschlichung, wenn angenommen wird, dass Robbenmütter entsetzt seien, die frischgehäuteten Leichen ihrer Jungen vorzufinden. Nach rund zehn Tagen beendet die Mutter abrupt das Säugen und verstößt das Junge de facto. Sie zieht es vor, wieder ins Meer zu springen und mit zahllosen Männchen zu kopulieren. Ab da, so das Argument, kümmere es sie absolut nicht, was mit dem Jungen geschieht. Scheinbarer mütterlicher Schmerz sei bloß eine Mischung aus Neugier und Revierverhalten. S. Henke, Seal Wars!, 58–60.
19 Watson, Sea Shepherd, 93–94.

20 Hunter, Warriors, 273–274.
21 Ebd., 283–286; Johnson-Interview.
22 Hunter, Warriors, 287–288.
23 Ebd., 290.
24 Ebd., 290–291.
25 Ebd., 291–293. Kursiva im Original.
26 Hunter-Interview; Cruel Propaganda, in: *Evening Standard*, 19.3.1976.
27 Das war mein eindeutiger Eindruck, nachdem ich alle Ausgaben vom *Evening Telegram* aus St. John's und vom *Western Star* aus der westneufundländischen Stadt Corner Brook durchgesehen hatte, die im März 1976 erschienen waren.
28 Interviews mit Hunter und Watson.
29 George Wenzel hat dies bei den eingeborenen Robbenjägern in der kanadischen Arktis getan. S. Animal Rights, Human Rights.
30 Cassidy, Mindbombs, 158.
31 Frances Mary Widdowson, The Framing of Greenpeace in the Mass Media. Dissertation, University of Victoria 1992, 104.
32 Watson-Interview.
33 Watson-Artikel im *Georgia Straight*, 15.–22.4.1976.
34 Trudeau an Patrick Moore, 29.3.1976, persönliche Unterlagen von Moore.
35 *Georgia Straight*, 16.–22.1.1976.
36 Hunter, Warriors, 363; McTaggart, Rainbow Warrior, 158; Hunter-Interview; Gespräch mit McTaggart.
37 Watson-Interview.
38 Watson, *Greenpeace Chronicles*, Winter 1976/77.
39 Zitiert nach: *Vancouver Sun*, 10.1.1977. Die norwegischen Studenten, die Watson begleiteten, sagten, dass sie ebenso bereit gewesen seien, zu Märtyrern zu werden. *Albertan*, Calgary 10.3.1977.
40 Interviews mit Watson, Hunter, Moore und Weyler.
41 Moore-Interview.
42 Hunter-Interview; Hunter, Warriors, 365.
43 Ebd., 365–366; Interviews mit Hunter, Moore und Watson.
44 *Evening Telegram*, St. John's, 14.3.1977; Watson, Sea Shepherd, 125–127; Coish, Season of the Seal, 140–145.
45 *Daily News*, St. John's, 23.3.1977.
46 *Winnipeg Tribune*, 24.3.1977; *Western Star*, 26.3.1977; Coish, Season of the Seal, 2, 166.
47 30.3.1977.
48 *Montreal Gazette*, 23.2.1977; Watson, Sea Shepherd, 130; Hunter, Warriors, 368–369.
49 Senior Sergeant G. R. Butt, Corner Brook Subdivision, 16.02.1977. RG 18, Bd. 6649, Ordner 77-HQ-102–15–4. Vorgelegt durch Archives Canada nach »Access to Information«-Antrag, Kopie im Besitz des Autors.
50 Kommentar im *Western Star*, 19.3.1977.
51 *Vancouver Sun*, 21.3.1977; Hunter, Warriors, 371–372.
52 *Vancouver Sun*, 21.3.1977.
53 *Winnipeg Tribune*, 28.3.1977.
54 Hunter, Warriors, 380–381. Hervorhebung im Original.
55 Zitate aus dem Bardot-Tagebuch in Hunter, Warriors, 380–381; Moore-Interview.
56 Watson-Interview; *Vancouver Province*, 21.3.1977.
57 *Vancouver Sun*, 19.3.1977.
58 Zitiert nach: Hunter, Warriors, 382.
59 Coish, Season of the Seal, 1.
60 Watson, Sea Shepherd, 143–144; Hunter, Warriors, 375.

61 Zitiert nach: Hunter, Warriors, 376. Der größte Teil dieses Zitats findet sich auch in Watson, Sea Shepherd, 145–146.
62 Watson, Sea Shepherd, 145–150. Der Schiffskapitän Per Lyngvaer erzählte eine andere Geschichte: Watson sei von seiner Mannschaft nicht misshandelt worden, sondern aufgrund der heftigen Schlingerbewegungen des Schiffs eingetunkt worden. Danach hätte man ihn an Bord genommen, ihm trockene Kleidung gegeben und erlaubt, zwei Nächte zu bleiben. In dieser Zeit sei er wie jeder andere Verletzte auch behandelt worden. Der Beamte des Fischereiministeriums bestätigte die Version des Kapitäns, und die RCMP spielte den Zwischenfall in ihren Berichten gleichfalls herunter.
63 Hunter, Warriors, 378, 373.
64 Moore an Hunter, 23.3.1977, persönliche Unterlagen von Moore.
65 Brief an die *Vancouver Sun*, 28.10.1977.
66 Hunter, Warriors, 387–388.
67 Protokoll der Vorstandssitzung am 7.6.1977, persönliche Unterlagen von Rod Marining.
68 Watson-Interview.
69 Watson, Sea Shepherd, 153.
70 Earthforce-Broschüre, 1977, persönliche Unterlagen von Al Johnson.
71 Watson, Sea Shepherd, 188–206.
72 Paul Watson, Pirate Whalers Rammed out of Business, in: *Greenpeace Chronicles* 19, September 1979; Watson, Sea Shepherd, 207–250; Bob Hunter, Fighting Back, in: *Vancouver*, Juni 1980, 57–66. Wegen der Sprengung der *Sierra* wurde nie jemand angeklagt. Watson behauptet, er wisse, wer dafür verantwortlich wäre, betont aber, dass er die Aktion zwar guthieße, aber bei diesem speziellen Fall von »Ökotage« (Wirtschaftssabotage) keine Rolle gespielt zu haben.
73 Eine Übersicht von Watsons Aktionen bis Anfang der 1990er Jahre gibt: Paul Watson, Ocean Warrior: Mein Kreuzzug gegen das sinnlose Abschlachten der Wale. München 1995.
74 Hunter, Warriors, 386–387.
75 Hunter-Interview.
76 Zur Debatte um das EG-Verbot s. Donald Barry, Icy Battleground: Canada, the International Fund for Animal Welfare, and the Seal Hunt. St. John's 2005.
77 Jeremiah Allen, Anti Sealing as an Industry, in: Journal of Political Economy 87 (2), 1979, 424–428, 427.
78 Interview mit Chesley Sanger am 23.6.2007 in St. John's, Neufundland.
79 Interviews mit Hunter und Watson.

11. Kapitel: Das Paradox der Macht: die Geburt von Greenpeace International

1 Meine Zusammenfassung von Habermas basiert auf: Robert Brulle, Agency, Democracy, and Nature: The U.S. Environmental Movement from a Critical Theory Perspective. Cambridge, MA 2000, 67–70.
2 Ebd., 68–69; Jürgen Habermas, Öffentlichkeit (ein Lexikonartikel), in: Kultur und Kritik. Verstreute Aufsätze. Frankfurt a. M. 1973, 69.
3 Im Jahre 1967 »verabscheuten« die SDS »die formalen Strukturen ihrer ersten fünf Jahre so sehr, dass man die eigenen Präsidenten- und Vizepräsidenten-Ämter abschaffte«. Todd Gitlin, The Left Declares its Independence, in: *New York Times*, 8.10.2011: http://www.nytimes.com/2011/10/09/opinion/sunday/occupy-wall-street-and-the-tea-party.html?emc=eta1&pagewanted=all.

4 Herbert P Kitschelt, Social Movements, Political Parties, and Democratic Theory, in: The Annals of the American Academy of Political and Social Science, 528 (Juli 1993), 13–29, 15.
5 Hunter-Interview.
6 Hunter, Warriors, 296–299.
7 Ebd., 316–317.
8 Ebd., 318–320. Hervorhebungen im Original.
9 Ebd., 321–323; Interviews mit Hunter, Watson, Moore und Weyler.
10 Weyler-Interview.
11 Hunter, Warriors, 329–330.
12 Moore-Interview; Hunter, Warriors, 343–344.
13 Ebd., 334–336; Interviews mit Hunter und Spong.
14 Watson, Sea Shepherd, 116; die Aufnahmen sind in der Dokumentation *Ecology in Action* (Greenpeace Communications/Northern Lights Films, 1985) zu sehen.
15 Lilly, Ein Delfin lernt Englisch; Hunter, Warriors, 339–340.
16 *Wall Street Journal* (Pazifikküstenausgabe) 24.9.1976.
17 Hunter, Warriors, 362–363.
18 Interviews mit Hunter, Weyler und Marining; Hunter, Warriors, 387.
19 Das Abstimmungsergebnis des Jahres 1982 betrug 25 zu 7, lag also nur knapp über der Dreiviertelmehrheit, die die IWC-Regeln verlangten.
20 Details finden sich in einem Artikel von Rex Weyler in *Greenpeace Chronicles* 7, Juni 1978, 6–7.
21 Greenpeace USA, Protokoll vom National Meeting, San Francisco, 20.–22. Oktober 1979, persönliche Unterlagen von Rod Marining.
22 Interview mit Dan McDermott am 25.7.2000 in Toronto; Johnson-Interview; Bob Cummings, *Greenpeace Chronicles*.18.8.1979, 12.
23 *Vancouver Province*, 19.5.1977; *Vancouver Sun*, 27.5.1977; *North Shore News*, 1.6.1977.
24 *Vancouver Sun*, undatierter Ausschnitt, Oktober 1977, in: GPF, Bd. 12, Album 5.
25 Gespräch mit McTaggart.
26 McTaggart, Rainbow Warrior, 181–184. Der Film über die Kampagne trägt den Titel *Destination Iceland* (Greenpeace Communications, 1980).
27 McTaggart, Rainbow Warrior, 195–198; *Time*, 23.9.1978; *Daily Mail*, 17.10.1978.
28 *Greenpeace Chronicles* November 1978, 6–7; Pete Wilkinson mit Julia Schofield, Warrior: One Man's Environmental Crusade. Cambridge 1994, 26–30. Für Filmaufnahmen der *Gem*-Aktion s. *Desperate Measures* (Greenpeace Communications, 1983).
29 Protokoll der Vorstandssitzung der Greenpeace Foundation, Vancouver, 12.1.1978, persönliche Unterlagen von Rod Marining.
30 Ebd.; Hunter-Interview.
31 Hunter-Interview.
32 Außerordentliche Beschlüsse der Jahreshauptversammlung der Greenpeace Foundation, 20.12.1976, persönliche Unterlagen von Gerhard Wallmeyer, Greenpeace Deutschland.
33 Interview mit David Tussman in Berkeley am 6.6.2000.
34 Brief von Tussman an Martin Majestic, 9.7.1979; persönliche Unterlagen von Tussman.
35 Hunter, Warriors, 246–247.
36 Interviews mit Kay Treakle (einem frühen Mitglied von Greenpeace Seattle) am 20.2.2000 in Washington D. C., und Rémi Parmentier (ein Mitbegründer von Greenpeace Frankreich) am 14.12.1999 in Amsterdam.
37 Die Beschreibung der San-Francisco-Gruppe basiert auf folgenden Quellen: Greenpeace San Francisco, Greenpeace Foundation of America, ein Informationsbogen, der die Gruppenstruktur umreißt und aus den persönlichen Unterlagen von David Tussman stammt; Michael Macy, Greenpeace: An Analysis, in: Communication Arts März/April 1980, 67–69; Interviews mit Tussman und Bob Taunt.

38 Macy, Greenpeace, 68.
39 Interview mit Vivia Boe am 25.5.2000 in Seattle. Boe war ein frühes Mitglied der Seattle-Gruppe und leitete ab 1979 die Robbenkampagne von Greenpeace.
40 Interview mit Steve Sawyer am 15.10.1999 in Amsterdam.
41 Don White an verschiedene Greenpeace-Büros, 27.3.1979, in einem Karton mit der Bezeichnung »1978 General Overview of Greenpeace Autonomy Bullshit from Various Perspectives« (Allgemeiner Überblick aus verschiedenen Perspektiven zum Greenpeace-Autonomie-Quatsch 1978) im Greenpeace-Büro Seattle. Hervorhebung im Original.
42 Taunt-Interview.
43 Gespräch mit McTaggart.
44 Parmentier-Interview.
45 Thornton an Frizell, 21.12.1976, Ordner 12, Box 5, Greenpeace Fonds, Archives Canada.
46 Thornton beschrieb die Londoner Anarchisten als inkompetent und ineffizient: »Ich bezweifle, dass es irgendjemand überhaupt merkt, wenn sie verschwinden oder nicht mehr aktiv sind.« Thornton an Frizell, 15.12.1976, Ordner 12, Box 5, Greenpeace Fonds, Archives Canada.
47 Susi Newborn, A Bonfire in My Mouth: Life, Passion and the Rainbow Warrior. Auckland 2003.
48 Interview von Weyler mit Parmentier; mit freundlicher Genehmigung.
49 Moore an verschiedene Greenpeace-Büros, undatiert (aber eindeutig Ende 1977), persönliche Unterlagen von Moore.
50 Ebd.
51 Protokoll vom International Greenpeace Meeting, 21.–25.1.1978 in Vancouver, persönliche Unterlagen von David Tussman.
52 Ebd., 39–53.
53 Ebd.
54 Ebd., 64–65.
55 Gannon-Interview.
56 Protokoll der außerordentlichen Sitzung des Vorstands, GP Foundation of America, San Francisco, 29.8.1978. In: Ordner 2, Box 2, Greenpeace Fonds, Archives Canada; Tussman-Interview.
57 Interviews mit Tussman und Hunter. Frizell war nicht bereit zu einem Interview.
58 Tussman an Zimmerman, 8.9.1979, persönliche Unterlagen von Tussman.
59 Greenpeace San Francisco, Protokoll der Vorstandssitzung am 25.7.1979, Unterlagen von Tussman.
60 Gespräch mit McTaggart; Hunter-Interview.
61 McTaggart, Slinger, Rainbow Warrior, 207–208; Gespräch mit McTaggart; Interviews mit Hunter, Weyler und Moore.
62 McTaggart, Slinger, Rainbow Warrior, 208.
63 Das Zitat stammt aus Tussmans unveröffentlichten Memoiren. Mit freundlicher Genehmigung des Autors. Mittlerweile hat Tussman die Memoiren zusammen mit vielen interessanten Fotos aus seiner Greenpeace-Zeit online gestellt. S. http://quandmeme.wordpress.com/greenpeace-2/ (aufgerufen am 8.10.2011).
64 Protokoll vom Greenpeace Council International Meeting, 16.–20.11.1979 in Amsterdam, Kopie aus den persönlichen Unterlagen von Patrick Moore.
65 Grant Jordan, William A, Maloney, The Protest Business? Mobilizing Campaign Groups. Manchester 1997, 191.
66 Meyer, Tarrow verschmolzen worden, A Movement Society, 17.

Schluss

1 Die Unterhaltung wurde von Rex Weyler aufgenommen und transkribiert.
2 Don White, What is Greenpeace? Undatiertes Memo (wahrscheinlich Ende 1979) in: Ordner 13, Box 6, Greenpeace Fonds, Archives Canada.
3 Mehr über die Vereinnahmung amerikanischer Mainstream-Umweltorganisationen durch Regierungen und Unternehmen findet sich in: Mark Dowie, Losing Ground: American Environmentalism at the Close of the Twentieth Century. Cambridge, MA 1995.
4 Interviews mit Thilo Bode am 16.12.1999 in Amsterdam und Steve Sawyer (einem früheren Geschäftsführer von Greenpeace International) am 13.9.1999 in Amsterdam. Eine ähnliche Geschichte spielte sich in Kanada ab.
5 Hunter-Interview.
6 Barbara Epstein, Political Protest and Cultural Revolution: Nonviolent Direct Action in the 1970s and 1980s. Berkeley 1991.
7 Alanna Mitchell, The ›Mindbomb‹ That Was Greenpeace, in: Literary Review of Canada, Dezember 2004, 13–15, 13–14.
8 Ebd., 13.
9 Die Bezeichnung habe ich vom Titel von Mark Lytles Carson-Biografie *The Gentle Subversive* abgeleitet.
10 Die Technik ist als »Greenfreeze« bekannt und wurde seit Anfang der 1990er Jahre in über 400 Millionen Kühlschränke eingebaut. In den USA ist sie allerdings verboten, weil sie ein Butan-Propan-Gemisch verwendet. Greenpeace schreibt dieses Verbot der Lobbymacht von DuPont und Honeywell zu, die darin eine Konkurrenz für ihr eigenes FKW-Kühlmittel R-134a sehen. Die EU hingegen hat FKW-Kühlschränke wegen ihrer Klimaschädlichkeit verboten. S. Greenpeace Deutschland, »30 Jahre, 1980–2010« unter: http://www.greenpeace.de/fileadmin/gpd/user_upload/wir_ueber_uns/erfolge_kampagnen/30JahreGP_Finale_inLitho.pdf (aufgerufen am 13.11.2011).
11 Moore, Confessions of a Greenpeace Dropout, 5.
12 Ebd., 142.
13 Ein Überblick zu Moores Verbindungen zu verschiedenen Frontorganisationen der Industrie findet sich unter: http://www.sourcewatch.org/index.php?title=Patrick_Moore#cite_note-1 (aufgerufen am 15.11.2011). Hunter bezeichnete Moore als »Öko-Judas«. Doch Hunter war keiner, der lange grollen konnte, so dass sich die beiden wieder versöhnten und bis zu Hunters Tod ein freundschaftliches Verhältnis hatten. Hunter-Interview.
14 Moore, Confessions of a Greenpeace Dropout, 4.
15 Eine genaue Darstellung der Kontroverse gibt: Grant Jordan, Shell, Greenpeace and the Brent Spar. New York 2001. Gleichfalls hilfreich ist: Anna-Katherina Wöbse, Die Brent Spar-Kampagne: Plattform für diverse Wahrheiten, in: Frank Uekötter, Jens Hohensee (Hrsg.), Wird Kassandra heiser? Die Geschichte falscher Öko-Alarme. Stuttgart 2004.

Die Anfänge von Greenpeace Deutschland

1 *Peace News*, 5.5.1973.
2 Arno Levy, Greenpeace: In Bielefeld fing alles an, *Neue Westfälische*, 2.10.2010.
3 Ebd.
4 Brief von Dunkel an Moore, 19.9.1979. Brief von McTaggart an Dunkel, 29.11.1979. Beide Dokumente und viele weitere interessante Texte sind auf Dunkels Website, »Information zum Start von Greenpeace in Deutschland«: http://greenpeace.lagena.de/index.html zu finden.

5 Dunkel an den Verein zur Rettung und Erhaltung der Wale und Robben e. V., 30.11.1979, Dunkel, »Information«.
6 Dunkels Rundbrief an Gruppen, die Interesse hatten, mit dem neuen Greenpeace-Büro zusammenzuarbeiten, Dunkel, »Information«. Hervorhebungen im Original.
7 Eine hilfreiche Analyse bietet: Andrei Markovits, Philip Gorski, The German Left: Red, Green, and Beyond. New York 1993, 99–102. S. auch Martin Leonhard, Umweltverbände: Zur Organisierung von Umweltinteressen in der BRD. Opladen, 1986; Sandra Chaney, Nature of the Miracle Years: Conservation in West Germany, 1945–1975. New York 2009.
8 Egmont R. Koch, Fritz Vahrenholt, Seveso ist überall: Die tödlichen Risiken der Chemie. Köln 1978.
9 Hoechst's Main Problem, *Economist*, 5.4.1980.
10 Zitiert nach: Egmont R. Koch, Wer entschärft die chemische Zeitbombe?, *Die Zeit*, 30.3.1979.
11 Horst Güntheroth, Die Nordsee: Portrait eines bedrohten Meeres. Hamburg 1986, 136; Volkert Dethlefsen, Überblick über Auswirkungen der Verklappung von Abfällen aus der Titandioxid-Produktion in der Deutschen Bucht. Hamburg (Bundesforschungsanstalt für Fischerei) 1986, 1–2.
12 *Frankfurter Allgemeine Zeitung*, 12.8.1980.
13 *Frankfurter Rundschau*, 14.10.1980.
14 Die Geschichte ist mit allen Einzelheiten in einer Sonderausgabe des *Kölner VolksBlatts* wiedergegeben, die sich »Blockade Illustrierte« nannte und 1981 erschien. Siehe S. 14–15.
15 Eine kritische Darstellung der Industrialisierungspläne für Hamburg und die Unterelbe findet sich in: Christian Jungblut, Es war einmal ein Fluss: Wie die Elbe ausverkauft wurde, Hamburg 1983, 64–79.
16 Interview des Autors mit Harald Zindler am 8.9.1999 in Hamburg.
17 Zur Biografie von Griefahn s. Jürgen Streich, Monika Griefahn: Politik, Positionen, Perspektiven. Köln 1997.
18 Augenzeugenberichte der Blockade finden sich in der »Blockade Illustrierten«. Für eine detailliertere Analyse der Blockade und ihren historischen Kontext s. Frank Zelko, Fish instead of Fission: Industrial Expansion and Environmental Protest in Hamburg and the Lower Elbe Region since the 1960s, in: Economic and Ecohistory, Bd. 8 (8), 2012, 29–44.
19 *Der Spiegel* 43/1980, 20.10.1980. Buchstäblich alle größeren deutschen Zeitungen haben wohl über das Ereignis berichtet.
20 Brief von GP Deutschland an das Amtsgericht Bielefeld, 18.11.1980, Dunkel, »Information«. Viele Jahre später erklärte McTaggart, dass die Greenpeace-Büros in Großbritannien, Frankreich und den Niederlanden nervös ob eines möglichen Greenpeace Deutschland waren und sogar so weit gingen, gegen die Gründung zu opponieren. Das geht aus einer E-Mail hervor, die McTaggart, der zu dem Zeitpunkt bereits ausgeschieden und »Ehrenvorsitzender« war, am 18.8.1992 an Greenpeace-Führer schickte. Einzusehen im Blog von Brian Fitzgerald: http://blog.brian-fitzgerald.net/mctaggart-greenpeace.
21 Zindler-Interview.
22 Dunkel, »Information«.
23 Streich, Monika Griefahn, 48–51; Zindler-Interview.
24 *Handelsblatt*, 30.5.1978; Laut einem Medizin-Professor der University of Chicago gab es außer Hamburg »keinen Ort auf der ganzen Welt, wo so viele krebserregende Substanzen auf so engem Raum in so großer Nähe einer Großstand konzentriert sind«. Wiedergegeben in: *Der Spiegel* 26/1984, 25.6.1984.
25 *Frankfurter Allgemeine Zeitung*, 1.8.1979; *Hamburger Abendblatt*, 3.7.1979 und 26.2.1980. Zahlreiche Zeitungsartikel zu diesem Thema befinden sich im Ordner Boehringer im Hamburgischen Welt-Wirtschafts-Archiv (HWWA).
26 Zindler-Interview.

27 Zindler-Interview; *Hamburger Abendblatt*, 25.6.1981; Griefahn, Boehringer Aktion, *Greenpeace Nachrichten* 1, Sommer 1981, 1; *Die Welt*, 20.6.1984.
28 Zindler-Interview; Streich, Monika Griefahn, 65–67.
29 Griefahn, Kontaktstellen, *Greenpeace Nachrichten*, Sommer 1981, 2.
30 Brief der Kontaktstellen Bremen, Kiel und Münster an das Büro Hamburg, 24.6.1982; Brief von Renate Krösa von der Kontaktstelle Tübingen an Griefahn, 2.10.1982. Beide in den persönlichen Unterlagen von Gerhard Wallmeyer.
31 Imre Kerner, Toya Maissen, Die kalkulierte Verantwortungslosigkeit: Der Basler PCB-Skandal. Reinbek bei Hamburg 1980. Kerners Karriere nahm in den 1990ern dann eine ziemlich esoterische Wendung. Jetzt leitet er die Imre Kerner International School of Therapeutic Touch and Energy.
32 Monika Griefahn, The Next 12 Months. Bericht für den Vorstand von Greenpeace International, 11.10.1982, persönliche Unterlagen von Gerhard Wallmeyer.
33 *taz*, 18.10.1982. Weitere Artikel zum Thema am 13.10.1982 und 22.10.1982.
34 David McTaggart mit Helen Slinger, Rainbow Warrior: Ein Leben gegen alle Regeln. München 2001, 246.
35 Protokoll der Vorstandssitzung von Greenpeace Deutschland am 12.8.1982 in Hamburg, persönliche Unterlagen von Steve Sawyer; Vereinsregister beim Amtsgericht Hamburg, Dunkel, »Information«.
36 *taz*, 27.10.1982. Eine genauere Darstellung der Abspaltung von Greenpeace und der Gründung von Robin Wood aus Sicht der Beteiligten gibt: Volker Lange, Erdmann Wingert (Hrsg.), Und vor uns stehen die Wälder. Reinbek bei Hamburg 1984. Zu den Anfangsjahren von Robin Wood s. Reiner Scholz, Betrifft: Robin Wood: Sanfte Rebellion gegen Naturzerstörung. München 1989.
37 Griefahn, The Next 12 Months.
38 *Der Spiegel* 36/1982, 6.9.1982.
39 *Der Spiegel* 25/1986, 14.7.1986.
40 Griefahn, The Next 12 Months; *Der Spiegel*, 51/1984, 17.12.1984, 84–86.
41 Wenn Greenpeace kommt, *Industriemagazin*, 15.1.1985.
42 *Frankfurter Rundschau*, 27.8.1984.
43 Griefahn, The Next 12 Months.
44 Ebd.
45 Greenpeace e. V., 25 Jahre Greenpeace: Chronik einer runden Sache, 1971–1996. Hamburg, 1996, 5.
46 *New York Times*, 24.7.1983.
47 Einzelheiten finden sich in: McTaggart, Rainbow Warrior, Kapitel 18.
48 Streich, Monika Griefahn, 73–74.
49 »Greenpeace: Russia actions among worst ›assaults‹«, ABC News, 5.10.2013: http://abcnews.go.com/International/wireStory/greenpeace-russia-actions-worst-assaults-20480261.
50 »Greenpeace to Halt Protests«, *Los Angeles Times*, 1.9.2002: http://articles.latimes.com/2002/jan/09/local/me-green9.

Dank

Ganz besonderen Dank schulde ich Christof Mauch, der dieses Buchprojekt seit vielen Jahren unterstützt und die deutsche Übersetzung ermöglicht hat. Außerdem gilt mein Dank Helmuth Trischler und Frank Uekötter, den beiden anderen Herausgebern der Reihe Umwelt und Gesellschaft. Franz-Josef Brüggemeier, Jan-Henrik Meyer, Charles Closmann und John McNeill danke ich für ihre Anmerkungen zu den verschiedenen Versionen des Kapitels über Greenpeace Deutschland. Bei Vandenhoeck & Ruprecht möchte ich Martina Kayser und Daniel Sander für ihre Unterstützung bei Redaktion und Gestaltung danken. Birgit Brandau bin ich auch sehr dankbar für die ausgezeichnete Weise, meine Worte – und meine Stimme – im Deutschen zum Ausdruck zu bringen.

Ich möchte meine Dankbarkeit auf alle gegenwärtigen und früheren Mitarbeiter von Greenpeace Deutschland ausweiten, die mir Interviews gaben und mir Einblick in ihre persönlichen Unterlagen gewährten. Dem Lattie Coor Fund der University of Vermont verdanke ich wertvolle finanzielle Unterstützung während der Arbeit am Buch.

Danke auch an die Freunde, die dazu beigetragen haben, dass meine Aufenthalte in Deutschland in all den Jahren so erfreulich waren: Gesa Becher, Nina Ehresmann, Kieko Matteson, Maribel Novo, Uwe Reising, Nadine Requardt und Olaf Tarmas.

Bildnachweis

© Jean Deloffre/Greenpeace: 255
© Greenpeace: 198
© Wolfgang Hain/Greenpeace: 292, 293
© Ann-Marie Horne/Greenpeace: 132, 133
© Robert Keziere/Greenpeace: 59, 65, 71, 81, 83
© Patrick Moore/Greenpeace: 219, 223
© Steve Morgan/Greenpeace : 299
© Rex Weyler/Greenpeace: 153, 176, 177, 180, 187, 189, 245, 247, 249, 251, 269

Quellen- und Literaturverzeichnis

Archiv-Quellen und persönliche Unterlagen

Commonweal Collection, Bradford University, UK.
Congressional Record – Senate, Planned Nuclear Bomb Tests in Alaska this Year, V.117 (92–91), 4.6.1971.
Greenpeace Fonds (R4377), Archives Canada, Ottawa.
Greenpeace Foundation Fonds, Vancouver City Archive.
Greenpeace, Büro San Francisco: Ad-hoc-Ordner.
Greenpeace, Büro Seattle: Ad-hoc-Ordner.
Greenpeace USA, Archiv, Washington D. C.
Hamburgisches Welt-Wirtschafts-Archiv (HWWA), Hamburg.
Johnson, Al. Persönliche Unterlagen.
Marining, Rod. Persönliche Unterlagen.
Mayor's Office Fonds, Vancouver City Archive.
Metcalfe, Ben. Persönliche Unterlagen.
Moore, Patrick. Persönliche Unterlagen.
Murray Newman Fonds, Add MSS #1287, Vancouver City Archive.
Sawyer, Steve. Persönliche Unterlagen.
Sea Shepherd Conservation Society Archives, Friday Harbor, WA.
Seal Hunt and Greenpeace, Access to Information Request (A-2009-00353/BAS), Library and Archives Canada, Ottawa.
Sophia Smith Collection, Smith College, Northampton, MA.
Taunt, Robert. Persönliche Unterlagen.
Tussman, David. Persönliche Unterlagen.
University of British Columbia Library, Special Collections, Vancouver.
Wallmeyer, Gerhard. Persönliche Unterlagen.
Weyler, Rex. Persönliche Unterlagen.

Interviews

Bode, Thilo. Amsterdam, 16.12.1999.
Boe, Vivia. Seattle, 25.5.2000.
Bohlen, Jim. Denman Island, British Columbia, 20.4.2000.
Coish, Calvin. Great Falls Windsor, Newfoundland, 24.6.2007.
Fineberg, Richard. Telefon-Interview, 18.9.2011.
Gannon, Bill. Vancouver, 2.5.2000.
Gannon, Linda. Vancouver, 2.5.2000.
Hunter, Robert. Toronto, 24.7.2000.

Ingram, Nigel. Telefone-Interview, 14.5.2002.
Johnson, Al. Vancouver, 18.5.2000.
McDermott, Dan. Toronto, 25.7.2000.
McLeod, Dan. Vancouver, 10.4.2000.
McTaggart, David. Paciano, Italien, 15.–16.10.1998.
Marining, Rod. North Vancouver, 16.4.2000.
Metcalfe, Ben. Shawnigan Lake, Vancouver Island, 9.5.2000.
Moore, Patrick. Vancouver, 14.4.2000.
Newborn, Susi. Interview von Rex Weyler. Mit freundlicher Genehmigung.
Parmentier, Remi. Amsterdam, 14.12.1999.
Parmentier, Remi. Interview von Rex Weyler. Mit freundlicher Genehmigung.
Sanger, Chesley, St. John's, Newfoundland, 23.6.2007.
Sawyer, Steve. Amsterdam, 15.10.1999.
Simmons, Terry. E-Mail-Korrespondenz.
Spong, Paul. Vancouver 16.4.2000.
Stowe, Dorothy. Vancouver, 11.4.2000.
Taunt, Robert. Helena, Montana, 31.5.2000.
Treakle, Kay. Washington D. C., 20.2.2000.
Tussman, David. Berkeley, 6.6.2000.
Watson, Paul. Friday Harbor, Washington, 12.5.2000.
Weyler, Rex. Vancouver, 13.4.2000.
Zindler, Harald. Hamburg, 8.9.1999.

Filme

All Things Bright and Beautiful. Toronto: Canadian Broadcasting Corporation, 1985.
Bitter Harvest. Vancouver: Northern Lights Films, 1981.
Desperate Measures. Greenpeace Communications, 1983.
Destination Iceland. Greenpeace Communications, 1980.
Ecology in Action. Northern Lights Films, 1985.
Silent Warrior. Soapbox Productions, Vancouver, 2000.
The Man in the Rainbow. Nordiskfilm, Dänemark, 1992.
Whale Hunters, produced by Jeremy Bristow. London: BBC, 2002.

Dissertationen und Magisterarbeiten

Cassidy, Sean D. Mind Bombs and Whale Songs: Greenpeace and the News. Dissertation, University of Oregon, 1992.
Draper, Dianne Louise. Eco-Activism: Issues and Strategies of Environmental Interest Groups in British Columbia. Magisterarbeit, University of Victoria, 1972.
Guevara, Gloria Yolanda. Assessing the Effectiveness of Transnational Activism: An Analysis of the Anti-Whaling and Anti-Sealing Campaigns. Dissertation, University of Southern California, 2008.

Keeling, Arn. Ecological Ideas in the British Columbian Conservation Movement, 1945–1970. Magisterarbeit, University of British Columbia, 1999.
Moore, Patrick Albert. The Administration of Pollution Control in British Columbia: A Focus on the Mining Industry. Dissertation, University of British Columbia, 1973.
Qureshi, Yasmeen. Environmental Issues in British Columbia: An Historical Geographical Perspective. Magisterarbeit, University of British Columbia, 1991.
Spong, Paul. Cortical Evoked Responses and Attention in Man. Dissertation. UCLA, 1966.
Terpenning, J.G. The B.C. Wildlife Federation and Government: A Comparative Study of Pressure Group and Government Interaction for Two Periods, 1947 to 1957 and 1958 to 1975. Magisterarbeit, University of Victoria, 1982.
Widdowson, Frances Mary. The Framing of Greenpeace in the Mass Media. Magisterarbeit, University of Victoria, 1992.

Literatur

Allen, Jeremiah, Anti Sealing as an Industry, in: Journal of Political Economy 87 (2), 1979, 424–428.
Altmann, Christian/Fritzler, Marc, Greenpeace: Ist die Welt noch zu retten?, Düsseldorf 1995.
American Friends Service Committee, Speak Truth To Power: A Quaker Search for an Alternative to Violence. AFSC, 1955: http://www.quaker.org/sttp.html (aufgerufen 14.7.11).
Amory Cleveland, Man Kind?: Our Incredible War on Wildlife. New York 1974.
Armitage, Kevin C., The Nature Study Movement: The Forgotten Popularizer of America's Conservation Ethic. Lawrence, KS 2009.
Au, Whitlow W.L., The Sonar of Dolphins. New York 1993.
Bacon, Margaret H., The Quiet Rebels: The Story of the Quakers in America. New York 1969.
Barbour, Michael, Ecological Fragmentation in the 1950s, in: William Cronon (Hrsg.), Uncommon Ground: Toward Reinventing Nature. New York 1995.
Barman, Jean, The West Beyond the West: A History of British Columbia. Toronto 1996.
Barry, Donald, Icy Battleground: Canada, the International Fund for Animal Welfare, and the Seal Hunt. St. John's, Newfoundland 2005.
Bazell, Robert J., Nuclear Tests: Big Amchitka Shot Target of Mounting Opposition, in: Science 172, 18.6.1971, 1219–21.
Bell, Denis, Story of the Greenpeace-Makers, in: Vancouver Province, 5.3.1977.
Bennett, Scott H., Radical Pacifism: The War Resisters League and Gandhian Nonviolence in America, 1915–1963. Syracuse 2003.
Bess, Michael, The Light-Green Society: Ecology and Technological Modernity in France, 1960–2000. Chicago 2003.
Bigelow, Albert, The Voyage of the Golden Rule: An Experiment with Truth. Garden City, NY 1959.

Bocking, Stephen, Ecologists and Environmental Politics: A History of Contemporary Ecology. New Haven 1997.
Bohlen, Jim, Making Waves: The Origins and Future of Greenpeace. Montreal 2001.
Bölsche, Jochen, Die Macht der Mutigen. Politik von unten: Greenpeace, Amnesty & Co. Hamburg 1995.
Boyer, Paul, By the Bomb's Early Light: American Thought and Culture at the Dawn of the Atomic Age. New York 1985.
Brand, Stewart, Whole Earth Discipline: An Ecopragmatist Manifesto. New York 2009.
Braunstein, Peter/Doyle, Michael William, Introduction: Historicizing the American Counterculture of the 1960s and '70s, in: Peter Braunstein/Michael William Doyle (Hrsg.), Imagine Nation: The American Counterculture of the 1960s and '70s. New York 2002.
Brown, Cassie, Death on the Ice: The Great Newfoundland Sealing Disaster of 1914. Toronto 1972.
Brown, Michael/John May, The Greenpeace Story. London 1989.
Brown, Paul, Greenpeace. New York 1994.
Bruemmer, Fred, Life of the Harp Seal. Montreal 1977.
Brulle, Robert, Agency, Democracy, and Nature: The U.S. Environmental Movement from a Critical Theory Perspective. Cambridge 2000.
Bryman, Alan, The Disneyization of Society. London 2004.
Bunnell, Sterling, Die Evolution der Intelligenz bei den Cetaceen, in: Joan McIntyre (Hrsg.), Der Geist in den Wassern: Ein Buch zu Ehren des Bewußtseins der Wale und Delphine. Frankfurt a. M. 1982.
Burnett, Alexander, A Passion for Wildlife: The History of the Canadian Wildlife Service. Vancouver 2003.
Burnett, D. Graham, The Sounding of the Whale: Science and Cetaceans in the Twentieth Century. Chicago 2012.
Busch, Briton Cooper, The War against the Seals: A History of the North American Seal Fishery. Kingston/Montreal 1985.
Capra, Fritjof, Das Tao der Physik: Die Konvergenz von westlicher Wissenschaft und östlicher Philosophie. München 1984.
Carson, Rachel, Silent Spring. New York 1962.
Chafer, Tony, Politics and the Perception of Risk: A Study of the Anti-Nuclear Movements in Britain and France, in: West European Politics 8 (1), 1985, 10–27.
Chaney, Sandra, Nature of the Miracle Years: Conservation in West Germany, 1945–1975. New York 2009.
Chmielewski, Wendy, »Speak Truth to Power: Religion, Race, Sexuality, and Politics During the Cold War«. Vortrag auf der Konferenz: Peace Movements in the Cold War and Beyond: An International Conference at the London School of Economics, UK, 1.–2. Februar 2008.
Claron, Elsa (Hrsg.), Fri Alert. Dunedin, New Zealand 1974.
Cogan, Charles G., From the Fall of France to the Force de Frappe: The Remaking of French Military Power, 1940–1962, in: Talbot C. Imlay/Monica Duffy Toft (Hrsg.), The Fog of Peace and War Planning: Military Strategic Planning Under Uncertainty. New York 2006.

Cohen, Michael P., The History of the Sierra Club, 1892–1970. San Francisco 1988.
Coish, E. Calvin, Season of the Seal: The International Storm over Canada's Seal Hunt. St. John's, NFLD 1979.
Commoner, Barry, The Closing Circle: Nature, Man, and Technology. New York 1971.
Cooney, Robert/Michalowski, Helen (Hrsg.), The Power of the People: Active Nonviolence in the United States. Philadelphia 1987.
Coupland, Douglas, Marshall McLuhan: You Know Nothing of My Work!, New York 2010.
Craige, Betty Jean, Laying Down the Ladder: The Emergence of Cultural Holism. Amherst 1992.
– Eugene Odum: Ecosystem Ecologist and Environmentalist. Athens, GA 2001.
Crane, Jeff/Egan, Michael (Hrsg.), Natural Protest: Essays on the History of American Environmentalism. New York 2009.
Dale, Stephen, McLuhan's Children: The Greenpeace Message and the Media. Toronto 1996.
Dalton, Russell J., The Green Rainbow: Environmental Groups in Western Europe. New Haven 1994.
Danielsson, Bengt/Danielsson, Marie-Thérèse, Poisoned Reign: French Nuclear Colonialism in the Pacific. Ringwood, Australia 1986.
Daston, Lorraine/Mitman, Gregg (Hrsg.), Thinking with Animals: New Perspectives on Anthropomorphism. New York 2005.
Dauvergne, Paul/Neville, Kate J., Mindbombs of Right and Wrong: Cycles of Contention in the Activist Campaign to Stop Canada's Seal Hunt, in: Environmental Politics 20, März 2011, 192–209.
Davies, Brian, Savage Luxury: The Slaughter of Baby Seals. New York 1971.
Davis, Susan G., Spectacular Nature: Corporate Culture and the Sea World Experience. Berkeley 1997.
Day, David, The Whale War. London/New York 1987.
DeBenedetti, Charles, The Peace Reform in American History. Bloomington/London 1980.
Deese, R. S., The New Ecology of Power: Julian and Aldous Huxley in the Cold War Era, in: J. R. McNeill/Corinna R. Unger (Hrsg.), Environmental Histories of the Cold War. New York 2010.
Deloria, Philip J., Counterculture Indians and the New Age, in: Peter Braunstein/Michael William Doyle (Hrsg.), Imagine Nation: The American Counterculture of the 1960s and '70s, New York 2002.
– Playing Indian. New Haven 1998.
DeLuca, Kevin Michael, Image Politics: The New Rhetoric of Environmental Activism. New York/London 1999.
Dethlefsen, Volkert, Überblick über Auswirkungen der Verklappung von Abfällen aus der Titandioxid-Produktion in der Deutschen Bucht, Hamburg 1986.
Devall, Bill, Simple in Means, Rich in Ends: Practicing Deep Ecology. Salt Lake City 1988.
Devall, Bill/Sessions, George, Deep Ecology: Living as if Nature Mattered. Salt Lake City 1985.

Dickerson, James. North to Canada: Men and Women Against the Vietnam War. Westport, CT 1999.
Disch, R. (Hrsg.), The Ecological Conscience. Englewood Cliffs, N. J. 1970.
Divine, Robert A., Blowing on the Wind: The Nuclear Test Ban Debate, 1954–1960. New York 1978.
Donner, Frank J., The Age of Surveillance: The Aims and Methods of America's Political Intelligence System. New York 1980.
Dorsey, Kurk, Conservation and Alliance Politics: The Resumption of Japanese Whaling after World War II.« Vortrag auf dem First Annual Meeting of the American Society for Environmental History, Tacoma, Washington, März 2000.
– »Objection! The International Whaling Commission and the Preservation of Sovereignty (Not Whales)«. Vortrag auf dem 20. jährlichen Meeting der Society for the History of American Foreign Relations, Toronto, 22.6.2000.
Dougan, J. L., The Ice Lover: Biology of the Harp Seal, in: Science 215, 19.2.1982, 928–933.
Dowie, Mark, Losing Ground: American Environmentalism at the Close of the Twentieth Century. Cambridge, Mass. 1995.
Doyle, Julie, Picturing the Clima(c)tic: Greenpeace and the Representational Politics of Climate Change Communication, in: Science as Culture 16, Juni 2007, 129–150.
Dudzinski, Kathleen M./Frohoff, Toni, Dolphin Mysteries: Unlocking the Secrets of Communication. New Haven 2008.
Dunlap, Thomas, DDT: Scientists, Citizens, and Public Policy. Princeton 1981.
– Faith in Nature: Environmentalism as Religious Quest. Seattle 2004.
– Nature and the English Diaspora: Environment and History in the United States, Canada, Australia, and New Zealand. Cambridge 1999.
Durland, Steven, Witness: The Guerrilla Theater of Greenpeace, in: High Performance 40, 1987, 30–35.
Eayrs, James George, Greenpeace and Her Enemies. Toronto 1973.
Eder, Klaus, The Rise of Counter-Culture Movements Against Modernity: Nature as a New Field of Class Struggle, in: Theory, Culture and Society 7, 1990, 13–35.
Edwards, Gordon, Canada's Nuclear Industry and the Myth of the Peaceful Atom, in: Ernie Regehr/Simon Rosenblum (Hrsg.), Canada and the Nuclear Arms Race. Toronto 1983.
Egan, Michael. Barry Commoner and the Science of Survival: The Remaking of American Environmentalism. Cambridge, MA 2007.
Ellis, Richard, Mensch und Wal: Die Geschichte eines ungleichen Kampfes. München 1993.
– The Empty Ocean: Plundering the World's Marine Life. Washington D. C. 2003.
Ellul, Jacques, The Technological Society, übers. v. John Wilkinson. New York1964.
Engels, Jens Ivo, Modern Environmentalism, in: Frank Uekötter, The Turning Points of Environmental History. Pittsburgh 2010.
Environmental Action (Hrsg.), Earth Day – The Beginning, A Guide for Survival. New York 1970.
Epstein, Barbara, Political Protest and Cultural Revolution: Nonviolent Direct Action in the 1970s and 1980s. Berkeley 1991.

Epstein, Charlotte, The Power of Words in International Relations: Birth of an Anti-Whaling Discourse. Cambridge, Mass. 2008.
Farber, David, Chicago '68. Chicago 1988.
– The Intoxicated State/Illegal Nation: Drugs in the Sixties Counterculture, in: Peter Braunstein/Michael William Doyle (Hrsg.), Imagine Nation: The American Counterculture of the 1960s and '70s. New York 2002.
Fichtelius, Karl-Erik/Sjölander, Sverre, Smarter than Man? Intelligence in Whales, Dolphins, and Humans. New York 1972.
Fine, Gary Alan/Stoecker, Randy, Can the Circle be Unbroken? Small Groups and Social Movements, in: Advances in Group Processes 2, 1985, 1–28.
Firth, Stuart, Nuclear Playground. Honolulu 1987.
Fitzsimmons, Neal, Brief History of American Civil Defense, in: Eugene P. Wigner (Hrsg.), Who Speaks of Civil Defense? New York 1968.
Flader, Susan L., Thinking Like a Mountain: Aldo Leopold and the Evolution of an Ecological Attitude toward Deer, Wolves, and Forests. Madison 1974.
Flowers, Charles, Between the Harpoon and the Whale, in: New York Times Magazine, 24.8.1975.
Fortune (Hrsg.), The Environment: A National Mission for the Seventies. New York 1970.
Foster, Janet, Working for Wildlife: The Beginning of Preservation in Canada. Toronto 1978.
Fox, Stephen, John Muir and His Legacy: The American Conservation Movement. Boston 1981.
Frost, Sidney, The Whaling Question: The Inquiry by Sir Sidney Frost of Australia. San Francisco 1979.
Fuller, R. Buckminster, Operating Manual for Spaceship Earth. New York 1968.
Gaskin, David, The Ecology of Whales and Dolphins. London/Exeter, NH 1982.
Gibson, James Williams, A Reenchanted World: The Quest for a New Kinship with Nature. New York 2009.
Gidley, Isobelle/Shears, Richard, The Rainbow Warrior Affair. Sydney 1986.
Gitlin, Todd, The Sixties: Years of Hope, Days of Rage. New York 1987.
– The Left Declares its Independence, in: New York Times, 8.10.2011.
Godlovitch, Stanley/Rosalind Godlovitch/John Harris (Hrsg.), Animals, Men and Morals: An Enquiry into the Maltreatment of Non-Humans. New York 1972.
Gofman, John/Arthur Tamplin, Population Control« Through Nuclear Pollution. Chicago 1970.
Golley, Frank, A History of the Ecosystem Concept in Ecology: More than the Sum of the Parts. New Haven 1993.
Gottlieb, Robert, Forcing the Spring: The Transformation of the American Environmental Movement. Washington D. C. 1993.
Grant, George, Lament for a Nation: The Defeat of Canadian Nationalism. Toronto 1965.
Gray, Earle, The Great Uranium Cartel. Toronto 1982.
Gray, Timothy, Gary Snyder and the Pacific Rim: Creating Counter-Cultural Community. Iowa City 2006.
Greenpeace, Greenpeace Worldwide. http://www.greenpeace.org/international/en/about/worldwide/ (zuletzt abgerufen am 21.11.2011).

Greenpeace Deutschland, Volle Kraft voraus für die Umwelt: Greenpeace stellt sich vor – Aktionen, Themen, Lösungen. Hamburg 2001.
– Das Greenpeace Buch: Reflexionen und Aktionen. München 1997.
– 30 Jahre, 1980–2010, in: http://www.greenpeace.de/fileadmin/gpd/user_upload/wir_ueber_uns/erfolge_kampagnen/30JahreGP_Finale_inLitho.pdf (zuletzt abgerufen am 13.11.2011).
Gregg, Richard, The Power of Nonviolence. Philadelphia 1934.
Grier, Katherine C., Pets in America: A History. Chapel Hill 2006.
Guha, Ramachandra, Environmentalism: A Global History. New York 2000.
Güntheroth, Horst, Die Nordsee: Portrait eines bedrohten Meeres. Hamburg 1986.
Hagen, Joel, An Entangled Bank: The Origins of Ecosystem Ecology. New Brunswick 1992.
– Teaching Ecology During the Environmental Age, 1965–1980, in: Environmental History 13, Okt. 2008, 704–723.
Hagen, John. Northern Passage: American Vietnam War Resisters in Canada. Cambridge 2001.
Haig-Brown, Allan, Hell No We Won't Go: Vietnam Draft Resisters in Canada. Vancouver 1996.
Haig-Brown, Roderick, Measure of the Year. New York 1950.
Hansen, Anders, Greenpeace and the Press Coverage of Environmental Issues, in: Anders Hansen (Hrsg.), The Mass Media and Environmental Issues. Leicester 1993.
Haq, Gary/Paul, Alistair, Environmentalism Since 1945. New York 2012.
Hardin, Garrett, The Tragedy of the Commons, in: Science 162, 13.12.1968, 1244–1249.
Harter, John-Henry, Environmental Justice for Whom? Class, New Social Movements and the Environment: A Case Study of Greenpeace Canada, 1971–2000, in: Labour/Le Travail 54, 2004, 83–119.
Hayes, Peter, France Bombs Mururoa, India Bombs India, in: Not Man Apart, Juni 1974.
Hays, Samuel P., Beauty, Health, and Permanence: Environmental Politics in the United States, 1955–1985. New York 1987.
– Conservation and the Gospel of Efficiency: The Progressive Conservation Movement, 1880–1920. Cambridge, Mass. 1959.
Hecht, Gabrielle, The Radiance of France: Nuclear Power and National Identity after World War II. Cambridge, Mass. 1998.
Heimann, Rolf, Knocking on Heaven's Door. Melbourne 1979.
Heinz, Bettina/ Cheng, Hsin-I/Inuzuka, Ako, Greenpeace Greenspeak: A Transcultural Discourse Analysis, in: Language and Intercultural Communication 7 (1), 2007, 16–36.
Helvarg, David, The War Against the Greens: The »Wise Use« Movement, the New Right, and Anti-Environmental Violence. San Francisco 1994.
Henke, Janice Scott, Seal Wars!: An American Viewpoint. St. John's, Newfoundland 1985.
– »Canada and the WTO in the 21st Century.« Sustainable eNews, Januar 2008, in: http://www.maninnature.com/MMammals/Seals/Seals1o.html (zuletzt abgerufen am 3.10.2011).

Henningham, Stephen, France and the South Pacific: A Contemporary History. Sydney 1992.
Herron, Matt, A not-altogether quixotic face-off with Soviet whale killers in the Pacific, in: Smithsonian 7 (5), Aug. 1976.
Hoffman, Abbie, Soon to Be a Major Motion Picture. New York 1980.
Hook, Diana ffarington (sic!), The I Ching and Mankind. London 1975.
Horton, Murray, Obituary for Elsie Locke. http://www.converge.org.nz/abc/elsobit.htm (zuletzt abgerufan am 4.11.2011).
Horwood, Harold, Tragedy on the Whelping Ice, in: Canadian Audubon, März–April 1960, 37–41.
Hunter, Robert, Erebus. Toronto 1968.
– The Enemies of Anarchy. Toronto 1970.
– The Storming of the Mind. Toronto 1971.
– Warriors of the Rainbow: A Chronicle of the Greenpeace Movement. New York 1979.
– Fighting Back, in: Vancouver, Juni 1980, 57–66.
– Red Blood: One (Mostly) White Guy's Encounters with the Native World. San Francisco 1999.
Hunter, Robert, The Greenpeace to Amchitka: An Environmental Odyssey (mit Fotografien von Robert Keziere). Vancouver 2004.
Hunter, Robert/Weyler, Rex, Rettet die Wale: Die Fahrten von Greenpeace. Frankfurt a. M., Berlin 1994.
Inglehart, Ronald. Culture Shift in Advanced Industrial Societies. Princeton 1990.
Isitt, Benjamin, Militant Minorities: British Columbia Workers and the Rise of a New Left, 1948–1972. Toronto 2011.
Jacobs, Paul, The Coming Atomic Blast in Alaska, in: New York Review, 22.7.1971.
Jamieson, Dale/Regan, Tom, Whales are not Cetacean Resources, in: M. W. Fox/L. D. Mickley (Hrsg.), Advances in Animal Welfare Science. Boston 1984.
Janssen, Peter R., The Age of Ecology, in: John G. Mitchell (Hrsg.), Ecotactics: The Sierra Club Handbook for Environmental Activists. New York 1970.
Johnson, Christina S., Jumbo Squid Following Low-Oxygen Zone.« Sea Grant California, 28.1.2008, in: http://www-csgc.ucsd.edu/NEWSROOM/NEWSRELEASES/2008/jumbosquid.html (aufgerufen am 8.10.11).
Johnstone, Diana, How the French Left Learned to Love the Bomb, in: New Left Review 146, Juli/Aug. 1984, 5–36.
Jordan, Grant, Shell, Greenpeace and the Brent Spar. New York 2001.
Jordan, Grant/Maloney William A., The Protest Business?: Mobilizing Campaign Groups. Manchester 1997.
Joseph, Lawrence E., Gaia: The Growth of an Idea. New York 1990.
Jungblut, Christian, Es war einmal ein Fluss: Wie die Elbe ausverkauft wurde. Hamburg 1983.
Kahn, Miriam, Tahiti Beyond the Postcard: Power, Place, and Everyday Life. Seattle 2011.
Kaiser, Rudolf, Chief Seattle's Speech(es): American Origins and European Reception, in: Brian Swann/Arnold Krupat (Hrsg.), Recovering the Word: Essays on Native American Literature, Berkeley 1987.

Kalland, Arne/Moeran, Brian, Japanese Whaling: End of an Era? London 1992.

– Unveiling the Whale: Discourses on Whales and Whaling. New York 2008.

Khatchadourian, Raffi, Neptune's Navy: Paul Watson's Wild Crusade to Save the Oceans, in: New Yorker, 5.11.2007.

Keeling, Arn, Sink or Swim: Water Pollution and Environmental Politics in Vancouver, 1889–1975, in: BC Studies, Nr. 142–143, Sommer-Herbst 2004, 69–101.

Kellogg, Remington, Whales, Giants of the Sea, in: National Geographic 77, Jan. 1940, 35–90.

Kelsey, Elin, Watching Giants: The Secret Lives of Whales. Berkeley 2009.

Kerner, Imre/Maissen, Toya, Die kalkulierte Verantwortungslosigkeit: Der Basler PCB-Skandal. Reinbek bei Hamburg 1980.

Kesey, Ken, The I Ching, in: The Realist 89, März-April 1971 (Anhang Whole Earth Catalog), in: http://www.ep.tc/realist/89/11.html (aufgerufen am 1.10.11).

Keziere, Robert/Hunter, Robert, Greenpeace. Toronto 1972.

King, Michael. Death of the Rainbow Warrior. Auckland: Penguin 1986.

Kingsland, Sharon, The Evolution of American Ecology, 1890–2000. Baltimore 2005.

Kirk, Andrew G., Counterculture Green: The Whole Earth Catalog and American Environmentalism. Lawrence 2007.

Kline, Benjamin, First Along the River: A Brief History of the U.S. Environmental Movement. Lanham, MD ^{4}2011.

Knappe, Bernhard, Das Geheimnis von Greenpeace: Die andere Seite der Erfolgsstory. Wien 1993.

Koch, Egmont R./Vahrenholt, Fritz, Seveso ist überall: Die tödlichen Risiken der Chemie. Köln 1978.

Kohlhoff, Dean, When the Wind Was a River: Aleut Evacuation During World War II. Seattle 1995.

– Amchitka and the Bomb: Nuclear Testing in Alaska. Seattle 2002.

Kool, V.K., The Psychology of Nonviolence and Aggression. New York 2008.

Kosek, Joseph Kip, Richard Gregg, Mohandas Gandhi, and the Strategy of Nonviolence, in: Journal of American History 91, März 2005, 1318–1348.

– Acts of Conscience: Christian Nonviolence and Modern American Democracy. New York 2009.

Kostash, Myrna, Long Way From Home: The Story of the Sixties Generation in Canada. Toronto 1980.

Krech, Shepard III., The Ecological Indian: Myth and History. New York 1999.

Kricher, John, The Balance of Nature: Ecology's Enduring Myth. Princeton 2009.

Kripal, Jeffrey J., Esalen: America and the Religion of No Religion. Chicago 2007.

Krüger, Christian/Müller-Henig, Matthias (Hrsg.), Greenpeace auf dem Wahrnehmungsmarkt: Studien zur Kommunikationspolitik und Medienresonanz. Hamburg 2001.

Kurlansky, Mark, Nonviolence: Twenty-Five Lessons From the History of a Dangerous Idea. New York 2006.

Lahusen, Christian, The Rhetoric of Moral Protest: Public Campaigns, Celebrity Endorsement, and Political Mobilization, Berlin/New York 1996.

Lamb, David, Animal Rights and Liberation Movements, in: Environmental Ethics 4, 1982, 215–233.

Lamb, Robert, Promising the Earth. London/New York 1996.
Lange, Volker/Erdmann Wingert (Hrsg.). Und vor uns stehen die Wälder. Reinbek bei Hamburg 1984.
Laughlin, William S., Aleuts: Survivors of the Bering Land Bridge. New York 1980.
Lavigne, David M., Estimating Total Kill of Northwest Atlantic Harp Seals, in: Marine Mammal Science 15, 1999, 871–878.
– Life or Death for the Harp Seal, in: National Geographic, Jan. 1976, 128–142.
– Harp Seal: Pagophilus groenlandicus, in: William F. Perrin u. a. (Hrsg.), Encyclopedia of Marine Mammals. New York [2]2008.
Lear, Linda J., Rachel Carson: Witness for Nature. New York 1997.
Lee, Martha F., Earth First!: Environmental Apocalypse. Syracuse 1995.
Leonhard, Marti, Umweltverbände: Zur Organisierung von Umweltinteressen in der BRD. Opladen 1986.
Leopold, Aldo, Sand County Almanac. New York 1970 (Erstaufl. 1948).
– Some Fundamentals of Conservation in the Southwest« [1923], in: Susan L. Flader/ J. Baird Callicott (Hrsg.), The River of the Mother of God and Other Essays by Aldo Leopold. Madison1991.
Leviatin, David, Followers of the Trail: Jewish Working-Class Radicals in America. New Haven 1989.
Levitt, Kari, Silent Surrender: The Multinational Corporation in Canada. Toronto 1970.
Lilly, John C., Man and Dolphin. New York 1961.
– Das tiefe Selbst, Basel 1988.
– Ein Gefühl von Beklommenheit, in: Joan MacIntyre (Hrsg.), Der Geist in den Wassern: Ein Buch zu Ehren des Bewußtseins der Wale und Delphine. Frankfurt a. M. 1982.
– Ein Delphin lernt Englisch: Möglichkeiten der Verständigung zwischen menschlicher und außermenschlicher Intelligenz. Reinbek b. Hamburg 1971.
– Communication between Man and Dolphin: The Possibilities of Talking with Other Species. New York 1978.
Lilly, John C./E. J. Gold, Tanks for the Memories: Flotation Tank Talks. Nevada City, Cal. 1996.
Locke, Elsie, Peace People: A History of Peace Activities in New Zealand. Christchurch/Melbourne 1992.
Loo, Tina, States of Nature: Conserving Canada's Wildlife in the Twentieth Century. Vancouver 2006.
Lovejoy, Arthur O., The Revolt Against Dualism: An Inquiry Concerning the Existence of Ideas. Chicago 1930.
Lowe, George D./Pinhey, T. K., Rural-Urban Differences in Support for Environmental Protection, in: Rural Sociology 47 (1), 1982, 114–128.
Luccioni, Xavier, L'Affaire Greenpeace: Une Guerre des Médias. Paris 1986.
Lurz, Robert W., Mindreading Animals: The Debate over What Animals Know about Other Minds. Cambridge, Mass. 2011.
Lust, Peter, The Last Seal Pup: The Story of Canada's Seal Hunt. Montreal 1967.
Lutts, Ralph H., Chemical Fallout: Rachel Carson's Silent Spring, Radioactive Fallout, and the Environmental Movement, in: Environmental Review 9, 1985, 210–225.

Lytle, Mark Hamilton, The Gentle Subversive: Rachel Carson, Silent Spring, and the Rise of the Environmental Movement. New York 2007.
McCarthy, John D./Zald, Mayer N., »Resource Mobilization and Social Movements: A Partial Theory«, in: American Journal of Sociology 82, Mai 1977, 1212–1241.
McCloskey, J. Michael, In the Thick of It: My Life in the Sierra Club. Washington D.C. 2005.
McCormick, John, Reclaiming Paradise: The Global Environmental Movement. Bloomington 1989.
McEvilly, Wayne, Synchronicity and the I Ching, in: Philosophy East and West 18 Juli 1968, 137–49.
McGarity, Thomas O., Our Science is Sound Science and Their Science is Junk Science: Science-Based Strategies for Avoiding Accountability and Responsibility for Risk-Producing Products and Activities, in: Kansas Law Review 52 (4), 2004, 897–937.
McIntyre, Joan, Einladung, in: in: Joan McIntyre (Hrsg.), Der Geist in den Wassern: Ein Buch zu Ehren des Bewußtseins der Wale und Delphine. Frankfurt a.M. 1982.
– Über Bewußtsein, in: Joan McIntyre (Hrsg.), Der Geist in den Wassern: Ein Buch zu Ehren des Bewußtseins der Wale und Delphine. Frankfurt a.M. 1982.
McLuhan, Marshall, The Medium is the Message. New York 1967.
– Die magischen Kanäle. Düsseldorf/Wien 1968.
McTaggart, David, Outrage!: The Ordeal of Greenpeace III. Vancouver 1973.
McTaggart, David (mit Helen Slinger), Rainbow Warrior: Ein Leben gegen alle Regeln. München 2001.
McTaggart, David/Hunter, Robert, Unternehmen Greenpeace: Fahrt in den Atompilz. Frankfurt a.M. 1981.
Macpherson, Kay/Sears, Meg, The Voice of Women: A History, in: Gwen Matheson (Hrsg.), Women in the Canadian Mosaic. Toronto 1976.
Macy, Michael, Greenpeace: An Analysis, in: Communication Arts, März/April 1980, 67–71.
Maddison, Sarah/Scalmer, Sean, Activist Wisdom: Practical Knowledge and Creative Tension in Social Movements. Sydney 2006.
Manes, Christopher, Green Rage: Radical Environmentalism and the Unmaking of Civilization. Boston 1990.
Marchand, Philip, Marshall McLuhan: The Medium and the Messenger. New York 1989.
Markovits, Andrei/Gorski, Philip, The German Left: Red, Green, and Beyond. New York 1993.
Marcuse, Herbert, Der eindimensionale Mensch. Studien zur Ideologie der fortgeschrittenen Industriegesellschaft. Neuwied 1967.
Matusow, Allen J., The Unraveling of America: A History of Liberalism in the 1960s. New York 1984.
Mendes-Flohr, Paul, Divided Passions: Jewish Intellectuals and the Experience of Modernity. Detroit 1991.
Merle, Robert, The Day of the Dolphin. New York 1969.
Metcalfe, E. Bennett, A Man of Some Importance: The Life of Roderick Langmere Haig-Brown. Vancouver/Seattle 1985.

Meyer, David S./Tarrow, Sidney, A Movement Society: Contentious Politics for a new Century, in: dies. (Hrsg.), The Social Movement Society: Contentious Politics for a New Century. Lanham, MD 1998.
Miller, Pam/Buske, Norman, Nuclear Flashback: Report of a Greenpeace Scientific Expedition to Amchitka Island, Alaska – Site of the Largest Underground Nuclear Test in U. S. History. Greenpeace USA, 30.10.1996.
Mitcalfe, Barry, Why I am sailing into the Fallout Area, in: New Zealand Monthly Review 133, Aug. 1972, 9–10.
– Boy Roel: Voyage to Nowhere. Martinborough, NZ 1972.
Mitchell, Alanna, The ›Mindbomb‹ That Was Greenpeace, in: Literary Review of Canada, Dez. 2004, 13–15.
Mitchell, David J., W. A. C. Bennett and the Rise of British Columbia. Vancouver 1983.
Mollin, Marian, Radical Pacifism in Modern America: Egalitarianism and Protest. Philadelphia 2006.
Monbiot, George, Heat: How to Stop the Planet from Burning. New York 2007.
Moore, Patrick, Confessions of a Greenpeace Dropout: The Making of a Sensible Environmentalist. Vancouver 2010.
Moore, Steve, The I Ching in Time and Space, in: Edward A. Hacker u. a. (Hrsg.), I Ching: An Annotated Bibliography. New York 2002.
Moreby, Christopher, What Whaling Means to the Japanese, in: New Scientist, 9.12.1982, 661–63.
Mowat, Farley, A Whale for the Killing. London 1972.
Mowat, Farley/Blackwood, David, Wake of the Great Sealers. Toronto 1973.
Naess, Arne, The Shallow and the Deep, Long-Range Ecology Movements: A Summary, in: Inquiry 16, 1973, 95–100
Nash, Roderick F., The Rights of Nature: A History of Environmental Ethics. Madison 1989.
– Wilderness and the American Mind. New Haven [3]1982.
Newborn, Susi, A Bonfire in My Mouth: Life, Passion and the Rainbow Warrior. Auckland 2003.
Nutter, Kathleen Banks, Jessie Lloyd O'Connor and Mary Metlay Kaufman: Professional Women Fighting for Social Justice, in: Journal of Women's History 14, 2002, 132–35.
O'Connor, Harvey, Revolution in Seattle: A Memoir. New York 1964.
Ohm, Viveca, Greenpeace, in: Northword, Juli 1971.
Orvis, Bruce/Orvis, Roma, Obituary for David McTaggart, in: Alpine Enterprise, 11.4.2001.
Palmer, Bryan D., Canada's 1960s: The Ironies of Identity in a Rebellious Era. Toronto 2009.
Pash, Chris, The Last Whale. Fremantle, Australia 2008.
Pauls, Naomi/Campbell, Charles (Hrsg.), The Georgia Straight: What the Hell Happened?, Vancouver 1997.
Payne, Roger S./McVay, Scott, Songs of the Humpback Whales, in: Science 173, 13.8.1971, 585–591
Peace, Roger C. III., A Just and Lasting Peace: The U. S. Peace Movement from the Cold War to Desert Storm. Chicago 1991.

Peck, Abe, Uncovering the Sixties: The Life and Times of the Underground Press. New York 1985.
Pelligrini, Charles, Greenpeace, la Manipulation. Paris 1995.
Perls, Frederick S., Gestalt-Therapie in Aktion. Stuttgart 1974.
– In and Out of the Garbage Pale. Lafayette, Cal. 1969.
Perls, Frederick u. a., Gestalt Therapy: Excitement and Growth in the Human Personality. New York 1951.
Peterson del Mar, David, Environmentalism. Harlow, UK 2006.
Phillipson, Anthony, Dr. John Gofman, A Nuclear Researcher Who Refuses To Lie About Radiation Dangers, in: Nuclear Guardianship Forum On The Responsible Care of Radioactive Materials 3 (Frühling 1994). Auch abrufbar unter: http://www.ratical.org/radiation/NGP/DrJohnGofman.html (aufgerufen am 5.9.11).
Picaper, Jean-Paul/Dornier, Thibaud, Greenpeace: l'écologie à l'an vert. Paris 1995.
Pinchot, Gifford, Whale Culture – A Proposal, in: Perspectives in Biology and Medicine 10, 1966, 33–43.
Poole, Robert, Earthrise: How Man First Saw the Earth. New Have 2010.
Porter, John, The Vertical Mosaic: An Analysis of Social Class and Power in Canada. Toronto 1965.
Prendiville, Brendan, Environmental Politics in France. Boulder 1994.
Princen, Thomas/Finger, Matthias, Environmental NGOs and World Politics: Linking the Local and the Global. New York 1994.
Read, Jennifer, ›Let Us Heed the Voice of Youth‹: Laundry Detergents, Phosphates and the Emergence of the Environmental Movement in Ontario, in: Journal of the Canadian Historical Association 9, 1996, 227–250.
Regan, Tom, Holism as Environmental Fascism, in: James E. White (Hrsg.), Contemporary Moral Problems. St. Paul 1985.
Reich, Charles, Die Welt wird jung: Der gewaltlose Aufstand der neuen Generation. Wien u. a. 1971.
Reiss, Diana, The Dolphin in the Mirror: Exploring Dolphin Minds and Saving Dolphin Lives. New York 2011.
Reiss, Jochen, Greenpeace: der Umweltmulti – sein Apparat, seine Aktionen. Rheda-Wiedenbrück 1988.
Resnick, Phillip, The Land of Cain: Class and Nationalism in English Canada, 1945–1975. Vancouver 1977.
Reynolds, Earle, The Forbidden Voyage. New York 1961.
– Irradiation and Human Evolution, in: Human Biology 32, Febr. 1960, 89–108.
Ritvo, Harriet, The Animal Estate: The English and Other Creatures in the Victorian Age. Cambridge, MA 1987.
Rodman, John, The Liberation of Nature?, in: Inquiry 20, 1977, 94–101.
Ronald, K./Dougan, J. L., The Ice Lover: Biology of the Harp Seal (Phoca groenlandica), in: Science 215, 19.2.1982, 928–933.
Roman, Joe, Whale. London 2006.
Rome, Adam, ›Give Earth a Chance‹: The Environmental Movement and the Sixties, in: Journal of American History 90, Sep. 2003, 525–554.
– Nature Wars, Culture Wars: Immigration and Environmental Reform in the Progressive Era, in: Environmental History 13, Juli 2008, 432–453.

– The Genius of Earth Day, in: Environmental History 15, April 2010, 194–205.
Roos, Leslie J. Jr. (Hrsg.), The Politics of Ecosuicide. New York 1971.
Ross, Nancy Wilson (Hrsg.), The World of Zen: An East-West Anthology. New York 1960.
Roszak, Theodore, Gedanken über die technokratische Gesellschaft und die Opposition der Jugend. Düsseldorf/Wien 1971.
– The Making of a Counter Culture: Reflections on the Technocratic Society and Its Youthful Opposition. Garden City, NY 1969.
Rothenberg, David, Thousand Mile Song: Whale Music in a Sea of Sound. New York 2008.
Rothman, Hal K., Saving the Planet: The American Response to the Environment in the Twentieth Century. Chicago 2000.
– The Greening of a Nation?: Environmentalism in the United States Since 1945. Fort Worth 1998.
Rothman, Stanley/Lichter, S. Robert (Hrsg.), Roots of Radicalism: Jews, Christians, and the Left. New York 1982.
Rubin, Jerry, Do it! Scenarios für die Revolution. Reinbek bei Hamburg 1977.
Rucht, Dieter, Ecological Protest as Calculated Law-Breaking: Greenpeace and Earth First! in Comparative Perspective, in: Wolfgang Rüdig (Hrsg.), Green Politics Three. Edinburgh 1995.
Ruddock, Joan. CND Scrapbook. London 1987.
Ryan, Shannon (unter Mitarb. v. Martha Drake), Seals and Sealers: A Pictorial History of the Newfoundland Seal Fishery. St. John's, Newfoundland 1987.
Sagoff, Mark, Animal Liberation and Environmental Ethics: Bad Marriage, Quick Divorce, in: Osgood Hall Law Journal 22, 1984, 297–307.
– On Preserving the Natural Environment, in: Yale Law Review 84, Dez. 1974, 220–269.
Sale, Kirkpatrick, The Green Revolution: The American Environmental Movement, 1962–1992. New York 1993.
Saler, Michael, Modernity and Enchantment: A Historiographic Review, in: American Historical Review 111, Juni 2006, 692–716.
Sanders, Ed, Tales of Beatnik Glory. New York 1975.
Scalmer, Sean, Gandhi in the West: The Mahatma and the Rise of Radical Protest. New York 2011.
Scarce, Rik, Eco-Warriors: Understanding the Radical Environmental Movement. Chicago 1990.
Scholz, Reiner, Betrifft: Robin Wood: Sanfte Rebellion gegen Naturzerstörung. München 1989.
Schrader, Gene, Atomic Doubletalk: A Review of Matters withheld from the Public by the Atomic Energy Commission, in: The Center Magazine, Jan./Febr. 1971, 29–52.
Sears, Paul, Ecology – A Subversive Subject, in: BioScience 14, Juli 1964, 11–13.
Sergeant, D. E., Harp Seals and the Sealing Industry, in: Canadian Audubon 25, 1963, 29–35.
Sessions, George, Deep Ecology and the New Age, in: Earth First!, 23.9.1987, 27–30.
– The Deep Ecology Movement: A Review, in: Environmental Review 11, 1987, 105–125.

Shadbolt, Maurice, Danger Zone. London 1975.

Shaheen, Jack G. (Hrsg.), Nuclear War Films. Carbondale 1978.

Shaiko, Ronald G., Greenpeace U. S. A.: Something Old, New, Borrowed, in: The Annals of the American Academy of Political and Social Science, Bd. 528, Juli 1993, 88–100.

Sharp, Gene, The Politics of Nonviolent Action. Boston 1973.

Shepard, Paul, Introduction: Ecology and Man – a Viewpoint, in: Paul Shepard/Daniel McKinley (Hrsg.), The Subversive Science: Essays Toward an Ecology of Man. New York 1969.

Shoemaker, Nancy, Whale Meat in American History, in: Environmental History 10, April 2005, 269–294.

Simmons, Terry, Poverty of Plenty: Conservation in British Columbia, in: Conifer 16 (1), 1970, 8–17.

Singer, Peter, Pushing Time Away: My Grandfather and the Tragedy of Jewish Vienna. New York 2002.

– Animal Liberation: A New Ethics for Our Treatment of Animals. New York 1975.

– All Animals Are Equal, in: Philosophical Exchange 1, 1974, 103–116.

– Animal Liberation, in: New York Review of Books 20, 5.4.1973, 17–18.

Smith, Bradley F., The Shadow Warriors: OSS and the Origins of the CIA. New York 1983.

Snyder, Gary, Earth House Hold: Technical Notes & Queries to Fellow Dharma Revolutionaries. New York 1969.

Soderberg, Steffan/Almkvist, Lennart, In Prospect of the Seal Hunt in Canada 1977. Stockholm 1977.

SPEC, SPEC's Beginnings, in: http://www.vcn.bc.ca/spec/spec/Spectrum/spring1999/beginframeset.htm (aufgerufen am 23.11.2011).

Spencer, Leslie (mit Jan Bollwerk und Richard C. Morais), The Not So Peaceful World of Greenpeace, in: Forbes, 11.11.1991.

Spong, Paul, Wal-Schau, in: Joan McIntyre (Hrsg.), Der Geist in den Wassern: Ein Buch zu Ehren des Bewußtseins der Wale und Delphine. Frankfurt a. M. 1982.

Spong, Paul/White, Don, Cetacean Research at the Vancouver Public Aquarium, 1967–1969. Technical Report 2, Sommer 1969: UBC Division of Neurological Sciences, Cetacean Research Laboratory.

Spong, Paul u. a., Selective Attentiveness and Cortical Evoked Responses to Visual and Auditory Stimuli, in: Science 48, 16.4.1965, 395–397.

Stephens, Julie, Anti-Disciplinary Protest: Sixties Radicalism and Postmodernism. Cambridge 1998.

Sternglass, Ernest J., Infant Mortality and Nuclear Tests, in: Bulletin of the Atomic Scientists, April 1969, 26–28.

– The Death of All Children, in: Esquire 72, Sep. 1969, 1a–1d.

– Has Nuclear Testing Caused Infant Death?, in: New Scientist 43, 24.7.1969, 178–181.

– Low-Level Radiation. New York 1972.

Stevens, Jay, Storming Heaven: LSD and the American Dream. New York 1987.

Stewart, Larry R., Canada's Role in the International Uranium Cartel. International Organization, Bd. 35, Nr. 4, Herbst 1981, 657–689.

Stoll, Steven, U.S. Environmentalism since 1945: A Brief History with Documents. Boston 2007.
Stone, Christopher, Should Trees Have Standing? Toward Legal Rights for Natural Objects. Los Altos, CA 1974.
Streich, Jürgen, Betrifft: Greenpeace: Gewaltfrei gegen die Zerstörung. München 1986.
– Monika Griefahn: Politik, Positionen, Perspektiven. Köln 1997.
Strømsnes, Kristin u.a., Environmentalism Between State and Local Community: Why Greenpeace has Failed in Norway, in: Environmental Politics 18, Mai 2009, 391–407.
Sunday Times Insight Team, Rainbow Warrior: The French Attempt to Sink Greenpeace. London 1986.
Sutphen, John, Kommunikation über das körperliche Befinden bei Cetaceen, in: Joan McIntyre (Hrsg.), Der Geist in den Wassern: Ein Buch zu Ehren des Bewußtseins der Wale und Delphine. Frankfurt a.M. 1982.
Suzuki, Daisetz Teitaro, An Introduction to Zen Buddhism. London 1983.
Szabo, Michael, Making Waves: The Greenpeace New Zealand Story. Auckland 1991.
Talbot, Lee, Die großen Wale und die Internationale Walfangkommission, in: in: Joan McIntyre (Hrsg.), Der Geist in den Wassern: Ein Buch zu Ehren des Bewußtseins der Wale und Delphine. Frankfurt a.M. 1982.
Tarrow, Sidney, Power in Movement: Social Movements, Collective Action, and Politics. New York 1994.
Taylor, Bron, Dark Green Religion: Nature Spirituality and the Planetary Future. Berkeley 2010.
Teilhard de Chardin, Pierre, The Phenomenon of Man, übers. v. Bernard Wall. New York 1959.
Thompson, John/Randall, Stephen, Canada and the United States: Ambivalent Allies. Athens ²1997.
Tønnessen, J.N./Johnsen, A.O., The History of Modern Whaling. London/Canberra 1982.
Touraine, Alain, Anti-nuclear Protest: The Opposition to Nuclear Energy in France. New York 1983.
Tracey, David, Guerrilla Gardening: A Manifesto. Gabriola Island, BC 2007.
Tremblay, K.R./Dunlap, Riley E., Rural-Urban Residence and a Concern with Environmental Quality: A Replication and Extension, in: Rural Sociology 43 (3), 1978, 474–491.
Tribe, Laurence, Ways Not to Think about Plastic Trees: New Foundations for Environmental Law, in: Yale Law Review 83, Juni 1974, 1340–1346.
Turner, Fred, From Counterculture to Cyberculture: Stewart Brand, the Whole Earth Network, and the Rise of Digital Utopianism. Chicago 2006.
Tussman, David, Greenpeace. http://quandmeme.wordpress.com/greenpeace-2/ (aufgerufen am 16.10.11).
Wager W. Warren, Terminal Visions: The Literature of Last Things. Bloomington 1982.
Walth, Brent, Fire at Eden's Gate: Tom McCall and the Oregon Story. Portland 1994.
Wapner, Paul, Environmentalism and World Civic Politics. Albany 1996.

Watson, Paul, Sea Shepherd: My Fight for Whales and Seals. New York 1982.
- Ocean Warrior: Mein Kreuzzug gegen das sinnlose Abschlachten der Wale. München 1995.

Webb, Phyllis, Protest in Paradise, in: MaClean's, Juni 1973.

Wenzel, George, Animal Rights, Human Rights: Ecology, Economy and Ideology in the Canadian Arctic. Toronto 1991.

Weyler, Rex, Song of the Whale. Garden City, NY 1986.
- Portfolio, in: The BC Photographer, Herbst 1975, 16–32.
- Greenpeace: How a Group of Ecologists, Journalists, and Visionaries Changed the World. Vancouver 2004.

White, Richard, ›Are You an Environmentalist or Do You Work for a Living?‹: Work and Nature, in: William Cronon (Hrsg.), Uncommon Ground: Rethinking the Human Place in Nature. New York 1996.

Wilkinson, Pete (mit Julia Schofield. Warrior: One Man's Environmental Crusade. Cambridge 1994.

Willoya, William/Brown, Vinson, Im Zeichen des Regenbogens. Träume und Visionen des indianischen Volkes. Oberhain 1974.

Winkler, Allen M., A 40-Year History of Civil Defense, in: Bulletin of Atomic Scientists (Juni-Juli 1984), 16–22.
- Life Under a Cloud: American Anxiety About the Bomb. New York 1993.

Wittner, Lawrence S. Rebels Against War: The American Peace Movement, 1933–1983. Philadelphia 1984.
- Resisting the Bomb: A History of the World Nuclear Disarmament Movement, 1954–1970. Stanford 1997.
- Toward Nuclear Abolition: A History of the World Nuclear Disarmament Movement, 1971–Present. Stanford 2003.

Wöbse, Anna-Katherina, Die Brent Spar-Kampagne: Plattform für diverse Wahrheiten, in: Frank Uekötter/Jens Hohensee (Hrsg.), Wird Kassandra heiser? Die Geschichte falscher Ökoalarme, Stuttgart 2004.

Wood, Linda Sargent. A More Perfect Union: Holistic Worldviews and the Transformation of American Culture after World War II. New York 2010.

Worster, Donald, Two Faces West: The Development Myth in Canada and the United States, in: Paul Hirt (Hrsg.), Terra Pacifica: People and Place in the Northwest States and Western Canada. Pullman 1998.
- Nature's Economy: A History of Ecological Ideas. Cambridge [2]1994.
- A Passion for Nature: The Life of John Muir. New York 2008.

Wrightson, Kendall, An Introduction to Acoustic Ecology, in: Soundscape, Bd. 1, 2000, 10–13.

Wynne, Clive D. L., Do Animals Think? Princeton 2004.

Yablokov, Alexey V., On the Soviet Whaling Falsification, 1947–1972, in: Whales Alive! 6 (4), 1997 (eingesehen am 7.1.2011 auf: http://www.csiwhalesalive.org/csi97403.html).

Yavenditti, Michael J., The American People and the Use of Atomic Bombs on Japan: The 1940s, in: Historian 36, Febr. 1974, 224–225.

Zakin, Susan. Coyotes and Town Dogs: Earth First! and the Environmental Movement. Tuscon 2002.

Zelko, Frank, Challenging Modernity: The Origins of Postwar Environmental Protest in the United States, in: Christof Mauch u. a. (Hrsg.), Shades of Green: Environmental Activism Around the Globe. Lanham, MD 2006.

– Fish Instead of Fission: Industrial Expansion and Environmental Protest in Hamburg and the Lower Elbe Region since the 1960s, in: Economic and Ecohistory, 8 (8), 2012, 29–44.

Zunes, Stephen u. a. (Hrsg.), Nonviolent Social Movements: A Geographical Perspective. Malden, MA 1999.

Register

Personenregister

R

S

T

U

V

W

Sachregister